阳泉市郊区年鉴

（2021）

中共阳泉市郊区委员会党史研究室
（阳泉市郊区地方志研究室） 编

方志出版社
Publishing House of Local Records

图书在版编目（CIP）数据

阳泉市郊区年鉴. 2021 / 中共阳泉市郊区委员会党史研究室（阳泉市郊区地方志研究室）编. — 北京 ：方志出版社，2021. 12

ISBN 978-7-5144-4855-9

Ⅰ. ①阳… Ⅱ. ①中… Ⅲ. ①区（城市）—阳泉—2021—年鉴 Ⅳ. ①Z522.54

中国版本图书馆 CIP 数据核字（2021）第 245207 号

阳泉市郊区年鉴（2021）

编　　者：中共阳泉市郊区委员会党史研究室
（阳泉市郊区地方志研究室）

责任编辑：李静

出 版 者：方志出版社
地址　北京市朝阳区潘家园东里 9 号（国家方志馆 4 层）
邮编　100021
网址　http://www.zgfzcb.cn

发　　行：方志出版社图书经销中心
电话（010）67110500

经　　销：各地新华书店

印　　刷：山西万佳印业有限公司

开　　本：889 × 1194　　1/16

印　　张：19.25

字　　数：575 千字

版　　次：2021 年 12 月第 1 版　　2021 年 12 月第 1 次印刷

印　　数：0001 ~ 3000 册

ISBN　978-7-5144-4855-9　　定价：180.00 元

《阳泉市郊区年鉴》编辑部

主　　编　杨济才　吴　明

副 主 编　云　霞　李晓璐

编　　辑　郝江鹏　李文华　侯晋元　史晓红　陈益廉

图片编辑　刘军堂

工作人员　张建军

编辑说明

一、《阳泉市郊区年鉴（2021）》以马克思列宁主义、毛泽东思想、邓小平理论、“三个代表”重要思想、科学发展观、习近平新时代中国特色社会主义思想为指导，坚持辩证唯物主义和历史唯物主义的立场、观点和方法，旨在全面、系统、客观记载阳泉市郊区2020年经济和社会发展的历史进程，翔实反映本区各个领域的新事物、新成就、新进展、新经验和新问题，为社会各界进一步了解、认识、研究、投资、建设阳泉市郊区提供基础信息和线索。

二、本年鉴是由中共阳泉市郊区委员会、阳泉市郊区人民政府组织，中共阳泉市郊区委员会党史研究室（阳泉市郊区地方志研究室）主持编纂的一部地方性综合年鉴。

三、本年鉴记事年限为2020年1月1日至2020年12月31日。

四、本年鉴内容记述综合运用多种形式，其主要形式沿用分类编辑的方法，设类目、分目、条目3个层次。依据行业拟设25个类目、144个分目，分目下设若干条目，条目标题统一用黑体字加【】表示。此外还沿用记、载、表、录、图等多种方法记述重大事件和重要人物。

五、本年鉴稿件均经撰稿单位审核，入编数据因资料来源不同出现相互矛盾时均以区统计局提供的统计资料为准。采取国家法定计量单位，个别遵从社会习惯。

六、本年鉴人物收录标准为：在本区获得的省部级以上劳动模范；本区推荐的省级以上党代表、人大代表、政协委员；享受政府特殊津贴的专业技术人员；本区正县级领导；较有影响的本区籍人物；在全区某一行业或某一领域做出重要贡献或具有重要劳动（科研、创作）成果并在各界产生广泛影响者。

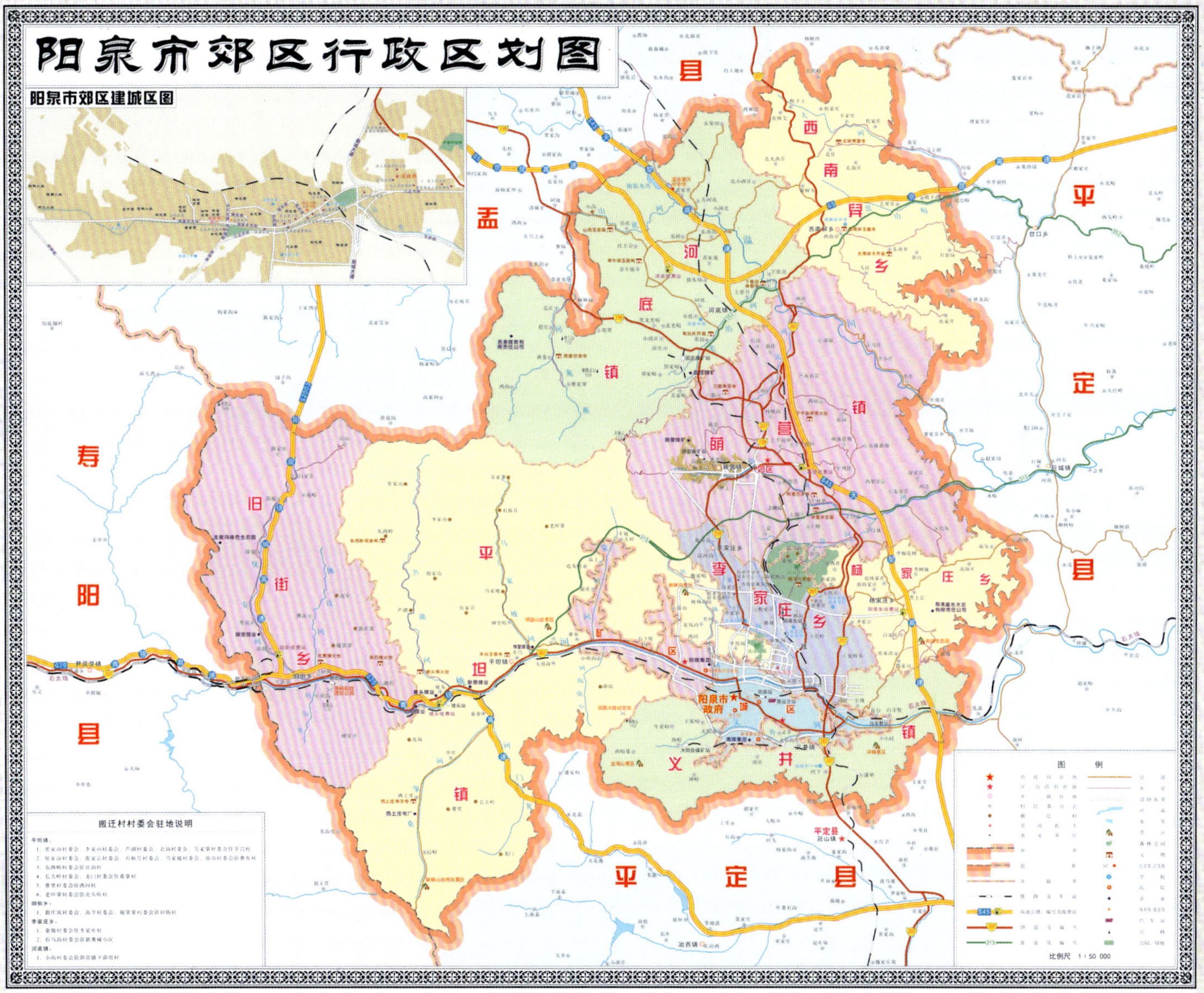

审图号：晋CS（2020）001号

阳泉市郊区民政局编制　　二〇二〇年十一月十六日

荫营工业园区

规划中的文化创意产业园

白泉工业园区

现代服务业园区

双创产业园区

规划中的现代物流园

规划中的千亩坪现代农业产业园

东古经济循环利用产业园

2020年3月9日，区委书记王晓丽调研G239改线工程

G239线阳泉郊区过境河底–荫营段改线工程

2020年底，阳泉综合交通客运枢纽建成投入使用

2020年，李家山50兆瓦风电项目建设完工并网发电

2020年，中坤集团山西华坤机械有限公司投入试运行的支护网生产线

2020年，建设中的西上庄2×66万千瓦低热值煤发电项目

访贫问暖

路家庄村电商扶贫

2020年，郊区扶贫超市正式营业

异地搬迁

2020年9月，旧街乡虎峪村玉露香梨丰收

20年5月，森乐扶贫农场油菜花盛开

新庄窝村牛场

产业扶贫——光伏发电

2020年7月，阳泉市生态环境局郊区分局在桐花树村开展扶贫活动

2020年2月，区领导检查全区重要入境道路疫情防控工作

2020年,郊区公安交管部门推行车辆牌证“应急办理”服务，全力保障疫情防控物资和生活必需品运输车辆出行便利

2020年，郊区严格入境道路疫情防控工作

2020年3月，区关工委牵头组织专业人员对荫营中学和玉泉中学进行面消毒

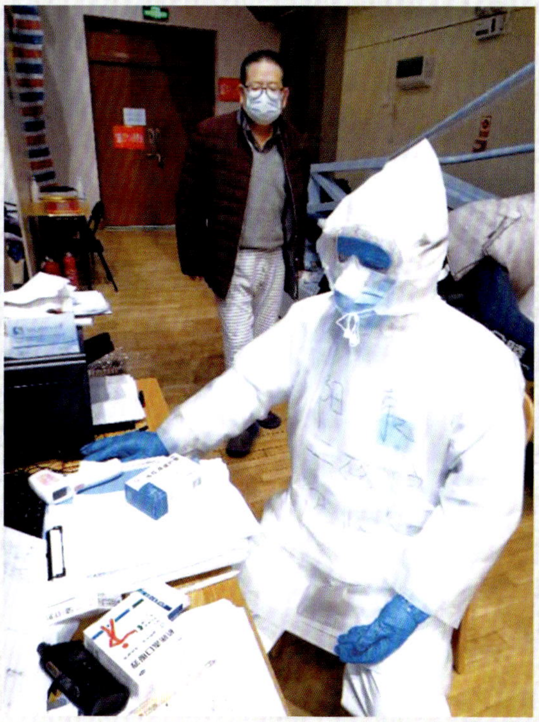

2020年3月，硚口武体方舱医院工作中的冯兆斌

2020年，阳泉市郊区防控新冠肺炎战役，作人员上门服务

2020年2月，工作人员对进出小区人员进行测温、登记

2020年2月，区自来水公司全力保障居民用水安全

2020年2月，华岭耐火有限公司员工生产耐火预制品

2020年，西南岔乡代家庄村鑫地园种植专业合作社加工制造苹果干

2020年3月，复工复产后的G239工程施工现场

2020年7月，区领导观摩荫营镇三都村法治文化广场

西苑文化广场改造前

西苑文化广场改造后

2020年，三都村环境整治

荫营煤矿危旧房改造前

荫营煤矿危旧房改造后

2020年，荫营煤矿危旧房改造工程

2020年9月20日，郊区统计局在荫营广场举行阳泉市郊区第七次全国人口普查宣传月启动仪式

2020年9月，阳泉市郊区第七次全国人口普查综合业务培训会

疑难解答

数据采集

自主填报

2020年11月1日，第七次全国人口普查阳泉市领导小组深入郊区调研指导人口普查入户登记工作

目 录

中国共产党阳泉市郊区委员会

阳泉市郊区人民代表大会

阳泉市郊区人民政府

目 录

中国人民政治协商会议阳泉市郊区委员会

中国共产党阳泉市郊区纪律检查委员会
阳泉市郊区监察委员会

民主党派

群众团体

法　治

军　事

经济管理

工　业

农　业

商 贸

交通　邮电　通信

城建　环保

财政 税务

金融保险

教育　科技

文化旅游　传媒

卫生健康　体育

社会生活

乡镇 社区

人　物

荣 誉

附 录

特　载

关于区委常委会工作的报告

（2021 年 2 月 7 日）

中共阳泉市郊区区委书记　王晓丽

2020 年是极不平凡的一年，面对新冠肺炎疫情的严重冲击，面对艰巨繁重的转型任务和前所未有的困难挑战，面对爬坡过坎、不进则退的发展压力，区委常委会高举习近平新时代中国特色社会主义思想伟大旗帜，全面落实中共十九大和十九届二中、三中、四中、五中全会精神，深入学习贯彻习近平总书记视察山西重要讲话重要指示和“三篇光辉文献”精神，坚决贯彻省、市委决策部署，紧紧围绕“争做转型发展表率，打造城乡融合样板”的奋斗目标，统筹推进疫情防控和经济社会发展，始终坚持高质量发展方向不动摇，抓好“六稳”工作，落实“六保”任务，聚力“六新”发展，决战脱贫攻坚，决胜全面建成小康社会，“十三五”圆满收官，全区经济社会发展各项事业取得新进展、新成效。

我们深学笃行把牢方向。坚持用科学理论凝心铸魂，立足新发展阶段，贯彻新发展理念，构建新发展格局，树牢正确政治方向，增强“四个意识”，坚定“四个自信”，做到“两个维护”，在顺势而为、抢抓机遇、争先进位中，不断提升政治判断力、政治领悟力、政治执行力。**我们牢记使命勇蹚新路。**牢记习总书记“在转型发展上率先蹚出一条新路来”的嘱托，落实省、市委要求，结合实际，确立了“争做转型发展表率，打造城乡融合样板”的奋斗目标，提出以建设“八大园区”为载体，打造“五大产业板块”为重点的发展方向，产业布局更趋合理，编制了转型发展图谱和招商图谱，转型路径更为清晰。**我们改革创新攻坚克难。**攻克了前进道路上一个又一个堡垒，取得了重点工作一项又一项突破。在市委支持下，进一步理顺了与开发区的管理体制，23.3 平方千米的省级经济技术开发区规划建设任务正式交给郊区，10 万平方米的标准化厂房完工；在全市率先实现“垃圾不落地”全覆盖；新建区矛盾调处中心；5 项国家级和省级试点示范亮点纷呈；各项改革突破藩篱驶入快车道。**我们压实责任狠抓落实。**坚持以结果论英雄，实施项目建设区级领导包保和局长领办制，以责任落实推动工作落实。我们坚决扛起全面从严治党主体责任，在全市率先开展“五整治五严禁”作风建设专项整治，刀刃向内，自我革命，常委班子以上率下，团结进取，“十三五”规划目标任务如期完成，全面建成小康社会取得决定性成就。**我们着眼长远谋篇布局。**站在“两个一百年”奋斗目标的历史交汇点，立足当下、着眼未来，聘请专家编制《城乡融合发展规划》，谋篇布局“十四五”，前瞻十五年，超前把握未来，启航引领新征程。**我们加强领导强化保障。**突出“抓总”，发挥区委领导核心作用，落实党建“第一责任”保障发展“第一要务”；坚持“抓重”，强化对重点工作、重要改革、重大项目的领导；聚焦“抓要”，紧盯疫情防控、脱贫攻坚、森林防火、安全生产等工作，防范风险，守牢底线。**一年来，我们深切感受到，正是有习近平总书记的领航掌舵，有以习近平同志为核心的党中央的英明领导，有省委、市委的坚强领导，有四套班子的齐心协力、广大党员干部的奋勇拼搏，我们才能无惧任何风浪、无畏任何挑战，破浪前行、扬帆远航！**

从全年情况看，2020 年全区 GDP 增长 2.1%，以郊区口径看，全市排名第二，一产增长 3.8%，三产增长 3.1%，均排名全市第一；规模以上工业增加值增长 5.0%，全市排名第三；固定资产投资增长 11.0%，全市排名第三；社会消费品零售总额增长 4.9%，全市排名第一；一般公共预算收入完成全年进度的 101.53%，完成进度全市排名第一；城乡居民人均可支配收入分别增长 4.1%、7.3%，分别排全市第五名、第二名。

从“十三五”情况看，转型发展动能增强，制造业占工业增加值比重由 2015 年的 12.9%提高到 26.2%。新兴产业发展势头良好，创新驱动效果明显，战略性新兴产业从无到有。三大攻坚战成效显著，人民生活水平不断提高，城镇和农村居民人均可支配收入年均增长分别达 6%、7.6%。各项目标任务如期完成，经济社会发展迈上新台阶，决战脱贫攻坚、决胜全面小康取得决定性成就。

一年来，全区上下凝心聚力谋发展，一心一意促转型。市委姜四清书记多次到郊区调研，在疫情防控、项目建设、招商引资等方面做出指导，我们备受鼓舞，更加坚定了转型发展蹚新路的信心和决心。回望这一年，我们战胜了许多过去从未遇到过的困难挑战，啃下了一个又一个难啃的硬骨头，做成了许多打基础利长远惠民生的实事。主要做了九方面重点工作：

一、坚持政治引领、思想筑魂，习近平新时代中国特色社会主义思想深入人心

常委会始终把深入学习贯彻习近平新时代中国特色社会主义思想作为首要政治任务，用以武装头脑、指导实践、推动工作。

*在学习上求“深”。*区委常委会、理论中心组系统学习中共十九届五中全会精神、《习近平谈治国理政》（第三卷）、习近平总书记视察山西重要讲话重要指示和“三篇光辉文献”，围绕疫情防控、转型蹚新路、全面从严治党等重点内容，以刨根问底的“钻”劲，持之以恒的“韧”劲，真

正学懂弄通做实习近平新时代中国特色社会主义思想。2020年以来，区委集中学习25次、举办专题报告会7场，首次承办市委理论中心组学习会，邀请国防大学战略研究所教授金一南作专题讲座。

在方式上求“新”。充分发挥“学习强国”理论阵地、“随身课堂”的作用，全区注册人数达3.4万人，活跃度全市排名靠前。组建区、乡、村三级宣讲网络体系，深入基层开展宣讲1100余场次，受众5万余人次。拓展钉钉直播、微信群等新媒体渠道，区委理论学习中心组微信学习群推送学习篇目297篇（次）。

在成效上求“实”。以解决实际问题为导向，坚持学思践悟，知行合一。在深入学习领会习近平总书记视察山西重要讲话重要指示和省、市全会精神的基础上，明确了“争做转型发展表率，打造城乡融合样板”的奋斗目标和转型路径，统一了全区上下的思想，凝聚了干部群众的共识，汇集了转型发展蹚新路的合力。

“十四五”时期是郊区实现“转型出雏型”的重要阶段，谋划好“十四五”，做好2021年工作，意义十分重大。区委常委会决定区委九届八次全会审议《中共阳泉市郊区区委关于制定国民经济和社会发展第十四个五年规划和二〇三五年远景目标的建议（讨论稿）》，并成立文件起草组，在常委会领导下开展工作。经过认真研究起草、广泛征求意见、反复修改完善，形成了提交全会审议的讨论稿，并同步推进纲要和专项规划编制工作。

二、坚持人民至上、生命至上，统筹疫情防控和经济社会发展

常委会始终牢记“生命重于泰山”，以对党和人民高度负责的态度，坚决打赢疫情防控阻击战，守好山西“东大门”。

闻令而动齐响应。疫情暴发后，区委面对郊区城乡交集、高速出入口多、人员流动性大、防控形势严峻等困难，沉着应对，迅速启动重大突发公共卫生事件一级响应，成立疫情防控领导小组，第一时间进入战“疫”状态。严格落实“五严五防”，建立“五个一”工作机制，疫情防控阻击战取得重大战果，实现了全区无确诊和无疑似病例的“双零”目标。

众志成城抗疫情。疫情中，24万郊区人民守望相助，1400余名医护人员坚守一线，“白衣战士”冯兆斌出征武汉，1.4万名志愿者同心协力，涌现出程庄村85岁李鱼妮等抗疫先进典型，构筑起抗击疫情的人民防线。全区917个基层党组织，11589名共产党员把最危险的任务揽在身上，“让我先上”成为抗疫最强音。

精准施策抓复产。我们一手抓疫情防控，一手抓经济社会发展，做到了“两手硬”。选派268名干部赴230家企业，深入开展“五问五心”入企服务，印制了帮扶政策汇编500册，收集到各类问题67个并全部解决，办结率100%。积极组织银企对接，有效解决企业融资难、融资贵的问题，38家规模以上企业率先实现全面复工复产。召开了民营企业家座谈会，解决问题24个。组织开展了“政府奖励、企业让利”等大型促进消费活动，有力刺激和拉动了区域经济消费。

三、坚持转型为纲、项目为王，县域经济发展蹄疾步稳

常委会认为，转型发展是郊区发展的根本出路、唯一出路，舍此别无他途。唯有以滚石上山的坚韧不拔、披荆斩棘的艰辛探索，才能蹚出一条通向光明未来的新路。

转型质效持续提升。加强党对经济工作的领导，制定“分管副区长周调度、区长双周调度、区委书记月调度”的工作机制，通过“定目标、听汇报、看进度、问差距、比成效”的方式，以有力举措推动转型目标落地落实。转型指标持续向好，煤炭增加值占规模以上工业比重由60.2%降到56.5%；制造业增加值占规模以上工业比重由22.2%提高到26.2%，战略性新兴产业增加值增长5.6%，新增规模以上工业企业11家，转型发展的支撑更加坚实。

项目建设扎实推进。发扬“四套班子一台戏，齐心协力抓发展”的优良传统，12个重点工程项目指挥部和14个工作专班区级领导挂帅，一线作战，局长领办，马上就办。总投资397.18亿元的59个项目开复工率达98.3%，总投资116.51亿元的16个“六新”项目全部开工。日加科技、华坤高端煤机等重点项目当年建设当年投产，G239改线工程苇泊装备制造园至新城大道段实现通车，总投资50亿元的天方夜谭项目当年签约当年开工，成为全区手续办理最高效、开工最快的项目。招商引资综合指标考评全市第一。在全市一季度考核与第三轮“六晒六比”活动中郊区均排名第一。

产业平台加速构建。编制完成转型发展图谱和招商图谱，节能环保、文旅康养、现代物流、新型耐火材料、特色产业五大产业板块初具规模。八大园区持续发力，荫营工业园成立了园区指挥部和工作专班，打造平台2600亩，标准化厂房10万平方米，企业实现“拎包入驻”；白泉工业园创建全市首家工业固废综合利用示范基地，中科泓源、合力拓、广凯二期等6个项目开工建设；全市唯一的现代农业园区——千亩坪现代农业园核心区项目奠基开工；文化产业园完成选址设计，进入国家项目库；现代服务园万达商业广场完成场地平整，梅里亚会展中心完成土地招拍挂；双创产业园科创中心完成选址、四个中试基地初见雏形；东古循环产业园已运行；现代物流园有序推进。

四、坚持统筹协调、一体推进，城乡融合水平全面提升

常委会认为，实现城乡融合发展,是高质量发展的必由之路,也是打造高品质生活的必然选择。要强化顶层设计，统筹推进，有效破解发展不平衡、不充分的问题。

顶层设计规划出炉。高质量完成第七次全国人口普查工作，摸清了家底，为城乡融合布局夯实了基础。坚持高起点定位、高水平规划，聘请国家社科院专家编制完成城乡融合发展规划，明确了构建“一城一核两轴三组团”的城乡融合新格局，以“一张蓝图绘到底”精神打造城乡融合样板区。

城乡融合步伐持续加快。啃下创卫“硬骨头”。郊区作为全市创卫的重要战场，坚决扛起责任，在资金极为困难的情况下，累计投资3.3亿元，开展全域创卫，为全市获评“国家卫生城市”做出了郊区贡献。荫营大街整洁有序，镇区面貌焕然一新。老旧小区基础设施提质更新，全市首家老旧小区加装电梯工程正式交付，解决了城市老年人“上下楼难”。新成立11个城市社区，不断提高城市精细化管理水平。公共服务不断向农村延伸，水务一体化解决2万亩农田灌溉用水，北部集中供热管网惠及千家万户。区文体中心完成拆迁扫障，区职业高级中学开工建设。完成清洁取暖改造13268户，完成率101.51%，农村群众过上了“绿色暖冬”。郊区独立工矿区成功纳入国家发改委资源型地区转型发展中央预算内投资支持范围。

乡村振兴稳步推进。产业支撑有新突破，阳泉市城郊农业产业融合示范区项目成功申报为省级标杆项目，争取到产业扶持资金1000万元。一产固定资产投资完成2.05亿元，增长147.9%；农林牧渔业增加值增长3.7%，全市排名第一。特优产品有新拓展，“西南㪰苹果”成功获得农产品国家地理标志认证。裕盛源醋业、草帽山蜂蜜等一批特色农产品叫响山城，全市2020年农民丰收节在郊区成功举办。“农业＋旅游”有新成效，桃林沟入选全国乡村旅游重点村，大洼和南沟入选省级AAA级乡村旅游示范村。举办“精彩阳泉·惠游郊区”等文旅惠民消费季活动，接待游客100万人次，收入约1000万元。农村改革有新举措，全区农村集体经济产权制度改革基础性任务全面完成，农村集体产权交易中心建成运行。郊区被列为全省十个脱贫攻坚和乡村振兴有效衔接试点县区之一，已打造7个试点村。

乡村治理新体系不断完善。抓好全国乡村治

理体系建设试点工作，打造了24个典型示范村和3个示范乡镇，初步构建起以“五有五建”为抓手，“党建引领，‘三治’融合”的乡村治理新体系，固庄论坛、后沟道德超市成为基层首创品牌，全国各地参观交流达50批次1100余人，逐步形成具有郊区特色的可复制、可借鉴的“治理经验”。

人居环境整治亮点纷呈。大力实施农村人居环境整治三年行动，扎实推进“1+5”行动，户厕改造2016座，64个村生活污水排放得到治理。争取到中央预算内投资2000万元，人居环境整治工作实现“三个第一”的突破：全市第一家实现垃圾不落地全覆盖县区、第一家试点探索垃圾分类县区、第一家实现秸秆全部回收县区。西南舁乡“北七村”、河底镇“燕龛沟”成为全市乃至全省农村人居环境整治的靓丽品牌，得到了人民群众的认可。

五、坚持勇往直前、砥砺奋进，改革创新成果丰硕

常委会认为，创新是引领发展的第一动力，实现高质量发展，必须依靠改革和创新，要以更深层次的改革、更高水平的创新，引领郊区转型。

科技创新驱动力增强。创新生态架梁立柱。新组建科技局，制定了《科技创新10条》《关于强化知识产权保护的实施办法》。成功举办“四创四融”活动，在全市率先完成规模以上企业创新生态全覆盖，为全市获得全省第一作出了重要贡献。建成全省首家区级工业全域数据平台领导驾驶舱，实现数据共享、效能提升。开展“政、校、企”合作，举办“新经济·新发展·新未来”校地融合创新论坛，与山西工程技术学院签署战略合作框架协议，开启校地合作新阶段。全年申报科技项目17项，争取科技专项扶持资金1700万元。国家重点科技专项实现零突破，郊区科技项目“低热值煤清洁高效燃烧资源利用与灵活发电关键技术”首次入选国家重点科技专项，并获得科技部立项支持。

人才引育成效明显。大力实施人才强区战略，开展人才培养“四大工程”，实现体制机制、引进方式、培养模式、服务保障、创新驱动五大突破。完善《人才新政十条》，拿出“真金白银”，构建人才体制优势，人才集聚“洼地”初步形成。全年共引进急需紧缺人才53人，人才回流17人，“一事一议”引进优秀医师3名。实施高素质农民培育计划和“三晋新农民鲲鹏计划”，针对性培养农村人才3600人次。优化服务留住人才，设立人才发展资金500万元，打造拎包入住人才公寓168套，发放奖补资金320万元。开展人才配偶随迁安置工作和青年人才联谊活动，吸引青年人才把家安在郊区、把事业成就在郊区。

营商环境走在全市前列。全面深化“放管服”改革，打造全市“六最”升级版。4500平方米的智能政务大厅投入使用，建成了完备的政务服务标准体系。推行“7×24小时”自助服务模式全覆盖，建立“容缺+帮办+代办”机制，在全市率先实现企业开办一日办结。试点“一件事一链办”和“模拟审批”等改革。

国资国企改革走上快车道。成立区委区属国企工委，出台《国资国企改革行动方案》，积极推进公司法人治理结构及市场化经营机制建设。聘请第三方对国有企业进行摸底并按照“一企一策”的原则，制定“六定”改革方案。全区17家全民所有制企业率先在全市完成改制任务，完成率100%。

六、坚持以人为本、以民为先，人民群众幸福指数节节攀升

常委会认为，增进人民福祉、促进人的全面发展，是我们一切工作的出发点和落脚点。必须牢固树立以人民为中心的发展思想，用心用情用力办好民生实事。

优化支出保民生。通过盘活存量、整合资金，集中财力投入教育、医疗、养老等急需资金支持的民生领域，确保民生支出占比不断提高。全年民生支出14.61亿元，占一般公共预算支出的比重为

72.79%。

全力推动就业促进创业。大力实施“人人持证、技能社会”，全年培训3104人，合格率、取证率、就业率不断提升。多措并举抓好重点群体就业，城镇新增就业3568人，下岗失业人员再就业1643人，就业困难人员实现就业650人，农村劳动力转移1827人。

统筹推进教育均衡发展。深化“县管校聘”改革，全区1600余名中小学教师竞聘上岗，83名校长和教师交流任职，教师交流实现“学校人”向“系统人”的转变。高标准组建巨兴小学和玉泉中学初中寄宿制学校，有效缓解开发区“学位紧张”“入学难”问题，学校布局调整工作走在全省前列。74辆校车保障3100余名农村孩子安全上下学，全区中小学校实现“一键报警”。郊区被确定为全国“家校（园）共育”数字化试验区。

织密织牢城乡社会保障网。社会保障实现“有保障”到“全覆盖”的转变，基本养老保险参保人数达12.7万人。救助各类社会人员1.5万人，发放救助金7800余万元。固庄智慧生态康养社区被列为全省重点打造的15个康养社区之一。医保基金运行安全平稳，医疗改革稳步推进，实现全市医疗保障信息互联互通、数据有序共享。启动3.8亿元的公共卫生应急能力提升项目，河底卫生院成为国家级社区医院，着力破解老百姓家门口“看病难”。

七、坚持居安思危、防患未然，各项底线工作扎实有力

常委会认为，要强化底线思维,树牢忧患意识，坚决打赢三大攻坚战。

决战完胜脱贫攻坚。高标准完成“两不愁三保障”及饮水安全，累计脱贫24村、4559人，“两类户”79户166人全部解除返贫致贫风险。“十三五”时期全区共投入扶贫资金6600万元，脱贫攻坚成效显著。桃林沟村党委书记李乃珠被省推荐为全国脱贫攻坚先进个人；虎峪村原第一书记谈永刚感人事迹专题片“山路弯弯”被列入2020年全国十大脱贫攻坚故事之一。郊区代表全市接受脱贫攻坚省考，获得“好”的等次。

持续打好污染防治攻坚战。多项环境指标达近年来最好水平，二级以上优良天数同比增加45天，优良率75.7%，各项指标综合排名全市第二。在全市率先实行重点行业工业企业“白名单”绩效评价差异化管控，2020年秋冬防绩效分级全市排名第一。完成省市下达空气环境质量目标任务。温河辛庄省控断面达V类水体,荫营河白泉断面水质明显好转。被全省评为全市唯一的河长制工作绩效管理奖励县区，入选全国节水型社会建设达标县区。全面推行林长制改革，投资5000余万元，高标准完成荒山绿化、生态修复、景观游园打造等项目。积极开展生态修复及矸石山综合治理工作，总投资2.06亿元的7个矿山修复治理示范项目全部完工。完成火烧迹地生态修复4000亩，投资4700万元对65个废弃露天矿山生态修复图斑进行修复，致力于重现秀丽青山。

着力防范化解重大风险。扎实开展“三零”单位创建，“零上访”“零事故”“零案件”创建率分别达98.84%、99.92%、95.61%。决战决胜扫黑除恶专项斗争，社会治安持续向好，人民群众获得感幸福感安全感连续两年位居全市前列。10余个项目开展风险评估，从源头上化解不稳定隐患。聘请阳煤集团专家对重点领域“把脉会诊”，全区煤矿、非煤矿山等领域均未发生死亡事故，地方煤矿百万吨死亡率继续为零，实现了事故起数与死亡人数“双下降”。在全市率先提出“零火情”目标，投入370万元加强应急队伍建设，构建了“人防＋技防”的“空天地”立体式巡防巡护新体系。

八、坚持和发展社会主义民主政治，治理能力和治理效能不断提升

常委会认为，必须坚持党的领导、人民当家做主、依法治国有机统一，不断推进治理体系和治理能力现代化迈出坚实步伐。

推动新时代人大工作高质量发展。出台《关于新时代加强和改进人大工作的实施意见》，从人、财、物各方面保障人大代表充分发挥作用。投资20.8万元，加强全区人大代表联络站点建设。人大预算联网监督平台建设运用等工作受到了省、市领导的充分肯定。

发挥协商民主重要渠道作用。区委先后6次听取区政协工作情况汇报，制定《关于新时代加强和改进人民政协工作的实施办法》。立案的166件提案全部答复办理完毕。支持政协围绕城乡融合、乡村治理、“十四五”规划等中心工作开展协商议政，汇聚强大合力。

全面推进依法治区。开展法治政府建设示范创建，运用法治思维解决了G239改线工程中遇到的“拆迁难”问题，成为全市运用法治思维推动工作的成功范例。开展“七五”普法宣传，加大宪法、民法典等法律宣传普及工作力度，营造了全民守法的浓厚氛围。

构建大统战工作格局。加强队伍建设，实现了统战委员配备全覆盖。创新咨政建言机制，组织各民主党派人士开展调研11次。开展贴心行动，慰问各类人士2000余人次；助力疫情防控，助推脱贫攻坚。民族宗教工作稳定健康发展，党外干部人才库得到充实，统战工作迈上新台阶。

九、坚持刀刃向内、自我革命，全面从严治党深入推进

常委会认为，坚定不移全面从严治党，是以习近平同志为核心的党中央以伟大自我革命引领伟大社会革命的重要经验。必须坚持以党的政治建设为统领，以“第一责任”保障“第一要务”。

坚决扛起管党治党主体责任。全年召开25次常委会议，安排部署加强和改进党的建设等工作，印发了《区委常委会及其成员落实全面从严治党责任清单》，推动全面从严治党主体责任落实落细。推进政治监督具体化常态化，发现问题63个、约谈356人次、谈话提醒52人次。夯实全面从严治党政治责任，问责“两个责任”不落实党员领导干部46人、党组织4个，以问责倒逼全区党员干部履职担责。九届区委完成对区直单位、乡镇（中心）和村（社区）的巡察全覆盖，打通了全面从严治党“最后一公里”。

牢牢掌握意识形态工作领导权。区委常委会先后6次专题研究意识形态领域工作，严格落实意识形态工作主体责任，把握正确政治方向。勇于发声、善于发声，以社会主义核心价值观引领社会新风尚，创作了《温河儿女》《再唱桃花红》等一批展示郊区特色的文化精品，举办了首届“郊区好人”表彰活动，用榜样的力量弘扬文明新风。新时代文明实践全国试点以“1456”战略领航，智慧云平台调度，聚焦群众需求，着眼项目孵化，开创了城郊型新时代文明实践新路径，全区意识形态总体态势健康向上。

不断筑牢基层党建根基。以“双争双创”为抓手，大力推进党组织星级化管理、治理能力提升、党员分类积分管理、各领域党建排头兵“四大工程”。建立支部联系点523个，创新李家庄汽车产业党建联盟等党建品牌工作，打造20个区级五星级党组织，培育11个市级示范党组织。利用三晋先锋、郊区党建等网络媒体平台，发挥智慧党建作用，宣传党的主张，凝聚组织力量。建成温河灌区纪念馆，温河精神成为干事创业“动力源”。24名机关事业单位干部奔赴农村一线；14个软弱涣散党组织常态化整顿；排查整顿发展党员违纪违规问题专项工作全面完成；农村青年人才党支部覆盖全部乡镇，社区活动场所和基层党建经费全面提标，发展壮大集体经济项目、农村带头人优化提升工程等工作有序推进。

打造高素质干部队伍。坚持把政治标准放在首位，突出“重实干、重实绩、重担当”的选人用人导向，调整2批次75人次，320名干部晋升职级，优化了干部队伍结构。制定《科级干部平时考核管理办法》，开展科级干部培训1000余人次，选派157名科级干部到基层一线历练。深入开展“五整治五严禁”作风建设专项整治，干部作风持续好转，经验和做法在全市推广。

一体推进“三不”机制。紧盯群众身边腐败和作风问题，开展各类专项监督检查25项，全区纪检监察机关立案118件，给予党纪政务处分121人，留置2人，移送司法机关2人。起草《关于推进不能腐制度建设和深化改革的任务分工方案》，探索建立《关于加强纪委监督同级党委（党组）及其成员的实施细则》，不断完善权力配置和运行制约机制。编写领导干部的违规违纪典型案例，督促区委、区政府班子成员履行“一岗双责”，在各分管领域开展警示教育。通过观看警示教育片、参加现场庭审、参观廉政警示教育基地等方式，引导全区党员干部知敬畏、存戒惧、守底线，不断筑牢拒腐防变思想防线。

一年来，区委常委会坚持把方向、管大局、作决策、促落实，充分发挥总揽全局、协调各方的领导核心作用。制定并执行周一四套班子领导例会制度；定期听取区人大常委会、区政府、区政协、区法院、区检察院党组和区纪委监委的工作情况汇报，把党的领导体现到各领域各方面。大力加强国防动员和后备力量建设,区人武部政委李泽同志被中部战区和中部七省市联合表彰为2020年度维护国防利益和军人军属合法权益工作先进个人。双拥工作成效显著，李家庄乡汉河沟村党支部书记宋晓文荣获“全国爱国拥军模范”荣誉称号。同时，充分发挥群团组织桥梁纽带作用，凝聚起全区各行各业群众的强大正能量。

这些成绩的取得，是习近平新时代中国特色社会主义思想指引的结果，是党中央和省委、市委坚强领导的结果，是各级各部门认真履职、密切配合的结果，是全区广大党员干部求真务实、争先进位的结果。在此，我代表区委，向全区各级干部和广大党员群众，表示崇高的敬意和衷心的感谢!

在肯定成绩的同时，我们也清醒认识到，与中央和省市的要求相比，与人民群众的期盼相比，我们在加强党的政治建设、夯实党的基层基础、加快转型发展等方面还存在一些问题。区委将不忘初心再出发，牢记使命勇担当，书写出郊区新时代高质量转型发展新篇章。

政府工作报告

——2021年4月13日在阳泉市郊区第十九届
人民代表大会第一次会议上

阳泉市郊区人民政府代区长　郭方恺

一、“十三五”时期工作回顾

“十三五”时期是全面建成小康社会决胜阶段，是郊区发展进程中极不寻常的五年。五年来，全区上下在市委、市政府和区委的坚强领导下，全面贯彻中共十九大和十九届二中、三中、四中、五中全会精神，深入落实习近平总书记视察山西重要讲话重要指示，紧扣省委“四为四高两同步”总体思路和市委“重塑竞争新优势、倾力打造晋东区域中心城”目标定位，迎难而上、主动作为，“争做转型发展表率，打造城乡融合样板”，确保了“十三五”各项目标任务的圆满完成。

一是区域发展取得新成效。“十三五”末，全区生产总值达到124.87亿元，年均增长4.7%；一般公共预算收入达到4.62亿元，年均增长3.2%；规模以上工业增加值达到29.54亿元，年均增长4.7%；固定资产投资达到46.54亿元，年均增长10.2%；社会消费品零售总额达到23.71亿元，年均增长8.3%；城乡居民人均可支配收入分别达到29726元、17452元，年均分别增长6.0%、7.6%。2018年和2019年郊区连续两年在全省市辖区区域经济考核中排名第九。

二是产业转型实现新突破。项目建设成果丰硕。五年实施项目316个，完成投资253.2亿元，航天气凝胶毡中试基地、华坤高端煤机制造、荣光能源垃圾发电等转型项目建成投产，耐耐网云数据集成交易中心上线运营。招商引资氛围浓厚。绘制完成转型发展图谱和招商图谱，出台“招商十条”，全员开展招商引资，引进百万元以上项目121项，万达商业综合体、天方夜谭等一批大项目先后落地并开工建设。园区建设步伐加快。进一步理顺郊区和市经开区协同发展的机制，23.3平方千米省级经开区赋权郊区建设。投资9.9亿元，打造园区平台3000亩、标准厂房10万平方米，基本实现“九通一平”。产业结构不断调整。深入实施供给侧结构性改革，淘汰煤炭过剩产能195万吨。三次产业占比优化为1.3：47.2：51.5，煤炭占规模以上工业增加值比重由76.1%降到56.5%，制造业占比由18.5%提高到26.2%，战略性新兴产业占比由2018年的1.4%提高到3.8%。

三是城乡融合展现新风貌。城乡建设更具魅

力。编制完成全区城乡融合规划方案，明确了“一城一核两轴三组团”建设新格局，全区城镇化率达72.5%。承接并有效履行市经开区8个村、13个社区的社会管理职能，全区44个村整体搬进楼房，16个村完成村改居。西南异“北七村”、河底燕龛沟示范片建设成效明显。城乡配套更趋完善。完成阳大铁路、生态新城等拆迁扫障50余万平方米，漾泉大道一期、宁波北路、平阳街等顺利通车，G239改线工程有序推进，“四好农村路”建成149千米。荫营镇区基础设施进一步完善，G207绕镇公路、中兴大道先后贯通。投资37.1亿元实施棚户区改造，建设保障性住房15496套，改造农村危房182户，农村老年日间照料中心覆盖率达到85.9%。独立工矿区成功纳入国家发改委资源型地区转型发展中央预算内投资支持范围，申报备选项目17个，总投资28亿元。城乡环境更加宜人。投资3.3亿元开展全域创卫，实施各类工程项目1000多个，拆违拆临达4万平方米，为阳泉市获评“国家卫生城市”做出贡献。改造农村户厕4913户，建成垃圾中转站7座，实现垃圾不落地全覆盖。新增绿化面积8.5万亩，森林覆盖率达24.61%，列为“全省农村人居环境整治示范县（区）”。

四是乡村振兴迈出新步伐。脱贫攻坚决战完胜。4559名建档立卡贫困人口脱贫摘帽，24个贫困村全部出列，郊区代表全市接受脱贫攻坚省考，获得“好”的等次。大力推进脱贫攻坚与乡村振兴有效衔接试点工作，打造示范村7个。农业发展势头良好。设施蔬菜、果品分别达到1500亩、2万亩，蛋鸡、生猪存栏分别比“十二五”末增长10.1%和36.9%，“西南异苹果”成功申报国家地理标志商标。乡村旅游蓬勃发展。五年累计接待游客360万人次，直接收入达6500万元，桃林沟入选全国乡村旅游重点村，咀子上、大洼和南沟入选我省AAA级乡村旅游示范村，郊区连续五年被评为“全省休闲农业与乡村旅游示范县（区）”。乡村治理成效明显。标准化农村产权交易中心投入运营，农村“三块地”改革平台搭建完成，土地确权、农村产权制度改革圆满完成。农民专业合作社达到222个，入社农户2318户，入社资金达1.85亿元。持续推进美丽宜居示范村建设，省级示范村达到15个。合并行政村（村改居）按期完成，减少村级组织46个。25个示范村先行先试，初步构建起“五有五建”的乡村治理新体系。

五是改革创新彰显新作为。金融创新效应凸显。发挥财政资金引导作用，创新开展政银企风险共担模式，累计为194家企业融资9.56亿元。指导企业在山西股权交易中心“晋兴板”挂牌8户，展示板挂牌12户，实现企业与资本市场对接新突破。打造市场化投融资平台，成立玉泉公司，全力支持企业增资扩股，企业资本总额达到3.35亿元。科技创新蹚出新路。出台“科技创新十条”，开展“四创四融”，建成我省首家区级工业全域数据平台领导驾驶舱，高新技术企业达到14家，技术合同交易总额达2930万元，是“十二五”末的39倍。人才招引力度空前。出台“人才新政十条”，设立人才发展资金740万元，打造拎包入住人才公寓168套，发放奖补金320万元，引进各类人才137名。“放管服效”改革亮点频现。圆满完成“一枚印章管审批”改革，投资4000万元的智能政务大厅投入使用，在全市率先实现“企业开办，一日办结”。国资国企改革有序推进。完成农信社化险改制，阳泉农商银行挂牌成立。17家全民所有制企业率先在全市完成改制，国企“三供一业”改革、退休人员社会化移交稳步开展。

六是民生福祉达到新水平。财政民生支出累计达59.6亿元，占一般公共预算支出的75.9%。教育事业均衡发展。新改扩建幼儿园16所，普通中小学由74所整合为37所，校车运行实现全覆盖，“县管校聘”改革扎实推进，“五育”并举成效显著，郊区被确定为全国“家校（园）共育”数字化试验区。医疗卫生水平持续提高。县乡医疗卫生一体化改革试点工作圆满完成，公共卫生应急能力提升项目有序实施，河底分院建成国家级社区医院。文化惠民惠及全民。举办各类文化活动5000余场，50万人次受益。就业水平不断提升。实施“人人持证、技能社会”建设，培训10781人，新增城镇就业18091人，转移农村劳动力11445人。社会保障托底有力。城乡低保标准由“十二五”末的430.5元和247.5元提高到了587元和418元。城乡居民基本医疗保险参保率达98%以上，人均年度统筹基金增加到800元。郊区首创的“阳光人社”APP在省内全面推广，城乡居民养老保险中心获评“全国优质服务窗口”。

七是各项事业跃上新台阶。安全形势持续向好。过去两年安全生产事故起数和死亡人数保持“双下降”，煤炭百万吨死亡率连续多年保持为零。环保攻坚有力有效。在全市率先开展工业企业环保深化治理，二级以上优良天数比例达到76%，降尘量下降明显。投资4.7亿元实施冬季清洁取暖改造，完成52175户并实现全覆盖。郊区入选全国节水型社会建设达标县区。平安建设纵深推进。扫黑除恶专项斗争取得阶段性胜利，一批信访积案得到妥善化解，人民群众获得感幸福感安全感显著增强。此外，第七次人口普查、“七五”普法等工作圆满完成，郊区被评为第四次全国经济普查省级先进集体，民族宗教、外事侨务、老龄妇幼、史志档案、国防动员等工作也都取得新成绩。

八是政府建设得到新提升。开展“两学一做”学习教育、“不忘初心、牢记使命”主题教育，以人民为中心的执政理念深入人心。推进法治政府建设，依法行政水平提升。开展“五整治五严禁”作风转变专项活动，不断把作风建设引向深入。认真执行区人大及其常委会决议，大力支持区政协履行职能，自觉接受人大法律监督和政协民主监督，累计办理人大代表意见、建议441件，办理政协委员提案721件，答复率达100%。深化“13710”督办机制，政府执行力、落实力不断提高。

成绩来之不易，在经受巨大考验下取得的成绩更显难能可贵。过去的一年，面对突如其来的新冠肺炎疫情，区委、区政府团结带领全区人民守望相助，1400余名医护人员坚守一线，14000余名志愿者同心协力，构筑了疫情防控的钢铁防线，用零确诊、零疑似的“双零”战绩，践行了守护人民生命安全、维护社会平安和谐的初心使命，推动了全区经济逆势而上，社会蓬勃发展，主要经济指标完成预期，社会消费品零售总额、农业增加值和服务业增加值及招商引资综合指标排名全市第一。

五年砥砺奋进，五年硕果累累。这是区委坚强领导、科学决策的结果，是区人大、区政协大力支持、有效监督的结果，是全区上下团结拼搏、共同奋斗的结果。在此，我代表区政府，向多年来为郊区发展付出辛勤劳动和汗水的广大干部群众致以亲切的问候和崇高的敬意！向所有关心、支持和帮助郊区发展的各位人大代表、政协委员、社会各界人士表示衷心的感谢！

在肯定成绩的同时，我们清醒地看到，全区经济社会发展还存在不少困难和问题。一是产业类大项目不多，缺少“头脑型”企业的带动引领，产业板块仍处于起步阶段，全产业链发展刚刚布局，高质量发展的态势尚未形成。二是城乡面貌与民生保障仍存在短板，道路、水利等领域基础设施建设不足，医疗、教育、文体等方面与群众期盼还有差距。三是防控风险的形势依然严峻，安全生产、生态环保等方面还时有反复。四是干部队伍还缺乏主动接受新思想、新知识、新理念的意识，业务素质与新形势、新要求相比还有差距，在改革创新上胆子不大、步子不快，自我革命的精神仍有待提高。我们一定高度重视，下大力气加以改进和解决。

二、“十四五”时期主要目标任务

“十四五”时期，是我国全面开启建设社会主义现代化国家新征程的第一个五年，是郊区与省、市同步实现“转型出雏型”的关键时期。根据区第十次党代会部署，为确保实现“十四五”战略目标，我们必须高举中国特色社会主义伟大旗帜，深入贯彻中共十九大和十九届二中、三中、四中、五中全会精神，坚持以马列主义、毛泽东思想、邓小平理论、“三个代表”重要思想、科学发展观、习近平新时代中国特色社会主义思想为指导，全面贯彻党的基本理论、基本路线、基本方略，立足新发展阶段，贯彻新发展理念，构建新发展格局，坚持稳中求进工作总基调，按照省、市、区委决策部署，以推动高质量发展为主题，以深化供给侧结构性改革为主线，以改革创新为动力，以满足人民日益增长的美好生活需要为根本目的，统筹发展和安全，紧扣争做转型发展表率，打造城乡融合样板目标，扎实做好“六稳”,全面落实“六保”,重点突出“六新”，精心打造“六区”，确保实现“十四五”“转型出雏型”、奋力开启全面建设社会主义现代化新征程!

到“十四五”末，重点实现以下目标：

——经济综合实力大幅提升。到2025年，实现“转型出雏型”的重要阶段性战略目标，“五大产业板块”集聚效应显现，“八大园区”发挥转型承载功能，三次产业结构由“三二一”转为“二三一”。全区经济增速高于全市平均水平；工业在经济发展中的主导作用显著增强，工业增加值占GDP比重较快提升；市级以上重点实验室、技术创新中心、工程研究中心数量倍增；战略性新兴产业增加值占GDP比重达到或高于全市平均水平；居民人均可支配收入高于全市平均水平。在此基础上，到2035年经济总量达到全省中游水平，与全国同步基本实现社会主义现代化。

——创新创业生态基本形成。弘扬科学家精神和工匠精神，政、产、学、研、融、服、用深度融合、高度协同，创新创业集聚效应日益显著，“六新”发展全面突破，基本构建起创新活力充分涌流、创业潜力有效激发、创造动力竞相迸发的一流创新生态。

——现代产业体系基本形成。实施非均衡发展和优势转换战略，全面促进传统产业、现代服务业和能源产业提档升级，形成全区高质量转型发展新增长极，“十四五”末战新企业达到30家，规模以上工业企业超过100家。

——转型发展体制机制基本形成。实现更深层次改革，实行更高水平开放，市场主体活力充分释放，营商环境进入全省第一方阵，政府治理效能显著提升，社会治理体系基本完善，制度创新和制度集成的系统性、整体性、协同性明显增强。

——城乡融合发展形态基本形成。以加强城乡一体化建设为重点，补齐城市建设管理短板，突出以工促农、以城带乡，城乡差距显著缩小，打造城乡融合全省样板。

——生态文明制度体系基本形成。践行“两山”理念，落实生态文明建设“三条红线”，做好碳达峰、碳中和工作，现代环境治理体系、生态环境保护制度、资源高效利用制度不断完善，生产生活方式绿色转型成效显著，生态安全屏障牢固。

——完善的民生保障体系基本形成。“人人持证、技能社会”建设推动实现高质量就业，居民收入与经济同步增长，关注“一老一小一青壮”全生命周期，教育、文化、社保、医疗、养老、体育等民生事业持续进步，城乡基本公共服务均等化水平和人民生活品质显著提升。

“十四五”规划《纲要（草案)》已印发各位代表。《纲要（草案)》重点是实施“十大战略”，并实化量化了“十四五”时期郊区经济社会发展的主要目标和重大任务，全文提交大会审议。

各位代表，实现“争做转型发展表率，打造城乡融合样板”目标，承载着市委、市政府对郊区的殷切期望，也凝聚着全区人民对郊区未来发展的美好向往。我们将拉高标杆争进位、全力以赴抓落实，以“一张蓝图绘到底”的精神，奋力实现“十四五”“转型出雏型”的战略目标。

三、2021年工作安排

2021年是“十四五”规划的起步之年。做好2021年工作，要坚持以习近平新时代中国特色社会主义思想为指导，按照党中央和省、市、区委安排部署，统筹改革发展稳定，加快转型蹚新路步伐，推动补考进位取得好成绩，努力实现高质量高速度发展，确保“十四五”开好局、起好步。为此，我们将以“六区”建设和“六件要事”为统领，完成八项主要指标，实施八大产业项目，建设八大重点工程，办好十件民生实事，抓好七方面工作。

完成八项主要指标：生产总值增长10%以上。固定资产投资增长12%以上。社会消费品零售总额增长11%。一般公共预算收入完成市下达任务。城乡居民人均可支配收入分别增长8%、8%以上。城镇登记失业率控制在4.5%以内。规模以上工业增加值增长10%，规模以上工业企业研发投入增长20%以上，制造业增加值占规模以上工业比重提升2个百分点。能源消耗双控等约束性指标完成省、市下达任务并做到更好。

实施八大产业项目：一是加快推进投资105.7亿元的西上庄煤电一体化项目，推动传统产业转型升级。二是实施投资35亿元的万达商业综合体项目，促进现代服务业加速发展。三是实施投资31亿元的钙基纳米复合材料项目，在“新材料”发展上取得突破。四是实施投资30亿元的华储光电5吉瓦光伏组件制造项目，带动制造业高质量发展。五是实施投资5.5亿元的耀邦智能环卫设备生产基地项目，加快装备制造产业发展。六是实施投资5亿元的天方夜谭装配建筑产业基地项目，促进装配式建筑转型升级。七是实施投资3.4亿元的中机伟林磁机电产业园项目，引领创新发展。八是实施投资2.3亿元的欣象种猪和天龙蛋鸡养殖项目，打造养殖业发展新标杆。

建设八大重点工程：一是继续推进投资12.69亿元的G239改线工程，进一步拉大郊区发展框架。二是启动投资6.8亿元的职业高级中学新校区和文体中心建设工程，完善教育基础设施，丰富群众文化生活。三是推进投资3.2亿元的中央森林公园建设，打造阳泉人民的“天然氧吧”。四是实施投资2.9亿元的水务一体化工程，促进水资源优化配置。五是建设投资1.5亿元“太行一号”旅游公路，建成有特色“城景通、景景通”示范段。六是实施投资1.5亿元的荫营河、温河流域修复治理工程，改善“两河”生态环境。七是启动“121211”农业产业工程，推进乡村振兴。八是实施绿化彩化财化“112255”工程，增添郊区“含绿量”。

办好十件民生实事：一是开展新冠疫苗全民免费接种，年底实现80%以上人群覆盖，筑牢全区人民免疫屏障。二是建设PCR实验室，实现核酸和基因检测“不出区”，进一步提高郊区公共卫生服务能力。三是充实大学生村医队伍，努力实现行政村乡村医生和家庭医生签约服务两个全覆盖，让群众“小病不出村”。四是新生入学体检和教职工常规体检免费进行结核病检查，持续为师生健康保驾护航。五是推进“人人持证、技能社会”建设，培训6000人以上，持证率不低于35%，有效带动群众就业增收。六是落实城乡居民补充养老保险制度，启动社区养老服务全覆盖工程，提升郊区城乡居民养老保障水平。七是实施荫营镇区供水主管网改扩建工程，有效提高镇区供水保障能力。八是实施30万平方米的老旧小区改造和既有建筑能效提升工程，让群众不仅“住得上”，还能“住得好”。九是启动区级公益性公墓（骨灰堂）建设，进一步减轻群众丧葬负担。十是推动6座社会化足球场向公众开放，满足群众日益提升的健身需求。

为完成以上目标，要重点抓好七方面工作：

（一）狠抓项目不动摇，在增进后劲上求突破

项目是发展之基、投资之源。我们将树牢“项目兴区”“项目为王”理念，下大力实施一批具有牵引性、支撑性的大项目、好项目，为高质量高速度发展集聚强大动能。

打造“八大园区”，强化项目支撑。荫营工业园区要继续完善水电气暖等配套设施，完成园区支路网管网和污水处理站建设，再打造平台1000亩以上，建设标准厂房5万平方米，推进标准地改

革，实施5G“智慧园区”建设，探索“园中园”管理服务新模式，着力打造成熟园区。依托G239改线工程，拉大园区框架，加快建设工业经济廊带，2020年力争引进5家5亿元以上的龙头企业。白泉工业园区要充分利用格盟电厂“三废”，招引一批绿色环保项目，全面释放园区绿色发展新动能，打造以节能环保为重点的高新材料产业园区。东古循环经济产业园区要加快起步区建设，完善基础设施，年内引进1—2个固废综合利用项目。千亩坪现代农业产业园区要把握列入全省现代农业示范园机遇，加快基础设施配套，完成3.6万平方米的现代农业科技展览馆、育苗温室等5个项目主体建设，年内实现试运营。现代服务业园区要引进大型综合服务体、跨境电商等现代生产性服务业，推进万达商业综合体、奥特莱斯、梅里亚会展中心、江海国际酒店等项目建设，打造阳泉商业发展新地标。双创产业园区要抓住创建国家创新型城市机遇，完成1.4万平方米的科创中心建设，加快新型耐火材料、磁机电、特种防护装备、固废综合利用等高水平科创示范基地建设步伐。现代物流园区要启动合瑞源铁路货运项目，围绕荫营、固庄、燕龛煤矿和荫营工业园区新入驻企业，打造年吞吐量800万吨规模的现代智慧物流园区。文化产业园区要强化项目包装，使珐华器、砂器、铁锅、陶瓷等传统工艺焕发新的生机活力，尤其要加快非物质文化遗产馆手续办理，力争月底前开工建设。

扩大开放合作，精准招商引资。加强对外开放，积极融入国家发展战略，加大对外宣传力度，主动对接先进地区，实现“对外友好县区建设”零突破。完善和运用好郊区“招商十条”及其他优惠政策，立足招商图谱，坚持招大引强，通过以商招商、驻点招商、委托招商、产业链招商等有效途径，吸引更多优质项目落户郊区。出台“总部经济优惠政策”，下大力引进一批国内竞争力强的总部企业，全面提升郊区经济发展水平。2021年，全区百万元以上经济技术合作项目签约金额力争达到130亿元以上，开工率达到70%以上。我们将全面梳理盘点近年来签约未落地的招商项目，责任制管理、清单化推进，确保真正签得来、落得下。

完善服务机制，做好项目保障。2021年，郊区计划实施产业转型、基础设施和社会民生等三大类项目65项，总投资452.8亿元。针对当前全区在项目服务意识、服务理念、服务机制等方面，和先进地区相比都还有差距的实际，我们要一切围着项目转，一切盯着项目干，深化重大项目领导包保制、招商引资项目局长领办制，发挥好安商办、亲商办作用，做合格的“店小二”，推进项目早签约、早落地、早开工、早见效。坚持“要素跟着项目走”，资金、土地、市政配套、人才等要素，优先保障和倾斜支持重点项目，解决好项目建设的要素瓶颈制约，切实把“围墙外”的事办好。深入把握国家和省、市政策，精心谋划一批层次高、规模大、带动力强的项目，积极争取上级政策和资金支持，掀起项目谋划建设新热潮。

（二）紧盯重点强链条，在优化结构上求突破

2021年，我们将实行“链长制”，明确重点发展的产业链条，坚持“一链一策一方案”，持续在建链补链延链强链上下功夫，努力提升产业层次，构建现代产业新格局。

做强节能环保板块。发挥郊区作为全市节能环保产业主阵地的作用，加强与北京科技大学、河坡电厂的“政企校研”合作，以低热值能源清洁高效燃烧与固废高值化利用国家科技部重大科技项目为依托，以河坡电厂固废综合利用项目为核心，推进天方夜谭、中科泓源、合力拓等项目建设，努力形成“煤泥—发电—粉煤灰（赤泥、煤矸石）—建材”的完整链条，打造节能环保全封闭产业链。同时，围绕西上庄煤电项目，谋划建设节能环保产业集聚区，强化余热固废利用。

做活文旅康养板块。依托2个AAAA级景区、10余个旅游示范村等乡村旅游资源和“一桃二红三义”“山西三宝”珐华器以及小西庄砂器等文化

品牌资源，打造以“北七村”为主的乡村振兴示范片区、以桃林沟乡村旅游项目为主的民俗文化旅游片区等七大乡村旅游片区，叫响“太行深处有人家”品牌。推进桃林沟旅游休闲二期、咀子上溶洞、任家峪铁锅文化产业园等项目建设，推动文旅产业品质化、规模化、集群化发展。开展特色节庆和旅游惠民活动，发展大众旅游，实现由扩大声量到转换流量的转变。推进中源康养、中旭鑫源等项目建设，促进康养产业加快发展。

做精现代物流板块。有效整合区内 11 家物流企业，再引进 2—3 家知名物流企业，推动集约化发展，支持金隅冀东、通宝鑫能等物流项目提档升级，深化“公转铁”运输结构调整，依托区内交通优势，发展公路、铁路物流，构建绿色高效综合交通运输体系。围绕桃林沟冷链物流，推进集交易、仓储、运输、加工、检测和集中配送等功能于一体的冷链物流发展，补足郊区冷链物流不足的短板。

做大新型耐火材料板块。出台耐火产业提档升级鼓励政策，充分发挥郊区铝矾土资源优势，以开发用于新流程、新工艺、新技术高温工业的关键耐火材料和高效节能、绿色环保型耐火材料为发展方向，深度挖掘耐火产品新的应用领域，重点支持银宇耐火锂电匣钵、华岭耐火低导热莫来石砖、恒源耐火航空航天用特种高温涂料等新产品研发，持续推进耐火产业规范提升，力争打造 3—5 个亿元耐火企业。谋划建设 500 亩高档耐火集聚区，重塑耐火产业发展新辉煌。

做优特色产业板块。现代装备制造业版块要支持中机伟林、广凯机械等企业提档升级，推动华坤高端煤机制造、维利亚精密制造、华储光电光伏组件制造、耀邦智能环卫设备生产基地等新建项目投产达效，初步形成高端装备制造产业集群，推动“制造”向“智造”转变。特色农业版块要立足城郊优势，发展“精品、特色、优质”都市农业，围绕水果、杂粮、蔬菜、生猪、蛋鸡、休闲农业六大特色产业，各培育 10 个精品基地，叫响“西南异苹果”“桃林沟鲜桃”“旧街玉露香梨”“冬春蔬菜”等品牌。

（三）深化改革解难题，在创新发展上求突破

改革创新是时代进步的最强动力。我们将始终把改革创新放在转型发展全局的核心位置，抓住关键环节，做好制度创设，破解发展难题，以改革增活力，以创新促发展。

加快构建创新生态。实施好“科技创新十条”，常态化开展“四创四融”。打造现代双创产业园、中试基地特色区、区校融合发展示范区“一园两区”，年内新增市级以上工程技术研究中心 2 家，力争实现省级重点实验室、工程技术研究中心零的突破。打造科技创新公共服务平台，鼓励企业与高校院所开展多层次、高水平的产学研合作。加大企业创新投入支持力度，扩大规模以上工业企业研发活动全覆盖成果，推动技术创新投入持续提升。2020 年，要新认定高新技术企业和省级民营科技企业各 2 家，科技型中小企业达到 22 家，区财政将拿出专门资金，对企业技术创新投入进行奖补。发挥全域数据平台领导驾驶舱作用，实施全省首家区级企业端工业互联网标识解析服务平台建设，实现跨地域、跨行业、跨企业的信息查询，推动企业工业化和信息化深度融合。

持续优化营商环境。将优化营商环境作为“一号改革工程”，出台“优化营商环境十条”，打造“六最”升级版。深化“放管服效”改革，推进“证照分离”全覆盖，实现“一件事一次办”，新设企业“一天办结”“零成本”办理。开展“五减”“五统一”专项行动，将时限、材料、环节再压减 30%以上。推进“互联网 + 政务服务”，探索“掌上办”“指尖办”服务品牌。打造“全生命周期一链办”服务标准体系，建立企业“一站式孵化”服务专区。拓宽政务服务渠道，推行“三免一自助”惠民举措。健全营商环境监督评价机制，提升政务服务水平。开展“树优评差”专项活动，将营商环境评价结果纳入年度考核。

构筑人才引进高地。落实“人才新政十条”，实施创新型人才引育计划，动态完善区级领导联系人才制度。针对当前郊区企业用工难、人才缺问题，2021年要制定“企业人才引进十条”，搭建企业人才平台。开展“贴心行动”“回乡工程”，吸引郊区籍优秀高层次人才回乡创新创业。坚持人才引进和培养“双轮驱动”，出台专项激励政策，实施知识更新工程，引导人才队伍自觉开展继续教育，提升学历能力水平，打造一支能够突破关键技术、引领产业升级，与郊区发展相匹配的本土化、高素质、创新型科技人才队伍。

发展壮大民营经济。落实“扶持民营经济十条”，持续推动“个转企、小升规、规改股、股上市”，引导民营企业建立现代企业制度，完善公司治理模式，扩大企业发展规模，培育“小升规”企业15户以上。破除市场准入障碍，营造公平竞争环境。鼓励本土企业做大做强，2021年区政府将制定办法，对本土企业新增技改项目、以企招企引进的融合发展项目等，给予招商引资同等优惠政策支持。实施郊区企业星级评价三年行动计划，对星级企业给予表彰奖励和政策倾斜。支持中小企业规范化股份制改制，推进中小企业上市梯次培育，充实上市和挂牌企业后备资源库。

深化重点领域改革。深化财政体制改革，提升财政资源配置效率和资金使用效益。落实减税降费政策，激发市场主体活力。完善金融组织监管体系，坚决守住不发生系统性区域性风险底线。加快开发区改革，完善园区职能，用好战略性新兴产业0.3元用电奖补政策，吸引更多企业入驻。加快国有企业改革，出台“六定”方案，完善现代企业制度，健全国资监管机制。抓好教育、医疗、养老、文化等领域改革，提升公共服务和社会保障能力。

（四）扭住关键抓“三农”，在乡村振兴上求突破

始终把解决好“三农”问题摆在突出重要的位置，立足乡村振兴先行区定位，坚持农业和农村现代化一体设计，一并推进，促进农业高质高效、乡村宜居宜业、农民富裕富足。

巩固脱贫攻坚成果。作为全省脱贫攻坚和乡村振兴有效衔接10个试点县区之一，要发挥示范引领作用，继续执行“四个不摘”，保持现有帮扶政策、资金支持、帮扶力量总体稳定，留足政策过渡期，完成档案智能管理，做好脱贫攻坚巩固，有效衔接乡村振兴。加强产业扶贫项目指导服务和基础设施项目后续管理，扶持壮大龙头企业和扶贫专业合作社，完善利益联结机制，发挥扶贫带动作用。

全面推进乡村振兴。落实“米袋子”责任，推进“菜篮子”工程，稳定粮食生产，坚决防止耕地“非农化”“非粮化”。围绕“121211”发展目标，开展农业高质高效高速行动。出台“农业产业振兴十条”，在规模种植养殖、撂荒地复垦等十个方面给予政策扶持，建成1.39万亩高标准农田，新建改建设施农业300亩、优质水果基地2500亩，发展优质小米种植基地2000亩，生猪出栏达到6.68万头，蛋鸡存栏突破60万只，总投资7.8亿元的十大农业项目力争年内投产见效。探索实施“农科贷”，解决好农业及科技项目贷款难问题。开展消费升级行动计划，加快发展“云经济”“宅经济”，促进消费新业态向农村延伸，创新推动研学、夜间、直播、演艺、民宿经济融合发展，挖掘乡村消费潜力，带动餐饮、住宿、零售等服务业提质提档。实施品牌战略，打造“一村一品”“一乡一业”，挖掘培育更多具有地域特色的优质农产品，以产业富农、以品牌兴农。扎实做好村委会（居委会）换届选举，完成乡村治理体系建设试点任务，实施农村集体经济组织带头人培育工程，打造“一懂两爱三过硬”的农村干部队伍。

继续抓好农村改革。编制“多规合一”的村庄规划。巩固完善农村土地基本经营制度，落实第二轮土地承包到期后再延长30年政策。鼓励农户积极流转土地，到年底农户承包地流转率力争达到35%以上。做好农村宅基地改革管理基础工作，按照“确权、赋能、搞活”思路，建设“三块地”数

据库，推动“三块地”入市改革。支持农户利用闲置宅基地和农房，通过自主经营、合作经营、委托经营等方式，发展特色民宿、精品农家乐等乡村产业，带动乡村旅游，助力乡村振兴。发挥农村产权交易平台作用，健全交易规则，加强集体资产管理，发展壮大集体经济。支持村集体利用闲置资产，以自主开发、合资合作等方式，引进项目、发展产业，实现集体资产保值增收，到年底集体经济收入 100 万元以上的村 25 个以上，50 万元以上的村 40 个以上，60%以上村集体实现资产股权分红，分红总额力争翻番，让村民享受更多改革红利。

（五）加快建设补短板，在城乡融合上求突破

城乡融合是拓展发展空间的必由之路。我们一定围绕构建“一城一核两轴三组团”新格局，补短板、强弱项，打造全市、全省城乡融合发展样板。

完善荫营城区功能。近年来，荫营镇区配套不断完善，功能持续提升，我们将一抓到底、久久为功，推动荫营由“镇”变“城”。推进荫营河南窑庄至污水处理厂、荫营镇区供水主管网、荫营镇区雨污分流排水三大管网工程，完善镇区市政道路、公园、广场及水气暖等基础设施建设，实现荫营污水处理厂达标运行。加大园林绿化管理力度，优化镇区环境。落实“两下两进两拆”，推进下荫营棚户区改造和桥上采煤沉陷区避让搬迁，拉大发展框架，强化荫营核心区域功能，实现城镇化向城市化转变。

提升城乡建设水平。紧紧抓住国家独立工矿区改造政策契机，做好城乡融合发展各项基础工作。推进 G239 改线工程，力争 2022 年年底前全线通车。抓好 G307/G207 绕城改线工程，年底前主体完工。支持阳泉中心医院、中央森林公园、平阳街二期等生态新城重点工程项目实施，推进甘河、龙凤沟等村采煤沉陷区搬迁。加快水务一体化建设，年底前主体完工，河底污水处理厂投入运行。全力支持龙华口调水工程建设，让群众吃水更安全、企业用水有保障。依托阳泉“智慧城市”试点，加快 5G 网络、物联网、大数据等新型基础设施建设，全面打造“数字郊区”。推进“智慧城市”建设向乡村延伸，真正实现“智慧村村享”。借鉴先进地区社区管理成功经验，推进“三社联动”，实现社区、社会组织、社工人才功能互补、良性互动。

持续改善人居环境。启动农村人居环境整治提升五年行动，实施拆违治乱、垃圾治理、污水治理、“厕所革命”、卫生乡村“五大专项行动”，推进农村供水、道路建设、清洁能源、乡村绿化、风貌整治“五大基础工程”，开展美丽宜居村庄和美丽庭院示范创建活动。2021 年，要完成整村分类改厕 2036 座，新建厕所粪污集中处理设施 20 处。深化“创卫”成果，推进城乡环卫一体化管理，巩固“垃圾不落地”成效，完善长效管理机制，推动垃圾分类增点扩面，坚决杜绝“四堆十乱”出现反弹，持续提升郊区环境形象。

（六）生态优先强治理，在绿色发展上求突破

以习近平生态文明思想为指导，加大生态环境保护力度，推动绿色发展、可持续发展，建设多彩郊区、生态郊区。

持续巩固污染防治成果。深化“蓝天保卫战”。实行工业企业“白名单”分级和应急错峰评级双重动态管控体制，实现绩效评级深化治理常态化，2021 年生态环境部分级管控评级评为 A、B 级及引领性企业要达到 10 家。建设工业企业电管控监控平台，实现工业企业监控全覆盖，使郊区成为全市首个具备完整监控体系的县区。深化扬尘污染治理，强化管车、控煤、植绿、硬化等措施，巩固9 吨 / 平方千米以下降尘目标，完成省、市下达空气环境质量目标任务。打赢“碧水攻坚战”。压实“河长制”责任，推进“五水同治”，温河辛庄国控断面、荫营河河北省控断面稳定达到Ⅴ类水体标准。打好“净土守卫战”。严格土壤污染源头防控，加强农业面源污染治理，做好受污染土壤修复治理工作，完成水土流失治理面积 2.25 万亩。巩固中央环保督察及“回头看”反馈问题整改工作成果，配合做好第二轮中央环保督察工作，及时解

决群众反映的环境污染问题。

深入推进生态修复治理。坚持山水林田湖草系统治理，提高生态环境治理成效。推进高铁高速两侧环境综合整治，抓好河底北部等历史遗留矿山生态修复，实施老窑水、矸石山、工业固废堆场等治理。推进“林长制”改革，坚持绿化和彩化、财化有机结合，实施好“112255”工程，完成1000亩裸地绿化、10个园林村创建、2个集群村庄绿化、2万亩荒山绿化、5条道路绿化美化、5000亩核桃提质增效，到年底森林覆盖率达25.5%以上。

践行绿色生产生活方式。落实清洁能源双替代，完成原煤禁烧、散煤清零等工作，开展能源消耗双控行动。推进煤炭绿色智能开采，依托5G通信技术，推动西上庄煤矿建设智能化样板矿井，年内完成保安、旧街和神堂煤矿掘进、采煤智能化工作面建设，提高煤炭清洁高效利用水平。加大可降解制品推广使用力度，7月1日起全面禁止生产、销售和使用不可降解一次性塑料制品，创建全国资源化利用示范县区。

（七）围绕民生抓落实，在普惠共享上求突破

构建优质教育体系。启动区职业高级中学新校区、育杰九年一贯制学校和1所公办幼儿园“两校一园”新校建设工程，加快荫营中学等5所学校的教学楼、实验楼、食堂改扩建提质工程，力促教育基础设施建设水平再提升。坚持“就近就便服从就优”原则，优化学校布局，强化优质学校创建，率先打造“全国义务教育优质均衡发展县（区）”。实施幼儿园“厕所革命”，实现校园卫生厕所全覆盖。深化普通中小学教师“县管校聘”、中考招生考试制度等改革，探索成立教育联盟、教育集团，建立适应城乡教育融合发展的学校管理新体制。支持荫营中学与国内高水平教育机构开展合作，定期对教师进行培训，提升郊区高中教育质量。

推进“健康郊区”建设。深化县域医疗卫生一体化改革，实施投资3.8亿元的医疗集团基础设施提升项目，加快区人民医院新院区及乡镇（中心）卫生院建设。推进互联网+医疗信息化建设，打造百姓家门口的线上医院，整体提升群众看病就医条件水平。提高基本公共卫生服务费补助，提升服务质量水平。抓好区域点数法总额预算和按病种分值付费国家试点工作，促进医保基金有效使用。完善疫情防控群防群治格局，加大财政保障力度，做好全民免费疫苗接种。加强全科医生和乡村医生队伍建设，健全门诊共济医疗保障机制，降低患者医药负担。深入开展爱国卫生运动和全民健身活动，打造百姓身边“15分钟健身圈”，形成健身、预防、治疗为一体的“健康郊区”新格局。

抓好“平安郊区”建设。严格落实安全生产责任制，深入开展安全生产专项整治三年行动和“零事故”单位创建。聚焦重点行业、重点领域、重点时段，突出抓好森林防火、地质灾害治理、打击私挖滥采、防汛抗旱、防震减灾、城乡房屋安全隐患排查整治等工作。认真贯彻煤矿安全生产特别规定和煤矿安全监察专员制度，努力保持煤矿百万吨死亡率为零。推进应急体系建设，落实企业法人安全承诺制，推行“专家把脉会诊”，以“四铁”要求治理隐患，隐患不整改视同事故处理。尽快启动社会矛盾调处中心运行，打造“智慧信访”，形成一站式接待、一揽子调处、一条龙服务工作模式，实现控新治旧。强化“智慧公安”建设，常态化推进扫黑除恶斗争。创新社会治理，加强治安管理，确保社会稳定，建设“平安郊区”。

加快各项事业发展。推进“人人持证、技能社会”建设，与区内高校、职业院校联合举办特训班，对有培训意愿和就业需求的劳动者愿培尽培、应培尽培，并做好培训取证工作。开展蕙生福巧娘、漾泉月嫂、荫营护工“三个百”培训就业计划，至少安置300名妇女就业。提高城乡低保、特困供养标准，加大对困难群众救助力度。统筹做好维护退役军人合法权益、关爱特殊群体等工作。围绕新时代文明实践中心试点建设，培育和践行社会主义核心价值观，推进移风易俗，形成讲文明、树

新风社会氛围。强化非物质文化遗产和文物的保护传承，创作一批展现郊区文化形象的精品剧目。做好革命文物保护利用，弘扬革命文化。支持国防建设，巩固"全国双拥模范城"创建成果，抓好民族宗教、外事侨务、老龄妇幼、史志档案等工作，促进各项社会事业协调发展。

各位代表，民生无小事，枝叶总关情。我们一定满怀感情和责任，坚持民生投入只增不减，真正把好事办好、实事办实，向全区人民交上一份满意的答卷！

四、全面加强政府自身建设

站在新起点，面对新形势，新一届区政府将秉持"规定动作争先，自选动作快干"的作风，不断提升政府治理体系和治理能力现代化水平，全力打造人民满意的政府。

强化政治建设，坚持忠诚干事。坚持以习近平新时代中国特色社会主义思想武装头脑、指导实践、推动工作，切实增强"四个意识"，坚定"四个自信"，做到"两个维护"，不折不扣落实党中央和省、市、区委决策部署。开展党史学习教育，进一步提高政治判断力、政治领悟力、政治执行力。

强化廉政建设，坚持干净做事。认真履行全面从严治党主体责任，落实"一岗双责"，巩固良好政治生态，建设廉洁政府。贯彻中央八项规定精神，坚决反对"四风"，力戒形式主义、官僚主义。树立过"紧日子"思想，严控"三公经费"。抓好巡视巡察和审计发现问题整改，加强项目审批、工程建设、民生资金等重点领域廉政风险防控，筑牢"不敢腐、不能腐、不想腐"的制度堤坝。

强化法治建设，坚持依法办事。深入贯彻习近平法治思想，深化法治政府建设示范创建。完善重大行政决策程序制度，落实行政执法"三项制度"，推进乡镇综合行政执法改革，提高行政职权运行规范化水平。加强社会主义法治文化建设，开展法治宣传教育，实施"八五"普法规划。认真执行人大及其常委会决议，办好人大代表意见、建议和政协委员提案，自觉接受人大、政协和社会各界监督。

强化能力建设，坚持担当任事。围绕新形势、新要求，增强"八种本领"，提升"七种能力"，完善知识结构，潜心钻研业务，实现业务能力的转型升级。推行工作清单化、项目化、责任化管理，以发展成果评价实绩，以群众满意衡量实效。发扬为民服务孺子牛、创新发展拓荒牛、艰苦奋斗老黄牛的"三牛"精神，开展"四聚焦四提升"活动，巩固"五整治五严禁"成果，用好"13710""四不两直"等手段，"定了就干，马上就办"，确保各项部署落地见效。

相关名词解释：

1."九通一平"：九通，即通雨水、污水、中水、给水、道路、热力、电力、燃气、通信；一平，即场地平整。

2."一城一核两轴三组团"：一城，即生态新城和经开区，提升城市管理水平，强化以城带乡功能；一核，即强化荫营镇核心区域功能，实现城镇化向城市化转变；两轴，即以G239、漾泉大道为纵横轴，打造城乡融合经济廊带；三组团，即打造以平坦和旧街为主的生态文旅发展组团、以河底和西南舁为主的产业融合发展组团、以杨家庄和李家庄为主的近郊产城融合组团。

3."五有五建"：即有核心建组织、有主体建队伍、有平台建载体、有规范建程序、有监督建网络。

4."四创四融"：即创意、创业、创新、创造，融创、融智、融资、融合。

5."五整治五严禁"：即整治文风不正，严禁粗疏错漏；整治会风不严，严禁会纪松懈；整治责任缺失，严禁为官不为；整治办事无章，严禁随意乱为；整治纪律松弛，严禁自由散漫。

6."六稳"：即稳就业、稳金融、稳外贸、稳外资、稳投资、稳预期。

7."六保"：即保居民就业、保基本民生、保市场主体、保粮食能源安全、保产业链供应链稳定、保基层运转。

8.“六新”：即新基建、新技术、新材料、新装备、新产品、新业态。

9.“六区”：即创新创业集聚区、转型发展引领区、城乡融合样板区、乡村振兴先行区、绿色发展生态区、文明实践示范区。

10.“十大战略”：即实施创新驱动战略，打造一流创新生态；实施“六新”突破战略，争做转型发展表率；实施高质量发展战略，做强现代产业体系；实施新型城镇化战略，打造城乡融合发展样板；实施乡村振兴战略，巩固新发展阶段压舱石；实施扩大内需战略，全面融合新发展格局；实施高标准保护战略，筑牢生态安全屏障；实施高品质生活战略，建设幸福文明郊区；实施深化改革开放战略，重塑体制机制新优势；实施安全发展战略，建设更高水平平安郊区。

11.“六件要事”：区委九届八次全会暨区委经济工作会议上提出，围绕打造引领郊区经济发展的新高地，加快建设工业园区经济廊带；立足建设山清水秀、宜居宜业的新郊区，实施全域水环境综合治理工程；聚焦乡村振兴迈新步，打造市民休闲旅游后花园；着眼办好人民满意的教育，大力优化城乡基础教育布局；紧盯更好满足群众看病就医新需求，全力提升区乡村三级医疗卫生服务水平；突出强基固本，提升基层党组织凝聚力战斗力。

12.“七大乡村旅游片区”：即以“北七村”为主的乡村振兴示范片区、以桃林沟乡村旅游项目为主的民俗文化旅游片区、以南沟培训基地项目为依托的革命文化教育主题片区、以温河精神主题教育公园等项目为主的党性教育主题片区、以刘关张文化主题景区等项目为主的三义文化体验片区、以燕龛沟人居环境示范区建设项目为主的田园风光休闲片区、以保安沟沿线各村旅游项目为主的生态休闲健身康养片区。

13.“五减”“五统一”：五减，即减事项、减环节、减材料、减时限、减次数；五统一，即办事标准统一、申请材料统一、办事流程统一、办理时限统一、网办事项统一。

14.“三免一自助”：即免费证照邮寄、免费打印复印、企业注册首套印章免费刻制、证照自助领取。

15.“六定”：即定职数、定员额、定机构、定机制、定薪酬、定任期。

16.“121211”工程：到“十四五”末，全区杂粮种植面积1万亩、果园2万亩、中药材1万亩、温室蔬菜2000亩、生猪出栏10万头、蛋鸡存栏100万只的发展目标。

17.“一懂两爱三过硬”：即懂农业，爱农村、爱农民，政治过硬、本领过硬、作风过硬。

18.“两下两进两拆”：两下，即管线下地、广告下墙；两进，即车辆进库、进位；两拆，即拆除违建、拆除不符合城市风貌的围墙（围挡）。

19.“四堆十乱”：四堆，即煤堆、柴堆、粪堆、料堆；十乱，即乱扔乱倒、乱贴乱画、乱堆乱摆、乱搭乱建、乱停乱放。

20.“五水同治”：即治理饮用水源、黑臭水体、工业废水、城镇污水和农村排水。

21.“四聚焦四提升”：即聚焦政策执行，提升政治判断力、政治领悟力和政治执行力；聚焦任务攻坚，提升担当精神和履职能力；聚焦营商环境，提升行政效能和服务水平；聚焦执纪守规，提升纪律观念和规矩意识。

22.“三项制度”：即行政执法公示制度、执法全过程记录制度、重大执法决定法制审核制度。

23.“八种本领”：习近平总书记在中共十九大报告中提出，即学习本领、政治领导本领、改革创新本领、科学发展本领、依法执政本领、群众工作本领、狠抓落实本领、驾驭风险本领。

24.“七种能力”：习近平总书记在2020年秋季学期中央党校（国家行政学院）中青年干部培训班开班式上提出，即政治能力、调查研究能力、科学决策能力、改革攻坚能力、应急处突能力、群众工作能力、抓落实能力。

大事记

1月

3日，郊区工会第八次代表大会召开。

13日，郊区召开“不忘初心、牢记使命”主题教育总结大会。区委书记王明厚出席会议并讲话。市委主题教育第二巡回指导组组长、市委统战部副部长张弛到会指导。

16日，在司法部下发的《关于表彰全国法律援助和公共法律服务工作先进集体先进个人的决定》中，郊区司法局李红红（女）被授予“全国公共法律服务工作先进个人”称号。

20日，区委召开全区干部大会。市委常委、组织部长任建华出席并讲话。会议宣布省委、市委关于郊区区委主要领导职务调整的决定。

20日，山西省农村文化促进会、山西省新的社会阶层人士联谊会组织山西省知名书法家，到桃林沟村开展“写春联、送祝福”文化惠民活动，为村民送上新春的祝福。

21日，郊区召开全区新型冠状病毒感染肺炎防控工作部署会。区委副书记、区长宁文鑫出席会议并就认真做好防控工作提出要求。会议决定成立郊区防控新型冠状病毒感染肺炎应急指挥部。

27日，阳泉市委督察组到郊区就新型冠状病毒感染肺炎疫情防控工作进行专项督查。区委书记王晓丽、区长宁文鑫、副区长赵旭一同督查。

2月

6日，郊区召开G239改线工程建设专题会，区委书记王晓丽听取G239改线工程复工准备情况，研究工程建设中遇到的突出问题。区领导刘瑞生、张魁福、韩晓东出席会议。

10日，郊区召开项目投资推进会议，区委常委、常务副区长郭方恺，副区长晋玮参加。各乡镇、各部门负责人分别汇报2020年计划投资项目推进及开复工情况，各部门负责人分别汇报局长领办项目推进情况。

27日，省委脱贫攻坚第七督导组就郊区应对新冠肺炎疫情影响、全力推进脱贫攻坚工作进行专题督导。市委副书记巩成、区委书记王晓丽、副区长杨兆明陪同督导。

29日，区长宁文鑫到西南舁乡调研“北七村”人居环境整治及春耕备耕工作。

3月

6日，郊区召开区委经济工作会、脱贫攻坚暨项目建设招商引资会议。区委书记王晓丽出席会议并讲话。

9日，区纪委九届六次全体会议召开。

18日，市委书记关建勋到郊区督导项目建设和创卫工作。区领导王晓丽、宁文鑫等参加。

19日，区长宁文鑫检查春季护林防火工作，先后到河底镇关家峪村、邓家峪村、河底林场、曹家掌村、刘备山、新城森林公园护林防火点，了解进山路口设卡、防火宣传动员、应急物资储备等情况。之后，区政府召开护林防火视频调度会，针对护林防火工作中存在的问题再次安排部署。

22日，区长宁文鑫到阳泉职业技术学院检查高三年级开学准备工作，副区长赵旭一同检查。

24日，由区长宁文鑫带队的郊区发展壮大村级集体经济试点陈述组参加全市2020年扶持壮大农村集体经济试点项目立项评审会。郊区确定25个村为申报试点项目，经过材料初审、精彩陈述、项目分析、动态演示、专家提问等一系列环节，最终以最高分被确定为全市2020年扶持壮大农村集体经济试点。

28日，中共阳泉市委书记姜四清到郊区，就森林防火、项目建设、平台打造和企业复工复产等情况进行调研。

31日，全市项目集中开工、签约、投产“三个一批”活动暨万达广场开工仪式在郊区举行。市委书记姜四清宣布集中开工，市委副书记、市长雷健坤讲话，市委常委、常务副市长黄海涛主持。市、区领导巩成、王旭明、杨永生、王晓丽、宁文鑫等参加。

4月

1日，郊区召开数字政府、智慧城市规划设计座谈会。区长宁文鑫，副区长晋玮、赵旭出席。座谈会上，中国移动通信集团雄安产业研究院同省、市移动公司专家介绍“数字政府”项目背景、“领导驾驶舱”项目、“智慧城市”研发内容等。与会人员结合郊区实际，就数字政府、智慧城市规划设计方案提出意见建议。

7日，郊区召开局长领办制项目推进会。区长宁文鑫，区委常委、常务副区长郭方恺出席。会议研究局长领办制项目推进情况考核办法实施意见，分析存在问题，提出下一步工作打算。

14日，郊区政府与中国移动阳泉分公司举行5G战略合作签约仪式。区长宁文鑫，区领导郭方恺、张海斌、晋玮，中国移动阳泉分公司负责人等出席。区委常委、常务副区长郭方恺与中国移动阳泉分公司副总经理李权签订战略合作协议。

26日至28日，政协阳泉市郊区第九届委员会第五次会议在区政府一楼西报告厅举行。会议审议并通过区政协副主席李秀芳所作工作报告和副主席杨济才所作提案工作情况报告。会议采用视频会议形式召开，大会设1个主会场、5个分会场、8个讨论组。

27日至28日，阳泉市郊区第十八届人民代表大会第五次会议举行。会议听取和审议区长宁文鑫作的政府工作报告、区人大常委会副主任潘钰作的区人大常委会工作报告、区人民法院院长王忠强作的区人民法院工作报告、区人民检察院检察长严志勇作的区人民检察院工作报告。会议采用视频会议的形式召开，共设1个主会场、7个乡镇分会场。

5月

4日，郊区荫营中学学生武敏被团中央授予“全国优秀共青团员”称号。武敏生于2002年，曾被评为全国最美中学生、全国向上向善好青年、山西省自强自立美德少年、山西省最美孝心少年，并获“感动山西”提名奖。

10日，区长宁文鑫先后到李家庄乡桃坡村、荫营镇下荫营村、南窑庄村棚改项目工地和居乐园保障房等项目现场，调研全区建筑工地安全、环保等工作。区领导张斌武、晋玮、韩晓东参加。

12日，郊区千亩坪现代农业产业园核心区建设项目开工。

15日，全区新冠肺炎疫情防控档案工作会召开，安排新冠肺炎疫情防控工作档案收集归档。

19日，郊区召开招商引资项目洽谈会。区委书记王晓丽，副区长晋玮及砥创新材料科技（浙江）有限责任公司负责人出席。

21日，中共阳泉市委副书记巩成到郊区调研爱国卫生季活动和农村人居环境整治工作。区领导王晓丽、张海斌、张魁福、赵旭、杨兆明、韩晓东一同调研。

6月

2日，郊区举办2020年“郊区好人”颁奖暨“凡人善举，厚德郊区”流动事迹展开展仪式。

9日，省人大预算联网监督工作观摩组到郊区观摩指导工作。

23日，阳煤集团西上庄煤矿主立井首次揭煤成功。

30日，郊区举行温河灌区纪念馆揭牌暨选派机关事业单位干部到村任职誓师会。

7月

1日，郊区举行纪念中国共产党建党99周年大会暨“牢记嘱托、践行誓言”主题党日活动。

7日，郊区举行以“创新郊区·融合共赢”为主题的招商引资项目集中签约仪式。签约9个项目，签约金额106.168亿元。

10日，郊区首家矛盾纠纷化解中心在李家庄乡甄家庄村成立。

19日，市委书记姜四清到郊区，调研推进“三个一批”活动、培育规模以上工业企业、谋划“六新”项目等。

20日，由阳泉中机伟林矿山设备有限公司投资建设的中机伟林磁机电产业园项目开工建设。项目位于阳泉市郊区李家庄乡中机伟林工业园区内，计划投资3.36亿元，建筑面积3.5万平方米，其中地上面积2.3万平方米，地下面积1.2万平方米。主要建设内容包括创业基地、产业研究院、技术研发中心、立体车间等。

20日，郊区创新生态“四融四创”暨企业创新成果展开幕。

25日，省委农办主任、省农业农村厅厅长鞠振一行到郊区就脱贫攻坚与乡村振兴有机衔接、农业标杆项目、乡村治理等工作进行调研指导。

29日至30日，郊区召开重点项目重点工作观摩汇报会。

8月

4日，水利部督查组对郊区近几年河长制落实及河湖“清四乱”工作进行督查。

6日，全区两河流域治理、突出环境问题清零暨“总河长”会议召开。

10日，区委书记王晓丽，区长宁文鑫到西南舁乡东林尖村、咀子上村，就“北七村”乡村振兴示范片区推进工作进行调研。

13日，市委理论学习中心组（扩大）学习会暨郊区“干部教育大讲堂”至郊区举行，邀请曾任中国人民解放军国防大学战略教研部副主任兼国防大学战略研究所所长金一南，作题为《2020内外形势与我们的选择——坚定理想信念，做新时代担当作为好干部》的专题讲座。

14日，郊区开展道路交通事故应急演练。

16日，省发改委工业处处长李红带领专家组对郊区申报独立工矿区工作进行调研。

27日，省司法厅二级巡视员张魁银带领督导组到郊区，对司法行政系统服务“四为四高两同步”保障高质量转型发展、开展“端正执法司法理念、改进执法司法作风”专项整治活动和服务民营经济发展三项工作进行专项督导。

9月

6日，阳泉市本土电视连续剧《十里八乡》在西南舁乡代家庄村开机。

16日，郊区财政局获“省级文明单位”称号。

20日，郊区举行第七次全国人口普查宣传启动仪式。

23日，全市2020年中国农民丰收节暨阳泉区域山西药茶品鉴交流会在郊区上千亩坪村举行。

27日，全区基层党组织书记暨农村“领头雁”培训班开班。

29日，郊区第八次妇女代表大会召开。

10月

14日，郊区人民检察院获第七届“全国先进基层检察院”称号。

14日，市人大常委会组织部分驻市的省人大代表到郊区就项目建设情况进行专题调研。

20日，在北京举行的全国双拥模范城（县）命名暨双拥模范单位和个人表彰大会上，郊区李家庄乡汉河沟村党支部书记、村委会主任宋晓文获“全国爱国拥军模范”称号。

20日，郊区干部大讲堂暨新任科级干部培训班开班。

21日，郊区召开废弃露天矿山生态修复项目开工动员会。

23日至24日，市委书记姜四清到郊区调研脱贫攻坚工作。

30日，郊区统一战线“对接一个贫困村、扶持一个新产业、消费一批农产品”三个一活动在西南舁乡东林尖村启动。

11月

2日至6日，区委书记王晓丽一行到北京、天津、江苏、上海等地开展招商引资工作。

6日，区长宁文鑫到党支部联系点宣讲中共十九届五中全会精神。

19日，市委宣讲团学习贯彻中共十九届五中全会精神宣讲报告会在郊区举行。

20日，区长宁文鑫到苇泊高新装备制造园区就标准化厂房建设和重点招商引资项目落地进行现场办公。

25日，全市首个“古村影视拍摄基地”授牌仪式在河底镇牵牛镇村举行。

26日，省扶贫办党组书记、主任刘志杰到郊区，调研指导脱贫攻坚巩固提升工作。

30日，省人大常委会党组书记、副主任郭迎光到郊区，宣讲中共十九届五中全会精神，调研人大代表工作，深入基层入户联系群众。

12月

1日，在全市项目建设和招商引资工作推进会暨第三轮“六晒六比”、市直单位“亮晒比”活动中，郊区综合排名位列全市第一。

4日，郊区在区人民广场开展“12·4”国家宪法日宣传活动。

7日，区长宁文鑫带领有关部门负责人到河底镇小沟村就生态修复、老窑水治理、国道239改线二期工程进行调研。

9日至11日，区委书记王晓丽带队到雄安新区和保定市徐水区参观学习并考察项目。

25日，郊区重点招商引资项目天津欧贝姆建材有限公司钙基纳米复合材料项目落地仪式在阳泉山东商会举行。

29至30日，省妇女儿童发展“十三五”规划终期督导组到郊区进行评估督导。

阳泉市郊区概况

区情概况

【历史沿革】 区境历史悠久，早在10万年前的旧石器时代即有人类祖先在此繁衍生息，有文字记载的历史可上溯到2500年前（晋卿赵简子在平坦垴筑城驻军），但独立设区前，区境大部分地域属平定县（初为上艾县，后为石艾县）所辖，部分地域归盂县（初为原仇县）管辖。1947年5月阳泉设市后，由于行政和经济发展诸方面的原因，区境才由建市初市属的二区和三区（农村部分）的3个行政村逐渐扩大。1956年二区改为荫营区。1969年1月，荫营区改称阳泉市郊区时，全区增加到10个公社145个生产大队。1971年，燕龛公社的6个大队从平定县划属郊区。1978年先后有辛兴、旧街、义井、平坦划入境内，阳泉市郊区轮廓基本形成。1993年境内的平坦垴、上五渡、下五渡、河坡、王垅(石家庄)5个行政村划属阳泉市经济技术开发区。2000年12月，撤并乡镇后，郊区改设为8个乡镇、185个行政村、8个居民委员会。2005年，郊区行政村变更为184个。2015年，境内的侯家沟、长岭、驼岭头、张家洼、路家山5个行政村移交开发区管委会管理。2017年，郊区义井镇、平坦镇18个行政村分别移交至城区、矿区进行托管。2018年5月，郊区接收开发区社会事务，全区有4个乡、3个镇，1个开发区社会事务服务中心，行政村157个，城市社区18个。2020年，阳泉市郊区民政局有序开展基层社会治理，推进合并行政村（村改居）工作。通过合并行政村、村改居工作，全区减少行政村56个，增设城市社区10个，净减少46个村社组织。年内，新成立社区1个。截至年底，全区有4个乡、3个镇，1个开发区社会事务服务中心，101个行政村，29个城市社区。（李晓璐）

【位置　面积】 阳泉市郊区位于山西省东部，太行山西麓。地处北纬37° 57′ 12″ ~38° 05′ 25″，东经113° 19′ 34″ ~113° 42′ 20″。东面、南面与平定县相连，西面与寿阳县毗邻，北面与盂县交界，环抱阳泉市城区、矿区。总面积517.8平方千米，约占全市总面积的11.36%。区人民政府驻下荫营社区，距省城太原120千米，距阳泉市7.8千米，距河北省石家庄市122千米，距首都北京410千米。（马莲生）

【行政区划】 截至2020年12月，全区共4个乡、3个镇，1个开发区社会事务服务中心，101个行政村、133个自然村，29个城市社区。（王荣荣）

阳泉市郊区行政区划一览表

表1

乡镇		村（居）民委员会
荫营镇	23个行政村 26个自然村	段家庄村（岳家咀）、福洼村、落菇堰村、垴上村、下千亩坪村、韩庄村（庄上）、双福村、小庄村、西梨庄村、辛庄村、窑沟村、上白泉村、东梁庄村、矾窑村、下烟村、上千亩坪村、杨树沟村、山头村、三郊村、上烟村、下白泉村、三都村、三泉村（铧咀）
	9个居民委员会	上荫营社区、玉泉社区、坪上社区、桥上社区、下荫营社区、瑞丰社区、老虎沟社区、文苑社区、荫营矿社区
河底镇	24个行政村 24个自然村	龙光峪村、山底村、河底村、大河北村、下章召村、燕龛村、北庄村、固庄村、五架山村、小河北村、中佐村、北小西庄村、关家峪村、红土岩村、曹家掌村、邓家峪村、程庄村、苏家泉村、东南沟村、上章召村、任家峪村、东村村、苇泊村、牵牛镇村
	1个居民委员会	固庄矿社区
平坦镇	10个行政村 22个自然村	桑掌村、辛兴村（大西垴）、后峪村（岳家沟、新庄、窑沟、东坡）、中庄村、龙凤沟村、坡头村（马圈垴、维凹）、甘河村、西上庄村（杨家沟）、魏家峪村（南沟、梁家沟、石圪叠、狐子窝）、桃林沟村
西南舁乡	12个行政村 13个自然村	咀子上村、清石台村、东南舁村、五里庄村、孔南庄村、雨下沟村、张家井村（马鞍山）、北大西庄村、霍树头村、大洼村、北舁村、西南舁村
杨家庄乡	8个行政村 10个自然村	高垴庄村（小南庄）、白家庄村（王家坡）、北杨家庄村、杏树坡村、孙家沟村、黑土岩村、小西庄村、南杨家庄村
李家庄乡	6个行政村 6个自然村	黄沙岩村、余积粮沟村、汉河沟村、柳沟村、桃坡村、大西庄村
	4个居民委员会	李家庄社区、冯家庄社区、甄家庄社区、恒大社区
旧街乡	10个行政村 24个自然村	高岑村、里五村、测石村（口上、田家庄、枣堰渠、沟里头、海落湾、车道沟）、新店村（河口）、新庄窝村（石跺居）、佛洼村、保安村、南沟村（狼峪、南沟掌）、枣园村（大阳窑、茶臼堰）、旧街村（圪套、梁家庄）
开发区	8个行政村 8个自然村	庙堰村、路家山村、河坡村、长岭村、驼岭头村、侯家沟村、王垅村、上五渡村
	15个社区	康达社区、惠泽社区、宏苑社区、大华社区、居馨社区、银龙社区、桃源社区、新澳城社区、新泉社区、御康社区、东城水岸社区、盛世新城社区、下五渡社区、平坦垴社区、泉西社区

【地质】 阳泉市郊区地处中朝准地台山西断隆之上的沁上台拗陷东北隅，东临太行断拱。境内出露地层由老至新：下古生界奥陶系、上古生界石炭系、上古生界二叠系、中生界三叠系及新生界第四系。

下古生界奥陶系分布于区境由东北至东南的东村、西南舁、三郊、白泉、杨家庄、白羊墅一带，由石灰岩、白云岩及泥灰岩组成。有丰富的石灰岩及白云岩、石膏和建筑石材原料等矿产，其侵蚀面赋存山西式铁矿；上古生界石炭系主要出露于山底—河底—荫营—李家庄—义井一线两侧，由下至上分为中统本溪组、上统太原组和山西组。本溪组赋存铝土矿、耐火黏土矿、硫铁矿、山西式铁矿及高岭土等矿产。太原组和山西组为重要的含煤地层，赋存有丰富的无烟煤；上古生界二叠系广泛分布于郊里—赛鱼—神峪一线以西地区，主要分布于旧街乡和平坦镇，由套黄绿、杏黄、灰白、紫红色的砂岩、粉砂岩、砂页岩、页岩及泥岩组成，赋存有寿阳式锰铁矿及紫砂陶土矿；中生界三叠系在境内出露不全，由砖红色、浅紫色细粒长石砂岩夹多层砾石层、页岩、砂页岩组成，未发现可供利用的矿产；新生界第四系主要分布于山坡、沟谷、河床及其两侧阶地中。

区境地质构造线的总轮廓是：北部属于一个近东西走向的构造带，中南部属于娘子关帚状构造带。褶皱和断裂为北东及北北东向，少数为近东西向和北西向。（张彦敏）

【地貌】 郊区位于黄土高原东部，太行山脉中段西麓，全部为山地和丘陵地貌，全区地势西北高、东南低。最高点为郊区和寿阳、盂县二县交界处的水草山，海拔 1495.6 米；最低点为白羊墅桃河谷地，海拔 595 米。两地高差 900.6 米。（张彦敏）

【土壤】 郊区土壤总面积 48463.67 公顷，随地形高低升降呈有规律的排列，大致可分为 1300～1500 米、800～1300 米、700～850 米、660～750 米及 600 米以下 5 个台阶，依次为褐土土类中的淋溶褐土、粗骨性褐土、山地褐土、褐土性土、淡褐土和草甸土土类中的浅色草甸土。（张彦敏）

【土地资源】 郊区原辖 8 个乡镇，面积 627.01 平方千米（包含开发区），地貌类型多样，山地多，平地少。开发区面积 79.85 平方千米，耕地 1816.91 公顷；2017 年 5 月划归城区代管的义井镇面积 41.11 平方千米，耕地 560.87 公顷；划归矿区代管的平坦镇 18 个村面积 68.10 平方千米，耕地 640.47 公顷；郊区面积为 437.95 平方千米，耕地 7376.94 公顷。耕地中划入基本农田保护范围的 5072.8 公顷，占耕地面积的 69%（不包括托管城区、矿区、开发区的面积）。郊区土地的特点地貌类型多元，山地丘陵多、平川少，全区以山地、丘陵为主；耕地少，质量差，产出率不高；土地利用程度不高，后备资源较匮乏，绝大部分为不适宜种植开发的滩涂、裸土地、坡地等。（张彦敏）

【矿产资源】 郊区矿产资源丰富，主要有煤、铝土矿、耐火黏土、硫铁矿、石灰岩等，全区矿产资源开采历史悠久。

2020 年，全区保留各类矿山企业共 29 座，其中煤矿 5 座，铝土矿 7 座，石灰石矿 13 座，砂石矿 1 座，石膏矿 3 座。

煤矿 5 座，矿区面积 29.4888 平方千米，生产规模 405 万吨/年，累计探明储量 39813 万吨，动用储量 11.428 万吨，年末保有量 28385 万吨。

铝土矿 7 座，矿区面积 2.8667 平方千米，生产规模 18.9 万吨/年，累计探明储量 1006.09 万吨，动用储量 896.045 万吨，年末保有量 110.045 万吨。

石灰石矿 13 座，矿区面积 1.8383 平方千米，生产规模 270 万吨 / 年，累计探明储量 10476.4 万吨，动用储量 2427.269 万吨，年末保有量 8049.131 万吨。

砂石矿 1 座，矿区面积 0.026 平方千米，生产规模 3 万吨 / 年，累计探明储 131 万吨，动用储量 104.1 万吨，年末保有量 26.9 万吨。

石膏矿 3 座，矿区面积 0.2864 平方千米，生产规模 3.2 万吨 / 年，累计探明储量 75.03 万吨，动用储量 13.81 万吨，年末保有量 61.22 万吨。

（梁建卿）

【气候】 气象　郊区属暖温带大陆季风气候，四季分明。雨热同期，夏短而冬长，常为春旱少雨，冬寒少雪，干燥多风，十年九旱，常有霜冻、冰雹、暴雨、大风等自然灾害。

气温　2020 年，平均气温 11.3℃，夏季极端最高气温为 36.7℃（6 月 7 日），冬季极端最低气温为 –16.2℃（12 月 30 日）。

降水　2020 年，总降水量 788.8 毫米，降水与历年值相比偏多 272.8 毫米。

日照　全年日照总量 3145.0 小时，日照百分率 71%。

无霜期　境内初霜日出现在 10 月 26 日，终霜日出现在 3 月 27 日，霜日数 154 天。2020 年全年无霜期 279 天。

风　2020 年，平均风速 2.4 米 / 秒，最多风向为 ENE（东北风）。冬春两季风力最大，年极大风速为 20.7 米 / 秒。

气压　境内气压高低与气温高低成反相关系。2020 年 7 月份气压最低，为 910.9 百帕；12 月份气压最高，为 945.9 百帕。（梁　潇）

【人口数量】　根据 2020 年全国第七次人口普查调查结果显示，2020 年末，全区常住人口为 27.51 万人，比 2019 年末人数 24.56 万人增加 2.95 万人。

（杨素仙）

阳泉市郊区各乡镇常住人口一览表

表 2

乡　镇	人口数量		
	合计	男	女
荫营镇	70040	37019	33021
河底镇	27950	15412	12538
平坦镇	12276	7050	5226
西南舁乡	8527	4537	3990
杨家庄乡	7392	3908	3484
李家庄乡	23337	11552	11785
旧街乡	4703	2624	2079
开发区	120869	61742	59127
总　计	275094	143844	131250

注：此表数据根据郊区第七次全国人口普查结果整理。

【人口密度】　近年来，郊区的人口密度随人口总量递减而逐年下降。2020 年的人口密度有所下降。2020 年末为 531.28 人 / 平方千米。（杨素仙）

阳泉市郊区各乡镇人口密度一览表

表 3

乡　镇	人口密度（人 / 平方千米）
荫营镇	678.04
河底镇	271.24
平坦镇	115.90
西南舁乡	147.04
杨家庄乡	284.50
李家庄乡	1438.68
旧街乡	54.45
开发区	6650.73
合　计	531.28

注：人口密度计算按常住人口口径。

【人口自然变动】　2020 年全国第七次人口普查调查结果显示，2020 年人口出生率为 7.70‰，死亡率为 5.35‰，自然增长率为 2.35‰。（杨素仙）

【人口年龄构成】　2020 年第七次全国人口普查调查结果显示，郊区常住人口中，0 ~ 14 岁的人口为 36159 人，占总人口的 13.15%；15 至 59 岁的人口为 187155 人，占总人口的 68.03%；60 岁及以上的人口为 51780 人，占总人口的 18.82%。其中 65 岁及以上人口为 34088 人，占总人口的 12.39%。与 2010 年的第六次全国人口普查相比，0 ~ 14 岁人口比重下降了 0.7 个百分点，15 ~ 59 岁人口比重下降了 5.71 个百分点，60 岁及以上人口比重上升了 6.41 个百分点，65 岁及以上人口比重上升了 4.39 个百分点。由此可见，郊区人口的发展由成年型向老年型过渡，年龄结构老年型已初步显现。

（杨素仙）

【人口性别构成】　根据 2020 年全国第七次人口普查调查结果显示，2020 年，男性人口为 14.38 万

人，女性人口为13.13万人，人口性别比（以女性为100）为109.6。（杨素仙）

【人口文化构成】　据2020年人口普查数据显示：阳泉市郊区总人口中接受大专以上教育的占23.64%；接受高中及中专教育的占17.06%；接受初中教育的占36.83%；接受小学教育的占15.38%；与第六次全国人口普查相比，文盲人口（15岁及15岁以上不识字或识字很少的人）减少3463人，文盲率下降为1.2%，下降1.81个百分点。人均受教育年限达到11年。（杨素仙）

国民经济和社会发展

【经济指标】　2020年，阳泉市郊区主要经济指标完成情况均好于预期。地区生产总值增长2.1%，三次产业结构比为1.3：47.2：51.5，第一和第三产业比重分别提高0.1和2个百分点，第三产业占比逐年提高；规模以上工业增加值增长5.0%；固定资产投资增长11.0%，其中第三产业投资占比达54.5%；社会消费品零售总额增长4.9%；一般公共预算收入下降3.67%，高于年初目标1.53个百分点；城乡居民人均可支配收入增长分别达到4.1%、7.3%。其中，社会消费品零售总额、农业增加值、服务业增加值三项指标排名全市第一。（闫燕明）

【工业发展】　2020年，阳泉市郊区以“分管副区长周调度、区长双周调度、区委书记月调度”的工作机制促进经济发展。全区规模以上企业整体运行平稳，培育小升规企业11家，工业增加值较2019年增长5.2%。其中，制造业增加值比重25.8%，较2019年增长14.2%；新产业增加值比重3.8%，较2019年增长4.9%。（闫燕明）

【农业经济】　2020年，阳泉市郊区春播总面积3297公顷，粮食产量2.08万吨，同比增长42.7%；新发展果园117公顷，果园总面积1387公顷，总产量1048.33万千克，同比增长2.78%；蔬菜播种面积267公顷，总产量1.4万吨，种植中药材面积30公顷。畜禽产量9400吨，同比增长7.9%。省级农产品加工龙头企业新增2家，市级龙头企业新增4家。（闫燕明）

【服务业恢复】　2020年受疫情影响，阳泉市郊区服务业增速收窄，整体趋势向好，服务业增加值较2019年增长3.1%。分行业看，全年社会消费品零售总额完成23.71亿元，其中限额以上消费品零售额完成16.44亿元，较2019年增长16.1%；规模以上服务业营业收入增长11.5%，较2019年提高24.4个百分点，其中交通运输业营业收入增长3.2%，商务服务业营业收入增长11.3%，装卸搬运及仓储业营业收入增长183.5%，快递业营业收入增长7.3%；外贸进出口总额达1.07亿元，增长9.5%。（闫燕明）

【重点改革】　2020年，阳泉市郊区政务大厅启用，推行“7×24小时”自助服务，通过自助服务终端实现审批事项申报、转办、审批、办结“一条龙”自助办理，实现政务服务便民化。推行“企业承诺制改革”，建立“容缺+帮办+代办”服务机制。成立“12345”政务服务热线工作组，并出台政务服务热线运行管理办法（试行）。17家全民所有制企业率先在全市完成改制，国企“三供一业”改革、退休人员社会化移交有序推进。（闫燕明）

【招商引资】　2020年，阳泉市郊区高标准制定转型图谱和招商图谱，明确招商产业重点和方向，完善并落实“招商十条”等优惠政策。重点加强与雄安新区、京津冀的协同联动，主动融入“一带一路”建设，深化同长江三角洲、珠江三角洲、粤港澳大湾区等区域合作。继续开展局长领办制，采取“周上报、旬推进、月通报、季考核”的办法，推进招商引资项目建设进度。2020年引进主导产业项目10个，落地5亿元以上产业项目4个，亿元以上产业项目开工7个，当年签约当年开工项目17个，开工率81%。在招商引资综合指标考评中，郊区位列全市第一。（闫燕明）

【园区建设】 2020年，阳泉市郊区荫营工业园区标准化厂房建设有序推进，华坤高端煤机制造和耀邦智能环卫设备生产基地等项目入驻。白泉工业园区推进“僵尸企业”清退处置，累计释放高标准工业用地53.33公顷，天方夜谭、中科泓源、合力拓煤泥无害化处置等项目落地并开工建设。东古循环经济产业园区加快起步区建设，荣光能源垃圾发电项目投入使用，餐厨垃圾和有机废物综合处理工程办理前期手续。千亩坪现代农业产业园核心区项目推进，南果北种园地基工程完成80%。现代服务业园区万达商业综合体完成场地平整，双创产业园区完成可研编制，中机伟林磁机电产业园等高水平科创示范基地有序推进。现代物流园区合瑞源铁路货运物流项目专用运输线开工建设。文化创意产业园区核心项目工艺美术园区前期手续基本办理完毕，申请上级资金支持。（闫燕明）

【城乡融合】 2020年，阳泉市郊区聘请中科院专家团队编制《阳泉市郊区城乡融合发展规划（2021—2025）》，提出实施“1235战略”，构建“一城一核两轴三组团”城乡融合新格局。推进农村产权交易中心标准化建设，农村“三块地”改革平台搭建完成。G239改线工程半程通车，漾泉大道一期绿化工程、瑞丰大街等5条市政道路改造工程完工。实施农村饮水安全巩固提升工程，荫营镇区污水处理厂二次提标改造工程基本完成。新开工保障房105套，续建4855套，既有建筑能效提升工程改造住宅面积达21.2万平方米。完成1867座厕所改造。完成清洁取暖改造13268户，完成率101.5%，基本实现清洁取暖全覆盖。西南舁乡“北七村”、河底镇燕龛沟示范片区建设成效明显。荒山绿化727公顷，裸土地治理绿化146公顷。$PM_{2.5}$浓度均值下降9.1%，二级以上优良天数达237天。郊区独立工矿区纳入国家发改委资源型地区转型发展中央预算内投资支持范围。（闫燕明）

【民生福祉改善】 2020年，阳泉市郊区完成第七次全国人口普查工作。剩余减贫任务2户6人各项指标均达脱贫标准，“两类人员”全部解除返贫致贫风险，减贫任务完成。校车专线实现全覆盖。职业高级中学新建工程拆迁工作全部结束，荫营中学餐厅主体改造、中小学旱厕改造、3所农村寄宿制学校建设工程全部完工，义务教育薄弱环节改善与能力提升项目全部完成；梦想、睿智普惠性幼儿园创建工作通过验收。实施医疗、疾控应急体系建设和能力提升项目工程，改造阳泉市第二人民医院（阳泉市郊区人民医院）传染病房、发热门诊，建设核酸检测（PCR）实验室。推进“人人持证、技能社会”工程，城镇新增就业3568人。（闫燕明）

【“十四五”规划编制启动】 2020年8月，阳泉市郊区成立由区委书记任组长的“十四五”规划领导组，聘请中科院专家同步启动“十四五”规划《建议》《纲要》编制工作。结合郊区“六新”突破、城乡人居环境建设、人才强区等发展重点，确定25个重点专项规划。在编制过程中，组织开展“我为‘十四五’建言献策”活动，通过报纸、电视、微信公众号、政府网站等媒介号召群众为“十四五”规划提出意见建议，共收集整理各方意见建议近60条。（闫燕明）

重点工程项目建设

【概况】 2020年，阳泉市郊区列入省、市重点工程项目16个，当年计划投资30.5亿元，开复工15个（市中心医院未开工），完成投资22亿元，完成年度计划的72%。（闫燕明）

【省重点项目】 西上庄年产500万吨煤矿及选煤厂项目：2020年计划投资7亿元。截至2020年底，三个井筒掘进到底，进入立转平阶段。当年完成投资4.7亿元，完成年度计划的67%。

G239线阳泉郊区过境河底—荫营段改线工程：2020年计划投资3亿元。截至2020年底，苇泊桥至新城大道控制性工程完成，具备通车条件。当年完成投资3.23亿元，完成年度计划的107%。

西上庄2×66万千瓦低热值煤发电项目：2020年计划投资5亿元。截至2020年底，烟风道制作和两台锅炉的钢架安装完成。当年完成投资0.58亿元，完成年度计划的11.6%。 （闫燕明）

【市重点项目】 万达广场建设项目：2020年度计划投资4亿元。截至2020年底，场内电杆全部拆除，基坑、勘察工作完成。当年完成投资1.58亿元,完成年度计划的39%。

阳泉综合交通客运枢纽工程：2020年度计划投资2.5亿元。截至2020年底，工程建成投入使用。完成投资2.06亿元，完成年度计划的82.4%。

阳泉一监改扩建项目：2020年度计划投资1亿元。截至2020年底，场地平整完成，进行采空区治理。

阳泉市广凯机械制造有限公司金属顶梁和截齿加工项目：2020年度计划投资0.8亿元。截至2020年底，地基处理完工，完成基础打桩。当年完成投资0.48亿元，完成年度计划的60%。

日加科技年产2万吨高端铸造砂及1万吨高菲斯矿物环境改良产品项目：2020年度计划投资0.4亿元。截至2020年底，两条生产线正常生产，第三间厂房建设基本完成。当年完成投资0.35亿元，完成年度计划的87%。

北京宣力阳泉李家山5万千瓦风力发电项目：2020年度计划投资2亿元。截至2020年底项目并网，完成投资3.5亿元，完成年度计划的175%。

中科泓源郊区资源循环利用研发中试基地建设项目：2020年度计划投资0.5亿元。截至2020年底基础完工，钢结构封顶。当年完成投资0.94亿元，完成年度计划的188%。

阳泉市合瑞源工贸有限公司新建150万吨货运物流项目：2020年度计划投资0.5亿元。截至2020年底土地控规手续办理完毕。

“农业嘉年华”项目：2020年度计划投资0.3亿元。截至2020年底生态餐厅完成钢结构搭建，投资0.51亿元，完成年度计划的170%。

阳泉市汇鑫现代养殖农业产业园项目：2020年度计划投资0.3亿元。截至2020年底猪舍封顶，完成投资0.63亿元，完成年度计划的210%。

宁波北路：2020年度计划投资1.4亿元，2020年建成通车，当年完成投资1.37亿元，完成年度计划的98%。

平阳路二期工程：2020年计划投资1.5亿元。截至2020年底东段建成通车。当年完成投资0.82亿元，完成年度计划的55%。

阳泉市中心医院：项目总投资17.7亿元，2020年度计划投资1亿元，年底完成项目立项，土地预审、选址规划、环评、节能等手续。

（闫燕明）

中国共产党阳泉市郊区委员会

综　合

【概况】　2020年，阳泉市郊区区委高举习近平新时代中国特色社会主义思想伟大旗帜，全面落实中共十九大和十九届二中、三中、四中、五中全会精神，深入学习贯彻习近平总书记视察山西重要讲话重要指示和“三篇光辉文献”精神，用科学理论凝心铸魂，立足新发展阶段，贯彻新发展理念，构建新发展格局，树牢正确政治方向，增强“四个意识”，坚定“四个自信”，做到“两个维护”，在顺势而为、抢抓机遇、争先进位中，不断提升政治判断力、政治领悟力、政治执行力。郊区区委坚决贯

2020年3月6日，区委经济工作会、脱贫攻坚会暨项目建设招商引资会召开

彻省委、市委决策部署，紧紧围绕“争做转型发展表率，打造城乡融合样板”的奋斗目标，统筹推进疫情防控和经济社会发展，坚持高质量发展方向不动摇，抓好“六稳”工作，落实“六保”任务，聚力“六新”发展，决战脱贫攻坚，决胜全面建成小康社会，“十三五”圆满收官，全区经济社会发展各项事业取得新进展、新成效。（任　玮）

【改革创新】　2020年，阳泉市郊区区委在市委支持下，进一步理顺与开发区的管理体制，23.3平方千米的省级经济技术开发区规划建设任务由郊区承担，10万平方米的标准化厂房完工；在全市率先实现“垃圾不落地”全覆盖；新建区矛盾调处中心；5项国家级和省级试点示范亮点纷呈；各项改革突破藩篱驶入快车道。（任　玮）

【新冠疫情防控】　2020年，阳泉市郊区区委面对郊区城乡交集、高速出入口多、人员流动性大、防控形势严峻等困难，迅速启动重大突发公共卫生事件一级响应，成立疫情防控领导小组，第一时间进入战“疫”状态。严格落实“五严五防”，建立“五个一”工作机制，疫情防控阻击战取得重大战果，实现全区无确诊和无疑似病例的“双零”目标。疫情中，24万郊区人民守望相助，1400余名

医护人员坚守一线，“白衣战士”冯兆斌出征武汉，1.4万名志愿者同心协力，涌现出程庄村85岁李鱼妮等抗疫先进典型，构筑起抗击疫情的人民防线。全区917个基层党组织，11589名共产党员把最危险的任务揽在身上，“让我先上”成为抗疫最强音。精准施策抓复产，选派268名干部赴230家企业，深入开展“五问五心”（问需、问计、问难、问策、问效，情感上暖心、行动上贴心、措施上用心、体制机制上顺心、政商关系无私心）入企服务，印制帮扶政策汇编500册，收集到各类问题67个并全部解决，办结率100%。组织银企对接，解决企业融资难、融资贵的问题，38家规模以上企业率先实现全面复工复产。召开民营企业家座谈会，解决问题24个。开展“政府奖励、企业让利”等大型促进消费活动，刺激和拉动区域经济消费。（任　玮）

【转型发展】 2020年，阳泉市郊区区委加强党对经济工作的领导，制定“分管副区长周调度、区长双周调度、区委书记月调度”的工作机制，通过“定目标、听汇报、看进度、问差距、比成效”的方式，推动转型目标落地落实。转型指标持续向好，煤炭增加值占规模以上工业比重由60.2%降到56.5%，制造业增加值占规模以上工业比重由22.2%提高到26.2%，战略性新兴产业增加值增长5.6%，新增规模以上工业企业11家。（任　玮）

【项目建设】 2020年，阳泉市郊区发扬“四套班子一台戏，齐心协力抓发展”优良传统，12个重点工程项目指挥部和14个工作专班区级领导挂帅，一线作战，局长领办，马上就办。总投资397.18亿元的59个项目开复工率达98.3%，总投资116.51亿元的16个“六新”项目全部开工。日加科技、华坤高端煤机等重点项目当年建设当年投产，G239改线工程苇泊装备制造园至新城大道段实现通车，总投资50亿元的天方夜谭项目当年签约当年开工，成为全区手续办理最高效、开工最快的项目。招商引资综合指标考评全市第一，在全市一季度考核与第三轮“六晒六比”活动中郊区均排名第一。（任　玮）

2020年7月29日，区委组织相关人员到大洼村调研西南舁乡重点项目及垃圾不落地工作

【产业平台】 2020年，阳泉市郊区区委编制完成转型发展图谱和招商图谱，节能环保、文旅康养、现代物流、新型耐火材料、特色产业等五大产业板块初具规模。荫营工业园成立园区指挥部和工作专班，打造平台173.33公顷，标准化厂房10万平方米，企业实现“拎包入驻”；白泉工业园创建全市首家工业固废综合利用示范基地，中科泓源、合力拓、广凯二期等6个项目开工建设；全市唯一的现代农业园区——千亩坪现代农业园核心区项目奠基开工；文化产业园完成选址设计，进入国家项目库；现代服务园万达商业广场完成场地平整，梅里亚会展中心完成土地招拍挂；双创产业园科创中心完成选址、四个中试基地初见雏形；东古循环产业园实现运行；现代物流园有序推进。（任　玮）

【城乡融合】 2020年，阳泉市郊区区委坚持统筹协调、一体推进，完成第七次全国人口普查工作，编制完成城乡融合发展规划，累计投资3.3亿元，开展全域创卫，老旧小区基础设施提质更新，全市首家老旧小区加装电梯工程交付，新成立11个城

市社区，水务一体化解决1333.33公顷农田灌溉用水，北部集中供热管网惠及千家万户。区文体中心完成拆迁扫障，区职业高级中学开工建设。完成清洁取暖改造13268户，完成率101.51%。郊区独立工矿区纳入国家发改委资源型地区转型发展中央预算内投资支持范围。（任　玮）

【乡村振兴】 2020年，阳泉市郊区产业支撑有新突破，阳泉市城郊农业产业融合示范区项目申报为省级标杆项目，争取到产业扶持资金1000万元。一产固定资产投资完成2.05亿元，增长147.9%；农林牧渔业增加值增长3.7%，全市排名第一。特优产品有新拓展，“西南舁苹果”获农产品国家地理标志认证。裕盛源醋业、草帽山蜂蜜等特色农产品叫响山城，举办全市2020年农民丰收节。“农业＋旅游”有新成效，桃林沟入选全国乡村旅游重点村，大洼和南沟入选省级AAA级乡村旅游示范村。举办“精彩阳泉·惠游郊区”等文旅消费季活动，接待游客100万人次，收入约1000万元。农村改革有新举措，农村集体经济产权制度改革基础性任务完成，农村集体产权交易中心建成运行。郊区被列为全省十个脱贫攻坚和乡村振兴有效衔接试点县区之一，7个试点村打造完成。（任　玮）

【乡村治理】 2020年，阳泉市郊区抓好全国乡村治理体系建设试点工作，打造24个典型示范村和3个示范乡镇，构建起以“五有五建”为抓手，“党建引领，‘三治’融合”的乡村治理新体系，固庄论坛、后沟道德超市成为基层首创品牌，全国各地参观交流50批次1100余人，逐步形成具有郊区特色可复制、可借鉴的“治理经验”。（任　玮）

【人居环境整治】 2020年，阳泉市郊区实施农村人居环境整治三年行动，推进“1+5”行动，户厕改造2016座，64个村生活污水排放得到治理。争取到中央预算内投资2000万元，人居环境整治工作实现“三个第一”的突破：全市第一家实现垃圾不落地全覆盖县区、第一家试点探索垃圾分类县区、第一家实现秸秆全部回收县区。西南舁乡“北七村”、河底镇“燕龛沟”成为全市乃至全省农村人居环境整治的靓丽品牌。（任　玮）

【科技创新驱动力增强】 2020年，阳泉市郊区区委新组建科技局，制定《科技创新10条》《关于强化知识产权保护的实施办法》。举办“四创四融”活动，在全市率先完成规模以上企业创新生态全覆盖。建成全省首家区级工业全域数据平台领导驾驶舱，开展“政、校、企”合作，举办“新经济·新发展·新未来”校地融合创新论坛，与山西工程技术学院签署战略合作框架协议，开启校地合作新阶段。全年申报科技项目17项，争取科技专项扶持资金1700万元。国家重点科技专项实现零突破，郊区科技项目“低热值煤清洁高效燃烧资源利用与灵活发电关键技术”首次入选国家重点科技专项，并获得科技部立项支持。（任　玮）

【人才强区战略】 2020年，阳泉市郊区区委开展人才培养“四大工程”，实现体制机制、引进方式、培养模式、服务保障、创新驱动五大突破。完善《人才新政十条》，拿出“真金白银”，构建人才体制优势，人才集聚“洼地”初步形成。全年共引进急需紧缺人才53人，人才回流14人，“一事一议”引进优秀医师3名。实施高素质农民培育计划和“三晋新农民鲲鹏计划”，针对性培养农村人才3600人次。优化服务留住人才，设立人才发展资金500万元，打造拎包入住人才公寓168套，发放奖补资金320万元。开展人才配偶随迁安置工作和青年人才联谊活动，吸引青年人才把家安在郊区、把事业成就在郊区。（任　玮）

【国资国企改革】 2020年，阳泉市郊区成立区委区属国企工委，出台《国资国企改革行动方案》，推进公司法人治理结构及市场化经营机制建设。聘请第三方对国有企业进行摸底并按照“一企一策”原则，制定“六定”改革方案。全区17家全民所有制企业率先在全市完成改制任务，完成率100%。

（任　玮）

【民生保障】　2020年，阳泉市郊区区委牢固树立以人民为中心的发展思想，通过盘活存量、整合资金，集中财力投入教育、医疗、养老等急需资金支持的民生领域，民生支出占比不断提高。全年民生支出14.61亿元，占一般公共预算支出的比重为72.79%。实施“人人持证、技能社会”，全年培训3104人，城镇新增就业3568人，下岗失业人员再就业1643人，就业困难人员实现就业650人，农村劳动力转移1827人。深化“县管校聘”改革，全区1600余名中小学教师竞聘上岗，83名校长和教师交流任职；组建巨兴小学和玉泉中学初中寄宿制学校，学校布局调整工作走在全省前列；74辆校车保障3100余名农村孩子安全上下学，全区中小学校实现“一键报警”；郊区被确定为全国“家校（园）共育”数字化试验区。基本养老保险参保人数达12.7万人。救助各类社会人员1.5万人，发放救助金7800余万元。固庄智慧生态康养社区被列为全省重点打造的15个康养社区之一。启动3.8亿元的公共卫生应急能力提升项目，河底卫生院成为国家级社区医院。（任　玮）

【底线工作】　2020年，阳泉市郊区区委强化底线思维，树牢忧患意识，高标准完成“两不愁三保障”及饮水安全，累计脱贫24村、4559人，“两类户”79户166人全部解除返贫致贫风险。“十三五”时期共投入扶贫资金6600万元，脱贫攻坚成效显著。桃林沟村党委书记李乃珠被省推荐为全国脱贫攻坚先进个人；虎峪村原第一书记谈永刚感人事迹专题片“山路弯弯”被列入2020年全国十大脱贫攻坚故事之一。郊区代表全市接受脱贫攻坚省考，获得“好”的等次。多项环境指标达最好水平，二级以上优良天数同比增加45天，优良率75.7%，各项指标综合排名全市第二。在全市率先实行重点行业工业企业“白名单”绩效评价差异化管控，2020年秋冬防绩效分级全市排名第一。完成省市下达空气环境质量目标任务。温河辛庄省控断面达V类水体，荫营河白泉断面水质明显好转。被全省评为全市唯一的河长制工作绩效管理奖励县区，入选全国节水型社会建设达标县区。推行林长制改革，投资5000余万元，高标准完成荒山绿化、生态修复、景观游园打造等项目。开展生态修复及矸石山综合治理工作，总投资2.06亿元的7个矿山修复治理示范项目全部完工。完成火烧迹地生态修复266.67公顷，投资4700万元对65个废弃露天矿山生态修复图斑进行修复。开展“三零”单位创建，“零上访”“零事故”“零案件”创建率分别98.84%、99.92%、95.61%。决战决胜扫黑除恶专项斗争，社会治安持续向好。10余个项目开展风险评估，从源头上化解不稳定隐患。聘请阳煤集团专家对重点领域“把脉会诊”，全区煤矿、非煤矿山等领域均未发生死亡事故，地方煤矿百万吨死亡率继续为零，实现事故起数与死亡人数“双下降”。在全市率先提出“零火情”目标，投入370万元加强应急队伍建设，构建“人防＋技防”的“空天地”立体式巡防巡护新体系。（任　玮）

【民主法治】　2020年，阳泉市郊区区委坚持和发展社会主义民主政治，出台《关于新时代加强和改进人大工作的实施意见》，从人、财、物各方面保障人大代表充分发挥作用。投资20.8万元，加强全区人大代表联络站点建设。人大预算联网监督平台建设运用等工作受到省、市领导的充分肯定。区委先后6次听取区政协工作情况汇报，制定《关于新时代加强和改进人民政协工作的实施办法》。立案的166件提案全部答复办理完毕。支持政协围绕城乡融合、乡村治理、“十四五”规划等中心工作开展协商议政。开展法治政府建设示范创建，运用法治思维解决G239改线工程中遇到的“拆迁难”问题，成为全市运用法治思维推动工作的成功范例。开展“七五”普法宣传，加大宪法、民法典等法律宣传普及工作力度。加强队伍建设，实现统战委员配备全覆盖。创新咨政建言机制，组织各民主党派人士开展调研11次。开展贴心行动，慰问各类人士2000余人次。助力疫情防控，助推脱贫攻坚。民族宗教工作稳定健康发展，党外干部人才库得到充实，统战工作迈上新台阶。（任 玮）

【从严治党】 2020年，阳泉市郊区区委坚持以党的政治建设为统领，全面从严治党深入推进。全年召开25次常委会议，安排部署加强和改进党的建设等工作，印发《区委常委会及其成员落实全面从严治党责任清单》，推进政治监督具体化常态化，发现问题63个、约谈356人次、谈话提醒52人次。问责“两个责任”不落实党员领导干部46人、党组织4个，以问责倒逼党员干部履职担责。九届区委完成对区直单位、乡镇（中心）和村（社区）巡察全覆盖，打通从严治党“最后一公里”。（任 玮）

【烈士纪念日公祭活动】 2020年9月30日，阳泉市郊区举行向革命烈士纪念碑敬献花篮仪式，深切缅怀革命先烈的丰功伟绩，弘扬传承革命先烈的崇高精神，在对英烈的永远铭记中汇聚起接续奋斗的强大力量，坚定奋力走好新时代长征路的信心决心。区四套班子领导，区直各部门主要负责人，区党政军、人民团体和机关企事业单位干部代表和老战士、老党员、烈士烈属以及社会各界代表，共计320余人参加敬献花篮仪式。（任 玮）

组 织

【概况】 2020年，阳泉市郊区区委组织部坚持以习近平新时代中国特色社会主义思想为指导，依托理论中心组学习、干部教育讲堂、党性教育基地、专题培训班等多种方式，加强思想政治建设，推动各级党组织学习习近平新时代中国特色社会主义思想以及十九届四中、五中全会精神，筑牢理想信念，培育忠诚品质。特邀金一南教授举办专题讲座，拍摄情景剧《温河儿女》及一批优质电教影片，温河和南沟入选全市首批干部党性教育基地。面对突如其来的新冠疫情，组织党员志愿服务队、党员突击队、协作队、工作队等，并组织党员开展卡口值守、抗疫捐款等，将党的政治优势、组织优势和密切联系群众优势转化为抗击疫情的强大合力。干部选任导向鲜明，力度强劲，调整2批次75人，选派157名干部包农村护林防火，选派双百干部推进复工复产，让干部在蹲苗锻炼中磨砺成长；细化日常考核，激励干部对标对表、激情干事；开展干部违规入股企业专项清理和“一人多证”专项清理。开展“整乡推进、整区提升”创建工作和“组织争一流创品牌、党员争先锋创标杆”双争双创活动，培育11个市级示范党组织，首批命名20个五星级党组织，全区党建工作得到整体提升。农村党建不断巩固，集体经济5万元以上的村达到95%以上。通过五型机关创建，推行“三岗三级”（三岗指党委、党组、党总支和支部主要负责人对照本级责任清单，履行机关党建工作第一责任人职责；三级指党委、党组、党总支和支部）清单制度，推动机关党建走在前、做表率。建立城市党建治理五级架构，开展五色志愿服务，探索“红色物业”创建经验，启动选录优秀社区“两委主干”进入事业编制工作，城市党建中的短板弱项得到补齐和加强。成立区委直属国企工委，完善各类学校党建工作管理体制，理顺公立医院党建工作领导体制，促进基层党组织全面进步。开展排查整顿发展党员违规违纪工作，分类实施党员先锋指数和积分量化管理办法。实施人才强区战略，全年引进急需紧缺人才53人，人才回流14人，“一事一议”引进优秀医师3名。出台《区级领导联系服务专家管理暂行办法》，区四套班子领导结对联系50名人才。设立人才专项资金500万元，发放奖补资金200余万元，营造尊重知识、尊重人才的良好氛围。（郭润明）

【党组织设置】 2020年，中共阳泉市郊区设党组织915个。党委24个，其中机关2个、事业3个、企业3个、乡镇7个、农村9个。党总支91个，其中机关21个、事业3个、国企1个、非公1个、农村65个。党支部800个，其中机关129个、事业70个、国企28个、非公231个、社会组织20个、农村303个、社区19个。全区党员总数12492名，其中机关761名、事业1266名、企业438名、非公217名、社会组织10名、农牧渔民5660名、离退休2901名、其他党员1239名。（延淑娟）

【抗击新冠疫情】 2020年，面对突如其来的新冠疫情，出台《关于激励抗击疫情一线基层党员干部履职尽责担当作为的具体办法》，引导基层党组织组建党员志愿服务队236支，党员突击队、协作队、工作队99支，设立站点卡口500余个，7000余名党员干部奋战在抗疫一线，11290名党员踊跃捐款95万元。（张晓东）

【党建工作】 2020年，阳泉市郊区在农村党建方面，推进合并村党组织建设工作，调整合并97个农村党组织，合并村联合党组织建设稳步推进；全面排查农村基层党组织，确定各领域软弱涣散基层党组织14个，并按照“四个一”（在整顿软弱涣散村党组织过程中，每个软弱涣散村党组织分别由1名县级领导班子成员联村，1名乡镇领导班子成员包村，1名机关事业单位干部到村任职或1名第一书记驻村，1个机关单位结对组成工作组，“一村一策”破解难题）措施开展重点整顿提升；选派24名机关事业单位干部到17个村任职，增强农村党组织活力。城市党建方面，开展城市基层党建“五色＋五味”（“五味”指开展党味、辣味、趣味、土味、回味行动。党味行动，着力解决基层党建工作中党性教育和理想信念教育不够的问题。辣味行动，着力解决党内生活平淡化、随意化的问题。趣味行动，着力解决基层党建活动形式单一，方法不新的问题。土味行动，着力解决基层党建与业务工作融合不够的问题。回味行动，着力解决党建正面宣传、舆论引导不够的问题。“五色”指开展红色引领活动、黄色帮扶活动、绿色环保活动、蓝色维稳活动、白色健体活动）专项行动，开展各类特色志愿服务；推行社区“居民议事”五步法，对社区情况“首问负责”，实现对社区居民的全方位动态服务；以御康社区和宏苑社区为试点，探索和积累全区“红色物业”创建经验；完成17个城市社区组织活动场所达标任务，探索社区第一书记、兼职委员管理和作用发挥的有效激励机制。机关党建方面，开展联合主题党日、在职党员进社区、百点示范创建等行动，选树区纪委、区检察院、区机关事务管理局等一批“模范机关”，实现机关党建走在前、做表率。其他各领域党建方面，坚持抓好两新组织“两个覆盖”，开展“三整一提升”（两新组织党建“整园建强、整楼推进、整线突破、全面提升”）专项行动，确保组织设置准确性；成立区委直属国企工委，实现全区国有企业党组织全覆盖；强化学校党组织的政治功能和核心作用，完善各类学校党建工作管理体制，充分发挥党建引领教育教学改革的示范作用；进一步理顺公立医院党建工作领导体制，促进基层党组织全面进步、全面过硬。（张晓东）

【党组织建设】 2020年，阳泉市郊区区委组织部推进基层党建“整乡推进、整县提升”工作，通过开展星级管理和支部规范化建设，提升基层党组织工作质量。评选出11个市级示范党组织，首批命名20个区级五星级党组织。打造荫营镇党组织全覆盖、党员身份亮出来，河底镇固庄论坛，平坦镇“联村党委”，西南舁“北七村”乡村振兴示范党建联盟，李家庄汽车产业党建联盟，杨家庄乡“地企共建”，旧街乡“红色精神铸魂、绿色产业富民”，开发区御康社区居民五步议事法，代家庄党性教育示范点，老虎沟党建广场，高岭（簸箕掌）联合支部，甄家庄党群服务中心等品牌。（张晓东）

【干部队伍建设】 2020年，阳泉市郊区区委组织部坚持把政治标准放在首位，精准识别和选用“重实干、重实绩、重担当”的干部。共调整2批次64名科级干部，同时，选优配强乡镇领导班子，选拔35岁左右6名优秀年轻干部进入乡镇领导班子，并着力理顺乡镇管理体制，择优选拔乡镇事业单位科级干部14名。分层次多形式开展专题轮训，举办新任科级干部读书班，对123名新任科级干部集中开展教育培训；举办两期干部大讲堂，培训科级干部1000多人次；邀请金一南教授讲授《坚定理想信念 争做新时代担当作为好干部》专题讲座；打造旧街狼峪、温河灌区、大西庄村“6·15”惨案遗址等党性教育基地；选派优秀年轻干部到精准脱贫、乡村振兴、创卫攻坚、重点工程等岗位“墩苗”历练；选派157名科级干部到村开展护林防火督查，选派“双百”干部入企帮扶，开展“五问、五心”入企服务活动。与各级干部谈心谈话300余人次，组织26名市管县处级干部和504名科级干部填报年度个人有关事项，对400余名干部进行任职资格和廉政审查，对20名新任科级干部进行试用期满考核，开展干部违规入股企业专项清理，“一人多证”专项清理登记备案764人次，对试用期满的20名科级干部考核转正，受理查核信访举报7起，处分18人次，干部监督更加具体。坚持激励导向，15名科级干部评选为全市担当作为先进典型，320名干部晋升相应职级，30余名影响期满表现优秀的被问责干部晋升职级。（郭卫星）

【汽车产业党建联盟建立】 2020年，阳泉市郊区区委组织部以健全完善区域性党建工作体系为着力点，提升“两新”组织党建工作质量和水平。聚焦李家庄乡城郊接合部、汽车产业集聚区、从业人员密集等区位特点，按照“组织共建、资源共享、机制衔接、功能优化”的原则，组建全市首家汽车产业党建联盟，通过3个企企联建支部、1个村企共建支部、1个企业单建支部以及乡村帮建的“3+1+1”工作法，实现沿线汽车企业党组织全覆盖。汽车产业党建联盟各成员单位实行轮值主席制，每月轮流牵头组织开展共驻共建活动，构筑党建引领下的多元融合发展体系，使各成员企业之间逐步消除壁垒，实现信息互通、经验共享、理念共融。建立汽车产业党建联盟微信群，及时转发党中央和省市区委关于“两新”组织党建工作的最新指示要求、共享成员单位的各项活动计划，开展联合主题党日+志愿服务、党员和党建指导员轮训、企业沙龙、出租车行业年会、爱心送考等活动，将党建工作融入企业发展、基层治理、脱贫攻坚等各方面。通过入企走访等形式征求企业党员和职工关于党建工作的服务需求，制定资源清单和需求清单，开展双向认领，推动需求、资源精准对接，力保项目、政策落地落实。加强地方政府与非公企业的交流沟通，协调医院、司法等部门对因病致贫的职工、需要法律援助的企业提供力所能及的服务。结合区委“贴心行动”，在重大节日对各成员单位以及周边非公企业进行走访慰问。（张泰旗）

【加强“三支队伍”管理】 2020年，阳泉市郊区区委组织部以脱贫攻坚为重点，加强“三支队伍”（驻村帮扶三支队伍，即乡镇扶贫干部、驻村第一书记、帮扶干部三支队伍）管理，落实钉钉打卡、请销假等日常管理制度，培训驻村干部270余人次，党员创办致富带富项目16个。用足用活1250万元全省扶持壮大村级集体经济专项资金，集体经济5万元以上的村达到95%以上。（延淑娟）

【考核工作】 2020年，阳泉市郊区区委组织部发挥考核指挥棒作用，建立区级领导牵头调度、责任部门具体推动、乡镇（企业）配合联动、督导组强力驱动的“一调三动”目标责任考核工作机制，形成“分管副区长周调度、区长双周调度、区委书记月调度”的工作模式，促进各级各部门对标对表、强化责任、狠抓落实。严格执行目标责任平时考核调度制度，推行“局长领办制”纳入考核调度内容，根据调度中各乡镇单项排名顺序加减分并进行奖罚，发放考核奖金62万余元。（杨晓艳）

【选派事业单位干部到村任职】 2020年，阳泉市郊区区委认真贯彻落实省委、市委有关选派工作的要求，把选派工作作为建设新时代高素质干部队伍的重要举措，制定《选派工作方案》《关爱激励十条硬核措施》《“四个一”帮扶措施》的“1+2”系列政策，明确选派干部保留职级待遇外，统一为选派干部办理人身意外保险，每月享受2000元生活补助、500元岗位报酬、年度考核奖励、1万元工作经费，优先晋职晋级和评优评先，定期沟通交流，激励干部到基层锻炼成长。健全干部联席会议政治联审、干部考察组资格复审、区委组织部和区委常委会议组织评审“三审”选拔机制，把好政治入口关、能力测评关、全面检验关。在温河灌区纪念馆举行誓师大会，为选派干部加油赋能、誓师壮行，激励干部在艰苦环境和吃劲岗位锤炼党性、磨炼意志、丰富经验、增长才干。（张晓东）

【人才引进和管理】 2020年，阳泉市郊区引进急需紧缺人才53人，同时，启动人才“回乡”工程，15名机关事业在编在岗人员回乡工作，采用“人才引进一事一议”机制，引进优秀医师3名。发放人才奖补金200余万元。出台《区级领导联系服务专家管理暂行办法》，区四套班子结对联系50余名优秀人才，加强对人才生活、工作、待遇、成长等各个方面的关心关怀支持。（王昱卉）

宣　传

【概况】 2020年，阳泉市郊区宣传思想文化工作坚持以习近平新时代中国特色社会主义思想为指导，贯彻落实中共十九大和十九届二中、三中、四中、五中全会精神，自觉担负起“举旗帜、聚民心、育新人、兴文化、展形象”使命任务，按照“1216”工作思路，即：紧紧围绕学习宣传贯彻中共十九届五中全会精神这个首要任务，以建设好“两中心一平台”（融媒体中心、新时代文明实践中心、“学习强国”平台）为重点，做好意识形态、理论武装、舆论宣传、文化文艺、精神文明、自身建设六方面工作。全区意识形态领域始终保持与全国全省全市同步同向，总体态势积极向好；理论宣讲工作以“板凳宣讲会”、车间“班前会”、“线上微宣讲”等多种形式，通过“小故事”讲清“大道理”，用“土道理”讲活“新道理”，把党的理论政策转化成本土味道的“郊区话版本”，推动党的创新理论“飞入寻常百姓家”；新闻宣传工作重点围绕疫情防控、复工复产、城乡融合、乡村振兴等全区中心工作和重点任务，着力打造优势主题报道品牌，形成省市区三级媒体联动，全媒体覆盖的宣传态势；新时代文明实践全国试点工作以“1456”战略（1即一个目标：阳泉郊区新时代文明实践工作以“城郊型新时代文明实践样板区”为建设目标；4即四大特色：示范式引领、联动式创建、融合式共享、菜单式服务；5即五大工程：理论宣讲“全覆盖”、政策宣传“到基层”、文化科技“惠民生”、主流价值“育新人”、城乡融合“树新风”；6即六有标准：有阵地、有机构、有队伍、有机制、有菜单、有标识）领航，智慧云平台总调度，所站实现全覆盖，十大实践基地引领，306个实践点拓展，努力探索城郊型新时代文明实践新路径；文化文艺工作重点打造《温河儿女》《再唱桃花红》等文艺精品，并举办郊区首届春晚，满足人民群众精神文化生活新期待。（白雪亮）

【意识形态工作】 2020年，阳泉市郊区各级党组织严格落实意识形态工作责任制，区委书记牵头抓总、靠前指挥，做到“三带头”“三亲自”。

制度保障 制定出台郊区《党委（党组）意识形态工作责任制实施方案》《中共阳泉市郊区区委网络安全和信息化委员会工作规则》和《中共阳泉市郊区区委网络安全和信息化委员会办公室工作细则》，调整领导小组，并以会代培，向全区各级党组织相关负责人进一步明确工作职责、工作任务等，形成党委统一领导、党政齐抓共管、宣传部门组织协调、有关部门分工负责的意识形态工作责任制。

工作格局 区委常委会6次专题研究意识形态工作，区委意识形态工作领导小组召开2次会议，组织各乡镇(中心)、区直各单位各部门召开4次(网络)意识形态领域工作分析研判会议，确保各类网络意识形态阵地可管可控。区委宣传部履行指导、组织、协调、督查和抓好落实的职责，深入西南舁乡、平坦镇、河底镇督查意识形态工作责任制落实情况，接受省委第九巡视组巡视及省委、市委专项督查组的督查。创作《温河儿女》《再唱桃花红》等一批展示郊区特色的文化精品，举办首届“郊区好人”表彰活动，用榜样的力量弘扬文明新风。新时代文明实践全国试点以“1456”战略领航，智慧云平台调度，聚焦群众需求，着眼项目孵化，开创城郊型新时代文明实践新路径。

（葛瑞夏 胡晓军）

【理论武装】 2020年，阳泉市郊区区委严格落实党委（党组）理论学习中心组学习规则，深入学习中共十九届五中全会精神、《习近平谈治国理政》(第三卷)、习近平总书记视察山西重要讲话重要指示、《论党的宣传思想工作》，着力推动习近平新时代中国特色社会主义思想深入人心。制定出台《郊区区委理论学习中心组2020年度学习计划》，组织区委理论学习中心组集中学习25次，举办专题报告会7场。组建理论学习中心组微信学习群，累计推送学习篇目297篇（次）。各基层党组织充分利用中心组学习、支部书记讲党课、“三会一课”“学习强国”等平台载体，进行组织理论学习，不断强化理论武装。开展全市党的创新理论实践基地创建工作，对全面建成小康社会进行专题调研，形成专题调研报告8篇，《关于当前乡风文明建设的调查与思考》获全省宣传思想文化优秀调研成果二等奖，区委宣传部获全市2019年度调研信息工作“先进单位”。

（吕峥嵘）

【理论宣讲】 2020年，阳泉市郊区巩固提升区、乡、村三级宣讲网络体系，开展专题宣讲1100余场次，受众5万余人次，实现基层宣讲全覆盖。创新形式，利用“学习强国”“微信工作群”、钉钉直播、朋友圈等新媒体渠道，推送理论文章，开展“线上微宣讲”。固庄村的“板凳宣讲会”既是党员“微党课”，又是群众“大课堂”，深理论变成浅道理，书面语变成家常话，入心入脑；汉河沟村的车间“班前会”宣讲，开成政策暖心会、干群交流会、实干鼓劲会；桃林沟村的“宣讲课堂”搬到“实践现场”，让学习贯彻全会精神与富民强村谋发展“对上号”“接上头”。基层党员干部用老百姓的话讲老百姓的事，通过“小故事”讲清“大道理”，用“土道理”讲活“新道理”，把党的理论政

2020年，郊区理论宣讲求实创新，推动党的创新理论“飞入寻常百姓家”。图为固庄村的“板凳宣讲会”

策转化成本土味道的“郊区话版本”，推动党的创新理论“飞入寻常百姓家”。（吕峥嵘）

【“学习强国”推广应用】 2020年，阳泉市郊区区委宣传部坚持做好注册党员日常管理、组织党员学习、加强平台推广应用等工作，推进学习强国平台的普及上线、注册认证工作，注册人数达3.4万人，日均活跃度全市排名靠前。出台《阳泉市郊区“学习强国”推广应用管理办法》《阳泉市郊区“学习强国”供稿奖励细则》，加强亮点推送，全年上报稿件200余篇，发布98篇。组织开展“学习强国”知识竞答，1.1万余人参与，评选出优秀奖50名，参与奖50名。组织开展“学习之星”评选表彰，542名党员干部群众受到表彰奖励。（吕峥嵘）

【舆论宣传】 2020年，阳泉市郊区区委宣传部重点围绕疫情防控、复工复产、城乡融合、乡村振兴等全区中心工作和重点任务，着力打造优势主题报道品牌，形成省市区三级媒体联动，全媒体覆盖的宣传态势。

新闻宣传 《郊区新闻》先后开辟“共享共治谱新篇”“聚焦重点工程”“项目建设年郊区在突破”“走向我们的小康生活”等十多个专栏，播发新闻1426条；制作播出电视专题节目《百姓聚焦》22期，推出反映党的建设、新时代文明实践、村社治理新体系试点等工作的《热点专访》19期，推出人居环境整治、创卫等工作和“美篇”、微视频等31期（个），向市电视台《县区新闻联播》栏目推送新闻98期。《郊区周刊》出版49期，刊登各类宣传报道1326条（篇），开设“学习宣传贯彻中共十九届五中全会精神”“坚决打赢疫情防控阻击战”等专栏、专版。《阳泉郊区之窗》微信公众号推出各类新闻和宣传报道2912条，关注人数扩大到6000人以上（每期平均）。

社会宣传 围绕学习宣传贯彻中共十九届五中全会精神，全区张挂刊播宣传标语860余条，悬挂张贴刊播习近平视察山西重要讲话重要指示宣传标语、宣传挂图500余条。围绕新冠肺炎疫情和黑热病防控，印制并发放《阳泉市郊区人民政府致全区人民的一封信》《阳泉市郊区新冠疫情防控公告》《黑热病如何防治》等宣传挂图和宣传折页，共计17万份，并统一录制相关音频资料，下发到各村、社区，通过大喇叭、宣传车和社区广播进行循环播放，发动全区干部群众收看《用忠诚担当书写勇毅前行的山西答卷——新冠肺炎疫情防控斗争启示录》纪录片，制作“众志成城、抗击疫情”系列公益广告。围绕森林防火工作，发放宣传资料10万份，区电视台每天滚动播放森林防火宣传片。围绕新时代文明实践主题，区委宣传部设计制作主题宣传台历和“志愿精神”“忠义郊区”“温河精神”三个内容的宣传品，分发到各实践所（站）和相关单位以及帮扶贫困户、“十星级文明标兵户”；为各实践所（站）配备志愿者红马甲3000件；编撰专刊《文明实践扬新风》《平凡的力量》《志愿花开红胜火》《惠民政策宣传手册》以及《新时代文明实践材料汇编》，总结试点工作，推广基层经验；向各新时代文明实践所（站）、窗口单位和超市、菜市场等防疫重点场所分发230套共1380张宣传挂图，落实中央、省、市关于推广公筷使用的活动要求，设计相关公益广告6件，印制公益宣传挂图700张，联合市场局下发到全区699家饭店、食堂。发放爱国卫生季宣传资料和防诈骗宣传资料500余份；区融媒体中心在《郊区周刊》、郊区电视台开辟“反对浪费、厉行节约”专栏专题，刊发新闻38条；动员各乡镇、各系统、各企业参与“我为转型综改做贡献”主题征文活动和演讲大赛；在区人民广场户外大屏循环播放“感人瞬间”时代楷模微视频。

对外宣传 2020年，外宣信息共计1310条：其中，国家级媒体146条、省级媒体181条、市级媒体982条、其他地市级媒体1条。《抗击疫情·阳泉时刻：织牢织密防线 携手守护家园》《招商引资“不断链” 项目建设“不断线”》《摸清就业需求 开展技能培训 阳泉为贫困劳动力“私人订制”岗位》等新闻稿件在人民网、新华社、“学习强国”等重量级国家媒体刊登。

网络安全宣传　在郊区政府网站、《阳泉郊区之窗》政务新媒体平台对习近平总书记重要活动重要讲话精神、疫情防控知识、复工复产信息、森林草原防火灭火和防汛抗旱等工作进行网上宣传报道，转载推送中央、省、市主要媒体的新闻报道和新媒体产品，制作内容丰富、形式多样的新媒体产品，形成正面宣传声势，营造正面健康的网络舆论氛围；紧紧围绕“网络安全为人民，网络安全靠人民”的主题，动员教育系统在学生和家长中开展网络安全知识小视频征集活动，联合区公安分局、团区委在荫营广场举办网络安全宣传周活动，发放宣传资料5000余册(份)，联合司法、团委、教育、公安等部门利用宣传标语宣传栏展示、LED显示屏滚动播放、宣传资料发放等形式开展反间谍法宣传活动。　（葛瑞夏　孙瑞芳　刘　宏　胡晓军）

【文明创建】　2020年，阳泉市郊区区委宣传部围绕核心价值观示范点创建、文明城市创建、乡村文明建设持续开展文明创建活动。

弘扬和践行社会主义核心价值观　2020年，阳泉市郊区区委宣传部持续推进核心价值观示范点创建，育才小学被命名为省级示范点，同时推荐后沟村、惠泽社区等5个村（社区）申报市级示范点。利用全区广播、电视、网络等宣传阵地，文化站、图书室、展览馆等文化阵地，加快新时代文明实践中心及站、所建设，推进10个文明乡村典型打造，大力培育和践行社会主义核心价值观，让社会主义先进文化占领农村意识形态主阵地。

爱国主义教育基地建设　阳泉市郊区区委宣传部与区委党史办、区发改局、区民政局、区行政审批管理服务局、区退役军人事务局等单位沟通核实，对16家市区级爱国主义教育基地、10家党史教育基地，以及革命历史纪念设施、遗址的批建情况、展陈内容、年接待量等进行摸底，并向省、市委宣传部及区委书记作书面汇报。

精神文明创建　阳泉市郊区新创建全国文明村2个，省级文明乡镇1个，文明村3个，对区级文明创建集体进行复查。将文明城市创建由争创期转向常态化，形成固定“班底”和工作模式。拓展创建形式，深化星级文明户创建工作，让家庭参与文明创建。2020年底，全区共评出“星级文明户”21264户，表彰“十星级文明标兵户”284户，党员示范户3256户。

公民思想道德建设　阳泉市郊区重点推动“双示范一实践”（即以“党员道德先锋”“郊区好人”“新时代好少年”等各层面的道德典型为示范，落实“全民参与文明实践活动”）在区、乡镇、村（社）三级落小落实，形成先进带动。开展2020年度“郊区好人”推荐评选活动，共评选“郊区好人”20名，疫情防控期间“身边好人”9名，提名奖20名。举办“凡人善举，厚德郊区”表彰活动。郭喜凤等4人获阳泉市第六届道德模范提名奖，王奕洁等5人获阳泉市“新时代好少年”。

乡风文明建设　阳泉市郊区将文明实践融入村级治理，探索实行网格化文明实践党员积分管理制度和“党员+村民代表+网格+群众”网格化联系群众制度，通过累积积分、定期评比、量化考核等方式，激发党员积极性，发挥出基层党员的示范带动作用。在全区倡导以“和睦的家庭关系、文明的社会礼仪、节俭的消费观念、科学的认知渠道、健康的生活方式”为主要内容的乡风文明，制定出台《关于深入推进移风易俗促进文明乡风的实施意见》，指导乡镇、村（社）建立健全“四会”，把移风易俗纳入“村规民约”，纳入文明创建。在春节、清明节等重点传统节日向全区干部群众发出文明过节倡议书，循序渐进引导社会文明风尚。

（葛瑞夏　孙瑞芳）

【文化建设】 2020 年，阳泉市郊区推进阳泉荫营文化体育中心和区文化馆、图书馆总分馆制建设，为基层文化站、文化服务中心等配备各类文化设施，开展惠民演出 61 场，实现“免费送戏下乡”文化惠民演出农村基层全覆盖。完成“一村一月一场公益电影放映”1799 场次，向 157 个“农家书屋”配送图书 15543 册，推进区图书馆免费有限开放工作，持续开展公益文化讲堂、“写春联 送温暖”活动。全年举办线上线下多种文化活动 78 场次，服务各类读者群众 9.3 万余人次。

文艺创作　创作大型旅游主题广场舞《再唱桃花红》，纪念建党 99 周年大型舞台剧《温河儿女》，文化旅游主题歌曲《刘备山》等文艺作品。全区广大文艺工作者进行抗击疫情文艺创作和宣传，共创作各类文艺作品 400 余篇（幅），通过文学、歌曲、书画等多种形式，讲述抗疫一线的点点滴滴。6 名艺术家创作 13.667 米长的 G239 改线工程筑路长卷，展示郊区重点工程项目建设的丰硕成果。

“扫黄打非”　推进“扫黄打非”“五进”（进农村、进社区、进企业、进学校、进景点），实现全区“扫黄打非”基层站点规范化标准化建设全覆盖；坚持以点带面、典型示范、全面辐射，高标准建设“扫黄打非”基层示范点，打造新澳城社区、三都村、老虎沟村等示范点和标兵点，并通过省级验收。依托“新时代文明实践站所”“三零创建”“基层综合治理”等平台，利用服务中心、综治中心、农家书屋、文化站等公共文化服务资源，将“扫黄打非”融入群众性精神文明创建、新时代文明实践站所建设等工作中，各基层站点组建“扫黄打非”网格员和志愿者队伍，做到基层“扫黄打非”工作有人抓、有人管、有成效。（吕峥嵘）

【互联网企业管理模式创新】 2020 年，阳泉市郊区成立中共阳泉市郊区互联网行业党委，对和泰网络科技有限公司开展党组建设和业务工作指导，并准确把握互联网行业规律特点，着力激发互联网企业党组织的生机活力，把党组织的政治活力转化为互联网企业的发展活力，引领互联网企业履行好社会责任，共画同心圆，全面提升新时代互联网企业党建工作质量。（胡晓军）

统　战

【新春联谊会】 2020 年 1 月 4 日，阳泉市郊区区委统战部在刘备山文化创意园举办“喜迎新春，携手前行”新春联谊会。区委常委、统战部长向出席会议的各位代表以及全区广大统一战线的朋友们致以诚挚的问候和祝福；区政府副区长对郊区2019 年经济运行总体情况、招商引资政策及支持民营经济十条进行通报，希望本土民营企业家、阳泉籍在外商界人士和外来创业人员坚定信心，为经济快速健康发展增添后劲；区委组织部四级调研员杨海青解读《人才新政十条》，鼓励广大有志青年投身于郊区事业的建设当中。（奥文芳）

【众志成城　共同战“疫”】 2020 年，面对严峻的新冠疫情防控形势，在区委的坚强领导下，区委统战部统筹协调，各民主党派组织和广大成员积极参与，为打赢疫情防控阻击战贡献智慧和力量。2 月 5 日下午，民建副主委王建中代表民建阳泉市委会和民建区总支向防疫指挥部捐赠价值 1 万余元的消毒液、防护手套等物资。（奥文芳）

【走访慰问各民主党派】 2020 年 5 月 26 日至 6 月 2 日，阳泉市郊区区委统战部组织相关人员到河底镇中学、阳泉市第二人民医院等单位，走访慰问各民主党派郊区支部，了解近期情况，与各位成员干部交谈并听取各主委汇报。区委统战部希望各民主党派和无党派人士增进政治共识，强化政治认同；积极发挥人才、智力优势，集思广益，建言献策；提高监督实效，持续开展好民主监督；着力加强自身建设，切实成为政治坚定、组织坚实、履职有力、作风优良、制度健全的中国特色社会主义参政党。各民主党派主委们表示全体成员会积极发挥优势，认真建言献策，为区委、区政府决策提供科学参考和依据。（奥文芳）

【统战实践创新基地成立】 2020年，阳泉市郊区李家庄乡在进一步整合比亚迪、庞大一众、庞大奔驰等27家汽车企业的基础上成立汽车产业联盟统战实践创新基地，区委常委、统战部长段拥军出席活动并为基地揭牌。基地坚持“党建引领、统战助力”，以新的社会阶层人士联谊组织为载体，将汽车产业联盟组织中新的社会阶层人士有效组织起来，实现汽车非公企业新的社会阶层人士社会化的大统战工作格局。针对汽车企业外地人员创业、务工人员较多的现状，成立外来人员“贴心之家”，使之成为干事创业的园地、宜居宜业的乐土、成就事业的摇篮，让在阳泉工作的外地籍儿女深切感受到温暖与关爱。（奥文芳）

【民间信仰活动场所管理调研】 2020年，省委统战部处级干部、全省民间信仰工作负责人安宝忠，到郊区调研民间信仰活动场所管理工作，市委统战部常务副部长刘海民，区委常委、统战部长段拥军陪同调研。安宝忠一行实地走访郊区河底镇牵牛镇村轩辕庙、河底村通保观、曹家掌村大王庙，荫营镇三都村龙王庙、林里村关王庙，杨家庄乡南杨家庄村大王庙，详细了解民间信仰场所的历史渊源、活动开展、安全消防等情况，对场所日常管理、疫情防控等方面工作给予肯定。（奥文芳）

【深化“贴心行动”助力转型发展】 2020年，阳泉市郊区区委统战部到神堂煤业有限公司进行慰问，了解企业遇到的问题和困难，嘱咐企业负责人要做好节日期间安全生产检查巡查、应急值守等工作，切实将安全生产责任落实到位；排查风险隐患，严格落实监管责任，着力查风险、除隐患、防事故，做到早发现、早预防、早消除，做到安全生产万无一失，确保过一个安全祥和的节日。开展“贴心行动”服务好、关心好到郊区就业创业的外籍人士和郊区籍在外人员及其家人的工作和生活，为他们解决好后顾之忧。各乡镇各部门利用国庆中秋节日期间家人团圆、走亲访友、同学联谊、拜访客商的机会，开展走访慰问、专程拜访、牵线搭桥，开展慰问走访活动超过800人次。（奥文芳）

【举办统战理论政策业务培训班】 2020年，阳泉市郊区区委统战部举办统战理论政策业务培训班。市委统战部副部长、市民族宗教局局长文武全以及5位科室负责人现场授课，学员们系统学习新时期党的统一战线理论和政策，民族宗教理论和政策以及做好统战工作的方式方法等课程。（奥文芳）

【开展“三个一”活动】 2020年，阳泉市郊区区委统战部和区农业农村局共同组织，在西南舁乡东林尖村开展郊区统一战线“对接一个贫困村、扶持一个新产业、消费一批农产品”三个一活动，区委书记、区委统一战线工作领导小组组长王晓丽出席启动仪式并宣布活动正式启动。活动围绕郊区24个贫困村实际需求，发扬统战系统各成员单位和民营企业感恩社会、勇担责任、慷慨解囊、纾困解难的优良传统，发挥统一战线联系广泛资源丰富的优势，帮助贫困群众解决实际困难，主动联系消费扶贫渠道，解决贫困群众农产品滞销难题，让产品变商品，收成变收入，聚力打赢脱贫攻坚战。活动当天，统战成员现场购买价值15000余元的农产品，签订购买苹果、鸡蛋、各类农作物的意向合同价值达5万余元。（奥文芳）

【专题学习】 2020年10月21日，阳泉市郊区召开区委常委会议，传达学习中共中央办公厅《关于加强新时代民营经济统战工作的意见》（以下简称《意见》），就郊区贯彻落实意见精神提出明确要求。

会议强调，要深刻领会精神内涵，坚持党管人才原则，要优化营商环境，建立健全政企沟通协商机制，推进工商联改革和建设，结合实际，把贯彻落实的成效体现在推动民营经济高质量转型发展上。大力实施“专精特新”企业和“小升规”企业成长工程，做大做强民营企业，吸引外地民营企业到郊区投资创业。（奥文芳）

【党外干部和统战代表人士培训班】 2020年，阳泉市郊区区委统战部在红旗渠廉政培训中心举办区党外干部和统战代表人士培训班，以学习弘扬红旗渠精神为主题，采取现场教学、体验教学及延伸教学相结合的方式进行系统培训，让大家体悟红旗渠精神的核心要义、深刻内涵和时代价值，转变思想，坚定理想信念，强化责任担当，筑牢宗旨意识，提升廉政意识。（奥文芳）

【主题党日活动】 2020年11月16日，阳泉市郊区区委统战部组织机关全体党员到红旗渠纪念馆开展“弘扬红旗渠精神、激发干事创业动力”主题党日活动。观看“抗争”“奇迹”“丰碑”“梦想”“永恒”等展板实物、图片文字和视频资料，了解红旗渠修筑时的恶劣地质条件和林县人民逢山凿洞、遇沟架桥、排除万难、引得漳河清泉的伟大壮举。活动旨在让大家坚定理想信念，充分发挥“一个党员就是一面旗帜”的先锋模范作用，坚定“四个自信”，增强“四个意识”，做到“两个维护”，弘扬“自力更生、艰苦奋斗、团结协作、无私奉献”的红旗渠精神，增强干事创业动力，爱岗敬业，无私奉献，推进区统战工作再上新台阶。（奥文芳）

【党外科级干部履职交流会】 2020年，阳泉市郊区区委统战部召开党外科级干部履职交流会，掌握全区党外干部政治业务素质和履职情况，强化对党外干部的培养、教育、管理、服务。党外干部代表从各自岗位出发，交流各自履职情况，谈收获、话感想，对区统战工作提出意见和建议。党外干部要做到“五讲”，讲政治、讲学习、讲奉献、讲合作、讲廉洁。党外干部要同党员干部一样，严明党的纪律，自觉规范从政行为，坚决抵制各种腐朽思想和不正之风的侵袭，做一名清正廉洁、群众拥护的好干部。（奥文芳）

【民营企业家座谈会】 2020年12月22日，阳泉市郊区区委统战部联合工商联共同组织20多家民营企业召开“心系郊区 共谋发展”民营企业家座谈会，就优化营商环境、支持民营经济加快发展听取意见建议。会议通报2020年全区经济运行情况，对当前民营企业发展状况进行分析研判。代表们结合企业经营中遇到的问题，就破解融资难融资贵、加快民营企业人才队伍建设、促进企业创新、促进公平执法、加强对外交流、解决人才招聘难题、对外树立品牌形象等提出意见和建议。（奥文芳）

【组织开展义诊和健康宣传服务】 2020年12月26日，阳泉市郊区区委统战部联合民建郊区总支义诊宣传服务队和农工党郊区支部、阳泉市第二人民医院，到珍宝园社区开展“迎新年 送健康”义诊和健康宣传活动。阳泉市第二人民医院中医、康复、超声专家和医疗护理团队为社区居民耐心细致检查，解答疑问，给予指导性治疗方案。民建郊区总支医务界会员为社区居民讲解卫生健康宣传册。（奥文芳）

机构编制

【概况】 2020年，阳泉市郊区区委机构编制委员会办公室（以下简称“区委编办”）围绕区委、区政府发展战略和重点任务，完成生产经营性事业单位、乡镇机构的改革以及事业单位改革前期准备工作，事业单位登记管理稳步推进。（陈益廉）

【生产经营性事业单位改革】 2020年6月，阳泉市郊区区委编办根据中央和省、市关于从事生产经营活动事业单位改革有关精神，按照区委办公室、区政府办公室《关于印发〈阳泉市郊区从事生产经营活动事业单位改革实施方案〉的通知》文件精神，对涉及的3家转企生产经营类事业单位（阳泉市郊区自来水、阳泉市郊区农业生产资料服务站、阳泉市郊区城乡建设管理中心）和4家撤销生产经营类事业单位（阳泉市郊区粮油批发市场、阳泉市郊区农业机械化技术学校、阳泉市郊区农业展览馆、阳泉市郊区歌舞团）下发《生产经营类事业单位改革工作方案》及撤销文件，并要求完成相关单位法人注销工作。（陈益廉）

【乡镇机构改革】 2020年5月，阳泉市郊区区委编办按照省委、市委的统一安排部署，本着规范乡镇（街道）机构设置、统筹编制资源、厘清县乡关系的原则，制定出台《深化乡镇机构改革推进基层整合审批服务执法力量的实施方案》。（陈益廉）

【事业单位登记管理】 2020年，阳泉市郊区事业单位登记局贯彻落实中央机构编制委员会办公室《事业单位登记管理暂行条例》精神，严格审查事业单位的法人资格、名称、住所、宗旨和业务范围、法定代表人、经费来源、开办资金等登记事项并做好备案。在设立、变更、注销的过程中，把好受理关、审核关、核准关，对登记事项按期通过网站和报纸进行公告。区事业单位登记局与各事业单位办理此项工作的人员建立直接联系，一对一指导，确保事业单位能自觉、及时、按程序进行网上办理。受疫情影响，事业单位向区事业单位登记局和审批机关报送年度报告延后至5月31日，在登记管理机关指定网站上向社会公示其年度报告，接受社会监督。按照中央机构编制委员会办公室和省、市文件精神，郊区全面实行事业单位法人统一社会信用代码制度，推行“多证合一”“一照一码”登记模式。全区已登记的事业单位在报送年度报告、设立登记、变更登记、证书补（换）领时，领取新版《事业单位法人证书》。（陈益廉）

区直机关工委

【概况】 中共阳泉市郊区直属机关工作委员会（简称区直机关工委），下设办公室、组宣股、群团股，统一负责区直机关的党建、群众团体工作。截至2020年12月，区直机关工委共计管辖1个党委、7个党总支、54个党支部，962名党员。2020年，区直机关工委在区委领导下，在区委组织部的具体指导下，牢牢把握“服务中心、建设队伍、服务群众”的职责定位，做好机关党建工作，努力争当三个表率，建设模范机关。（梁　艳）

【党建活动】 2020年，阳泉市郊区区直机关工委按照“共建共办共用共享”的原则，改革党日活动单纯由党支部设计组织的习惯模式，在“联”字上做文章，让主题党日活动“优化升级”。4月2日，区直机关工委党支部组织党员干部到郊区桃林沟村古州家风馆开展主题党日活动。5月12日，区直机关工委举办“学习党建+5G践行初心和使命”活动。5月27日，区直机关工委开展“学先进、建阵地、创星级、争一流”联合主题党日活动。6月

2020年5月27日，区直机关工委组织党员干部参观市直机关政治生活中心

20日，区直机关工委党支部联合开发区康达社区第三党支部开展“我是党员我带头、服务社区走在前”主题党日活动。8月21日，所属5个支部联合开展“忆苦思甜 弘扬温河精神 砥砺奋进 争做时代先锋”联合主题党日活动。9月28日，区直机关工委开展新党员入党宣誓暨“忆经典 颂党恩 迎国庆”联合主题党日活动。（梁 艳）

【故事分享会】 2020年6月28日，阳泉市郊区区直机关工委举办“温河精神励壮志 双争双创践使命”——纪念建党99周年党建观摩暨“传承温河精神”故事分享会。观摩区纪委监委党总支、区档案馆党支部、区机关事务管理局党支部的“星级党组织”创建、阵地建设、党建品牌打造、党员先锋指数管理等工作成果。聆听由温河水利工程亲历者、工委优秀共产党员马成元、傅海川两位老干部讲述温河精神故事。对所属基层党组织32名优秀共产党员、10名优秀党务工作者和10个先进基层党组织进行表彰并颁奖。各基层党组织负责人及受表彰的先进个人等70余人参加活动。（梁 艳）

【庆祝中国共产党建党99周年系列活动】 2020年7月1日，阳泉市郊区区直机关工委开展“党内关怀暖心行”走访慰问老党员、困难党员活动。走访慰问新中国成立前老党员、离退休党员和困难党员共5人。7月9日，区直机关工委举办“重温红色经典 弘扬革命传统”纪念建党99周年之“红心向党”红歌经典传唱活动。活动采取线上授课方式，由刘永玲老师通过钉钉为大家讲授歌曲《唱支山歌给党听》。（梁 艳）

【志愿服务】 2020年11月2日，阳泉市郊区区直机关工委开展“志愿服务送温暖 真情爱心暖人心”活动。区纪委监委党总支、区直机关工委党支部、区纪委监委“啄木鸟”志愿者服务队、阳泉市郊区机关“东方红”合唱团和阳泉市同心合唱团联合开展活动，为荫营镇敬老院送去冬衣，呈上一场精彩的文艺演出，并为老人拍照留影纪念和整理内务，把党的温暖送到老人心上。11月20日，区直机关工委、郊区人民医院党委联合开展在职党员进社区“普及心肺复苏 建设健康社区”党员志愿服务活动。郊区人民医院党委第四党支部书记、护理部主任王计红围绕“心肺复苏”“气道异物梗阻”等方面，系统讲述现场救护的原则和施救技巧，并就日常生活中容易出现的突发疾病急救措施与大家积极互动，为大家答疑解惑。（梁 艳）

【学习教育活动】 2020年，阳泉市郊区区直机关工委坚持把党的政治思想建设放在首位，开展形式多样的学习活动，教育引导机关党员干部坚定政治信仰，把准政治方向，增强“四个意识”，坚定“四个自信”，做到“两个维护”。5月20日至22日，举办区直机关入党积极分子暨发展对象培训班，114名积极分子、发展对象和预备党员参加。受疫情影响，为避免人群聚集，培训采取“线上+线下”相结合的方式开展。5月25日，召开传达习近平总书记视察山西重要讲话精神宣讲会。11月27日，召开学习贯彻中共十九届五中全会精神区委宣讲团机关工委报告会。（梁 艳）

【党建特色】 2020年，阳泉市郊区区直机关工委强化“党的一切工作到支部”的鲜明导向，深化“3456”工作法，全面实施年初安排部署、年中观摩点评、年底述职评议的闭环管理制度。全年召开党建重点任务安排会、党建工作会议、“双争双创”工作推进会、2020年度基层党组织书记抓基层党建述职评议工作会，层层传导压力，夯实责任落实。4月17日，区直机关工委召开2020年党建工作会议暨党务骨干培训会议，传达学习市委书记姜四清调研郊区讲话精神和全区党务工作会议精神。2020年区直机关工委和所属基层党组织紧扣“围绕中心、建设队伍、服务群众”的核心任务，按照“1+5+3”工作思路，以“六坚持六推动”为抓手，以提升组织力为重点，努力推动机关基层党组织全面进步、全面过硬，为全区经济社会高质量发展提供坚强组织保证。（梁　艳）

【“红心向党”机关大讲堂】　2020年11月10日，阳泉市郊区区直机关工委召开“双争双创”工作推进会暨“红心向党”机关大讲堂。所属基层党组织书记、党务骨干60余人参加会议。会议出台《阳泉市郊区机关党建工作“三级三岗”责任清单》《关于深入开展“五型机关”创建　推进模范机关建设的实施方案》等文件。区委副书记李仁照出席会议并讲话。市直机关工委书记刘连生作为“红心向党”机关大讲堂首讲嘉宾作题为《如何做好党建工作》的专题讲座。（梁　艳）

【开展“五个一”活动】　2020年，阳泉市郊区区直机关工委立足本职，坚决贯彻执行中央、省、市、区委关于疫情防控工作部署要求，扎实做好外出旅居人员摸排工作，开展“五个一”活动，扎实做好疫情防控工作。迅速致一封信给各基层党组织和广大党员，号召广大党员在疫情防控工作中勇担当、作表率，让党旗在防控疫情第一线高高飘扬。组织一次党员捐款，所属基层党组织846名党员共捐款86331.6元。开展一次送温暖，联合区总工会为奋战在一线的干部职工发放60件棉大衣、8张折叠床、2000个口罩。成立一个抗疫临时党支部，指导区综合应急救援大队成立临时党支部，6名党员带领36名应急队员在疫情防控最前沿勇担重任。制作一个党员战疫微视频。（梁　艳）

老干部工作

【概况】　2020年，阳泉市郊区老干部工作坚持以中共十九大及十九届三中、四中、五中全会精神和习近平新时代中国特色社会主义思想为指导，认真贯彻落实十九大“认真做好离退休干部工作”的要求，以“让组织放心、让老干部满意”为目标，围绕中心、服务大局，坚持抓班子、带队伍、强管理、优服务、促发展的工作理念，开展春节、重阳节走访慰问老干部活动、老干部党员主题党日活动、组织全区离退休干部健康体检等系列活动，使老干部工作满意度进一步得到提升。（张理义）

【春节前夕走访慰问离退休老干部】　2020年春节前夕，阳泉市郊区四套班子领导带队走访慰问13名在郊区工作过的退休老干部，为他们送去新春祝福。老干部表示将一如既往地支持郊区工作，多提宝贵意见，继续发挥余热，推动全区各项事业的发展。为贯彻落实好党的老干部政策，通过政府采购为全区2000余名离退休老干部统一购买鸳鸯电火锅和智能电烤箱。（张理义）

【学习竞赛活动】　2020年，阳泉市郊区区委老干部局组织开展“砥砺初心使命 助力全面小康”学习竞赛活动，6月18日召开专题会议，统筹安排部署，下发文件，要求各单位负责人引导离退休干部关注“离退休干部工作”“山西老干部”“中共阳泉市委老干部局”三个微信公众号和下载注册“学习强国”手机APP。各单位须安排专人跟进工作，对于年纪较大或不会使用智能手机的老干部，上门服务、面对面耐心帮助他们进行操作，通过组建微信群，及时汇报开展关注及学习情况，动员全体老年大学学员积极参与，努力扩大学习活动的知晓度、参与度。截至7月13日，已有1033人关注三个微信公众号，810人下载注册学习强国，并有10人获奖。（张理义）

【开展主题党日活动】　2020年7月30日，阳泉市郊区区委老干部局组织离退休干部党支部书记、机关老党员、老年大学部分学员代表30余人到温河党性教育基地、西南舁乡代家庄红色革命纪念馆、大西庄“6·15”惨案遗址开展主题党日活动。在鲜红的党旗前，党员们重温入党誓词，用实际行动缅怀革命先烈的丰功伟绩。在西南舁乡大西庄“6·15”惨案遗址，认真聆听讲解员讲述大西庄“惨案”，并观看情景剧表演，追忆英烈走过的光辉战斗历程。在代家庄红色革命纪念馆，聆听代家庄村的红色文化历史，观看纪录片《致敬老前辈——郭尊荣》。（张理义）

【走访慰问老干部】 2020年9月1日，阳泉市郊区区委老干部局对邓云、余纯、刘江海、李有章4名90岁以上高龄抗日战争时期及参加革命工作的老同志进行走访慰问，为他们送去鲜花和1000元慰问金，为他们带去党和政府的关怀和温暖。在中国人民抗日战争暨世界反法西斯战争胜利75周年之际，4位老干部对党中央的关心和爱护表示深深感谢，通过讲述当年的抗战经历，告诫大家要牢记惨痛的历史，珍惜现在来之不易的幸福生活，并表示将一如既往继续支持区委、区政府的工作，积极献言献策，为加快推进阳泉市转型发展贡献余热。（张理义）

【举办县级老干部重阳节系列活动】 2020年10月24日，阳泉市郊区区委老干部局组织郊区县级退休老干部举办重阳节系列活动。组织20名县级退休老干部，到北七村农村人居环境改善工程、苇泊工业园区建设项目进行观摩。召开阳泉市郊区老干部情况通报会暨重阳节老干部座谈会。分别通报郊区党建工作情况，经济和社会发展情况。老干部在参观、听取汇报基础上积极发言，对郊区一年来经济社会建设和党建工作取得的成绩表示肯定，并就郊区实际情况在经济社会建设、生态文明建设、工业园区建设等方面提出很好的意见和建议。区委书记王晓丽向老干部们表达诚挚的节日祝福，衷心地希望各位老领导能够一如既往地关心支持郊区的工作，积极献言献策，多提宝贵意见和建议，为郊区“争做转型发展表率、打造城乡融合样板”发挥更多的光和热。（张理义）

【“今又重阳分外红”老年书画展】 2020年，为纪念中华人民共和国成立71周年，庆祝抗击新冠肺炎疫情斗争取得重大战略成果，由区老干部局主办，区老年大学、区老年书画研究会承办的阳泉市郊区“今又重阳分外红”老年书画展于10月20日开展。书画展共遴选展出书画作品80幅，其中书法作品73幅，绘画作品7幅。（张理义）

【“九九重阳节”离退休干部流动党支部活动】 2020年，阳泉市郊区各离退休干部流动党支部举办“九九重阳节”系列活动。各离退休党支部近60人参加扑克升级赛、象棋巡回赛、麻将淘汰赛、学习强国知识竞赛等趣味比赛。（张理义）

【全区离退休干部健康体检】 2020年11月3日至12月15日，阳泉市郊区区委老干部局组织各单位离休干部、县级及享受副县级待遇干部、一般退休干部共计2315人进行健康体检。体检期间，各医院安排方便早餐，专人为老干部们提供导检，使老干部们快捷有序地完成体检工作。（张理义）

【邓仕均烈士子女看望邓云】 2020年12月24日，原晋察冀军区“老五团”一连连长邓仕均的儿子邓其平、女儿邓菊平及原所在部队的两任指导员杨之金、崔泓一行看望郊区离休干部104岁的邓云。老部队前任指导员杨之金现场提笔书写“情同手足息息相关”条幅，以作留念，叮嘱邓云保重身体，祝愿他生活幸福，健康长寿!（张理义）

【老年大学教学场地改造】 2020年，疫情期间阳泉市郊区老年大学对区体育馆内老年大学教学场地进行美化改造升级。升级改造项目主要针对地面，墙面等教学环境进行整治美化，先后安装白板 140 平方米，墙裙 150 平方米，刮家 120 平方米，铺设自流平、地胶各 350 平方米，改造工程历时两个月，共花费 7 万余元，为老年学员提供更好、更优质的学习场所。　　（张理义）

党　校

【概况】　2020 年，阳泉市郊区区委党校在区委、区政府的正确领导下，在省委、市委党校的具体指导下，以习近平新时代中国特色社会主义思想为指导，认真贯彻落实《中国共产党党校（行政学院）工作条例》，坚持“党校姓党”根本原则，发挥党校干部培训、理论宣讲、科研咨政作用，推进各项工作顺利开展。　　（杜　慧）

【干部培训】　2020 年，阳泉市郊区区委党校共举办各类专题培训 8 期，培训学员 1700 余人。与区委组织部和区人社局联合举办岗前培训专题班3 期，分别为 1 月 13 日到 1 月 17 日举办的为期 5 天 2019 年度引进急需紧缺人才培训班，培训 58 人；6 月 15 日到 6 月 17 日举办的为期 3 天的 2019 年度郊区事业单位新聘人员培训班，培训 43 人；10 月 12 日到 10 月 16 日举办的为期 5 天的 2020 年度引进急需紧缺人才培训班，培训 53 人。与区委组织部联合举办领导干部培训班 3 期，分别为 9 月 27 日到 9 月 28 日举办的为期 2 天的全区基层党组织书记暨农村“领头雁”培训班，培训学员 360 人；10 月 20 日到 10 月 30 日分 2 期举办的为期 10 天的新任科级干部培训班，培训学员 123 人。举办“干部大讲堂”2 期，8 月 13 日举办“坚定理想信念、争做新时代担当作为好干部”市委中心组（扩大）学习会暨郊区“干部大讲堂”，聘请金一南教授授课，受众 500 余人；8 月 20 日举办的郊区干部大讲堂暨新任科级干部培训班，邀请山西省委党校王小军教授授课，受众 500 余人。在培训中，区委党校严格报备，履行各种防疫要求，确保“安全不出事，疫情零发生”。重点突出党的理论教育和党性教育的主业主课地位，围绕学习贯彻习近平总书记系列讲话精神、习近平总书记视察山西重要讲话重要指示，融合省、市方针政策以及基本能力提升等课题进行专题课程设置，为建设高素质专业化干部队伍提供有力保障。　　（杜　慧）

2020 年 10 月 15 日，阳泉市郊区 2020 年引进急需紧缺人才岗前培训班在“大西庄惨案”遗址进行现场教学

【理论宣讲】　2020 年，阳泉市郊区区委党校紧跟新时代要求，构建理论宣讲大格局。围绕《十九届四中全会精神》《十九届五中全会精神》《习近平谈治国理政》（第三卷）《中国共产党党章》等主题到区法院、司法局、机关工委、开发区服务中心、旧街乡、杨家庄乡、西南舁乡等宣讲 13 场，受众达 1000 余人次。特别是在十九届五中全会召开后，区委党校组织教职工深入学习、研究十九届五中全会精神，并负责编制全区十九届五中全会宣讲通稿。2020 年，区委党校在区理论宣讲视频大赛中分别获二等奖和三等奖，在全市理论宣讲大赛中获优秀奖。　　（杜　慧）

【科研咨政】　2020 年，阳泉市郊区区委党校树立“科研为教学、发展服务”的理念，共完成各类科研报告 12 篇，其中在省级以上刊物发表论文 2 篇，分别在《中共山西省委党校报》发表题为《奋力走

好新时代“赶考”路》的论文1篇，在《中外交流》发表题为《加强乡风文明建设 助力乡村振兴》的论文1篇；省级课题立项1项，《阳泉市郊区乡村治理典型案例探索与实践》通过全省党校系统评审并立项，实现区委党校省级课题立项的历史突破；获省级表彰1项，《关于乡风文明的调研报告》获省委宣传部宣传思想文化优秀调研成果二等奖；获市级教学经验研究及征文奖项5项，《适应新要求 探索新模式 不断推进干部培训取得新效果》在阳泉市党校系统教学经验交流会获优秀教学研究成果一等奖，《关于当前乡风文明建设的调查与思考》在阳泉市党校系统“决胜全面建成小康社会”理论研讨会获一等奖，《全面建成小康社会与全面建设社会主义现代化国家视野下的乡村治理探析》《乡村精准法制化路径研究》《加强基层组织建设 发挥战斗堡垒作用》获二等奖。（杜 慧）

【理论成果转化】 2020年，阳泉市郊区区委党校发挥科研对教学的支撑作用，通过乡村治理调研，将具体案例、实践经验应用于教学内容，形成《以“德治”滋养乡村治理新体系》课程，并在阳泉市党校（行政学院）系统赛讲中获一等奖，在第六届全省党校（行政学院）系统赛讲中获优秀奖。区委党校围绕固庄村打造乡村治理培训中心，进行深入调研，重点突出针对性、可行性、操作性，形成《固庄村乡村治理培训中心教学课程》的报告。对孙家沟村“党员积分管理制度”进行进一步梳理分析，重新完善相关制度，实现实践意义与理论支撑紧密结合。理论科研成果数量、质量、成果转化均位于全市党校（行政学院）系统前列。（杜 慧）

档案管理

【概况】 根据《阳泉市郊区档案馆职能配置、内设机构和人员编制规定》，阳泉市郊区档案馆是负责接收、征集、管理档案和开展档案利用等的专门机构。郊区档案馆位于郊区荫营镇江正大街，郊区政府大楼东侧，总建筑面积5127.5平方米，是一座集郊区重要档案资料保管基地、中小学档案教育社会实践基地、爱国主义教育基地、现行文件利用中心、政府信息公开查阅中心、电子文件中心和政务会议中心“七位一体”的国家一级档案馆。

（高新华）

【“三个体系”建设】 2020年，阳泉市郊区档案馆继续巩固国家一级档案馆品牌，以建设数字档案馆为重点，推进档案资源、利用、安全三大体系建设，“七位一体”的综合管理水平提高。接收住建局、环保局、科技局等17个基层单位、国有企业退休人员以及疫情防控档案共1.49万卷件。2020年底，馆藏档案资料共计1.46万卷件。征集书籍、国画、照片等门类及援鄂工作队员冯兆斌个人档案资料共计82件，电子版档案资料1.82GB。区档案馆在完善和健全人工智能两套档案管理系统，简化利用手续，规范档案查阅流程，建立健全档案利用服务首问责任制、节假日预约查档、函电代抄代复制、跨馆查询等特色服务制度的基础上，提出“查询一次知结果、未果告知查询处”服务方式，打通服务群众“最后一公里”。2020年，区档案馆接待档案查阅利用者314人，调卷804卷，复印资料1741页。开展档案资政参考的编写工作，编辑《2019年档案年鉴》《阳泉市郊区情况摘编》《郊区档案局（馆）2014～2019年大事记》《郊区档案馆组织沿革》《中共阳泉市郊区委员会改革开放以来历届党代会报告汇编》等。与山西三友和智慧信息技术股份有限公司联合开展“基于‘互联网＋政务服务’背景下档案管理模式创新的档案云平台的研究”的科技项目，是山西省档案系统唯一一项列入2020年度国家档案局科技项目计划的项目。区档案馆构建和完善人防、物防、技防相结合的“三位一体”综合防范网络体系和应急处置机制，确保档案安全。做好档案开放、鉴定、划控和涉密工作。2020年完成区环保局、区财政局、区统计局等7个全宗单位文书档案2876件涉密、解密鉴定，其中涉密档案28件。（高新华）

【档案信息化建设】 2020年，阳泉市郊区档案馆编制《阳泉市郊区档案馆数字档案馆系统建设规划》，实施“存量数字化、增量电子化、服务网络化”战略，完善各类档案目录数据库，按计划分期、分批进行全文录入扫描、修图和导入挂接等工作；对区委、区政府、区人大等单位永久保存的档案进行扫描，共计50206幅；出台《阳泉市郊区档案馆电子档案数据接收规范（试行）》，全年接收电子档案案卷级目录3165条，文件级目录46300条，资料目录346条。（高新华）

【服务中心工作】 2020年，阳泉市郊区档案馆共接收187个国有企业退休人员档案7499卷。召开全区新冠肺炎疫情防控档案工作会，出台《关于征集新冠肺炎疫情防控工作档案资料的通知》《阳泉市郊区新冠肺炎疫情防控档案整理办法》等文件，对郊区卫体局、宣传部、农业农村局等26个基层单位新冠肺炎疫情防控档案进行指导，保证郊区疫情防控工作文件材料齐全完整，全年共接收疫情防控档案资料994件。召开全区精准扶贫档案工作动员会、推进会，并对全区134个单位140名档案人员进行培训，出台《全区精准扶贫单位的全宗分类方案》，为下一步整理移交打下基础。（高新华）

【档案宣传】 2020年，阳泉市郊区档案馆依托全国中小学档案教育社会实践基地和市级爱国主义教育基地，创新宣传内容和形式，增强社会大众档案意识。6月8日，举办“档案见证小康路、聚焦扶贫决胜期”主题摄影展，发放宣传单1000余份；8月14日，举办“光辉的足迹——中共阳泉市郊区委员会历史图展”；12月举办“决战决胜、谱写辉煌——阳泉郊区全面建成小康社会伟大实践史料图片展”，共计1500人次参观。（高新华）

【档案培训】 2020年8月4日，阳泉市郊区档案馆为贯彻执行好新修订的《中华人民共和国档案法》，召开“全区贯彻执行《中华人民共和国档案法》培训会”，各乡镇、各单位共87名专兼职档案人员参加培训。（高新华）

史志编研

【党建领航】 2020年，中共阳泉市郊区委员会党史研究室（阳泉市郊区地方志研究室）坚持以习近平新时代中国特色社会主义思想为指导，全面贯彻中共十九大和十九届二中、三中、四中、五中全会精神，立足新发展阶段，贯彻新发展理念，构建新发展格局，教育引导广大党员干部增强“四个意识”、坚定“四个自信”、做到“两个维护”，始终同以习近平同志为核心的党中央在思想上政治上行动上保持高度一致。充分发挥基层党支部的战斗堡垒作用，抓实基层党支部书记抓党建工作责任，全面提升基层党组织的组织力、凝聚力和战斗力。紧紧围绕坚持和加强党的全面领导，以新时代党的建设总要求为遵循，以党的政治建设为统领，对照党章党纪要求，驰而不息纠正“四风”，纵深推进全面从严治党。（李文华）

【《阳泉市郊区年鉴（2020）》出版发行】 2020年，阳泉市郊区区委党史研究室按照省市“志鉴两全”目标要求，全面推进全区志鉴编研工作。《阳泉市郊区年鉴（2020）》由方志出版社出版发行。《阳泉市郊区年鉴（2020）》围绕区委、区政府中心工作，详细记录了2019年阳泉市郊区政治、经济、文化、社会、生态文明建设、党的建设等方面的基本情况和各行各业取得的新成就、新进展、新成果。全书按照分类编辑的方法，设类目、分目、条

目 3 个层次，依据行业设 23 个类目、152 个分目，分目下设若干条目，共计 45 万字。（李文华）

【《阳泉市郊区史志志》初稿完成】 2020 年，全体修志人员在阳泉市郊区区委、区政府的正确领导下，在上级史志部门的悉心指导下，完成《阳泉市郊区史志志》的初稿编纂工作。《阳泉市郊区史志志》采用章节体结构，上限自 1990 年，下限至 2020 年，全面记录阳泉市郊区地方史志工作的发展历程和取得的丰硕成果。（李文华）

【指导基层修志】 2020 年，在完成自身史志编纂工作目标基础上，阳泉市郊区区委党史研究室加强对基层志书的编纂指导和审查验收工作。《西南异村志》刊印发行，《李家山村志》《东南异村志》完成审读。对《代家庄村志》编纂编修人员进行业务培训，指导《阳泉市郊区工会志》编修。（李文华）

【资料供稿】 2020 年，阳泉市郊区区委党史研究室按时保质完成《山西年鉴（2020）》《阳泉年鉴（2020）》郊区供稿工作。按照中央党史和文献研究院和省委党史研究院要求，梳理汇总刘备山荫营革命烈士陵园、辛庄红色文化景区、温河灌区纪念馆等 10 家未收录进《山西革命遗址通览（阳泉卷）》的新评定、新发现、新建设革命旧址和纪念场馆设施，并上报上级主管部门。与区委组织部共同举办中共阳泉市郊区委员会历史图册展。（李文华）

机关事务

【概况】 阳泉市郊区直属机关事务服务中心主要是为区四套班子及部分机关（单位）提供后勤保障服务，职责有机关办公服务（机关交通服务、机关通讯服务、机关办公区域环境卫生服务、机关会议室服务、机关办公用房管理服务、机关办公文具用品服务、机关办公设备服务、机关财务核算服务、机关大楼安保服务）、机关后勤生活服务（职工餐饮服务）及承办区委区政府委托事项。（王晓娟）

【“五星党组织”打造】 2020 年，阳泉市郊区直属机关事务服务中心党支部在“讲党性、比奉献、树形象、促发展”品牌口号的激励下，通过健全完善党内政治生活制度、开展形式多样的主题党日活动、组织思想教育业务培训、打造“六有”党建阵地、加强党员管理及志愿服务等内容，全力创建“星级党组织”。2020 年度被区委组织部授予“五星级基层党组织”称号。（王晓娟）

【公共机构节能】 2020 年，阳泉市郊区直属机关事务服务中心健全节能管理体系，开展节能宣传活动、组织业务能力培训、汇总上报能耗数据等，并通过 2020 年“节约型机关”创建，逐步扩大节能范围，形成“人人参与节能降耗”的良好氛围。2020 年节能工作再创新，注重使用和推广节能产品，认真落实垃圾分类管理，全方位推进节能工作上档升级，在阳泉市公共机构节约能源工作专项考核中郊区排名第一。（王晓娟）

【防疫阻击】 2020 年，新冠肺炎疫情发生以来，阳泉市郊区直属机关事务服务中心成立疫情防控领导小组，制定防控预案，实行 24 小时值班制度，把控“体温检测关”“环境消杀关”“餐饮安全关”三个关口，确保“组织领导到位”“宣传引导到位”“公车保障到位”“物资供应到位”四个到位，最大限度地保障机关正常运转。（王晓娟）

【脱贫攻坚】 2020 年，阳泉市郊区直属机关事务服务中心对精准扶贫工作高度重视，采取“一对一”帮扶措施，并派专人长期驻村配合工作开展。原杨家庄乡大南庄村经过异地搬迁整村合并至桃林沟村后，三年来，中心领导班子带领党员干部职工深入走访慰问、宣讲政策法规、制定巩固措施、实地解决问题，贫困户基本实现“两不愁三保障”，扶贫工作进入巩固阶段。进一步落实“两推进”，推进产业扶贫，经营九保合作社，扩大养殖规模，增加养殖收益；推进消费扶贫，2020 年 6 月与区供销社合作成立郊区扶贫超市，9 月设立“扶贫产品销售专柜”，为扶贫产品建立销售平台。（王晓娟）

外事及台港澳工作

【概况】 2020 年，阳泉市郊区区委外事工作委员会以习近平新时代中国特色社会主义思想为指引，在区委、区政府的坚强领导和上级部门的帮助指导下，坚持立足本职、服务大局的工作思路，各项工作取得一定进展。（王 璐）

【外事工作】 2020 年，阳泉市郊区区委外事工作委员会通过精心选送外事礼物，进一步提高郊区文化旅游的知名度。在抗疫期间，始终坚持零报告制度，保持与外国返乡人员的沟通联络，坚持第一时间向上汇报外国返乡人员的出入境情况，保持积极热情的态度服务外国返乡人员。（王 璐）

【台港澳工作】 2020 年，阳泉市郊区对全区台胞台属重新摸底，准确掌握人员基本情况；通过定期走访慰问等形式，进一步拉近党和政府与台胞台属的感情；通过举办“台湾新娘故乡行”等一系列活动，进一步宣传郊区社会经济发展、招商引资等方面的成就与政策。在抗疫期间，始终坚持零报告制度，保持与台港澳地区返乡人员的沟通联络，坚持第一时间向上级汇报台港澳返乡人员的出入境情况，保持积极热情的态度为台港澳返乡人员提供服务。

（王 璐）

老促会工作

【编纂出版《革命老区县发展史》】 2020 年，阳泉市郊区老区建设促进会启动《革命老区县发展史》编纂工作，成立领导组，制定工作方案，召开专题会议。编纂过程中，区老促会和编纂人员多次到全区 7 个乡镇、1 个中心的 26 个村开展调研、征集资料。送审稿分别在 10 月 21 日和 10 月 28 日通过市老促会和郊区区委的评审把关，已与光明日报出版服务中心签订图书出版合同。（荆明星）

阳泉市郊区人民代表大会

综合工作

【概况】 2020年，阳泉市郊区人大常委会坚持以习近平新时代中国特色社会主义思想为指导，认真贯彻落实《中国共产党党组工作条例》，结合“不忘初心、牢记使命”主题教育常态长效要求，以党要管党、全面从严治党为主线，以“双争双创”活动为抓手，打造忠诚干净担当的干部队伍，确保区人大及其常委会各项工作的顺利推进。全年召开常委会会议13次，组织开展专题视察、调研、检查21次，听取和审议专项工作报告16个，作出决议、决定6项，任免国家机关工作人员27人（次），补选市十五届人大代表2名，对2部法律法规的执行情况进行检查，完成区十八届人大五次会议确定的目标任务。（王　雪）

【区十八届人大五次会议】 阳泉市郊区第十八届人民代表大会第五次会议于2020年4月26日至28日召开。应出席会议的代表158名，实际出席138名，列席人员135人。会议听取和审议区人民政府代区长宁文鑫作的区人民政府工作报告、区人大常委会副主任潘钰作的区人大常委会工作报告、区人民法院院长王忠强作的区人民法院工作报告、区人民检察院检察长严志勇作的区人民检察院工作报告；审查区人民政府提出的区2018年国民经济和社会发展计划执行情况与2019年国民经济和社会发展计划（草案）的报告、区2018年财政预算执行情况与2019年财政预算（草案）的报告、区2018年环境状况和环境保护目标完成情况的报告。区十八届人大四次会议第四次全体会议表决通过关于批准各项工作报告的决议。

2020年4月26日至28日，阳泉市郊区十八届人大五次会议召开

会议通过接受辞职请求决定情况：会议表决通过关于接受光华、王海平、荆春泰、石久军辞去人民代表大会常务委员会委员职务请求的决定，关于接受郗文保辞去阳泉市郊区监察委员会主任职务请求的决定，关于接受韩文明辞去阳泉市郊区人民政

府副区长职务请求的决定。

会议补选区监察委员会主任，区人大常委会委员，选举李丽新为区监察委员会主任，史贤良、刘永庆、赵军、戴彦宏为区人大常委会委员。

4月28日，召开区十八届人大五次会议第四次全体会议，表彰田建忠、史永记、史寿元等25名区人大代表，会议号召全区各级人大代表要以申纪兰为楷模，向优秀看齐、向一流迈进，更好地依法履职，密切联系人民群众，用担当作为彰显新时代人大代表风采。（王　雪）

重大事项

【坚持党的全面领导】　2020年，阳泉市郊区人大常委会深入学习贯彻习近平新时代中国特色社会主义思想,全面学习贯彻中共十九大和十九届二中、三中、四中、五中全会精神，深入学习贯彻习近平总书记关于坚持和完善人民代表大会制度的重要思想，把党的领导贯穿于人大工作全过程，聚焦转型发展蹚新路这一中心任务，致力做到与党委、与政府、与人民群众同向同力同心，同频共振。坚持重大事项、重要工作及时向区委请示报告制度，区委听取人大党组相关工作报告，研究人大重要事项，审议批准人大监督事项、深改任务，出台《关于新时代加强和改进人大工作的实施意见》。（王　雪）

【预算联网监督中心运行】　2020年，阳泉市郊区人大建立预算联网监督系统，利用信息化手段实施有效监督，完成人大系统的一项重大改革任务。为做好人大预算联网监督工作，区人大财经委全体成员参加省组织的技术人员业务培训。在新冠肺炎疫情防控特殊时期，依托区人大预算联网监督中心，组织驻区的39名市人大代表开展2020年市人代会政府计划、预算草案等工作。全省人大预算联网监督工作现场会到郊区预算联网监督中心进行观摩，长治市潞城区人大到郊区参观学习。（王　雪）

【国有资产监督平台建立】　2020年，阳泉市郊区人大常委会深入贯彻落实中央《关于建立国务院向全国人大常委会报告国有资产管理情况制度的意见》精神和省、市建立国有资产管理情况报告制度推进会要求，加快推动郊区国有资产管理监督。12月，依托区工业互联网中心，建立全区国资国企数据监管平台，从企业概况、企业资产、企业运营、企业项目建设、企业党建等方面，科学准确掌握企业国有资产管理运行状况，推动国有资产管理科学精准规范高效、国有资产保值增值、国有资产管理监督工作公开透明。（王　雪）

【文明单位创建】　2020年，阳泉市郊区人大常委会认真贯彻落实上级文明办各项工作部署要求，以建设“两个机关”为统领，结合人大工作实际，强化创建责任，丰富创建载体，突出创建特色，扎实推进精神文明创建各项工作，把文明创建融入业务工作、融入日常行为。通过抓党建引领、工作推进、志愿服务、机关规范、文化建设，全面提升文明创建水平，顺利通过市级文明单位复查验收，被市文明委评为市级文明单位标兵。（王　雪）

【依法开展监督】　2020年，阳泉市郊区人大常委会依法开展五项监督。开展专项工作监督，听取审议区政府关于计划、财政、审计、农业农村、国有资产管理、环境保护、社会保障等专项报告，听取审议法检两院专项工作报告。聚焦聚力重点项目监督，继续贯彻省、市、区委“项目为王”理念要求，对G239改线、水务一体化、园区建设等全区重点工程项目开展监督，通过监督支持、促进重点项目建设。持续推进跟踪监督，继续对乡村治理、人居环境改善、老窑水治理、城中村（棚户区）改造等重大战略工作开展跟踪监督，督促各项政策落实见效，相关工作取得进展。严格执法检查监督，开展食品安全法、妇女儿童权益保障法执法检查。完善测评量化监督，实施代表意见建议办理满意度百分量化测评，对办理结果进行量化监督。探索建立意见建议办理满意度与年度考核挂钩的具体办法，推动代表意见建议办理由关注办结率向注重办成率转变。（王　雪）

【代表联络站点建设】 2020年，阳泉市郊区人大常委会以作用发挥为导向，推进联络站建设规范化。进一步完善硬件设施、健全组织机构、管理制度，联络站每年运行经费2万元，联络点每年运行经费2000元，经费列入区财政预算，以联系选民为主线，推进联络站运作常态化。引深“15410三联系”（即每名区人大常委会主任会议成员联系5名常委会委员、每名常委会组成人员联系4名区人大代表、每名区人大代表联系10名乡镇人大代表或选民）工作，坚持每月10日选民接待日制度，每位代表每年至少进站1次，与代表、选民至少联系2次，建立“一人一档”履职档案，完善代表征集意见建议处理办法，联络站点建成以来，共收到意见建议215件，解决126件。以群众满意为宗旨，推进联络站活动实效化。联络站点坚持问题导向，围绕群众关心的热点难点问题开展工作，每月的接待日确定一个主题，群众带着问题来，实现服务与需求精准对接。固庄村人大代表联络点代表郊区接受全市人大观摩交流会检验，省人大常委会领导到固庄人大代表联络点调研工作。（王　雪）

2020年11月25日，市人大领导到固庄村人大代表联络点观摩指导

【代表作用发挥】 2020年，阳泉市郊区人大常委会深入推进“三个走”（即“走出去”，到先进地区学经验，树标杆，对标一流；“走下去”，到基层一线群众中间联结民心，反映民意；“走进去”，到经济发展的主战场，到项目工地、厂矿车间破解难题，助推发展）“15410三联系”制度，全年视察调研21次，充分发挥联系基层和选民的作用；代表的监督作用更加精准。报告审议中，代表们在认真调研、实地视察、掌握实情的基础上，提出高质量审议意见，做到精准监督，有效监督。执法检查中，做足准备工作，查阅相关法律、标准，深入细致开展现场检查，把问题找全、找准。（王　雪）

【推进作风建设】 2020年，阳泉市郊区人大常委会按照作风建设永远在路上的要求，开展“向申纪兰学习，做人民好代表，争当志愿者”活动，发挥机关干部模范带头作用。开展“五整治五严禁”专项整治工作，查找梳理并认真整改的共性问题有10条、个性问题有54条，制定问题整改清单，即知即改、立行立改、抓长常抓、落实落细。积极投入新冠肺炎疫情防控工作当中。区人大常委会班子成员到防控一线、深入村企指导督查、亲切慰问；向全区各级人大代表发出抗击疫情倡议书；机关党员抗击疫情捐款共计5200元。认真做好精准扶贫工作，深入庙岭村开展入户调查、政策宣传、消费扶贫、义务劳动等。做好创卫攻坚包保点督查服务工作，班子成员到包保联系点督查指导创卫工作，并与大家一起参加创卫劳动。（王　雪）

【法治建设】 2020年，阳泉市郊区人大常委会坚持学法、用法，提升法律素养，做到依法履职。认真学习贯彻习近平法治思想，在本职工作中坚持党的领导、依法治国和人民当家做主有机统一。依法行使监督权，组织召开区人大常委会会议13次，听取和审议专项工作报告16个，对全区经济和社

会发展领域的重点工作、重点工程开展监督，对2部法律法规的执行情况进行检查；依法行使重大事项决定权，作出决议、决定6项；依法行使任免权，严格执行法定程序，落实任前法律考试、供职表态发言、宪法宣誓制度，任免国家机关工作人员27人（次）。

（王　雪）

阳泉市郊区十八届人大常委会2020年度审议表决事项一览表

表4

会议名称	审议表决事项	通过时间
十八届 三十七次会议	会议审议并表决通过了区检察院检察长严志勇提请的免职议案。免去了王学军的区检察院检察委员会委员、检察员职务；杨培龙的区检察院检察委员会委员、检察员职务；李建华的区检察院检察委员会委员、检察员职务；王巨民的区检察院检察委员会委员、检察员职务；王建文的区检察院检察委员会委员、检察员职务；史如斌的区检察院检察委员会委员、检察员职务；穆爱民的区检察院检察员职务；刘保荣的区检察院检察员职务；刘浩的区检察院检察员职务	2020年1月10日
十八届 三十八次会议	审议并表决关于区人大常委会副主任潘钰受主任会议委托提请的人事任职议案。任命刘永庆为区人大法制委员会副主任委员 会议审议并表决通过了区政府副区长韩晓东受宁文鑫区长委托提请的人事任免议案。审议通过了区人大常委会关于接受韩文明辞去阳泉市郊区人民政府副区长职务请求的决定；决定免去韩文明的区政府副区长职务、决定免去苑莉的区政府副区长（挂职）职务；决定任命徐文进为区政府副区长 会议审议并表决通过了区监察委委员杨培龙受李丽新代主任委托提请人事免职议案。免去了赵红卫的区监察委员会副主任职务	2020年4月3日
十八届 三十九次会议	会议审议通过了关于召开阳泉市郊区第十八届人民代表大会第五次会议的决定 会议审议通过了区人大常委会关于接受王如生辞去阳泉市第十五届人民代表大会代表职务请求的决定；审议通过了区检察院关于提请免去张福明、段耀东法律职务的议案 会议补选田进勇、王新哲为阳泉市第十五届人民代表大会代表	2020年4月15日
十八届 四十次会议	会议依次审议并表决通过了阳泉市郊区第十八届人民代表大会第五次会议议程、阳泉市郊区第十八届人民代表大会第五次会议议案审查委员会组成人员名单、阳泉市郊区第十八届人民代表大会代表资格的审查报告、阳泉市郊区第十八届人民代表大会第五次会议主席团和秘书长名单、阳泉市郊区第十八届人民代表大会第五次会议列席人员名单 会议原则通过了区人大常委会工作报告讨论稿，要求区人大常委会办公室就组成人员提出的修改意见对工作报告作进一步的补充完善 会议审议并表决通过了表彰优秀区人大代表名单，决定对田建忠等25名优秀区人大代表予以表彰。	2020年4月20日
十八届 四十一次会议	审议并表决通过了区政府提请的关于谢五金免职的议案。决定免去谢五金的区林业局局长职务	2020年5月10日

续表 4

会议名称	审议表决事项	通过时间
十八届 四十二次会议	关于接受荆玉祥辞去阳泉市郊区第十八届人民代表大会代表职务请求的决定 审议并表决通过了区政府、区监察委提请的任职议案。决定任命：马军军为区林业局局长；王学军为区监察委员会副主任；李廉纪为区监察委员会委员 听取和审议区政府关于新型冠状病毒肺炎疫情防控工作情况的报告	2020 年 5 月 28 日
十八届 四十三次会议	审议表决区政府提请的任职议案。任命张俊杰为郊区人民政府副区长	2020 年 7 月 10 日
十八届 四十四次会议	听取和审议区政府关于 2019 年财政预算执行及其他财政收支情况的审计报告 听取和审议区政府关于 2020 年 1—6 月份财政预算执行情况的报告	2020 年 7 月 24 日
十八届 四十五次会议	审议并表决通过了区检察院提请的免职议案，免去田江华的区检察院检察员职务 听取和审议区政府关于 2020 年 1—8 月份国民经济和社会发展计划执行情况的报告 听取和审议区法院关于刑事审判工作情况的报告 听取和审议区检察院关于员额制改革工作情况的报告	2020 年 9 月 25 日
十八届 四十六次会议	审议表决了区政府、区法院提请的人事任免议案。决定任命：张志刚为区行政审批服务管理局局长；李双鸿为区信访局局长。决定免去朱建芳的区行政审批服务管理局局长职务；李建军的区信访局局长职务。免去李松青的区法院审判员职务	2020 年 10 月 30 日
十八届 四十七次会议	传达学习中共十九届五中全会精神 听取和审议区政府关于乡村治理工作情况的报告 听取和审议区政府关于企业国有资产管理情况的报告 审议区政府关于国有资产管理情况的综合报告（书面） 听取和审议区人大常委会执法检查组关于检查《中华人民共和国就业促进法》实施情况的报告	2020 年 12 月 1 日
十八届 四十八次会议	审议表决区人大常委会执法检查工作办法（草案） 听取区政府关于国道 239 改线工作情况的报告、关于水务一体化项目进展情况的报告、关于工业企业发展工作情况的报告、关于招商引资工作情况的报告，并对承办部门履职情况进行评议测评 听取区政府相关部门关于对区十八届人大五次会议代表重点意见建议办理情况的汇报，并进行满意度测评	2020 年 12 月 17 日
十八届 四十九次会议	审议表决任职议案。任命王晓东为区科学技术局局长 听取和审议区政府关于 2020 年财政预算调整方案（草案）的报告 听取和审议区政府关于区十八届人大五次会议代表建议意见办理工作情况的报告 听取和审议区人大常委会执法检查组关于检查《阳泉市爱国卫生条例》实施情况的报告。对部分驻区的市人大代表进行述职评议	2020 年 12 月 30 日

阳泉市郊区人民政府

重要会议

【新型冠状病毒感染肺炎防控工作会议】 2020年1月21日，阳泉市郊区召开全区新型冠状病毒感染肺炎防控工作部署会。通报湖北省武汉市新型冠状病毒感染肺炎疫情，传达全国、省、市新型冠状病毒感染肺炎防控工作会议精神，并就下一步如何做好防控工作进行部署。决定成立郊区防控新型冠状病毒感染肺炎应急指挥部。要求全区各乡镇、各单位要提高认识、认清形势，加强组织领导，广泛宣传，相关部门要备足应急处置预案，卫生应急机构做好物资储备，履行好守护群众健康职责，保障人民群众身体健康和生命安全。 （王　璐）

【区乡村治理体系建设试点示范工作领导组会议】 2020年2月20日，阳泉市郊区乡村治理体系建设试点示范工作领导组召开会议，听取汇报，安排部署下一步工作。会议强调，推进乡村治理体系建设要多方统筹，多方发力，更好适应新时代下农村发展需要。要着重解决农村发展过程中遇到的实际问题，补齐“三资”管理等方面存在的短板，更加注重农村带头人的培养、选派和管理。要转变乡镇一级固化的工作机制和工作方法，充分发挥乡镇在乡村治理工作中的作用。 （王　璐）

【数字政府 智慧城市规划设计座谈会】 2020年4月1日，阳泉市郊区政府召开数字政府、智慧城市规划设计座谈会。会上，中国移动通信集团雄安产业研究院与省、市移动公司专家就“数字政府”项目背景、“领导驾驶舱”项目、“智慧城市”研发内容等做了介绍。与会人员结合实际，就数字政府、智慧城市规划设计方案提出意见建议。会议指出，以5G、云计算、人工智能等为代表的“新基建”已成为新时尚。积极应对数字化转型，提高现代化社会治理能力，以智慧城市和数字政府建设为统领，打破信息壁垒，打造协同高效的数字政府，建设智慧便民的数字社会，助推智慧城市发展。 （王　璐）

【局长领办制项目推进会】 2020年4月7日，阳泉市郊区召开局长领办制项目推进会。会议研究局长领办制项目推进情况考核办法实施意见，分析当前存在问题，提出下一步工作打算。会议指出，2020年是阳泉市确定的“项目突破年”，是项目施工的最佳时节，各局长领办制项目负责人要抓紧有利时机，时不我待加快项目审批、落地，确保全年任务完成。要提高服务企业、服务项目意识，为企业当好“店小二”，从立项到审批、落地，要用心、用情服务，真正让企业感受到暖心服务。要提升服务项目的水平和本领，熟悉项目落地手续、审批、土地、规划等流程，帮助分析存在的困难问题，提出可操作性措施，以主动服务、优质服务让企业吃上“定心丸”，从而使项目建设尽快推进。

10月10日，郊区召开局长领办制工作推进会，对下一步工作安排部署。会议指出，当前已进入项目施工的最佳时段，要“一切围着项目转，一切围着项目干”。要抓紧有利时机，紧盯领办项目，加快推进项目建设，确保任务圆满完成。要提高服务企业、服务项目意识，提升服务质量和水平，帮助企业解决项目建设过程中遇到的困难和问题，当好“店小二”，为全区高质量转型发展营造良好的政策环境和优质高效的服务环境。（王　璐）

【安委会全体（扩大）会议】 2020年5月5日，阳泉市郊区政府召开安委会全体（扩大）会议，通报5月2日旧街乡火情，安排部署下一步全区安全生产工作。

5月19日，郊区安委会召开第三次全体（扩大）会议。会议指出，各乡镇、各部门要以坚守初心和使命的政治担当，做好安全生产工作。要强化组织领导，强化重点监管，牢固树立“隐患就是事故”的意识，减少一般事故，杜绝较大及以上事故，防止意外事故，为经济社会发展营造良好的安全生产环境。要对煤矿、道路交通、危险化学品、建筑施工、消防和人员密集场所、民爆、水利等重点行业领域进行细致排查，坚决把隐患消除在萌芽状态。落实领导带班和重要岗位24小时值班制度，防范化解重大安全隐患。要强化宣传教育，严格执法检查，加大问责力度，以铁的措施、铁的纪律，确保全区安全生产形势持续稳定。

8月20日，区政府安委会召开第四次全体（扩大）会议。会议通报全区1至7月份安全生产和近期防汛工作情况，安排部署下一阶段工作。会议指出，各级各部门要认真贯彻落实习近平总书记关于加强安全生产工作的一系列重要指示精神和李克强总理重要批示要求，把做好安全生产作为重大政治责任和头等大事来抓，时刻绷紧安全生产这根弦，采取更加有力的措施，推动安全生产各项工作落实落细。（王　璐）

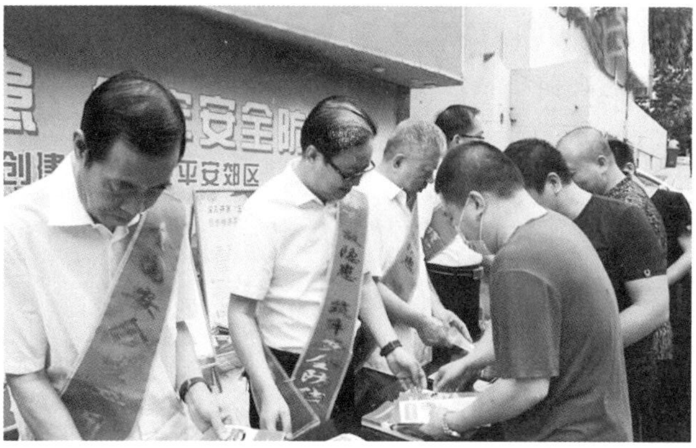

2020年，阳泉市郊区组织开展安全宣传活动

【区政府党组（扩大）会议】 2020年5月20日，阳泉市郊区政府召开党组（扩大）会议，学习贯彻习近平总书记视察山西重要讲话重要指示，传达学习省委、市委常委扩大会议精神。会议强调，习近平总书记视察山西重要讲话重要指示，为郊区发展指明前进方向。全区各级、各部门要充分认识习近平总书记视察山西的重大意义，进一步坚定信心，增强维护核心见诸行动的政治自觉，牢固树立“四个意识”，自觉在思想上、政治上、行动上同以习近平同志为核心的党中央保持高度一致。要紧密结合思想实际和工作实际，做到学深悟透、学以致用，确保习近平总书记视察山西重要讲话重要指示在郊区落地生根、开花结果。（王　璐）

【城乡融合发展暨项目谋划工作会】 2020年5月20日，阳泉市郊区政府召开城乡融合发展暨项目谋划工作会。各工作专班组长分别汇报分管领域工作情况。会议要求，各级各部门要高点站位谋项目。按照省委“四为四高两同步”总体思路和要求，结合郊区发展实际和“十四五”规划编制，进一步强化“项目为王”的鲜明导向，高质量谋划项

目，切实提高项目谋划的前瞻性、引领性、操作性。要吃透政策谋项目。抢抓国家政策机遇，成立工作专班，加强向上对接，抓紧包装申报，争取更多政策、项目、资金支持。要盯住短板谋项目。抓住国家政策机遇，在农业农村、城乡环境整治、教育、医疗卫生、健康养老等方面，抓紧谋划一批基础设施和民生类项目。要压实责任谋项目。严格落实工作机制，开展全员招商引资，坚持结果导向，推进工作落实。（王　璐）

【职业高级中学项目建设推进会】　2020年7月2日，阳泉市郊区召开职业高中项目建设推进会，听取项目进展情况汇报，了解存在问题，部署下一步工作。区城乡开发公司负责人汇报便民活动中心、职高项目建设进展情况、存在问题和下一步工作计划，区直有关单位负责人就如何解决项目存在问题进行表态发言。会议强调，郊区职业高级中学新校区建设是郊区进一步完善公共文化基础设施的重点工程，各单位、各部门要聚集资源、聚集精力，加强要素保障，按照本次会议排出的时间表，以问题为导向，各司其职、主动落实，全力解决项目开工建设中的制约因素，确保按照时间节点要求高效有序推进。各牵头领导要加强统筹督办，深入一线、靠前指挥；相关职能部门要强化要素供给，优化资源配置，为项目开工建设提供更加高效便捷的服务，确保项目尽早开工建设。（王　璐）

【工艺美术行业座谈会】　2020年7月16日，阳泉市郊区召开工艺美术行业座谈会。郊区的特色民间工艺美术品有珐华器、砂器、黑陶、剪纸、刺绣、工艺葫芦、面塑、根雕、软陶、古琴等，尤其是珐华器在2019年12月山西省第四届文博会上被命名为“山西三宝”之一，受到省领导高度认可。区文旅局负责人与北京云祈旅游文化发展有限公司、北京尚邑元素国际文化顾问有限公司、山西晋明堂文化科技有限公司进行刘备山文旅产业发展联盟签约。文化企业代表和非遗代表性传承人甄国民、张世亮等进行了交流发言。（王　璐）

【医疗集团一体化改革工作推进会】　2020年8月11日，阳泉市郊区召开医疗集团一体化改革工作推进会。会议听取区医疗集团一体化改革工作汇报，研究相关体制机制、信息化建设和人才招聘等工作。会议指出，区医疗集团一体化改革工作事关全区人民群众切身利益，各相关部门要高度重视，按照省、市安排部署，强化工作措施，积极稳妥推进。成员单位要各负其责，加强协调，互相配合，抓紧做好人员编制调配、“六统一”管理、信息化建设、人才招聘等工作，健全完善体制机制、人事薪酬、绩效考核、监督管理等制度，按时完成目标任务。区医疗集团要有效整合全区医疗资源，提高医疗水平，做好专业分工配合，确保改革取得实效，让人民群众享受到更好的医疗服务，让改革成果惠及全区人民。（王　璐）

【专项行动动员大会】　2020年8月27日，阳泉市郊区召开打击恶意逃废债、创优金融生态、打造一流农商行专项行动动员大会。会议出台《阳泉市郊区打击恶意逃废债、创优金融生态、打造一流农商行专项行动实施方案》。会议指出，要统一思想，充分认识此次专项行动的重要意义。各部门、各乡镇要高度重视，密切配合，坚决打一场清理不良贷款的攻坚战、歼灭战，努力营造诚信守法的社会氛围和良好的金融生态环境。要强化举措，全力以赴打好打赢专项行动攻坚战。要分类施策，合力清收；各司其职，协同清收；注重稳定，智慧清收。要做实保障，舆论先行，部门联动，健全机制，确保专项行动取得圆满成功。（王　璐）

【安排部署创卫迎检工作】　2020年9月8日，阳泉市郊区创卫指挥部召开会议，安排部署创卫迎检工作。有关乡镇（中心）、部门负责人进行工作汇报。会议指出，创建国家卫生城市迎接评估工作已经到最后关头，各级各部门要提高认识，高度重视，克服麻痹大意、松劲懈怠思想，把当前重点放到创卫迎检上来，以必胜的信心和决心，全力以赴做好创卫迎检工作。要突出问题导向，严格按照创卫标准，对反馈问题逐项对照检查，针对重点区域和难点问题，下硬功夫查漏补缺、找准症结、完善提升。农村区域要把垃圾不落地的成果巩固好，国省干道沿线和县乡干道沿线要继续加大保洁力度，提高垃圾收集清运效率，确保高标准保洁。要对各片区进行全面检视检点，坚决做到无死角、无盲区。要压实责任，下沉一线，加强督促，帮助解决实际问题，确保创卫成果长效保持。（王　璐）

【废弃露天矿山生态修复项目开工动员会】　2020年10月21日，阳泉市郊区召开2020年废弃露天矿山生态修复项目开工动员会。会议传达市长雷健坤对全市生态修复工作的重要批示，出台《阳泉市郊区2020年废弃露天矿山生态修复工程实施方案》。会议指出，完成废弃露天矿山生态修复治理，既是政治工程，又是民生工程。各级各部门要认清形势，切实增强责任感、使命感，突出重点，强化措施，全力推进废弃露天矿山生态修复工作。各乡镇、村要压实属地主体责任，及时化解工作过程中出现的矛盾；施工方要加强队伍管理，严格按要求开展工作，确保做成阳光工程、清洁工程；相关部门要各司其职、各尽其责，形成合力、加强监管，坚决杜绝以生态修复名义进行资源盗采的行为。对监管不到位、主体责任履行不力的要严肃执纪问责，对在工作中有违法行为的要追究法律责任，确保修复治理工作取得实实在在的效果。（王　璐）

【郊区召开国企改革专题会】　2020年12月8日，阳泉市郊区召开国企改革专题会议。有关负责人就国企改革进展情况作汇报。会议指出，要充分认识国企改革的重要性和必要性，认真贯彻落实上级决策部署，进一步明确改革的目的、方针、重点、核心，坚定信心，形成合力，稳步推进。要坚持问题导向和市场取向，集中整合、优化配置，依法操作、公开透明，积极稳妥、有序实施。要持续推进改革创新，严格落实改革措施，加快建立现代企业制度，强化企业人才队伍建设。要摸清家底、明确方向，按照国企改革总体方案，加快实施，全力推进。相关部门要扛起责任，主动作为，加强沟通协调，千方百计为国有企业改革排忧解难，确保国企改革高效推进。（王　璐）

【区政府常务会议】　2020年2月27日，阳泉市郊区召开区政府常务会议。会议传达学习习近平总书记对全国春季农业生产工作做出的重要指示精神、在统筹推进新冠肺炎疫情防控和经济社会发展工作部署会议上的讲话精神等，听取全区行政审批制度改革进展情况汇报，研究部署当前重点工作。

4月11日，召开区政府第51次常务会议，传达学习中共中央政治局常务委员会4月8日会议精神、《关于党委（党组）落实全面从严治党主体责任的规定》等文件精神，听取疫情防控、春季开学、法治政府建设等情况汇报，研究《郊区数字政府建设实施方案》等事项，安排部署相关事宜。

4月16日，召开区政府常务会议，研究《阳泉市郊区人民政府工作报告》（征求意见稿）《阳泉市郊区2019年国民经济和社会发展计划执行情况与2020年国民经济和社会发展计划（草案）的报告》《阳泉市郊区2019年环境状况和环境保护目标完成情况的报告》《阳泉市郊区2019年财政预算执行情况与2020年财政预算（草案）的报告》《阳泉市郊区耐火粘土（高铝粘土）采矿企业整合重组试行方案》《阳泉市郊区乡村旅游接待奖励办法》，就近期重点工作进行安排。

6月11日，召开区政府常务会议，传达学习中央和山西省有关指示精神，听取相关工作汇报，对重点工作进行安排部署。会议对《政府投资信息化项目管理办法》《关于切实加强行政规范性文件合法性审查的实施方案》《关于对区应急体系相关指挥部指挥长指挥部办公室进行调整的意见》进行研究，听取招商引资项目局长领办制进展情况和疫情防控、医疗、疾控应急体系建设、项目推进等方面的情况汇报。

7月24日，召开区政府常务会议，传达学习习近平总书记在中央政治局第二十一次集体学习、企业家座谈会、中央全面深化改革委员会第十四次会议、中央政治局常务委员会会议上的重要讲话精神和省委书记楼阳生、省长林武在全省巩固脱贫成果现场推进会上的批示、讲话精神以及市委书记姜四清在郊区调研的讲话精神，学习《中华人民共和国民法典》，听取上半年重点工作汇报，研究其他有关事项。

8月29日，召开区政府常务会议，传达学习7月30日中共中央政治局会议精神，习近平总书记对“十四五”规划编制工作、对制止餐饮浪费行为作出的重要指示精神，省委第四十三次专题会议暨省疫情防控工作领导小组会议精神等；通报上半年全区高质量发展综合绩效考核指标完成情况，解读《年度目标责任考核改革方案》；研究《阳泉市郊区12345政务服务热线运行管理办法》《阳泉市郊区关于开展法治政府建设示范创建活动(2020~2021年)实施方案》等。

9月28日，召开区政府常务会议，传达学习中共中央办公厅《关于巩固深化“不忘初心、牢记使命”主题教育成果的意见》《山西省相对集中行政许可权办法》以及山西省第六次旅游发展大会、市委十二届九次全会精神，郊区《关于解决干部作风建设中突出问题的意见》，研究政府系统党风廉政建设、经济运行、脱贫攻坚等工作。

11月11日，召开区政府常务会议，传达学习中共十九届五中全会精神，习近平总书记在中央党校中青年干部培训班开班式上的重要讲话精神、在中共中央政治局第二十四次集体学习时的重要讲话精神和关于脱贫攻坚等工作的重要指示精神等；集中学习《中华人民共和国突发事件应对法》和《中国共产党党章》；听取食品安全、疫情防控、禁毒、冬季清洁取暖改造等工作汇报；研究《阳泉市郊区推进国资国企改革行动方案》等。

12月4日，区政府召开常务会议，传达学习习近平总书记在中央全面依法治国工作会议、全国劳动模范和先进工作者表彰大会上和中央政治局第二十五次集体学习时的重要讲话精神。传达学习习近平总书记对平安中国建设做出的重要指示精神，省委第四十五次专题会议暨省疫情防控工作领导小组会议精神；集中学习《中华人民共和国宪法》；听取疫情防控、安全生产、消防、脱贫攻坚、“七五”普法工作情况汇报。（王 璐）

综 合

【主要指标完成情况】 2020年，阳泉市郊区生产总值完成124.87亿元，增长2.1%；一般公共预算收入完成4.6亿元；规模以上工业增加值增长5%；固定资产投资增长11%；城乡居民人均可支配收入分别达29726元和17452元，增长4.1%和7.3%。社会消费品零售总额、农业增加值和服务业增加值分别增长4.9%、3.8%、3.1%，均居全市第一。（王 璐）

【产业转型发展】 产业结构调整 2020年，阳泉市郊区新增规模以上企业11家，达48家。工业增加值中制造业增长14.47%，占比26.2%，提升2.1个百分点；战略新兴产业增长5.6%，占比3.8%。

园区建设 规划符合郊区实际、更具集聚效应的八大园区，将23.3平方千米的省级经济技术开发区建设作为重中之重。荫营工业园新打造工业平台40公顷，累计达173.3公顷，综合配套管网工程全部完工，园区主干道建成通车，投资5.4亿元的13万平方米标准化厂房和配套设施建设推进。白泉工业园处置“僵尸企业”，释放工业用地15公顷。千亩坪现代农业产业园、经济循环产业园各项工作稳步推进，新谋划的现代服务业园、现代双创产业园、现代物流园和工艺美术园各项手续办理加速进行。

招商引资　实行重点项目领导包保和局长领办，把招商引资作为“第一要事”，试行企业承诺、容缺处置等办法，优化营商环境。2020年，引进百万元以上项目21项，当年开工17项，日加科技新材料、中坤集团高端煤机制造、维利亚物联网智能设备等重点招商引资项目实现当年开工投产。

资金争取　紧抓政策红利窗口期，在“跑、争、要”（跑项目、争蛋糕、要政策）上下功夫。全年累计争取到各类资金8.02亿元。其中，中央资金5.14亿元，省级资金0.53亿元，地方政府专项债券1.6亿元，抗疫特别国债用于项目建设0.75亿元。谋划完成中央预算内投资储备入库项目48个，专项债券储备入库项目43个，并持续更新项目、完善已入库项目相关手续。（王　璐）

【城乡融合】　2020年，阳泉市郊区聘请中国社科院专家启动城乡融合方案编制工作，坚持科学发展，促进城乡融合。申报独立工矿区改造提升工程，列入国家支持范围。截至2020年底申报项目11个，总投资23.2亿元。

镇区建设　5条道路综合改造按期完工，开展既有建筑能效提升工作，区文体中心拆迁扫障全部完成，区职业高级中学开工建设，下荫营村、南窑庄棚户区改造和桥上村采煤沉陷区治理有序推进。

基础设施建设　投资2.09亿元的北部地区集中供热主管网全线贯通。实施饮水安全工程，完工41处，可保障4.6万人的饮水安全，郊区入选水利部第三批全国节水型社会建设达标县（区）。完成冬季清洁取暖改造13190户，完成任务的100%，实现全区全覆盖。G239改线、G207改线、水务一体化等工程有序推进。

环境整治　开展“1+5”城乡环境卫生综合整治行动，完成街巷硬化5.3万平方米，拆违拆临392处4.1万平方米，新增绿化面积35.5万平方米，创卫工作通过国家技术评估。农村垃圾不落地改革覆盖全区，省级美丽宜居示范村达15个，河道“清四乱”工作被列为阳泉市唯一的年度河长制工作绩效管理奖励县（区），城乡面貌有根本性提升。省道315沿线环境按照通娘子关景区旅游公路标准高质量打造，拆除临建违建46处0.77万平方米，打造景观绿化带4处，种植苗木960株。

文化旅游　全年旅游接待游客98万人次，旅游收入达1350万元，桃林沟村入选全国乡村旅游重点村，“北七村”和“燕龛沟”集中连片打造成为市民休闲观光的好去处，“西南异苹果”申请国家地理标志商标。（王　璐）

【改革创新】　优化创新生态　2020年，阳泉市郊区出台“科技创新十条”，开展“四创四融”，支持规模以上企业高标准做好创新活动全覆盖，与山西复兴能源研究院和平安银行合作建设全省首家工业物联网大数据平台，探索用大数据助力解决中小企业融资难题。举办校地融合创新论坛，实现与驻地两高校校地合作零突破。投资300余万元，完成第三批人才公寓楼装修56套。

改善营商环境　启用新行政审批中心，在“一枚印章管审批”改革基础上积极探索由“物理变化”引发“化学反应”，进一步优化办事流程和压减办事时间。到年底，实现企业注册一日办结，并试点“一件事一链办”和“模拟审批”等改革。

提升乡村治理水平　以“五有五建”为抓手，推进全国乡村治理体系试点示范县（区）创建工作，初步构建“党建引领，三治融合”乡村治理新体系。标准化建设农村产权交易中心，为推动农村“三块地”改革，提高农村要素资源配置和利用效率搭建平台，发展壮大集体经济，加快推进农业现代化。

推进国企改革　制定《国资国企改革行动方案》，17家全民所有制企业完成改制任务，完成率

100%，在全市名列前茅。为实现“根上改、制上破、治上立”，聘请第三方制定“六定”改革方案，2020年底进入尾声。国企“三供一业”改革、退休人员社会化移交等工作有序推进。　（王　璐）

【民生福祉】　2020年，阳泉市郊区把改善民生福祉作为工作的出发点和落脚点，民生支出达14.6亿元，占财政总支出的72.79%。

脱贫攻坚　推进脱贫攻坚与乡村振兴有效衔接试点工作，打造示范村7个。通过产业就业、兜底保障及“2+4”综合保险等帮扶措施，存在返贫隐患的脱贫监测户和边缘户“两类人员”全部解除返贫致贫风险，郊区通过“省考”“国考”。

教育教学　实施中小学布局调整，撤并5所学校，玉泉中学整体并入荫营中学，荫营中学餐厅改造主体完工，助力区域高中教育迈上“示范＋特色”发展之路。巨兴小学投入使用，玉泉中学改造为高标准初中寄宿制学校，缓解开发区“学位紧张”“入学难”问题。

医疗水平　新冠肺炎疫情发生以来，全区上下众志成城、精准防控，确保郊区未发生一例确诊病例或疑似病例。启动总投资3.8亿元的公共卫生应急能力提升项目，改造区医院和所有乡镇卫生院，河底分院成为国家级社区医院。

公共服务　推进“人人持证、技能社会”建设，培训3142人，完成任务109%。城镇登记失业率3.87%，控制在4.5%。推进足球场地建设任务，完工5块。合并行政村（村改居），全区共设立101个行政村，28个城市社区，净减少46个村（社）组织。社会救助方面，共发放社会救助资金8524.4万元，惠及18894人。推进“林长制”工作，开展植树造林，完成造林726.67公顷。第七次人口普查、“全国双拥模范城”创建工作顺利推进。　（王　璐）

【底线工作】　2020年，阳泉市郊区以“三零”创建为统领，坚持矛盾不上交、平安不出事、服务不缺位，提高基层治理能力和水平。安全生产事故起数和死亡人数保持“双下降”，煤矿百万吨死亡率保持为零，社会矛盾调处化解中心建设有序推进，社会治安防控体系不断完善。开展省级农产品质量安全县区创建工作，监测农产品重量480吨，农产品质量安全体系进一步完善。出台全区“零火情”实施方案，以九项措施、九支队伍确保全区“零火情”目标实现。环保各项指标优于同期，$PM_{2.5}$、PM_{10}浓度均值同比分别下降8.9%、16.5%，二级以上优良天数265天，同比增加45天。降尘量下降明显，达到9吨/平方千米以下的目标任务，10月份降到4.8吨/平方千米。裸露地绿化完成146.47公顷，完成任务的100%。扫黑除恶、打击私挖滥采及土地卫片执法整改、农村乱占耕地建房问题整治等工作有力推进。　（王　璐）

应急管理

【概况】　2020年，阳泉市郊区各乡镇、部门认真贯彻落实习近平总书记关于应急管理工作重要论述，关于安全生产的批示指示精神，贯彻落实《地方党政领导干部安全生产责任制规定》，强化安全监管责任，督促落实企业主体责任，完善应急管理体制机制建设，牢固树立人民至上、生命至上的思想理念，分别组织召开6次区安委全体（扩大）会议贯彻落实各级精神，对做好疫情防控和复工复产安全防范工作、扎实开展全国安全生产专项整治三年行动、全省“零事故”单位创建、全区企业环境综合整治等工作做出部署。

开展“两节”“两会”期间安全生产集中检查、新冠肺炎疫情防控期间安全生产检查、持续开展安全生产集中整治、重点行业领域安全生产专项整治、煤矿非煤矿山复工复产、煤矿井下避灾路线及相关设施专项检查、安全生产大起底大排查大整治、危险化学品储存专项检查、烟花爆竹“清零”行动、“双节”期间安全生产专项督查检查、安全生产风险隐患排查治理专项行动、后40天安全生产集中检查等12个专项安全检查，全区安全生产形势平稳向好。

2020年，发生生产经营性道路交通事故2起、死亡2人，事故起数与2019年同比下降1起，死亡人数与2019年同比减少1人。亿元地区生产总值生产安全死亡率0.016人/亿元，煤矿百万吨死亡率为零，完成了市政府2020年下达的目标任务，实现全区安全生产整体水平平稳向好。（梁红霞）

【安全生产专项整治三年行动】 2020年，安全生产专项整治三年行动是习近平总书记亲自安排部署的一项安全生产领域重要的政治工作，阳泉市郊区高度重视，严格按照国家、省、市的相关要求，周密安排部署“三年行动”相关工作。结合实际制定三年行动实施方案并进行具体责任分工。出台《关于切实做好安全生产专项整治三年行动的通知》，明确2个专题和11个专项整治的具体责任分工。建立三年行动组织领导机构。按照实施方案要求，成立以区长为组长的专项整治行动领导组。专项整治行动领导组下设工作专班及其办公室，工作专班组长由区委常委、常务副区长郭方恺兼任，工作专班办公室设在区应急局，办公室主任由局党委书记、局长张成林兼任。围绕工作目标任务和具体责任分工，全区各乡镇、重点行业领域部门，开展排查摸底、督查检查、隐患治理和宣传教育等系列活动，促进全区安全生产形势平稳向好。（梁红霞）

【“零事故”单位创建】 2020年，阳泉市郊区安委制定《“零事故”创建工作实施方案》，在“零事故”创建中采取“典型引路、全面推进”的方法，选树三都村、汉河沟村、桃林沟村为村级创建典型；旧街煤业、通宝鑫能、华岭耐火为企业创建典型，提倡创建标杆精神，鼓励创建单位在完成规定动作的同时，根据各自实际，创新自选动作，为全面推进“零事故”创建创造模板。全年共排查“零事故”创建单位2417个，“零事故”社区、“零事故”村创建比例均为100%，“零事故”企事业比例为99.91%。全区重点行业领域共查处安全生产隐患5073条，共处罚款85.02万元。（梁红霞）

【应急管理体制机制建设】 2020年，阳泉市郊区应急局出台《关于推进应急管理体制机制建设的意见》，设定2020年底总体目标，对应急管理体制机制提出具体要求。按照《阳泉市郊区人民政府办公室关于调整阳泉市郊区应急救援指挥体系的通知》要求，区应急局对全区突发事件应急预案和各专项预案全部进行修订，2020年9月，区政府发布突发事件应急预案和17个专项预案。（梁红霞）

【烟花爆竹“清零”】 2020年，根据省、市相关要求，9月13日至9月15日，阳泉市郊区应急局联合区公安分局、区审计局、相关乡镇、区烟花爆竹批发企业阳泉市晋东立德烟花爆竹销售有限公司对全区13家烟花爆竹经营零售店进行烟花存量清零行动，共清货箱数337箱+11盘+26个，清算总价56729.3元，并将烟花爆竹零售经营许可证（正本、副本）全部收回，进行注销。9月17日至9月25日，批发企业阳泉市晋东立德烟花爆竹销售有限公司库存11341箱全部返厂湖南、江西，清算总价1352034.5元。9月25日，郊区实现烟花爆竹全部清零，成为全市第一个完成烟花爆竹零售店、批发企业存量清零的县区。（梁红霞）

【防灾减灾救灾】 2020年，阳泉市郊区应急局出台《关于推进应急管理体制机制建设的意见》，对全区突发事件应急预案和各专项预案全部进行修订。9月，区政府发布区突发事件应急预案和17个专项预案。落实冬春救助资金的发放，确保受灾群众个人申请材料真实、准确，并严格审查救助资金享受范围、申报条件、补贴标准等工作。至4月底，284万元生活救助资金全部发放到户到人。确定区防震减灾中心及荫营二中两个点为国家地震烈度速报与预警工程项目，重新认定2所省级防震减灾科普示范学校（郊区育才小学、文苑小学）。会同消防、气象、红十字会等有关部门对盛世新城、新澳城、珍宝园、御康社区进行综合减灾示范社区的考评验收。（梁红霞）

【安全宣传教育】 2020年，阳泉市郊区应急局开展“安全生产月”和安全生产“五进”（进企业、进农村、进社区、进学校、进家庭）活动，提高全民安全意识和干部监管能力。在郊区融媒体中心开设8个专栏专题，制作先进典型、经验做法和成果等专题视频11部，制作警示教育片9部。开展安全生产标准化建设，保安煤业达安全生产一级标准；神堂、旧街煤业达安全生产二级标准；坡头煤业转入基建矿井；中石化阳泉市郊区石油分公司白泉加油站达安全生产二级标准；23家加油站和晋东新能液化天然气有限公司达安全生产三级标准。组织7个乡镇、1个中心（开发区社会事务服务中心）及部分村的灾害信息员共计98人参加全国灾害信息员业务视频培训，组织有关行业企业负责人、安全管理员进行危险化学品安全生产专题培训，观看安全警示教育片。对全区157个行政村进行地震灾害风险评估实地调研，调研报告通过省地震局考核验收。（梁红霞）

2020年，阳泉市郊区应急局聘请专家对辖区煤矿进行“体检会诊”

【疫情防控阻击战】 2020年1月至2月底，阳泉市郊区应急局组织党员干部参加全区新冠肺炎疫情防控工作，在荫营、阳泉东、坡头高速口疫情监测点协助开展工作，并成立临时党支部，把“堡垒”筑在疫情防控最前沿，做到关键时刻有组织在，关键岗位有党员在。协助开发区大华社区7个无物业小区开展防控疫情设卡检查工作，组织全体党员干部捐款5090元支持全区疫情防控。区应急管理局被评为全区疫情防控先进基层党组织。（梁红霞）

【队伍建设】 阳泉市郊区消防救援大队位于李荫路段。大队下辖1个政府专职队，属合同制消防员编制。2020年，大队开展正规化建设，升级改造荣誉室、党团活动室、图书阅览室和一体化俱乐部等功能库室，设立革命先烈、英雄模范、先进典型灯箱，高标准配备设施设备，美化靓化营区环境。持续规范战备、训练、工作和生活秩序，深化安全“五无”（无重伤、无死亡、无中毒、无火灾、无坍塌）创建，紧盯“人车酒、黄赌毒、网电密”等重点对象加强安全防范，用铁的纪律打造铁的队伍。成立工会组织，落实已婚指战员离营休息、专职队员和文职人员“五险一金”等实事举措。2020年度“蓝焰尖峰”冬训比武竞赛和夏训比武竞赛中，取得A组团体第一名的好成绩。（葛　俊）

【灭火救援】 2020年，阳泉市郊区消防救援大队共接出警185起，其中火警75起，抢险救援32起，社会救助45次，出动警力1715人次，出动车辆281次，抢救财产价值约400余万元，成功处置“7·16”恒大帝景坍塌事故和多起火灾救援事故。（葛　俊）

【火灾防控】 2020年，阳泉市郊区消防救援大队大力推动政府领导责任制有效落实。以郊区汉河沟村为试点，召开农村消防安全标准化管理达标创建试点交流会，为农村标准化管理工作树立典型。通过发送提示函和建议函，提示加强行业领域消防安全整治。强化与公安、民政、教科、住建、卫健等部门协作，统筹开展消防安全专项整治三年行动和冬春火灾等多项消防安全专项治理。率先采取联合交警执法模式，对违规占用消防车通道行为进行联合告知、处罚。全年共检查单位505家次，督促整改火灾隐患545处，罚款37.22万元，临时查封单位8家，三停单位5家，挂牌督办重大火灾隐患单位3家，销案3家，保持整治火灾隐患高压态势。借助志愿者服务平台及消防教育馆预约平台，打造精品宣传矩阵，传播消防时代强音。消防科普教育基地对外开放活动共计81次，累计参观2133人。利用农村大喇叭及辖区LED大屏幕每日播放消防安全提示6000余次；节日期间发放宣传资料共计9000份、发送短信温馨提示共计15000余条。开展消防宣传“五进”工作，分批次、分类别组织重点人群开展消防教育培训48次，演练12次，做到消防安全培训全覆盖。（葛　俊）

政务服务

【概况】 2020年，阳泉市郊区行政审批服务管理局在区委、区政府的正确领导下，在市行政审批局的业务指导下，以“党建引领、三型共建”为总基调，着力打造“六最”营商环境，持续深化“放管服效”改革，形成完备的政务服务标准体系。区行政审批局基本体制架构为“一局两中心”（行政审批服务管理局、政务中心、采购中心），局机关下设10个股室，分别为综合办公室、财务办公室、政务中心股、政府采购股、大数据股、投资项目审批股、市场准入审批股、农社民生审批股、踏勘专家管理股、“12345”政务热线工作站，另设综合窗口、帮办代办服务台、前台咨询岗位等。2020年，4500平方米的智能政务大厅启用，人社局、医保局、交通局、公安分局、税务局、农商行等9个中心窗口、工作人员130余名整体入驻，设置服务窗口44个，可集中办理各类政务服务事项797项，截至2020年底，共办理各类事项103114件。（田智鹏）

【新政务服务大厅运行】 2020年7月1日，阳泉市郊区政务服务新大厅运行，新大厅共计4500平方米，设有综合便民大厅、公共服务大厅、行政审批大厅三个办事大厅。一楼便民综合大厅，采取入驻式进驻模式，设农商行窗口、公安窗口、税务窗口，可办理322个事项，设便民服务窗口，为群众提供刻章、打字、复印、证件照拍摄等服务；二楼为公共服务大厅，共设6个便民服务窗口，分别提供城乡养老保险、职工养老保险、失业保险、公共就业和人才服务、医疗保险、道路运输管理等有关服务，涉及公共服务事项140项；三楼为行政审批大厅，设有市场准入、农社民生、投资项目、综合受理四大业务窗口，可办理行政审批事项329项。工作人员130余名，涉及27家单位，共设44个窗口（婚姻登记、司法调解撤回），可办理797件政务服务事项。政务大厅负一层设有档案室、更衣室、配电室等日常所需设施，专项打造五星级母婴室及职工活动室，一至三楼配有便民服务区、自助查询区、残疾人专区及等待区、填单区、开水间、无障碍通道等基础设施，为单位职工及办事群众提供温馨、便利的服务。政务中心构建智慧审批模式，配备智能硬件设备，将播音系统、叫号系统、导办系统、查询系统与政务服务网有机结合，形成“互联网+”虚实一体化大厅服务流程，为企业和群众提供更高效、更便捷的集中服务。（田智鹏）

【相对集中行政许可权改革】 2020年，为进一步深化行政审批制度改革，提高行政审批效率，阳泉市郊区行政审批局进一步推进相对集中行政许可权改革。在审批事项划转方面，确定划转事项228项（新划转食品小经营店备案证、备案卡、个体工商户办理营业执照登记），其中，区级行政许可事项208项，划转173项，划转率达82.69%，划转行政确认事项13项，其他类事项42项，共涉及21家单位和部门；确定未划转事项101项按照“两集中、两到位”要求进驻政务大厅综合窗口办理，全面实行“前台综合受理、后台部门审批、统一窗口出件”审批模式。在审批事项办理情况方面，2020年，政务大厅共办理政务服务事项103114件。其中，市场准入股3763件（卫生体育类417件、食品类401件、个体类786件、企业类1399件、特种设备类760件）；投资项目股310件（备案218件，包括新建项目160件，技改项目58件），核准20件，公路设计文件审批6件，建筑施工许可证核发20件，招投标备案21件，市政基础设施类审批2件，竣工验收备案12件，委托交通局办理路政管理许可证7件，招标方案核准1件，粮食收购资格2件，节能审查意见1件）；农社民生股704件；踏勘股发起联合踏勘733次，发出踏勘意见报告书733份。各入驻部门进驻大厅至2020年底，农商行窗口办理事项205件，公安窗口55件，税务窗口23100件，交通窗口1698件，医保窗口13496件，失业保险窗口11717件，公共就业与人才服务窗口822件，居民养老窗口2637件，养老保险窗口43874件。（田智鹏）

【全民所有制企业公司制改革】 2020年，阳泉市郊区行政审批局为企业改制设立绿色通道，通过建立企业改制服务窗口和改制企业群，责成专人负责受理，提供专人帮办服务；采取容缺承诺办理、延时服务办理等措施，优化简化程序，创新工作方式，按期完成区营17家全民所有制企业的改制工作。（田智鹏）

【梳理“四级四同”事项】 2020年，阳泉市郊区行政审批局深化“放管服效”改革，贯彻落实深化“一网通办”前提下“最多跑一次”改革要求，做好“四级四同”（推动实现同一事项名称、编码、依据、类型等基本要素在国家、省、市、县四级统一）政务系统事项动态调整和要素内容及时更新工作，确保政务系统中信息准确规范，事项办理有据可依。截至2020底，国家、省、市公布行政权力事项653项，政务服务事项动态管理系统梳理录入“四级四同”事项403项，其中行政许可类253项，行政确认类79项，行政奖励类78项，行政裁决类12项，其他行政权力类88项，同步率达到78%，持续更新数据，实行动态管理。（田智鹏）

【开展“五减”专项行动】 2020年，阳泉市郊区行政审批局开展“五减”专项行动，围绕企业投资、生产经营、创新创业、民生热点等方面政务服务，推行“减材料、减证明、减环节、减时限、减次数”改革，推动同层级间审批事项申请材料、办事标准、办理时限、办事流程、网办事项实现“五统一”，同一事项在市、县同层级间无差别受理、同标准办理。2020年底，按照受理、审查、决定、送达（办结）环节压缩审批时间，在审批事项办理时间平均压缩50%的基础上，再压缩30%，企业开办时间由3个工作日压缩至1天。（田智鹏）

【容缺、帮办、代办服务机制】 2020年，阳泉市郊区行政审批局优化审批流程，缩短审批时限，提高服务质量，加强行政审批制度建设。推行“企业承诺制”，建立容缺处置和预审批机制，以“企业承诺+容缺办理”模式，尝试为重点项目“开绿灯”，压缩审批事项办理时间，推进项目建设进度。提供帮办、代办服务，结合政务服务“一窗受理”改革，建立政务服务帮办代办服务制度，设置帮办代办服务窗口，组建一支高效的服务人员队伍，通过主动服务、靠前服务，对办事困难和重大项目的企业群众提供保姆式“一对一”贴心帮办代办服务。出台行政审批八项制度，包括一次性告知制、政务公开制、服务承诺制、容缺受理制、首问责任制、限时办结制、延时服务和预约服务制度等，不

断优化政务服务和营商环境，为全区经济发展提供强有力的政务服务保障。（田智鹏）

【创新政务服务模式】 2020年，阳泉市郊区行政审批局以政务服务提升为抓手，围绕群众办事的痛点、堵点、难点问题，创新政务服务模式。推行“企业开办，一日办结”，整合审批事项、公共服务事项，实现企业开办工商登记、印章刻制、税票申领、银行开户、社保登记、用工需求登记等“一条龙”服务，一个工作日办结。打造“一件事一链办”，梳理商贸、教育等55件高频事项“一链办”套餐清单，探索“一次告知，一次填报、一个流程，一套材料，一窗受理、一次踏勘”审批流程，启用该模式办理34个综合审批事项。提供“菜单式”全清单服务，详细列出承办事项可能涉及的各个环节，解决企业落地 “办什么、怎么办、找谁办”等问题，2020年为160个项目“量身定制”报建阶段审批事项“菜单式”全清单。实施“模拟审批”，通过电脑端（政务系统）、手机端（微信公众号）、自助服务一体机等渠道上传申报材料，后台模拟审批并反馈申请人，带标准资料现场办结，实现“最多跑一次”或“一次都不跑”。（田智鹏）

【政务服务标准化建设】 2020年，阳泉市郊区行政审批局推进政务服务规范化、标准化建设，制定《阳泉市郊区行政审批服务管理局优化营商环境制度汇编》，形成完备的全区政务服务标准体系，实现政务服务从管理制度化到管理标准化的转变。制度汇编包括办事制度、管理办法、考核办法、标准化服务等13个方面，建成“纵到底、横到边”、规范统一、整体联动、部门协同的政务服务标准化工作机制，实现政务服务标准化全覆盖。（田智鹏）

【数字政府建设】 2020年，根据《阳泉市郊区加快数字政府建设实施方案》要求，阳泉市郊区行政审批局以数字政府、智慧郊区等信息化建设为着力点，成立大数据股，专项负责政府投资信息化项目审批，与移动、联通、电信等平台对接，为郊区信息化建设提供新思路。建立“一局一库一中心”管理架构，对接市信息化实现融合和共建共享。依托中国移动公司开展政企合作，“政务云”租赁工作推进，基本实现政务信息上“云”。建设新政务中心智慧大厅，与中国移动公司合作的“新政务大厅办公楼信息化项目”完成验收。结合郊区特色，重点建设区级“领导驾驶舱”“安全出口”智慧应用体系。完成智能防火护林系统，工业监测平台建成使用。开发“阳泉市郊区政务在线”微信公众号，实现政务公开、办事服务、政民互动等功能。推进智慧城市、智慧社区建设，促进数字政府创新成果与公共服务深度融合。（田智鹏）

【“12345”政务服务热线】 2020年，阳泉市郊区行政审批局发挥政务热线的载体和平台作用，成立“12345”政务服务热线郊区工作站；建立“集中受理、分类处置、各方联动、限时办理、及时反馈”的工作机制，形成涵盖接单—转办—办理—回复等环节的工作流程；出台《阳泉市郊区“12345”政务服务热线运行管理办法(试行)》；制定联席会议制度，不定期召开“12345”热线反馈会议；将“12345”政务热线工作纳入营商环境考核中。自2020年3月阳泉市“12345”政务热线郊区工作站成立，共受理各类群众诉求1194件，其中，求助类1050件，咨询类53件，建议类36件，投诉类51件，其他类4件。综合办结率100%，处理结果满意率75.47%，服务满意率94.50%。（田智鹏）

【“互联网+监管”】 2020年，阳泉市郊区行政审批局按照山西省“互联网+监管”系统监管履职情况评估评价指标要求，新增监管业务数据报送总数1245条，入库1245条，各部门监管事项784项，监管对象入库261个，执法人员入库31名，监管行为录入948条，双随机入库5条，监管数据覆盖

率 10.97%，入库率达 100%。（田智鹏）

【便民“二维码”墙建设】 2020 年，阳泉市郊区行政审批局推进便民“二维码”墙建设，将 56 个高频办理事项的办事流程、申请材料、办理时限、办事标准等制作成“二维码”公开上墙，企业、群众可通过扫描“二维码”的方式，快速、准确、一次性获取办理事项的办事信息，为企业、群众增加一条获取办事信息的便捷渠道。“二维码”墙共涉及 56 个事项，包括投资项目类 17 个，农社民生类 26 个，市场准入类 13 个。（田智鹏）

【“7×24 小时”自助服务模式】 2020 年，阳泉市郊区行政审批局推行“7×24 小时”自助服务模式，实现自助办理终端与审批平台端口对接，实现自助服务一体机、微信公众号、全流程电子监察系统互联互通，群众可通过自助服务终端实现审批事项申报、转办、审批、办结“一条龙”自助办理。“7×24 小时”自助服务模式打破固有时间局限，填补办公时间之外的服务盲点，在非工作时间和节假日为群众提供方便、快捷的服务，真正实现政务服务“自助办、随时办”。（田智鹏）

【“掌上服务”新模式】 2020 年，阳泉市郊区行政审批局以“创优政务服务模式，打造一流营商环境”为导向，推出“掌上服务”模式，“阳泉市郊区政务在线”微信公众号作为对政务服务平台网办功能的重要补充，开启“人在家中坐，事情全办妥”政务服务新篇章。通过微信公众平台，办事群众以图片、文档形式上传填报资料，受理人网上模拟审批后，规定时限内，将模拟审批意见反馈申请人，申请人带资料现场办结，实现“最多跑一次”。微信公众平台兼具审批服务、预约办理、进度查询、政务公开、政民互动等全流程、多方位政务服务功能，打造集政务信息发布、部门业务办理、社会民生服务于一体的“掌上政务”平台。（田智鹏）

信访工作

【概况】 2020 年，阳泉市郊区信访工作按照习近平总书记以人民为中心，加强和改进人民信访工作的重要讲话精神要求，在区委、区政府的正确领导下，围绕“零上访”单位创建、信访“三无县区”创建工作的要求和标准，统筹全区各级力量，实施信访问题“控新治旧”任务，提升信访业务规范化建设，全区信访形势进一步好转。（余嘉祺）

【群众信访】 2020 年，阳泉市郊区信访走访总量 698 批 2243 人次，同比批次下降 26.53%，人次下降 27.97%。全区进京非访 1 人次，同比下降 50%；进京正常访，同比下降 39.19%；赴省集体访 2 批 14 人次，同比批次相同，人次下降 37.83%；到市集体访共计 24 批 571 人次，同比批次下降 48.93%，人次下降 35.99%；来区走访总量共计为 624 批 1596 人次，同比批次下降 24.36%，人次下降 24.32%。网上办理信访共 403 件，同比上升 38.01%。实现“网升访降”总目标。（余嘉祺）

【信访积案化解】 2020 年，阳泉市郊区召开 5 次信访联席会议，对多个重点信访积案进行研究并制定化解方案，启动信访救助资金，推动信访积案化解。在重要时间节点对重点信访人员进行总体部署安排，传递责任、层层传导压力，形成“一级向着一级看，一级追着一级干”良好局面。（余嘉祺）

【建设信访矛盾调处中心】 2020 年，阳泉市郊区建设信访矛盾化解调处中心。前期，区信访局在学习考察“安吉”工作模式的基础上，经区信访联席会议讨论，区委常委会通过，形成郊区信访矛盾化解调处中心改造设计方案。主要设置：信访局办公区，其中增设：行政调解区，人民调解员调解区，突发事件指挥区，行政复查复核和行政复议区等。

该工程总投资合计约455万元，该项目整体改造建设实施时间从2020年10月开始，预计于2021年2月投入使用。（余嘉祺）

【“零上访”单位创建】 2020年，阳泉市郊区信访局出台《“零上访”单位创建工作方案》，成立以信访局局长为组长，各乡镇和区直相关部门分管信访工作领导为成员的郊区“零上访”单位创建领导小组。全区各类单位共6632个，其中村（社区）183个，宗教场所3处，事业单位296个，其他企业单位6150个。截至12月25日，全区共计183个零上访创建主体，破零村（社区）28个，保持零上访的村（社区）155个，零上访占比为84.7%。其中，全县（区）共计157个村保持零上访的133个，占比为84.71%。全县（区）共计26个社区保持零上访的22个，占比为84.62%。“零上访”比例控制在省市考核标准80%以上。综治系统录入“破零”信息共计90条，占四级走访总量的81.08%，其中已化解29件，正在化解4件，基本化解57件，化解率为32.22%。（余嘉祺）

【治理化解重复信访事项】 2020年10月，阳泉市郊区信访局出台《关于开展集中治理重复信访、化解信访积案专项工作的实施方案》，就2020年重点人员县级领导包案化解及“五包一稳控”台账以及对中央省市交办的36个信访事项进行责任分解，明确化解责任和稳控责任。中央交办信访事项31个，化解10个，办理中21个；省交办4个，化解2个，办理中2个；市交办1个，办理中1个。至2020年底，共化解12件，化解率达30%以上。（余嘉祺）

【信访法治宣传】 2020年2至5月，阳泉市郊区信访局按照省法检公工作要求，通过电视、报纸等新闻媒体对《关于推进“三零”单位创建依法处理信访活动中违法犯罪行为的实施意见》进行广泛宣传，录制宣传音频10个、印刷宣传资料1000余份。5月，在荫营广场举办《信访条例》宣传日集中宣传，区委常委、政法委书记张斌武参加宣传，现场共发放宣传资料2000余份。（余嘉祺）

【规范信访业务程序】 2020年，阳泉市郊区信访局组织区信访业务培训4次，并通过自查、评查等方式，提升分管信访工作领导和具体业务人员的政策法规水平和基础业务水平。2020年，全区信访工作机构及时受理率99.53%，有权处理信访事项的行政机关或单位及时受理率98.40%，信访事项按期答复率99.14%，信访工作机构信访事项处理参评群众满意率98.73%，有权处理信访事项的行政机关或单位信访事项处理群众满意率96.08%，信访事项处理群众参评率96.53%，办理限时8.98天，信访工作各项指标大幅提升。（余嘉祺）

扶贫开发

【概况】 2020年，阳泉市郊区贯彻落实习近平总书记在决战决胜脱贫攻坚座谈会及两次视察山西重要讲话重要指示精神，围绕省委“四为四高两同步”总体思路和要求，围绕省市对脱贫攻坚工作的决策安排部署，增强“交总账”和“军令状”意识，克服疫情影响，以问题整改挂牌督战为抓手，确保责任落实、政策落实、工作落实，探索建立减贫防贫长效机制，实现脱贫攻坚决战完胜，并逐步实现和乡村振兴的有机衔接。郊区于2014年开展贫困人口建档立卡工作，2018年底实现整体脱贫目标，2019年转入巩固提升脱贫成果阶段，2020年实现脱贫攻坚决战完胜，28个贫困村（包括托管矿区四个贫困村）全部退出，4559人贫困人口全部脱贫，建档立卡贫困人口人均可支配收入达10417元，较2019年增长18.4%，被列为全省脱贫攻坚和乡村振兴的有机衔接十个试点县区之一。（胡建忠）

【责任落实】 2020年，阳泉市郊区召开全区级扶贫工作会议5次，区委常委会、区政府常务会及中心组多次组织学习习近平总书记关于扶贫工作重要论述、学习两次视察山西重要讲话重要指示，学习习近平总书记决战决胜脱贫攻坚座谈会讲话精神，经区脱贫攻坚领导组会议研究制定《郊区贯彻落实习近平总书记在决战决胜脱贫攻坚座谈会上重要讲话精神责任分工》。落实党政主要领导“双组长”负责制和行业扶贫“双组长”负责制，区委区政府和各乡镇、各乡镇和各村签订目标责任书，做到任务目标职责更加明确。坚持问题导向、目标导向和结果导向，组织召开领导组会议8次，安排部署相关工作，分析存在问题，研究解决。区委书记全年累计遍访贫困村52次，实现贫困村遍访全覆盖，现场开展督导，现场宣讲政策，现场解决问题，累计解决问题91个。乡镇党委书记和村党支部书记全部实现遍访贫困户。（胡建忠）

【政策落实】 2020年，阳泉市郊区防止返贫监测预警和帮扶成效明显，166名脱贫监测户和边缘易致贫户全部解除返贫致贫风险。区扶贫办制定《郊区积极应对疫情影响、精准落实产业就业十条措施》，全力保障贫困群众增收。易地搬迁涉及集中安置项目2个、分散安置项目1个，搬迁户贫困户154户392人，同步搬迁户90户191人，腾退率、入住率、拆除复垦率均为100%。有劳动能力贫困户家庭至少实现一人就业，对符合办理不动产登记条件的安置住房办证率达100%。2016年至2020年扶贫小额信贷累计获贷717户、4846.8万元，累计还款4481.8万元，还款率92%，总贴息资金358.02万元，无逾期贷款。（胡建忠）

【问题整改】 2020年，阳泉市郊区坚持以问题整改促进脱贫攻坚各项工作，制定问题整改和提级验收“两个实施方案”，共下发六批次提级验收问题清单，明确整改要求、整改责任单位、责任人、整改时限，对照2020年省委督导、专项审计、“十个清零”排查等反馈问题，一并列入整改清单，挂牌督战。成立由区委书记、区长任组长的挂牌督战领导组，专题研究制定整改方案，督促、指导问题整改落实。2020年底，全区挂牌督战的六批次问题全部整改销号，省市反馈问题全部通过提级验收，审计反馈问题全部整改到位，实现“静态清零、动态保障”目标。“12317”信访举报为“零”。（胡建忠）

【干部驻村帮扶】 2020年，阳泉市郊区共安排帮扶单位107家（其中市级24家），安排驻村第一书记32名，组建驻村工作队32支，包括第一书记在内驻村工作队员共计99人；24个贫困村每村1名区级领导包带；党员干部结对贫困户实现全覆盖。在加强对驻村干部严格管理的同时，对派驻村干部全部落实补助和意外保险，累计提拔重用驻村干部8名，晋升职级20名，有11名驻村干部获得省市区表彰。2020年累计组织各类培训9次、1697人次，2015年至2020年累计组织各类培训31次，参训人员5000余人次。（胡建忠）

【扶贫资金项目】 2020年，阳泉市郊区“十三五”时期共投入财政专项扶贫资金6558.7554万元，其中2020年1656.7万元（省级598万元，市级468.7万元，区级590万元），全部分配到村、到户、到项目。2020年，郊区在项目安排和资金分配、扶贫资金监管和扶贫资产管理上，分别制定《郊区扶贫项目入库管理办法》《扶贫资金监管实施方案》和《郊区扶贫资产管理实施方案》，共实施82个扶贫项目全部完工，完工率100%，项目资金支出率99.3%。（胡建忠）

中国人民政治协商会议
阳泉市郊区委员会

综　合

【概况】　2020年，阳泉市郊区政协第九届委员会设“六委一室一中心”，即：提案委、经济委、农业和农村委、教科卫体委、文化文史和学习委、社会法制委、办公室、社情民意研究中心。设政协联络组20个，即：6个专委会联络组、7个乡镇联络组、1个开发区社会事务服务中心联络组和6个民主党派（民革、民进、民盟、民建、农工党、九三学社）联络组。设界别17个，即：中共、共青团、工会、妇联、无党派、工商、经济、农林、社会科学、教育、科技、文化艺术、医卫、新闻、民族宗教、社会福利、特邀。有政协委员171名（缺额9名），其中中共党员70名，占40.9%，常委会由33人组成。区政协机关设党组1个，书记、副书记各1名，党组成员2名。设党总支1个，下辖党支部2个（机关党支部和退休老干部党支部），党员27人（机关党支部12人、退休老干部党支部15人）。在职干部18名，其中：主席1名、副主席4名（非党2名）、三级调研员2名、秘书长1名、“六委”主任6名（四级调研员2名）、办公室副主任1名、社情民意研究中心工作人员3名。

2020年，区政协党组和主席班子集中学习11次、常委会专题学习4次，组织政协各参加单位和政协联络组培训委员500余人次；召开主席会15次、常委会6次，组织专题性议政4次，专项调研4次，提交调研报告5篇。　（宋秋何）

【“五整治、五严禁”作风建设专项活动】　2020年9月28日至11月25日，阳泉市郊区政协组织机关干部集中学习习近平总书记在中央党校（国家行政学院）中青年干部培训班开班式上的重要讲话和关于作风建设的重要论述，学习区委关于进一步贯彻落实中央“八项规定”精神、整治形式主义和官僚主义问题、规范重大事项请示报告制度等文件精神。通过学习讨论、走访座谈、个人自查等形式，深入查找问题，整改作风建设方面问题12个，修订完善机关学习、办文办会、财务管理、日常考勤等制度30余项。　（宋秋何）

【“三环联动”活动】　2020年，阳泉市郊区政协机关干部带头，组织委员走到基层、走近委员、走近群众，开展“三环联动”活动，通过调研视察、座谈交流、服务下乡、入企帮扶、义务咨询、扶贫济困、履职汇报等形式，了解掌握基层情况，帮助解决实际问题。截至年底，共组织调研视察10余次，召开学习座谈会15次，走访委员100余人次，梳理汇总各类意见建议20余条，帮助解决有关供电、供水、供气等方面的问题30余个。《落实“三环联动”工作机制，推动政协工作提质增效》经验材料在山西省政协召开的加强政协专门协商机构建设交流暨理论研讨会上交流。（宋秋何）

【“我为‘十四五’规划编制献一策”】 2020年，阳泉市郊区政协学习贯彻习近平总书记关于“十四五”规划编制的重要指示重要讲话和省委十一届十次全会、市委十二届九次全会精神，组织动员政协各参加单位和广大政协委员，围绕区委“争做转型发展表率、打造城乡融合样板”奋斗目标，为郊区“十四五”规划编制建言献策，共征集卫生健康、教育事业、综合交通运输体系建设等十方面意见建议30余条，转区政府发改委和规划团队参考。

（宋秋何）

【文明单位复查】 2020年11月2日，阳泉市郊区政协机关坚持维护核心、服务中心、凝聚人心、加强自身建设的工作思路，围绕内强素质、外树形象目标，认真履行政治协商、民主监督和参政议政职能，加大文明单位创建力度，丰富创建内涵，提升创建水平，通过市级文明单位复查验收。（宋秋何）

、

【文史编撰】 2020年，阳泉市郊区政协完成《留住乡愁之乡遗辑》和《凝心聚力砥砺前行——阳泉市郊区委员会2019—2020履职回眸》画册的编撰工作。（宋秋何）

政治协商

【九届十九次常委会】 2020年4月20日，阳泉市郊区政协召开九届十九次常委会。会议传达学习习近平总书记在4月17日中央政治局会议上的讲话精神、全省科学技术大会精神、市委书记姜四清与市委常委班子集体谈话时的讲话要求等内容，审议通过关于调整区政协委员和召开区政协九届五次会议的有关决定、报告、参会人员名单等，并作具体安排。（宋秋何）

【九届五次会议】 阳泉市郊区政协九届五次会议于2020年4月26至28日召开。会议采用视频形式，主会场设在郊区政府大报告厅，5个分会场分别设在荫营镇政府、河底镇政府、平坦镇政府、李家庄乡政府和开发区平坦垴村会议室。大会听取并审议区政协副主席李秀芳代表政协阳泉市郊区第九届委员会常务委员会所作的工作报告；听取并审议区政协副主席杨济才所作的提案工作情况的报告；审议通过政协阳泉市郊区第九届委员会第五次会议政治决议；表彰提案工作、反映社情民意信息工作先进个人和履职敬业优秀政协委员。（宋秋何）

2020年4月26日，政协阳泉市郊区第九届委员会第五次会议开幕

【九届二十一次常委会】 2020年8月7日，阳泉市郊区政协召开九届二十一次常委会。会议传达学习省委十一届十次全会精神、省委书记楼阳生在阳泉调研讲话精神以及省、市、区委《关于新时代加强和改进人民政协工作的实施意见（办法）》；听取区政府副区长赵旭关于《全区公共医疗卫生体系建设情况》的通报；审议通过《关于完善公共卫生体系提升医疗服务能力的调研报告》以及有关人事任免事项。（宋秋何）

【九届二十二次常委会】 2020年10月27日，阳泉市郊区政协召开九届二十二次常委会。会议传达学习习近平总书记对“十四五”规划编制工作的重要指示重要讲话、市委十二届九次全会精神和郊区关于贯彻落实《省委书记楼阳生在贯彻落实省委十一届十次全会精神汇报会上的讲话》的意见，通报全区乡村治理体系建设有关情况，审议通过《阳泉市郊区乡村治理体系建设情况调研报告》和有关人事任免决定。（宋秋何）

【九届二十三次常委会】 2020年11月6日，阳泉市郊区政协召开九届二十三次常委会，会议传达学习中国共产党第十九届中央委员会第五次全体会议公报，学习《习近平谈治国理政》（第三卷）《把乡村振兴战略作为新时代“三农”工作总抓手》，学习全省领导干部警示教育大会精神。审议通过《关于加快城乡融合发展全面推进乡村振兴的调研报告》。（宋秋何）

【九届二十四次常委会】 2020年12月11日，阳泉市郊区政协召开九届二十四次常委会。会议传达学习习近平在中央财经委员会第七次会议上的重要讲话，学习李克强在经济形势专家和企业家座谈会上的讲话精神，通报2020年度提案办理情况和全区工业园区建设情况，审议通过《关于高质量推进荫营工业园区建设的调研报告》。（宋秋何）

参政议政

【提案工作】 2020年，阳泉市郊区政协共收到提案184件，经审查，立案166件，立案率90.21%。立案提案中，集体提案17件，个人提案149件，经主席会议研究确定重点提案16件。6月23日，区政协进行由33个部门承办的提案交办，其中交由区政府职能部门办理的150件，交由区委部门办理的16件。10月，由4名副主席带队分别到承办重点提案的单位进行提案督办，首次采用提案“提”“办”质量双向互评新模式，即：委员对承办单位的提案办理情况作出满意度评价；承办单位对委员所提提案提出意见建议并进行评价。同时实施“双重考核”，年终区政协对承办单位办理提案情况进行量化考核，结果报区考核办再纳入年度目标责任考核。截至2020年底，交办的提案全部办理完毕，委员满意率在95%以上。（宋秋何）

【社情民意信息】 2020年，阳泉市郊区政协共收到社情民意信息237篇，经整理汇总，报全国政协14篇，报省政协107篇，报市政协208篇，其中，全国政协转送1篇，省政协采用3篇，市政协采用24篇，市领导批示1篇。全市积分排队第一。（宋秋何）

【提升医疗卫生水平建言献策】 2020年，阳泉市郊区政协针对郊区公共卫生体系建设现状以及在新冠疫情期间暴露的突出问题，组织委员深入河底镇卫生院、高坳庄村卫生所和区疾控中心、区人民医院等地调研，赴平定县考察学习，提出“建立健全重特大突发公共卫生事件应急预案、预警、预防机制”等4条意见建议。（宋秋何）

2020年7月21日，区政协委员到平定县调研公共医疗卫生工作

【推进城乡融合发展专题调研】 2020年，阳泉市郊区政协组织委员到荫营镇三泉村、河底镇燕龛沟、平坦镇桃林沟村、李家庄乡李家庄村、甄家庄

新村、西南舁乡“北七村”、杨家庄乡黑土岩村以及开发区部分社区（村）实地调研，外出学习先进经验，提出制定城乡融合发展中长期规划、依托区位优势建设生态新城等7条意见建议。（宋秋何）

【乡村治理体系建设专题调研】 2020年，阳泉市郊区政协针对如何有效解决推进乡村治理体系建设进程中“谁来治理”“如何治理”的问题，成立专题调研组，到郊区18个村、6个社区、7个乡镇、9个部门调研视察，赴晋中榆次区、长治长子县以及阳泉市城区、矿区学习考察，先后9次就乡村治理体系建设的难点问题进行座谈讨论，提出重点构建乡村治理创新平台等五方面19条建议。（宋秋何）

2020年8月18日，区政协委员到长治市长子县调研乡村治理体系建设工作

【工业固体废物综合利用和污染防治调研】 2020年，阳泉市郊区政协组成专题调研组，对郊区工业固体废物综合利用和污染防治情况开展专题调研。先后到区环保局、河坡电厂等地，沟通交流、专题座谈，提出加大政策支持、加快科技应用等四方面10条建议。（宋秋何）

【园区建设专题调研】 2020年，阳泉市郊区政协组织经济企业界委员，到荫营工业园区管理中心、区相关职能部门和园区建设工地，了解存在问题，征求意见建议，提出加强顶层设计、加大改革创新、强化培育生成、完善机制体制、优化营商环境等五方面15条意见建议。（宋秋何）

【服务中心工作】 2020年，阳泉市郊区政协领导班子成员分别担任G239改线、漾泉大道一期、G207、G307绕城改线等重点工程建设指挥部总指挥以及西南舁乡“北七村”集中连片整治全面工作负责人，并参与信访维稳、脱贫攻坚、森林防火、疫情防控等底线工作，完成郊区区委交办的各项工作任务，助力阳泉市郊区经济社会发展。

（宋秋何）

中国共产党阳泉市郊区纪律检查委员会
阳泉市郊区监察委员会

纪检监察

【概况】　2020年，阳泉市郊区纪委监委学习领会习近平新时代中国特色社会主义思想和中共十九大、十九届二中、三中、四中、五中全会精神，贯彻落实中央和省、市纪委全会各项部署要求，坚持稳中求进，以加强纪检监察系统规范化、法治化建设为主抓手，履行党章和宪法赋予的职责，强化政治监督、精准监督、全程监督，一体推进不敢腐、不能腐、不想腐，巩固发展反腐败斗争压倒性胜利，推进新时代纪检监察工作高质量发展。全年，共处置问题线索494件，立案118件，结案116件，给予党纪、政务处分121人（其中，乡科级干部18人；撤销党内职务以上重处分23人），组织处理204人，留置2人，移送司法机关2人。运用“四种形态”批评教育帮助和处理561人次，第一、二、三、四种形态分别为438人、98人、17人、8人，分别占比78.1%、17.5%、3%、1.4%。（梁志忠）

重要会议

【机关工会成立】　2020年1月15日，阳泉市郊区纪委监委第一次工会会员大会召开，区纪委监委60名工会会员参加。大会按照《中华人民共和国工会法》《中国工会章程》和《工会基层组织选举工作条例》等相关法律法规规定，采用无记名投票方式和差额选举办法，选举产生5名第一届工会委员会委员和工会主席。（梁志忠）

【区纪委九届六次全体会议】　2020年3月9日，阳泉市郊区纪委九届六次全体会议第一次会议召开。会议以习近平新时代中国特色社会主义思想为指导，落实中央、省、市纪委全会和区委九届七次全会、区委经济工作会议精神，回顾总结2019年全区纪检监察工作，研究部署2020年工作任务，审议通过李丽新代表区纪委常委会所作的《监督保障执行、促进完善发展，为我区高质量转型发展提供坚强纪律保证》工作报告。与会人员集体观看市纪委监委拍摄的能源资源领域腐败案件警示教育片《代价不能白付、教训必须汲取》。（梁志忠）

【区委反腐败领导小组会议】　2020年7月14日，阳泉市郊区区委反腐败领导小组召开会议，集中学习《党委（党组）落实全面从严治党主体责任规定》和《山西省查办腐败案件以上级纪委监委领导为主工作办法（试行）》，听取乡镇党委全面从严治党落实主体责任情况汇报，通报有关案件情况，对

下一步工作进行安排部署。会议通过《关于调整区委反腐败领导小组组成人员的通知》。 （梁志忠）

【第一届特约监察员聘请会议】 2020年11月20日，阳泉市郊区监察委员会召开第一届特约监察员聘请会议，正式聘请9名特约监察员监督参与纪检监察工作。会议宣读《阳泉市郊区监察委员会特约监察员工作办法》《阳泉市郊区监察委员会关于聘请第一届特约监察员的决定》，为新聘请的9名特约监察员颁发聘书，王银宗、冯兆斌两位特约监察员代表作表态发言。 （梁志忠）

【学习贯彻中共十九届五中全会精神宣讲会】 2020年12月7日，阳泉市郊区纪委监委举办学习贯彻中共十九届五中全会精神宣讲会。会议围绕三个"百年"背景下的五中全会、历史坐标中的五年规划变迁、公报要点三个方面进行深入宣讲，尤其就公报中三个新核心要义、五大原则、六方面发展目标、九方面远景目标、十二方面重点任务进行详细阐述，并结合纪检监察机关职责定位提出贯彻落实措施。委机关、巡察、派驻纪检监察组、各乡镇（中心）纪委共计80余人参加宣讲会。 （梁志忠）

重要活动

【疫情防控监督检查】 2020年，阳泉市郊区纪委监委成立新冠肺炎疫情防控工作领导小组，部署疫情防控监督工作。根据疫情发展不同阶段，明确疫情防控重点，精细组织监督，推动相关职能部门、复工复产复学企业学校落实疫情防控主体责任。督查采取"四不两直"（不发通知、不打招呼、不听汇报、不用陪同接待、直奔基层、直插现场）办法，运用电话、微信等线上督查和查阅资料、询问情况、个别座谈、实地察看等现场督查相结合的方式进行。建立"督查—反馈—整改—再督查"机制，通过当日督查现场反馈、每日汇总当天上报、整改落实回头看等方式，做到发现问题立查立改。疫情防控阻击战期间，共派出12个专项督查组，对全区8个乡镇（中心）、14个职能部门、226家企业、206个村（社）小区进行监督检查，共发现问题116个，提出整改意见121条。 （梁志忠）

【护林防火监督检查】 2020年，阳泉市郊区纪委监委在护林防火非常时期，共派出17个专项督查组，出动107人次，到8个乡镇（中心），对全区157个行政村实现护林防火督查全覆盖。督查中，各督查组采用查、问、看等方式，以查问题、找隐患为目的，现场督导区、乡、村各级主要领导干部、包乡镇（中心）干部、下村帮扶干部及护林员开展帮扶、值班值守、巡山巡逻等责任落实情况；将各乡镇（中心）、村护林防火工作安排部署、卡口设置、宣传教育、火源管控、防火应急队伍建设、扑火物资储备等工作落实情况作为督查重点内容，查看防火责任制是否落实，防范措施是否到位，应急机制是否健全，火灾隐患是否清除，扑火准备是否充分，以压紧压实防火责任。共监督检查村（社）小区525个次，发现问题88个，提出整改意见88条，处理87人，其中党纪政务处分15人，组织处理72人，通报单位2个。 （梁志忠）

2020年，阳泉市郊区纪委监委开展护林防火监督检查

【脱贫攻坚专项治理】　2020年，阳泉市郊区纪委监委同区委组织部、区农业农村局组成联合调查组，对全区19名“钉钉”考勤系统“零”打卡驻村干部进行调查，调查组通过到乡镇了解情况、乡镇纪委核实、本人出具情况说明等方式，全面了解原因。因乡镇党委书记对驻村干部监管不到位，履行主体责任不力，约谈4人，约谈驻村干部7人，责令原单位召回替换5人，责令纠正7人。5月11日，召开决战完胜脱贫攻坚专项监督检查安排部署会，督查组深入一线对全区脱贫攻坚的责任落实、相关政策落实、扶贫工作落实等方面情况安排监督检查。按照区委安排，在全区开展脱贫攻坚问题整改“回头看”专项巡察，对部分贫困村和扶贫项目进行抽查走访，共发现问题138个，督促给贫困户落实扶贫资金分红3.52万元、盘活扶贫滞留（沉淀）资金23.8万元。主动对接区农业农村局、区扶贫办、区审计局等相关职能部门，收集涉及扶贫领域问题线索，对相关问题线索优先处置，并抽调专人组成工作组了解调查核实。2020年，共摸排问题线索31件，处理15人，其中党纪处分4人、组织处理11人。（梁志忠）

【优化营商环境保障项目建设专项监督检查】　2020年，阳泉市郊区纪委监委出台《关于在全区开展优化营商环境保障项目建设专项监督检查的实施方案》，成立专项督查工作领导组，设立3个专项督查组，开展优化营商环境保障项目建设专项监督检查11次，走访企业项目工程20个，督查责任单位10个、乡镇（中心）8个，发现存在的困难和问题17个，协调解决困难2个，提出意见建议12条。

（梁志忠）

【安全生产领域监督检查】　2020年，阳泉市郊区纪委监委强化“两节”期间安全生产领域监督检查，围绕旅游景区等重点领域开展监督检查，共检查单位28家次，发现问题21个，全部整改。督促区应急局会同文旅局、消防大队、市场局、交通局对全区A级以上景区进行联合检查，对存在消防安全隐患的桃林沟游乐场内童立方、惊魂洞、互动影院、密室逃脱等4个项目下达停业整顿执法文书。统筹乡镇纪委监督力量，共检查企业630家次，排查隐患520条。按照市纪委监委安排，对平定县红岩岭景区、盂县大汖古村景区进行突击暗访，发现的问题均及时上报市纪委监委。（梁志忠）

【深挖彻查涉黑涉恶腐败和“保护伞”】　2020年，阳泉市郊区纪委监委贯彻落实省市纪委监委关于深挖彻查涉黑涉恶腐败和“保护伞”工作的部署安排，落实“一案三查”（查办黑恶势力，追查黑恶势力背后的“关系网”和“保护伞”，倒查党委、政府的主体责任和有关部门的监管责任）“两个一律”（对涉黑涉恶犯罪案件，一律深挖其背后腐败问题；对黑恶势力“关系网”“保护伞”，一律一查到底、绝不姑息）“三个绝不放过”（对涉黑涉恶背后“保护伞”“关系网”没有查清的绝不放过，对背后腐败问题没有查清的绝不放过，对失职渎职问题没有查清的绝不放过），对涉黑涉恶腐败和“保护伞”问题线索、案件及“三书一函”（纪律检查建议书、监察建议书、纪检监察建议书和工作提醒函）数据进行梳理总结。将专项斗争以来区纪委监委下发的纪律检查建议书、监察建议书、纪检监察建议书等资料明细上报，建立完善日常化“三书一函”执法工作机制，上报扫黑除恶专项斗争领导小组调研督导情况报告。处置涉黑涉恶问题线索21件，处理16人，其中党纪处分8人，组织处理8人。（梁志忠）

【民生领域腐败和不正之风专项治理】　2020年，阳泉市郊区纪委监委到乡镇、农村一线，对乡镇纪委履职、职能部门写作、乡镇（农村）落实党的惠民政策情况进行督查。聚焦疫情防控、教育医疗、环境保护、食品药品安全、征地拆迁等民生领域吃拿卡要、盘剥克扣等违纪违法行为，维护人民群众

的合法权益。全年全区共处置问题线索107件，查处177人，其中给予党纪政务处分81人，组织处理96人。（梁志忠）

【制止餐饮浪费】　2020年，阳泉市郊区纪委监委收到省纪委监委关于制止餐饮浪费的《电话通知稿》后，及时印发《对制止餐饮浪费行为工作开展监督的通知》，统筹开展制止餐饮浪费行为和全区机关企事业单位食堂正风肃纪监督检查。率先在机关内部开展“理性消费、光盘行动”活动，在委机关食堂张贴“节约粮食、杜绝浪费”“粒米虽小君莫扔，勤俭节约留美名”“节约是一种美德，饮食是一种文化”等标语，下发倡议书50份，营造文明节俭的浓厚氛围，号召委机关工作人员共做“勤俭节约”的示范者。紧盯各级领导机关、党员领导干部“关键少数”和公职人员等重点对象，把节约粮食、制止餐饮浪费作为落实中央“八项规定”精神、纠治“四风”的重要内容，并与食堂正风肃纪专项监督检查统筹谋划、同步推进，强化日常监督。充分发挥乡镇派驻“近距离监督”天然优势，对党员干部身上的餐饮浪费苗头性、倾向性问题早发现、早提醒、早纠正，推动以党风政风的持续好转，引领带动全社会形成并保持践行节俭节约的社会新风尚。监督检查共发现问题70个，整改36个，处置问题线索3件。（梁志忠）

【历史文物保护工作监督检查】　2020年，阳泉市郊区纪委监委召开专题监督检查会议进行安排部署，下发《关于对全区历史文物保护工作开展监督检查的通知》，组织区、乡两级纪检干部专题学习习近平关于文物工作重要论述和重要指示批示精神，将涉及历史文物保护工作的9个相关职能部门，25处区级文物保护单位及管理权限所在乡镇党委、政府及相关职能部门，列入监督检查范围，将相关乡镇党委、政府落实历史文物保护属地管理主体责任、开展实施历史文物利用、促进文旅融合等工作情况纳入区委巡察内容。成立2个专项监督检查组，通过明察暗访、听取汇报、座谈了解、查验资料、实地查看等方式，对全区25处历史文物保护单位及荫营镇等7个乡镇、区文旅局、区委统战部等相关职能部门监督检查，共发现问题34个，制定整改措施34条，并积极整改。（梁志忠）

2020年，阳泉市郊区纪委监委对历史文物保护工作监督检查

【党政领导干部违规入股企业专项清理】　2020年，阳泉市郊区区委出台《关于在全区开展党政领导干部违规入股企业问题的实施方案》，区纪委成立专项清理领导小组，推进党政领导干部违规入股企业问题专项清理工作，印发《党政领导干部主动纠正违规入股企业情况承诺书》740余份，对740余名区管干部及亲属的基本信息进行摸排，开展“学规定、明底线”专题警示教育77场。（梁志忠）

【逾期贷款专项清欠清收】　2020年，阳泉市郊区纪委监委按照省、市两级专项清欠清收工作领导小组的工作要求，推进专项清欠清收工作，制定《关于在全区集中开展地方银行逾期贷款专项清欠清收工作“百日行动”实施方案》，成立区专项清欠清收工作领导小组，分别于2020年9月18日、9月30日召开工作推进会，并到各乡镇、各单位进行催收和现场督办。自8月1日起累计清收“三类”逾期贷款46623.42万元，销账金额7634.6万元，

完成率为 78.51%（全区三类贷款应清欠清收总数为 67020.19 万元，其中：公职人员应清欠数为 1967.38 万元、涉诉类应清欠数为 63451.87 万元、涉案类应清欠数为 1600.94 万元）。在全市各县区中，郊区的清欠清收任务量最大，但以实际清收金额最高的成绩完成工作。（梁志忠）

【纠治“四风”问题】　2020 年，阳泉市郊区纪委监委抓住元旦、春节、中秋节、国庆等关键节点，明察暗访、随机抽查、突击检查等方式狠抓纠治“四风”工作。出动 76 人次，检查单位 110 个次，发现问题线索 12 件，全部进行处置。配合市纪委监委专项检查“四风”问题 10 次，检查单位30 家；开展“居民小区隐蔽吃喝”检查 5 次，排查“隐蔽吃喝”场所 17 家。2020 年全区处理违反中央“八项规定”精神和“四风”问题 38 人，其中党纪政务处分 25 人，组织处理 13 人。形式主义、官僚主义查处 24 人，其中党纪政务处分 17 人，组织处理 7 人；享乐主义、奢靡之风查处 14 人，其中党纪处分 8 人，组织处理 6 人。（梁志忠）

【信访基础设施建设】　2020 年，阳泉市郊区纪委监委加大信访接待场所规范化建设，新建信访接待室 1 间，设置保安人员 2 名，安装视频监控设施 2 处。开展信访“分级录入”试点工作，推进郊区检举举报平台建设，7 个乡镇 1 个中心，11 个派驻纪检监察组全部联通政务外网，配备电脑等基本设备，并依据上级设置下发的用户名、密码录入测试信访件，运行情况良好。（梁志忠）

【建立协作区运行机制】　2020 年，阳泉市郊区纪委监委结合工作实际，出台《关于进一步加强乡镇纪检监察工作协作区的指导意见》，从制度上确定协作区运行模式，全区共组建三个乡镇纪检监察工作协作区，在区纪委常委会领导下开展工作，分别由两名副书记和一名常委担任负责人，由联系的监督检查室负责统筹，2—3 个乡镇纪委和 4 个派驻纪检监察组参与，每个协作区设有 2—3 名审理专干。协作区实行人员统一管理、工作统一安排、后勤统一保障，主要承担关键时间节点、专项活动等的交叉监督检查，查办乡镇依靠自身力量有困难但又不需要提级查办的疑难案件，对各乡镇查结的案件进行专人审理等职能。在 7 月 2 日、3 日召开的阳泉市深化乡镇（街道）纪检监察工作推进会上，现场观摩西南舁乡纪检监察工作情况，郊区协作区经验在大会上进行交流汇报。7 月 13 日，省广播电台《清风晋韵》栏目对乡镇纪检监察工作“协作区”的运行机制和经验做法进行采访和介绍。协作区成立以来，通过协作区模式立案 10 件、占比 13.04%；处分 12 人、占比 13.25%。（梁志忠）

【组建审理专干人才库】　2020 年，阳泉市郊区纪委监委通过征求意见、个人申请、组织推荐、综合分析，按照好中选优，优中选强的原则，选取 8 名乡镇纪委干部组建乡镇审理专干人才库。区纪委监委案件审理室负责人才库的日常管理、调配使用和培训考核。开展常态化培训，重点针对案件审理工作流程、审理文书规范及案件归档要求进行专题讲解；结合审理工作实际，制订对审理专干的常态化培训计划，并对每名审理专干全年学习情况进行全过程管理；强化轮岗学习，安排审理专干分批次轮流到区纪委监委案件审理室上挂锻炼、跟班学习，每人学习时间一般不少于 3 个月，学习从具体业务工作入手，注重实操性和规范性。（梁志忠）

【乡村治理监督】　2020 年，阳泉市郊区纪委监委抓住郊区被列为全国乡村治理示范县（区）的有利契机，选取咀子上村、坡头村、甄家庄村三个不同类型村开展“创清廉乡村、促基层治理”试点工作，以“阳光坡头、全民监督”“廉洁清风咀子上”“甄家庄阳光公开 APP”为主题进行打造，在规范乡村小微权力运行的基础上，探索完善乡村治理监督新模式，并将试点经验进行推广，以点促面，不断提升基层监督工作实效。阳光公开实现“村务清爽”，针对以往村级权力运行不民主，党务、村务、财务“三务”公开不透明，制度执行不规范等问题，区纪委监委成立专班，指导和要求各村支“两委”将权力清单、运行流程、村规民约、“三务”情况等以各种形式公开公示，并探索线上公开，开发“清廉郊区”微信公众号，在阳光下晒清单、亮流程、立规矩，让老百姓清清楚楚知道每件事该找谁办、怎么办。平坦镇坡头村在“三务”公开方面，一改传统的“一张纸”“一套专业财务报表”公示办法，采用老百姓能看得懂的方式公示出来，让群众“愿意看”“看得清”“看得懂”，让群众明明白白参与监督。在“三务”公开的同时，坡头村设立干部“监督台”，将村支“两委”班子成员和“三支队伍”人员“公开亮相”。李家庄乡甄家庄村将村级权力清单、运行流程、“三务”情况等通过微信公众号进行公开，并实时更新，累计储存，村民可以“随时看”“随意看”。荫营镇后沟村在拆迁过程中，将每户的签订拆迁协议通过微信公众号实时进行公开，面向所有村民和社会公众公开每户的拆迁面积、拆迁补助款、换取面积等详细信息。平坦镇坡头村探索建立群众“聊事”制度，设立“监督工作室”，“三支队伍”可以与群众说村事儿、聊村规、受理群众反映、处理反馈问题，解决群众的烦心事、闹心事，“三支队伍”通过列席会议、审核事项、提出建议、民主评议、全程参与等方式参与监督，深化监督实效。李家庄乡甄家庄村将低保申请、医疗救助、养老金发放等民生事务办理放到微信小程序，区乡村三级通过系统后台对办理事项全过程实时进行监控，对无正当理由拒绝办理或处理超时限的及时提醒督促，从而达到高效便捷服务、精准监督执纪的目的。弘扬文化厚植“民风清朗”，坚持以乡风文明为根本，以正面激励教育为引领，将红色文化、爱国主义教育等元素融入各村，大力加强廉洁文化建设，不断厚植“清廉乡村”文化土壤。平坦镇桃林沟村古州家风馆，通过挖掘本地历史上 19 个家族、家庭及个人优秀家风故事，弘扬廉政文化，传承红色家风和本土优秀家风，培育文明乡风和淳朴民风，成为“郊区新时代文明实践基地”“阳泉市家教家风实践教育基地”，2020 年打造成为“阳泉市第二批廉政教育基地”。西南舁乡咀子上村深度挖掘循吏武全文事迹相关“廉洁元素”，将廉洁文化融入乡村旅游，让游客和群众在潜移默化中接受廉政文化的熏陶和教育。平坦镇坡头村打造文化走廊和党史长廊，定期举办廉政文化讲座和书画展，传播“清廉文化”。李家庄乡甄家庄村倾心打造“廉政公园”，宣传“创清廉乡村、促基层治理”理念，让居民在休闲的同时感受浓厚的廉政文化气息，使干部群众在清廉环境中工作和生活。10 月 10 日、12 日，12 月 10 日，河北省邯郸市广平县、涉县、邱县纪委监委到郊区实地参观，详细了解乡镇纪检监察工作和“清廉乡村”工作的主要做法。（梁志忠）

2020 年 12 月 10 日，河北邯郸市邱县纪委在阳泉市郊区交流学习

【全市第二批廉政教育基地揭牌】 2020 年 11 月 27 日，阳泉市纪委监委为全市第二批廉政教育基地举行揭牌仪式，郊区平坦镇桃林沟村古州家风馆名列其中。市纪委副书记、市监委副主任张华林，区领导李仁照、孙儒、李丽新出席揭牌仪式并为古州家风馆廉政教育基地揭牌。（梁志忠）

【李丽新为全省乡镇纪检监察干部授课】 2020年5月，阳泉市郊区区委常委、区纪委书记、区监委主任李丽新对全省乡镇纪检监察干部进行集中授课。授课内容是由郊区纪委监委主导编写的《全省乡镇（街道）纪检监察干部综合业务培训基础教材》，该教材于2020年通过由省纪委、监委、组织部牵头、各职能部门参与的评审组的评审，并经省纪委书记王拥军签批，在全省推广使用。（梁志忠）

巡察工作

【概况】 2020年，阳泉市郊区区委贯彻全国巡视工作会议精神，把握政治巡察内涵和政治监督重点，坚持问题导向和目标导向，发挥监督保障执行，促进完善发展作用，在发现问题上下功夫，在强化整改上求实效，持续推进巡察工作高质量发展。2020年来，开展1轮常规巡察、1轮村（社）巡察，完成脱贫攻坚问题整改“回头看”专项巡察，共巡察区直单位13个，村（社）69个，发现问题1057个，提出意见建议224条，发现问题线索27条。截至2020年底，九届区委共开展常规巡察8轮，村（社）巡察3轮，专项巡察2轮。对全区67个区直单位（企业）、8个乡镇（中心），173个村（社）全部进行巡察，实现巡察全覆盖。累计发现问题2317个，提出意见建议838条，发现问题线索153条，处理党员干部80人。（张淑玲）

【九届区委第八轮常规巡察】 2020年4月30日至8月10日，阳泉市郊区区委派出3个巡察组，对开发区社会事务服务中心、区人民法院、区行政审批服务管理局等13个区属党组织开展常规巡察，对开发区下五渡村、李家庄乡李家庄村、李家庄社区、旧街乡后山村等16个村（社）开展延伸巡察。巡察共发现29个被巡察党组织的问题380个，向被巡察党组织提出121条意见建议。（张淑玲）

【第三轮村（社）延伸巡察】 2020年8月26日至11月27日，阳泉市郊区区委派出5个巡察组，对荫营镇、河底镇、平坦镇、西南舁乡及开发区社务中心所辖的43个行政村、12个社区党组织开展延伸巡察，巡察共开展个别谈话961人（次），走访村（居）民572户，查阅资料11315份，共发现问题677个，问题线索14条。（张淑玲）

【脱贫攻坚问题整改“回头看”专项巡察】 2020年6月9日至7月2日，阳泉市郊区区委第一巡察组在全区开展脱贫攻坚问题整改“回头看”专项巡察。巡察涉及河底镇、平坦镇、西南舁乡、杨家庄乡、旧街乡5个乡镇和开发区社务中心，听取汇报31次，开展谈话152人次，走访农户78户，走访相关区直单位和部门11个，调阅资料800余份，共发现问题138个，问题线索2条。（张淑玲）

【巡察整改“回头看”专项监督检查】 2020年5月，阳泉市郊区区委巡察工作领导小组建立“分档评级、督查落实”机制，通过对整改报告的初步评估，将被巡察单位整改落实情况按照“优秀、合格、基本合格、差”四个档次评级，采取“优秀”抽查核实、“合格、基本合格”督促推进、“差”评全部督查的方式，按照“机关、企业、学校、乡镇、村、社区”分类确定督查单位，开展巡察整改“回头看”。通过监督检查，发现被巡察单位在整改工作中存在对整改工作重视度不高、不会整改、整改措施不合规、整改效果不明显等方面问题25个，督促推进落实整改措施24条。（张淑玲）

民主党派

中国国民党革命委员会阳泉市郊区支部

【概况】 2020年，民革阳泉市郊区支部以习近平新时代中国特色社会主义思想为指引，加强思想建设，增强参政议政实效，把思想和行动统一到中共十九大和十九届五中全会精神上来，在学懂、弄通、做实上下功夫，用理论武装头脑、指导实践、推动工作。（吴晓文）

【获奖情况】 2020年，民革阳泉市郊区支部被民革省委会授予2017年换届以来“民革全省参政议政工作先进集体”荣誉称号；支部党员赵海润被评为“民革全省祖统工作先进个人”；吴晓文被评为“民革全省参政议政先进个人”，并成为全市唯一连任两届的省政协特邀信息员。（吴晓文）

【参政议政】 2020年，民革郊区支部围绕疫情防控、清洁取暖、乡村振兴战略、城乡融合、脱贫攻坚等主题，深入基层、开展调研。全年报送社情民意11篇，撰写提案6篇，开展专题调研3次。其中，被省政协采纳1篇（赵海润和梁辉撰写的《关于防范化解地方中小银行集中取款风险的建议》），被市政协采纳3篇。支部集体提案《关于加强郊区工艺美术产业发展的建议》被确定为“优秀提案”。（吴晓文）

中国民主同盟阳泉市郊区支部

【概况】 民盟阳泉市郊区支部成立于2010年12月30日，2020年10月28日换届，共有成员9名，其中有市人大代表1名，区政协委员3名。（郝江鹏）

【理论学习】 2020年，民盟阳泉市郊区支部全体盟员坚持学习政治理论和业务知识，不断加强自身建设，参加市委统战部组织的履职交流会、省两会精神传达学习会、市党风廉政建设通报会；参加民盟市委、郊区区委统战部、郊区政协及单位组织的学习中共十九大和中共中央总书记习近平系列讲话精神。组织学习山西省委第十一届第十次全会精神和中共中央总书记习近平视察山西的重要讲话重要指示、楼阳生在阳泉调研时讲话精神。2020年11月18日至20日，赴河南林州参加区委统战部组织的学习红旗渠精神活动。（郝江鹏）

【参政议政】 2020年，民盟郊区支部成员发挥自身优势，围绕中心工作，积极参政议政。市人大代表、区政协常委杨玉明撰写的《关于阳泉市城市交通十四五规划的建议》《关于对阳大铁路通道进行环境整治的建议》《关于创建国家卫生县区的建议》《关于完善G239改线工程连接线路网的建议》《关于完善城市道路防护设施的建议》《关于加快对太旧高速公路进行改扩建的建议》《农村护林防火队伍缺失应引起关注》《确保粮食安全的要害是种子》等提案和社情民意均得到相关部门的重视和采纳。民盟郊区支部撰写《农村基督教发展现状与对策研究》《民主党派成员思想状况的研究》等统战调研报告。（郝江鹏）

【社会服务】 2020年，在抗击新冠肺炎的关键时刻，民盟郊区支部响应国家号召，捐款700元，为战胜疫情贡献力量。参加盟省委组织的消费扶贫购买吕梁中阳县黑木耳活动，10月30日到西南舁乡东林尖村参加区统一战线“对接一个贫困村、扶持一个新产业、消费一批农产品”三个一活动，开展消费扶贫，对接贫困村并采购农产品。11月2日参加民盟中央“科学探索、圆梦行动”活动，到平坦镇辛兴小学、旧街乡桃苑学校、河底镇河底中心小学开展“快乐搭建”机器人科普。（郝江鹏）

2020年11月2日，民盟阳泉市郊区支部参加“科学探索、圆梦行动”活动

【专题调研】 2020年，民盟郊区支部参加各类调研活动，4月15日到盂县调研乡村发展，5月21日到平定视察平定莹玉陶瓷厂，7月24日到平定调研中药材发展，9月18日到郊区开展“六新发展”调研。11月20日至22日，赴吕梁参加盟市委组织的基层组织考察学习活动，参加区政协加快美丽乡村建设推进城乡融合发展专题调研活动、长子县环境卫生整治调研活动。（郝江鹏）

【支部活动】 2020年，郊区民盟支部按照区委统战部“打造郊区统战基地”的要求，对接阳泉市亿源种植专业合作社基地，协助进行道路基础设施建设与改造。（郝江鹏）

中国民主建国会阳泉市郊区支部

【概况】 2020年，民建阳泉郊区总支有会员23人。其中市人大代表1人、市政协委员1人，区政协常委1人，区政协委员5人。（刘美英）

【总结表彰】 2020年，民建阳泉郊区总支获“民建阳泉市委思想政治建设先进基层组织”称号，获2019年度反映社情民意信息工作先进单位、提案工作先进集体。（刘美英）

【组织换届】 2020年10月30日，民建阳泉郊区总支召开组织换届大会。根据基层组织换届方案，按照议程，产生出新一届总支领导班子。总支主委由刘美英担任，副主委由董军利、梁国栋、张芳、王建琴担任。下设两个支部，分别由董军利、梁国栋担任一、二支部主委。（刘美英）

【抗击疫情】 2020年春节疫情暴发之初，民建阳泉郊区总支会员听党指挥，投入到这场没有硝烟的战场中。总支会员任军平，作为新冠病毒消杀组组长从大年初一开始一直奋战在消杀前沿。会员高党军，作为紧急医疗救援中心的一名医务人员，第一时间请战，完成中心第一例高度疑似“新冠肺炎”

患者（此患者两天后被确诊）转运。响应民建市委的倡议，献爱心付诸行动，从不同渠道累计捐款4100元，与区委统战部一起向郊区疾控中心捐赠价值1万元防疫的物品。（刘美英）

【“会员之家”创建】 2020年12月25日，民建阳泉郊区总支举行“会员之家”揭牌仪式。“会员之家”完成从基本硬件设施打造到支部组织沿革、参政议政、社会活动、会员风采等方面资料整理，做到“六有三上墙”（即：有场地、有主题、有内容、有交流、有记载、有实效；建会宗旨上墙、参政议政情况上墙、参加活动上墙）。（刘美英）

【入选重点提案】 2020年两会期间，民建阳泉郊区总支撰写的集体提案《加大养老服务力度，提升我区老龄人口康养水平》被选为政协阳泉市郊区九届五次会议重点提案，为郊区经济社会高质量发展贡献智慧和力量。（刘美英）

【统战课题调研】 2020年6月2日，民建阳泉郊区总支赴市、区疾控中心，区卫生局、乡镇、社区、村卫生所等座谈走访，与多位专家进行论证，完成区委统战理论研讨论文《强基固本 医防结合——完善基层疾控体系的对策研究》，被民建山西省委作为优秀课题表彰奖励。（刘美英）

【入选智库专家】 2020年4月29日，民建阳泉郊区总支主委刘美英、市委委员王晓东被市委统战部聘为阳泉市统一战线智库专家，分别参加相关调研课题的论证工作。（刘美英）

【“三个一”活动】 2020年10月30日，民建阳泉郊区总支组织会员赴西南舁乡东林尖村，参加对接一个贫困村、扶持一个新产业、消费一批农产品“三个一”活动，与结对帮扶的南庄村对接消费蜂蜜、苹果干等农产品1200余元。（刘美英）

【社区义诊服务】 2020年12月26日，民建阳泉郊区总支义诊宣传服务队与农工党郊区支部、阳泉市第二人民医院联合，到郊区珍宝园社区开展“迎新年 送健康”义诊宣传活动，发放健康宣传资料100余份。（刘美英）

中国民主促进会阳泉市荫营支部

【概况】 2020年，民进阳泉市荫营支部以自身建设为抓手，建立和完善领导班子民主生活会、谈心会和领导班子成员述职、民主评议制度，把民主评议结果作为安排使用干部的重要依据。注重制度建设，完善工作机制，明确工作职责，提升成员责任意识。坚持参政议政标尺，召开提案、社情民意征集研讨会，要求会员针对城市建设、经济转型、教育均衡发展、职业教育、乡村振兴战略、“五城”联创等方面的热点、难点问题，开展调查研究，撰写提案及社情民意。开展社会服务活动，多次组织会员到燕龛学校开展义诊活动，参与区委统战部组织的消费扶贫、助力脱贫攻坚活动。（白雪亮）

【第三次代表大会召开】 2020年8月18日，中国民主促进会阳泉市荫营支部召开第三次代表大会，选举产生第三届支部委员会。根据选举结果和民进会章规定，经民进阳泉市委会研究批准，白雪

2020年8月18日，民进阳泉市荫营支部召开第三次代表大会

亮为支部主任委员，张贤、孔健、马美萍、贾夏、张晓琴为副主任委员，高守华为组织委员，王昱鹏为宣传委员。（白雪亮）

【专题调研】 2020年8月21日，民进阳泉市荫营支部到阳泉经济技术开发区地利艺术培训学校开展调研，参观学校环境及设施，了解学校发展现状和远景规划，对学校存在的问题及发展规划提出合理化建议。（白雪亮）

【专题学习】 2020年8月21日，民进阳泉市荫营支部召开专题学习会议，学习中共中央总书记习近平对制止餐饮浪费行为做出的重要指示和民进山西省委下发的《关于开展向马恩正同志学习活动的决定》。10月23日，支部组织领导班子成员学习习近平在2020年秋季中共中央党校（国家行政学院）中青年干部培训班开班式上重要讲话精神。11月7日至11月8日，支部组织会员在线上学习中共十九届五中全会精神。11月24日，支部组织教师会员在线上学习《民进山西省委会关于进一步加强教师会员师德师风建设的倡议书》，坚定理想信念，坚定“四个自信”，争做“四有教师”，双岗建功。（白雪亮）

中国农工民主党阳泉市郊区总支部

【第六次全体党员大会】 2020年11月，中国农工民主党阳泉市郊区总支部召开第六次全体党员大会并进行换届，史振慧任主委，刘永玲、史永义任副主委，史海明、王强任支部委员。下辖2个支部，二院支部及综合支部，共24人。其中，高级职称6人，中级职称13人。市人大代表1人，区政协委员7人。（史振慧）

【理论学习与实践】 2020年，中国农工民主党阳泉市郊区总支部关注中央、省、市、区的时事发展动态，组织党员及时学习政治理论，学习中国共产党十九届五中全会精神及各级各类重要会议精神，增强“四个意识”，坚定“四个自信”，做到“两个维护”。在农工党成立90年之际，农工党郊区总支从中国农工民主党微信公众平台下载16篇“90周年忆党史”资料，组织党员传阅学习党派知识和农工党的发展历史，掌握中国共产党的统战政策和多党合作制度，继续开展“不忘合作初心、牢记历史使命”主题教育，组织党员到平定爱国主义教育基地——红育口学校实地学习。（史振慧）

【参政议政】 2020年，中国农工民主党阳泉市郊区总支部共有7名政协委员，其中2名政协常委。4月23日，在阳泉市政协十三届四次会议反映社情民意信息工作表彰会上，史振慧获得“反映社情民意工作先进个人”；4月26—28日，在政协阳泉市郊区第九届委员会第五次会议上，总支政协委员共提交2篇集体提案、6篇个人提案。总支部获2019年度反映社情民意信息工作先进单位，提案《完善家庭医生签约服务管理体系，切实普惠百姓健康》获优秀提案，史振慧获反映社情民意信息工作先进个人，史振慧、史丽清、胡湧获履职敬业优秀政协委员；郊区总支参与编写调研报告1篇，撰写15篇社情民意信息上报至区政协和农工党市委，3篇被农工党省委采用，《植树造林应科学规划应急设备设施》在《阳泉日报》刊登；史海明、王强、任爱果参与区委统战部组织的对接一个贫困村、扶持一个新产业、消费一批农产品“三个一”活动，与帮扶的杨家庄乡庙岭村、桐花树村联系购买1500元农产品；刘永玲参加河南红旗渠“阳泉市郊区党外干部统战代表人士培训班”；任爱果、王强参加“阳泉市郊区统一战线学习贯彻中共十九届五中全会精神宣讲报告会”。（史振慧）

【党派工作】 2020年8月，中国农工民主党阳泉市郊区总支部参加农工党省委组织的消费扶贫，购买中阳县黑木耳活动，消费金额4800元。8月14日参加农工党省委主办的2020年度调研工作中期推进会和社情民意信息工作会议。9月完成农工党市委调研论文《社会结构变化对民主党派的影响研究》。农工党中央庆祝中国农工民主党成立90周年理论征文《接受中国共产党的领导是正确的选择》获三等奖。12月，史振慧被聘为农工党省委会社情民意信息员，农工党郊区总支部获"2020年度五星级基层组织"。（史振慧）

【抗疫工作】 2020年，中国农工民主党阳泉市郊区总支部16名党员通过北京韩红爱心慈善基金会（农行）、武汉市慈善总会和市、区红十字会等渠道捐款2550元，企业家胡湧、贾永生捐资捐物价值3万余元。史振慧、史永义、史海英等3名党员受到郊区及农工党市委的表彰。阳泉市庆祝第三个"中国医师节"暨医师表彰大会上，王强获"抗疫先锋"。农工党山西省委和阳泉市委微信公众平台对7人（王强、王克昌、史振慧、史永义、史海英、邓卫刚、刘永玲）的抗疫事迹报道。刘永玲创作抗疫歌曲《负重前行总有你》和MV在中央音乐学院央音在线及6个省市15个公众号发布，并获得"中央音乐学院·央音在线"主办的"让人间充满爱——抗疫情·我们在一起"原创歌曲创作评选活动铜奖。农工党阳泉市委举行纪念农工党成立90周年"只争朝夕催奋进，不负韶华我先行"优秀短文选登活动，王汉俊《不忘初心，继续前进》和靳翠红《青春不负昭华，奋进点亮生命》两篇短文入选。（史振慧）

九三学社阳泉郊区支部

【机构沿革】 2020年9月28日，九三学社阳泉市委郊区支社举行第三次社员大会，选举产生支社主任委员刘秀琴，副主任委员韩晓溪，委员倪宝祥。截至2020年底，郊区支社共有社员13名，其中市政协委员1名、区人大常委1名、区政协常委2名、区政协委员5名。（刘秀琴）

【抗击新冠肺炎疫情】 2020年，九三学社阳泉市委郊区支社社员捐款捐物，社员中的医务工作者，门诊预检、高速服务、配合复工复产复学、开展督导防控，发挥医务人员职责；其他人员按照防控要求，有序开展工作。社主委刘秀琴被九三学社山西省委授予"新冠肺炎疫情防控工作先进个人"称号、被山西省基层卫生协会授予"2020基层'抗疫'表现突出的医疗卫生工作者"称号。（刘秀琴）

【参观红色教育基地】 2020年11月18日–20日，九三学社阳泉郊区支社主委刘秀琴参加阳泉市郊区党外干部统战代表人士培训班，赴红色教育基地——河南林州红旗渠，接受红色革命教育。

（刘秀琴）

【参政议政】 2020年，九三学社阳泉郊区支社共向市、区"两会"提交人大议案、政协提案8篇，社情民意10篇。团体提案《革除封建陋习，促进乡风文明》被郊区政协评为优秀提案，其中李玉霞执笔的《让创业创新成为助推我区经济发展的新引擎》的提案在区政协会上发言，撰写的《关于对"三供一业"改造的建议》社情民意被九三学社省委及中央采编。社员张三虎撰写的《关于将阳大铁路河底站连接两侧土地各100米调整为建设用地》的议案作为2020年区人大重点督办议案之一。郊区支社被郊区政协评为"2020年度反映社情民意信息工作先进单位"，社员李玉霞被评为"2020年度反映社情民意信息工作先进个人"，社员张三虎被评为"阳泉市郊区优秀人大代表"。（刘秀琴）

群 众 团 体

阳泉市郊区总工会

【概况】 2020年，阳泉市郊区总工会坚持以习近平新时代中国特色社会主义思想为指导，全面贯彻落实中共十九大和十九届二中、三中、四中、五中全会精神和中国工会十七大精神，以“落实见效年”为主题，聚焦新时代工会工作改革创新，围绕职工权益保障，服务体系建设等问题，履职尽责，务求实效，各项工作取得新进展。（王俊珍）

【第八次代表大会召开】 2020年1月2日至3日，阳泉市郊区工会第八次代表大会召开。张富英代表阳泉市郊区总工会第七届委员会向大会作《不忘初心 牢记使命 团结动员全区广大职工群众奋力建功新时代》的工作报告。大会向代表提交《阳泉市郊区总工会第七届委员会财务工作报告》和《阳泉市郊区总工会第七届经费审查委员会工作报告》。在区工会八届一次全体会议上，张富英当选为区总工会第八届委员会主席，胡俊青当选为区总工会常务副主席，胡忠文、王永清、刘燕燕、陆文亮、周杰当选为区总工会副主席，胡忠文当选为区总工会第八届经费审查委员会主任，王永清当选为区总工会第四届女职工委员会主任，王俊珍、荆波当选为第四届女职工委员会副主任。大会表决通过《阳泉市郊区工会第八次代表大会关于阳泉市郊区总工会第七届委员会工作报告的决议》《阳泉市郊区工会第八次代表大会关于阳泉市郊区工会第七届委员会财务工作报告的决议》《阳泉市郊区工会第八次代表大会关于阳泉市郊区总工会第七届经费审查委员会工作报告的决议》。（王俊珍）

【“见字如面”一封信活动】 2020年，阳泉市郊区总工会女工部号召全区干部职工以“见字如面”一封信的形式，向自己心目中的抗疫英雄、最美逆行者书信坦言，表达真情，为抗击疫情加油助威。全区干部群众纷纷参与，共收集各类稿件281篇。郊区总工会推选优秀作品在阳泉郊区之窗公众号上“快递”推送，并在《郊区周刊》上陆续刊发。特邀行业权威人士组建专业评审组，评选出一等奖3名，二等奖9名，三等奖15名，优秀奖30名，并汇编成册。（王俊珍）

【基层行业协会工会换届】 2020年5月17日，阳泉市郊区西南舁乡果业行业工会第二次会员代表大会召开，来自全乡17个村59名果农代表参加会议，选举产生西南舁乡果业行业工会联合会第二届委员会主席、副主席、委员和经费审查委员会主

任、委员。会后，乡果协邀请乡果树专业技术人员高寿和对果农进行专业培训。（王俊珍）

【各系统工会完成新组建和组织换届】 2020年6月16日，阳泉市郊区政法系统工会第二次代表大会召开，政法系统各单位的30名代表参加，选举产生政法系统工会第二届委员会委员和经费审查委员会委员。6月28日，郊区财贸系统工会联合会第一次代表大会召开，财贸系统各单位的37名代表参加会议，选举产生郊区财贸系统工会联合会第一届委员会委员7名，第一届经费审查委员会委员5名，第一届女职工委员会委员3名。7月23日，宣传系统工会联合会第一次会员代表大会召开，选举产生宣传系统工会联合会第一届委员会委员，经费审查委员会委员和女职工委员会委员及主席、副主席，经费审查委员会主任和女职工委员会主任。7月27日，区直机关工会第二次会员代表大会在区妇女儿童活动中心举行，37名会员代表参加会议，选举产生第二届工会委员会委员、经费审查委员会委员、女职工委员会委员，并选举产生工会主席、经审委主任和女工委主任。9月10日，区农业系统工会联合会第一届委员会选举会议在区农口二楼会议室举行。11月7日，郊区医疗集团工会成立，选举产生工会领导班子。（王俊珍）

【“书香育魂·匠心筑梦”悦读实践】 2020年8月26日，阳泉市郊区总工会在桃林沟村举行“书香育魂 匠心筑梦”悦读实践活动暨“书香女工学堂”开班仪式。市总工会副主席权红红，区人大常委会副主任、区总工会主席张富英，为职工教育基地和书香女工学堂揭牌，向全区广大职工发出《书香育魂·匠心筑梦》倡议书，并为荫营镇、平坦镇等7家基层工会赠送图书共4000册。（王俊珍）

【郊区医疗集团举办第一届职工代表大会第一次会议】 2020年12月7日，阳泉市郊区医疗集团第一届职工代表大会第一次会议召开。与会代表举手表决，通过《阳泉市郊区医疗集团章程》《阳泉市郊区医疗集团绩效考核实施办法》《阳泉市郊区医疗集团薪酬制度改革工作实施方案》。（王俊珍）

【“荫营护工”联合基层工会委员会成立】 2020年12月21日，阳泉市郊区“荫营护工”联合基层工会委员会第一次会员代表大会召开，28名代表参加，选举产生第一届工会委员会及工会主席、第一届经费审查委员会委员和主任、第一届女职工委员会委员和主任。“荫营护工”联合基层工会成为郊区护工护理行业第一个工会组织。（王俊珍）

【各乡镇工会完成换届】 2020年12月4日、11日、23日、27日、29日、31日，阳泉市郊区西南舁乡、河底镇、李家庄乡、杨家庄乡、旧街乡工会联合会和荫营镇总工会先后召开第三次代表大会，乡镇工会如期换届。（王俊珍）

【“工会组建月”暨“百日攻坚集中行动”】 2020年，阳泉市郊区总工会开展“工会组建月”暨“百日攻坚集中行动”，出台《阳泉市郊区总工会关于开展“工会组建月暨百日攻坚集中行动”的实施方案》，明确时间表、任务书、路线图，采取挂图作战、分片分工、先易后难、因企施策的方式推进，全区31家百人（规模）企业实现“应建尽建”。河底镇、荫营镇、平坦镇、李家庄乡、西南舁乡、旧街乡先后建起货运行业工会组织，将辖区内1034名大货车司机就近吸纳到乡镇工会组织中。辖区内两家保安公司全部建立工会，280名职工入会。荫营镇建立“荫营护工联合基层工会”，对护工护理员群体进行组织覆盖和服务覆盖。李家庄乡汽车产业联盟工会组建成立，将李荫路27家汽车产业和4S店通过企业单建、企企联建、村企共建、指导员帮建的“3+1”工作法，实现党工共建全覆盖。（王俊珍）

【"15510 三联系"制度】 2020 年，阳泉市郊区总工会出台《阳泉市郊区总工会关于建立工会代表联系职工群众制度的实施办法》，通过"15510"（工会代表联系职工制度，即由 1 名区总工会班子成员联系 5 名全委会委员，1 名全委会委员联系 5 名区工代会代表，1 名区工代会代表联系 10 名职工，从而形成"委员—代表—职工"广泛联系的制度）代表联系职工制度，建立以区总工会委员为中心、区工会代表为主干，辐射全区 2180 名干部职工的"三联系"制度联系网，"15510 联系"制度投入疫情防控成为防疫阻击网。建立联系群，推送有效信息 32 条。 （王俊珍）

【劳模申报】 2020 年，阳泉市郊区总工会推荐汉河沟村宋晓文申报"全国劳模"，推荐阳泉天隆工程材料有限公司和阳泉市丰泽恒业耐火材料有限公司成型车间申报"山西省五一劳动奖"。阳泉天隆工程材料有限公司获"山西省五一劳动奖状"。区人民法院、区开发区社会事务服务中心等 4 家单位被评为"阳泉市模范单位"，冀东水泥有限责任公司生产运行部、荫营镇老虎沟村被评为"阳泉市模范集体"，王亚利等 12 人被评为"阳泉市劳动模范"。区工会分别为 4 家模范单位和模范集体颁发奖牌，为 12 名劳模颁发奖金 6 万元。 （段宏霞）

【"五小"竞赛和劳模创新工作室】 2020 年，阳泉市郊区总工会通过网上申报"五小"竞赛项目 68 条。阳泉冀东水泥有限责任公司工会李阳阳的成果《V 选均料装置的研发》、阳泉市星火金源工贸有限公司工会李晓丹的成果《废料仓的改造设计》、阳泉市郊区河底镇联合学校工会委员会赵志清的成果《位置与方向》自制教具分别获奖。新申报省级劳模王雪创新工作室 1 个。 （段宏霞）

【"四季送"活动】 2020 年，阳泉市郊区各级工会发挥自身优势，开展以"进万家门、知万家情、解万家难、暖万家心"为主题的送温暖活动。元旦、春节期间，走访慰问困难职工 18 户，困难劳模 1 户，发放救助金 3.8 万元以及猪肉、大米、面粉、食用油、春联、挂历、年画等慰问物资。3 月，为助力企业复工复产，区总工会联合区人社局推送招聘信息 2000 余条，打通企业和职工的双向通道。区工会投入 19.6 万元资金，购置 2000 份防暑降温物品，对重点工程项目、高温车间、露天高温作业现场，开展"送清凉"慰问活动，慰问 28 家单位，惠及一线职工 2000 人。区总工会定期开展"金秋助学"活动，对刚考上大学的困难职工子女每户助学救助 4000 元，共计救助 7 户，发放助学金 2.8 万元。 （史梦娇）

2020 年，区总工会开展"送清凉"活动，慰问 28 家单位，惠及一线职工 2000 人

【职工医疗互助】 2020 年，阳泉市郊区总工会开展职工医疗互助活动。第十五期职工医疗互助活动，共补偿职工 129 人次，补偿总额为 432512 元。并于 2020 年 9 月开启第十六期职工医疗互助活动，共有 122 家单位参与，职工参与总数为 7389 名，缴纳互助金共计 369450 元，参加职工人数比上期增加 541 人。 （史梦娇）

【工会统计年报】 2020 年，山西省作为第一批试点地区，首次采用线上直报方式填报工会统计年报。区总工会派人参加市总工会统计年报系统操作培训，

收集全区481家工会组织详细信息，利用智慧工会平台核对校正各项信息，并多次与市总办公室、市总组织部等部门沟通协商，面向各乡镇（中心）、系统工会统计员举办2期系统操作培训班，10月底，完成2020年度全区工会统计年报填报工作。全区共录入464家基层工会组织，涵盖单位598家；18家基层以上工会组织；全区职工25678人，女性9192人，其中会员25662人，女性会员9183人；全区共1075名工会干部，其中女性517名，女职工组织的覆盖率达100%。（白思雨）

共青团阳泉市郊区委员会

【“春暖青心—贴心行动”返乡青年座谈会】 2020年1月20日，阳泉市郊区团区委组织召开阳泉市郊区“春暖青心——贴心行动”返乡青年座谈会，郊区2019年首批引进的青年人才代表和郊区籍返乡优秀学生共计50余人参加活动。组织部领导详细解读《郊区人才新政10条》，3名首批引进青年人才代表表态发言。会后，全体与会人员实地参观郊区人才公寓并在阳泉市地标建筑——行政审批中心为“青春兴晋”集体代言。（贾菲菲）

【“真情助困走基层送温暖”“希望工程·圆梦工程”】 2020年春节前夕，阳泉市郊区团区委组织各青年文明号单位开展“真情助困走基层送温暖”活动，全区30家青年文明号单位集体参与，到困难青少年家中为他们送去节日的慰问和关心。1月20日，团市委副书记、市少工委主任张鹏，团区委书记张宁带队前往山头村看望困难学生，了解关心困难学生的学习和生活情况，鼓励困难学生鼓起勇气、战胜困难，并赠送米、面、油、肉等物品。活动为30名困难青少年家庭送去关怀和温暖，捐赠米、面、油等物品和慰问金等共计20000余元。团区委深化“希望工程”品牌工作，加大对困境青年的帮扶力度，为郊区22名困境大学新生争取到每人5000元的希望工程资助。（贾菲菲）

【“五四”系列主题活动】 青阵地：聚合青年，散发活力。2020年，阳泉市郊区团区委在珍宝园小区打造的“双环同心”青享空间青年之家运行。青享空间围绕“七彩珍宝园”工作理念，通过整合区、乡、村（社区）三级资源，打造多功能活动室提供多种服务。

青领域：青春无悔，抗疫有我。2020年新冠疫情肆虐，郊区各领域、阶层涌现出一批青年“逆行者”，筑起疫情防控坚固防线。为微信头像加团徽，为“五四”喝彩，为青年打气，为青春助力！

青在线：亮明身份，线上祝福。在微信线上小程序中亮明自己青年、团员的身份，在线上用言语为“五四”喝彩，为青年打气，为青春助力！

青传承：取其精华，传其青心。团区委组织70余名青年志愿者开展“绽放战疫青春，坚定制度自信”主题团日活动；团区委主打“千年工艺　承工匠青心——山西瑰宝珐花器”“传千年乡音　承民俗青心——山西乡音迓鼓”和“佳人守琴台　青心永流传——扬琴青年传承人”宣传系列美篇，向青年传承三晋大地传统的文化和人文精神。（贾菲菲）

2020年4月27日，团区委组织“绽放战疫青春·坚定制度自信”重温入团誓词主题团日活动

【“同心迎六一 携手乡村行”爱心捐赠活动】 2020年，阳泉市郊区团区委、区少工委联合童华阳光校车服

务有限公司到郊区偏远乡村学校开展“同心迎六一 携手乡村行”爱心捐赠活动。5 月 28 日，慰问团分别到西南异小学、山底小学、三郊小学、杨家庄学校详细了解孩子们的学习生活情况，并向学校捐赠总价值 12000 元的体育用品。

2020 年 5 月，团区委、区少工委组织开展“爱心传递·圆梦童心”活动，向全区建档立卡少年儿童征集“心愿瓶”。活动共收到来自全区 14 所小学、96 名小学生的“小心愿”，实现对建档立卡学生的全覆盖。团区委、少工委在最短的时间里筹备所有物资，于 5 月 22 日至 5 月 26 日，先后到桃苑学校、西南异小学、杨家庄学校等，兑现孩子们的“小心愿”。其余的心愿礼物也由各学校少工委送到孩子们手中。（贾菲菲）

【共青团阳泉市郊区十届四次全体（扩大）会议】 2020 年 6 月 12 日，共青团阳泉市郊区十届四次全体（扩大）会议召开，认真学习贯彻习近平新时代中国特色社会主义思想、习近平总书记“五四”寄语精神、“六一”寄语精神以及视察山西重要讲话重要指示。大会听取团区委第十届常委会题为《高举团旗跟党走 牢记使命勇担当 团结带领全区广大团员青年在全区高质量转型发展中贡献青春力量》的工作报告，报告总结 2019 年工作情况，安排部署 2020 年工作。2020 年，团区委工作以习近平新时代中国特色社会主义思想为指引，认真贯彻落实中共十九大和十九届二中、三中、四中、五中全会精神，团的十八大和十八届二中、三中全会精神，学习领会习近平关于青少年工作的重要思想，按照全区三干会的总体部署，紧扣全团“四维”（凝聚青年，服务大局，当好桥梁，从严治团）工作格局，扎实开展“青苗”行动，团结带领全区广大团员青年在全区高质量转型发展中建功新时代。（贾菲菲）

【“青春河小二 保护母亲河”主题志愿活动】 2020年 7 月 22 日，阳泉市郊区团区委招募 50 余名青年志愿者开展“青春河小二 保护母亲河”志愿活动。分为志愿宣传和义务劳动 2 个小队。志愿者们向群众发放“保护母亲河倡议书”，讲解生活环保小技巧；义务劳动队在郊区母亲河荫营河源头沿岸开展义务劳动。（贾菲菲）

【“创青春”青年创新创业大赛】 2020 年，阳泉市郊区团区委组织开展“创青春”青年创新创业大赛并选拔出 10 个项目参加市级大赛。同山西蓝领阳泉分公司达成意向，对全区广大青年开展短视频制作、电商等培训，截至年底，开展 4 个班次80 课时，累计培训 232 人次，其中 30 多人走上“粉丝经济”道路。团区委按照行业扶贫工作要求，梳理建档立卡人员中的青少年，针对性开展帮扶，动员 123 名未就业青年在就业平台注册，联系企业，提供岗位 894 个。12 月 15 日，开展“青春公益 助力脱贫 决胜决战 团团有礼”直播带货，销售价值 2.3 万元的贫困村农副产品。（贾菲菲）

阳泉市郊区妇女联合会

【郊区妇女儿童工作暨区妇联七届七次执委会议】 2020 年 1 月 10 日，阳泉市郊区妇女儿童工作暨区妇联七届七次执委会议召开。会议传达学习山西省妇女十二大精神，并向全区广大妇女发出向申纪兰学习的倡议。区政府妇儿工委做书面报告，对 32 家成员单位妇女儿童“十三五”规划年度目标任务完成情况进行公示通报。区人社局、区民政局、区卫体局作表态发言。区妇联主席张翠花代表区妇联七届六次执委会作题为《全面加强政治引领 持续狠抓“四大工程” 构建全方位立体化深层次妇联工作新格局》工作报告，回顾总结 2019 年工作，安排部署 2020 年工作任务。（刘媛媛）

【“三八”系列活动】 2020 年，阳泉市郊区妇联在“三八”期间举办一系列庆祝活动。

“晋心抗疫·巾帼助力”活动　在郊区援鄂医护人员援鄂期间，区妇联每周定期为其家属配送生活必需品，把“娘家人”的关心关爱及时送到这些“舍小家、为大家”的白衣战士家中。

“别样三八”优秀云视频征集活动　区妇联共征集到50多个优秀云视频，展示全区广大妇女的巾帼风采。

“网上学技晒技”活动　区妇联带动广大妇女学技能、强技能、比技能、晒技能，为疫情有效控制后，迅速投身复工复产积蓄力量、提升能力。

“家庭教育网课”进千家活动　区妇联聘请市区知名家庭教育讲师，推出家庭教育网络课堂，向全区广大家长们普及家庭教育理念和方法，帮助家长用正确、科学的方法教育引导孩子健康成长。

“最美女性”“最美家庭”选树活动　区妇联挖掘在各行各业、各条战线涌现出来的妇女典型和先进事迹以及家庭和睦、孝老爱亲、向上向善的“最美家庭”，在网络平台“致敬了不起的她”栏目进行宣传，营造“建功新时代·比学赶帮超”氛围，展现新时代家庭新风貌，弘扬家风正能量。

“巾帼志愿者在行动”活动　区妇联引导广大妇女将纪念节日和疫情防控、复工复产、实现“六稳”等结合起来，动员村社巾帼志愿者参与到新时代文明实践活动当中。（刘媛媛）

【巾帼林创建】　2020年3月21日，阳泉市郊区妇联“植树造林·共建美丽家园”巾帼林创建活动启动，800余人参与，植树11700株。（刘媛媛）

【阳泉市郊区家庭教育项目（第四期）暨全区党员领导干部“立家规、传家训、树家风”活动】　2020年6月18日，阳泉市郊区家庭教育项目（第四期）暨全区党员领导干部“立家规、传家训、树家风”活动启动。会议解读《关于开展家庭教育项目（第四期）的实施方案》，学习《中国共产党廉洁自律准则》第十一章，对组织开展全区党员领导干部“立家规、传家训、树家风”活动进行安排。（刘媛媛）

【捐资助教】　2020年，阳泉市郊区政府妇儿工委开展“特别的‘六一’·特别的爱”捐资助教活动。74家党政机关和驻区单位参与，为平坦镇辛兴小学、李家庄乡冯家庄小学等8所学校捐款14.05万元，为215名困境儿童捐款15.781万元。（刘媛媛）

【第八次妇女代表大会】　2020年9月29日，阳泉市郊区第八次妇女代表大会召开。会议号召，全区各级妇联组织要以习近平新时代中国特色社会主义思想为指引，紧紧围绕引领、联系、服务这一主线，大力实施思想政治引领、巾帼建功立业、巾帼温暖人心、家家幸福安康、深化妇联改革“五大工程”，不忘初心、砥砺奋进，团结带领全区广大妇女为谱写新时代郊区妇女运动新篇章而努力奋斗。区委书记王晓丽出席并讲话。市妇联主席卢东华到会祝贺。会议选举产生郊区妇女联合会第八届执行委员会常务委员、主席、副主席，张翠花当选郊区妇联第八届执行委员会主席。（刘媛媛）

【妇联改革破难暨巾帼领题行动观摩展示】　2020年10月16日，阳泉市郊区妇联联合区委组织部、区委宣传部、区政法委、区农委等部门举行妇联改革破难暨巾帼领题行动观摩展示活动。到郊区旧街乡

2020年10月16日，妇联改革破难暨巾帼领题行动观摩展示活动

南沟村、平坦镇桃林沟村等8个典型示范村，实地观摩学习郊区美丽、文明、和谐家园创建及妇联“三基建设”中的先进经验和做法。（刘媛媛）

【省督导组督导郊区妇女儿童发展“十三五”规划实施情况】 2020年12月29日至30日，山西省妇女儿童发展“十三五”规划终期督导组到郊区评估督导。督导组一行先后到荫营镇卫生院、街上幼儿园、区妇女儿童活动中心、李家庄乡甄家庄村、平坦镇桃林沟村，就医疗卫生、权益保护、社会保障、妇女就业等进行督导。（刘媛媛）

阳泉市郊区科学技术协会

【科协系统改革】 2020年，阳泉市郊区科协向区委提请《关于召开郊区科学技术协会第五次代表大会的请示》，向组织部上报《关于郊区科学技术协会第五届委员会主席、副主席、常务委员建议名单的情况说明》，下发《关于选举阳泉市郊区科学技术协会第五次代表大会代表及推选第五届委员会委员候选人的通知》，各乡镇和各相关单位按要求共推选代表105名，委员候选人31人。同时，对5名兼挂职副主席进行考察。根据相关文件要求，2020年农展馆完成事业单位撤销工作。

（李　娜　吕晗雅）

【巡察工作】 2020年，阳泉市郊区区委第二巡察组对科协开展常规巡察工作。巡察期间，召开巡察工作动员会、汇报会和座谈会，查看相关档案资料，并对基地情况进行实地走访了解。11月，巡察组就巡察结果进行反馈，召开巡察反馈会。针对巡察发现的问题，区科协认真研讨，形成问题、责任、整改清单和整改报告。（李　娜　吕晗雅）

【科普惠农】 2020年，阳泉市郊区科协加强基层组织建设，打造基层科普阵地，完善科普队伍，开展各类培训，加大科普宣传力度，发展和完善科普宣传体系。建立融昇园科普惠农中心服务站，开展农业科普活动，定期组织专业技术人员现场指导，带着农民干，干给农民看，提高广大农民群众的科技水平和致富能力。

5月28日，阳泉市科协、郊区科协及西南舁乡科协共同举办实用技术培训班。邀请市植保站副站长乔飞，围绕黑热病、草地贪夜蛾防治知识，为全乡70多名农民授课。

9月8日，区科协和“三舁”果业合作社在西南舁乡霍树头村举行农民果树技术培训，邀请山西省农业科学院研究员牛自勉教授为果农实地授课，针对当地苹果长势和实际种植过程中遇到的问题，具体讲解果树日常施肥、防治病虫害和冻害、提高苹果糖分等具体措施。参训果农达100余人。

12月8日，冬季果树修剪技能大赛在西南舁乡霍树头村举办。比赛现场，参赛选手各显其能，参观的果农也积极交流切磋技艺。比赛结束后，专家评委对修剪的果树逐一进行点评，6名选手分别获得比赛一、二、三等奖。（李　娜　吕晗雅）

2020年9月8日，区科协和“三舁”果业合作社在西南舁乡霍树头村举行农民果树技术培训

【科普宣传】 2020年，阳泉市郊区科协发布《致郊区科技工作者的一封信》，并转发权威信息，有针对性地进行解疑释惑和科学辟谣，利用科普大屏滚动播放疫情防控视频，发放3000余份新冠肺炎

疫情防控宣传页、140本防疫科普知识书籍、30张宣传挂图，制作疫情防控、复工复产等内容展板60面，走访北庄鑫海、牧森林场等基地了解春耕防疫情况。

5月12日和7月28日，区科协在郊区荫营广场举办防灾减灾科普宣传活动。工作人员和科技志愿者向群众发放防灾减灾救灾科普宣传手册和海报，组织群众参观防震减灾科普展板，并利用科普大篷车电子显示屏播放宣传片，活动参与人数达300余人。

5月，区科协开展“科技为民、奋斗有我——新时代文明实践科技志愿服务行动”系列主题活动，庆祝“全国科技工作者日”。29日，组织科技志愿者走进河底，发放科普宣传资料，现场接受群众咨询。

9月，区科协以“决胜全面小康，践行科技为民”为主题，开展“全国科普日”系列活动。8日，在西南舁乡霍树头村举行农民果树技术培训；21日，在旧街乡枣园村举办科普宣传活动；22日，在开发区下五渡村举办健康知识讲座；省科普教育基地青少年活动中心利用流动科技馆开展活动；山底小学校园e站开展食品安全与健康教育；锦丰、牧森、融昇园科普惠农中心服务站开展甜糯米标准化栽培、核桃树、果树、树莓种植培训。

（李　娜　吕晗雅）

【科普助教】 2020年，阳泉市郊区科协组织全区中小学生参加青少年科技创新大赛，共有78项获得市级奖励，18项获得省级奖励。阳泉十中、荫营二中、文苑小学3个学校4个项目在第六届山西省青少年创意编程与智能设计大赛中，获得一等奖1名，二等奖2名，三等奖5名。大篷车车载科普展品在实验小学、河底中学、西南舁小学等13个学校完成巡展，受益学生达2493人。10名教师获得青少年科技教育活动骨干教师培训证书。

（李　娜　吕晗雅）

阳泉市郊区工商业联合会

【概况】 2020年，阳泉市郊区工商业联合会下设7个乡镇商会和1个行业协会，共有企业会员300余个。6月、12月区工商联被山西省工商联分别授予“全省信息工作先进单位”“全省千企帮千村——精准到户”扶贫行动组织工作先进集体。

（梁淑英　李　淼）

【为企业发展保驾护航】 2020年4月，阳泉市郊区工商联和区检察院联合出台《服务民营经济健康发展沟通联系制度》。10月26日，区工商联联合区人民检察院，开展以“服务‘六稳’‘六保’、护航民企发展”为主题的检察开放日活动。部分民营企业家走进检察机关，观看太原小店区检察院一起涉民营企业案件公开听证会，郊区检察院领导向受邀人员介绍服务保障民营经济发展工作情况。12月2日，联合区司法局走进河北商会开展宣传民法典、进行“法治体检”活动。汇通轮胎、三利源水业、祥禾搅拌、北郊钢材市场等为代表的落地郊区的民企参加座谈会。企业经营者就自己生产经营活动中存在的问题困难和律师进行现场沟通，赵建辉律师一一作解答，并开出“法治体检单”，引导企业规范经营。区工商联向民企赠送《中华人民共和国宪法》《中华人民共和国民法典》等相关法律读本200余册。（梁淑英　李　淼）

【复工复产】 2020年3月31日，阳泉市郊区工商联联合区检察院到阳泉市鑫盛瓷业有限公司、阳泉市华岭耐火材料有限公司等企业开展企业疫情防控和复工复产工作。检察院向企业宣传疫情期间企业复工相关法律法规，就疫情期间郊区建立公检法快速反应机制进行详细诠释，并对企业就经营过程中存在的法律方面问题进行解答，对企业存在的困难给予建设性意见，并向企业发放《山西省人民检察院保障企业复工复产调查问卷》，赠送由省检编撰的《疫情防控期间企业复工复产法律风险防范和政策指引》。

5 月 12 日，区工商联联合区检察院走访阳泉瑞丰房地产开发有限公司，开展企业疫情防控和复工复产工作。了解到瑞丰房地产开发有限公司在资金方面有贷款需求，工商联和检察院负责人积极牵线搭桥，当即联系中国银行，与瑞丰房地产开发有限公司进行对接，达成 1000 万元贷款协议。

5 月 14 日，区工商联联合区委统战部、区司法局在郊区辛兴村举办“郊区进百村入百企助力复工复产‘法律体检’活动，针对郊区企业和农村普遍存在的问题及法律需求，邀请专业律师帮助梳理法律风险，向企业和农村提出相关专业意见及政策措施，推进企业稳产、稳工、稳岗，其中帮助招商引资企业联升办公有限公司销售产品约 20 万元。

（梁淑英　李　淼）

【贴心行动】　2020 年 1 月 13 日至 16 日，阳泉市郊区区委统战部、区工商联负责人等一行到阳泉立博线缆有限公司、阳泉瑞丰房地产有限公司、阳泉明鑫耐火材料有限公司、阳泉中创陶粒有限公司、阳泉联升办公家具有限公司等 15 家非公企业，开展 2020 年新春“贴心行动”。

1 月 20 日，郊区工商联邀请外籍和外地返乡等 20 余名民营企业家观看郊区 2020 年春节联欢晚会。民营企业家们通过联谊活动，深刻感受到区委、区政府对广大非公经济人士的关注与关心。

11 月 7 日至 13 日，郊区区委统战部、区工商联一行到江苏、广州进行考察调研，并代表区委区政府看望阳泉籍在外就业创业人士，送上家乡的温暖与关怀。（梁淑英　李　淼）

【民营企业家座谈会】　2020 年 2 月 22 日，阳泉市郊区召开“心系郊区　共谋发展”民营企业家座谈会，分析当前经济形势，听取民营企业家意见建议，就推进全区民营经济健康发展把脉问诊。通报 2020 年全区经济运行情况，就民营企业发展进行分析研判。林亚光、史永记等民营企业家发言，就加快民营企业人才队伍建设、加大优惠政策扶持力度、促进企业科技创新、推进企业对外技术交流、拓宽企业融资渠道、推进产业融合发展等方面提出意见和建议。（梁淑英　李　淼）

【“百企帮百村”】　2020 年 6 月 22 日，阳泉市“百企帮百村”教育扶贫专项资金发放仪式在郊区荫营中学举行。市、区工商联领导以及阳泉天隆工程材料有限公司董事长胡培明、山西中讯通网络科技有限公司董事长要俊叶等部分爱心企业代表出席。爱心企业代表现场为 30 名在校贫困学生发放教育扶贫专项资金共计 6 万元。

6 月 16 日至 19 日，区工商联动员和组织郊区民营经济企业家投身“百企帮百村”精准扶贫工作，重新走访全区 24 个贫困村，就帮扶企业的帮扶措施、帮扶效果进行再了解，与部分效果不明显的帮扶企业进行联系，督促他们加强帮扶力度，改进帮扶措施，通过产业带动、就业促动、公益活动推动等形式，帮助 150 余人就业、销售农副产品 10 余万元。郊区民营企业山西志远建设集团有限公司、阳泉市惠丰现代农业技术开发有限公司被山西省工商联授予全省“千企帮千村——精准到户”扶贫行动先进民营企业。

10 月 30 日，区委统战部“对接一个贫困村、扶持一个新产业、消费一批农产品”三个一活动在西南异乡东林尖村启动。泉民投、华岭耐火等20 余家民营企业参加。区工商联发放消费“倡议书”100 余份，泉民投总经理宋祥文代表民营企业家做表态发言，民营企业家与贫困村、户签订价值5 万余元的农产品购买意向合同。（梁淑英　李　淼）

【模范非公党建】　2020 年 12 月，阳泉市郊区民营企业山西通宝鑫能物流有限公司被省工商联首批

命名为“党建示范党支部”。（梁淑英　李　森）

阳泉市郊区文学艺术界联合会

【概况】　2020年，阳泉市郊区文联有艺术家协会9个，乡镇文联1个。分别是作家协会（下设两个学会，分别是诗词曲学会和楹联学会）、书法家协会、美术家协会、摄影家协会、音乐家协会、舞蹈家协会、戏剧家协会、曲艺家协会、民间文艺家协会、河底镇文联。（张　芡）

【文艺活动】　2020年，阳泉市郊区文联举办“新春抗疫”书法作品展，展出优秀书法作品110余幅；郊区总工会、区文联联合举办讴歌“劳动美”，共筑“中国梦”书法、美术、摄影展，展出作品100余幅；区总工会、区文联联合举办全区抗疫书画摄影作品巡回展，在李家庄乡甄家庄村、荫营镇三都村展出抗疫作品100余幅；区委办、区档案馆、区文联联合举办“档案见证小康路、聚焦扶贫决胜期”摄影展，展出作品60余幅；阳泉市文联主办，阳泉市摄影家协会、山西景辰未来影视传媒有限公司和阳泉市郊区文联联合承办《铁血阳泉》主题摄影展，共展出100幅摄影作品，以叙事手法再现电影《铁血阳泉》台前幕后的瞬间；阳泉市文联主办，郊区文联、阳泉市书法协会承办，各县区文联及荫营镇三都村协办阳泉市第三届农民书法展，展出书法作品100幅，书体涵盖篆隶楷行草诸体，内容既有歌颂传统美德和家国情怀的古代诗词，又有反映社会主义农村新变化、新风貌的自作联赋，区委宣传部、区文联主办，区美术家协会、区书法家协会、区作家协会、区摄影家协会联合承办G239改线工程筑路长卷系列活动，活动共包括四个部分，分别是：G239改线工程书画展、筑路长卷、摄影展、《玉泉山》G239改线工程专刊；阳泉市美协、郊区区委宣传部、郊区文联主办，阳泉市美协中国画艺委会、郊区美协联合协办2020阳泉市中国画作品巡展——郊区展，展览以“文化惠民聚人心，脱贫攻坚奔小康”为主题，共展出画作70余幅。（张　芡）

【文艺志愿服务】　2020年，阳泉市郊区文联组织书法家到西南舁乡代家庄村、杨家庄乡庙岭村、杨家庄乡桐花树村、河底镇曹家掌村、平坦镇侯家山村等贫困村，开展“写春联送温暖”活动，义务写春联5000余幅。（张　芡）

【采风创作】　2020年，阳泉市郊区作家协会组织部分会员到旧街乡南沟村采风，参观狼峪红色展览馆，聆听范子侠将军的英雄事迹，观看百团大战的部分遗址，感受抗日战争的残酷和革命军人的奋不顾身。区文艺志愿者沿G239开展采风活动，参观G239改线工程的施工现场和三都村施工大桥，了解施工工作人员的工作强度和精神状态，现场感受炎炎夏日里劳动者的汗水与付出。（张　芡）

【文学刊物】　2020年，阳泉市郊区文联共编辑印刷《玉泉山》4期。其中文学刊物2期，另有《玉泉山》抗疫专刊和《玉泉山》G239改线工程专刊。抗疫专刊记录郊区各条战线工作者在抗疫过程中展示出的精神风貌；G239改线工程专刊刊载筑路长卷系列活动的各类成果，展现区委、区政府举全区之力建设的民心工程。（张　芡）

【参加重要赛事及获奖情况】　2020年，阳泉市文联评选并表彰百名优秀文艺志愿者，郊区共有20名会员受到表彰。

美术家协会　郑守梅的绘画作品四扇画获得新马泰文化艺术金皇冠奖，并被马来西亚永久收藏；国画《九龙降妖》获“2020墨韵中华书画展览活动”金奖。荆保平的国画《太行抗疫在行动》入选“大爱无疆　不负韶华——山西省抗击新冠肺炎疫情书画作品展”；《山河无恙人间安》入选“众志成城　春暖花开”山西省美术作品展；国画《太行雄峰》入选“众志成城　共克时艰‘黄河、长城、太行’美好山西长城卷中国画展”。史志强的国画《战疫壮歌》入选“众志成城　春暖花开”山西省美术作品展。张斌的绘画作品在“翰墨杯”全国书画作品展示评比大赛中被评为五等奖。

书法家协会　高海波的书法作品入选山西省第九届群众书法展；史志强的书法作品获得阳泉市第三届农民书法展一等奖。

作家协会　在“文旅融合振兴宁艾”“莲花山杯”全国有奖征文比赛中，张瑞芳组诗《山如莲花》获诗歌组二等奖，李换平《醉美莲花山》获散文组三等奖。

民间文艺家协会　甄国民的珐花器作品《宝相凝瑞》入选“两会”会议展品，《祥龙富贵》陈列于山西省文旅厅“山西三宝”展厅；刘换林、郑芳、郑二梅的刺绣作品，张永伟的烙画葫芦，梁雪峰的雕刻葫芦，史淑惠的彩塑，张世亮的砂器参加第二届刘备山文化旅游节；区民协张永伟、窦月英作品参加“游阳泉　读历史　提服务　促销费”活动启动仪式文创产品展销活动。刘换林剪纸作品《勇者归来》获第二届杭州市“廉值千金心向党”剪纸大赛优秀奖，刘换林剪纸作品《万众一心》和曹丽红剪纸作品《龙腾盛世佑我中华》在2020年庚子春“战疫情”山西剪纸作品展评活动中，分获优秀作品奖。甄世强、郑芳在阳泉市群众文化惠民活动“高手在民间”乡土文化人才技艺展示中，获最佳展演奖，张永伟获优秀展演奖，孙玉英、王海荣、史淑惠、曹丽红均获展演奖。郑芳获得“工行杯”阳泉市首届职业技能大赛刺绣工项目三等奖；曹丽红获二等奖。刘换林剪纸作品《庆丰收》获2020年山西省文化惠民工程“纸韵三晋”民间剪纸艺术展优秀奖。张世亮砂器作品《中国梦》在首届山西工艺美术产品博览交易会上获工美产业联盟晋艺“太行杯”文创奖铜奖；窦月英获优秀奖。郑二梅和曹丽红分别获得2020年山西省工艺美术第七届“神工杯”刺绣职业技能大赛优秀奖。（张　芙）

阳泉市郊区残疾人联合会

【残疾人数据动态更新】　2020年10月，阳泉市郊区残联开展残疾人数据动态更新调查工作，对全区7个乡镇，开发区11个村12个社区，荫营矿、固庄矿两个驻地单位社区的7055名残疾人进行调查，调查采取入户调查（6755户）和电话调查（103户）两种方式，入户率达98.5%。调查对象中，已搬迁21人，空挂户19人，外出13人，死亡76人。此次调查通过电脑PC端（录入2171人）和手机APP（录入4687人）方式录入。在对数据严格审核的基础上，组织乡镇专职委员对调查表进行交叉检查，确保数据真实、准确，并在规定时间内完成数据录入、上报工作。（王　军）

【规范残疾人证管理】　2020年，阳泉市郊区残联严格办证流程，对2018年以来目测评定的残疾人全部由指定医疗机构重新评定，2018年以前的目测证件在残疾人证有效期到期后逐步规范，对残疾人工作者及其家属信息进行登记造册，逐一比对，持证人员进行核实，杜绝人情证、关系证。区残联共对4名目测的残疾人专职委员进行重新评定，对65名目测评定的残疾人进行重新评定，除1人因个人原因不愿鉴定被注销外，其余残疾人都已通过评残。截至12月底，全区共有持证残疾人6821人，全年新办理残疾人证380人，因脱残、死亡、到期等注销468人。（王　军）

【省政府民生实事项目】　2020年，阳泉市郊区残联承担省政府民生实事，残疾预防重点干预和残疾儿童抢救性康复项目。项目任务是对12名0—6岁儿童进行初筛阳性诊断服务。区残联实际完成13名，完成任务的108.33%；对330名疑似残疾人残疾免费评定服务，实际完成380名，完成任务的115.15%；对45名残疾儿童进行抢救性康复服务，

实际完成46名，完成任务的102.22%。（王　军）

【精准康复服务】 2020年，阳泉市残联下达的基本康复服务人数大于184人，实际完成510人；市残联下发的辅助器具适配人数大于75人，实际完成164人，实现辅具适配全覆盖。（王　军）

【残疾儿童康复救助制度出台】 2020年，阳泉市郊区残联根据山西省人民政府《关于印发山西省残疾儿童康复救助制度的通知》精神，落实中共十九大关于“发展残疾人事业，加强残疾康复服务”的重要部署，保障全区残疾儿童及时得到基本康复服务，结合郊区实际，制定出台《阳泉市郊区残疾儿童康复救助制度实施细则》，并制作政策图片解读在政府网站公布。（王　军）

【残疾人托养服务】 2020年，阳泉市郊区残联依托区残疾人托养中心以及河底、李家庄托养站开展残疾人托养工作。全年共完成托养任务57例，其中7人为2019年第二批任务，采取机构托养方式开展，其余50人为2020年任务，其中机构托养7人，居家托养43人，任务全部完成。（王　军）

【残疾人就业】 2020年，阳泉市郊区残联继续做好促进按比例安排残疾人就业，克服新冠肺炎疫情带来的不利影响，按时完成残疾人就业申报、年审工作，全年全区共征收残疾人就业保障金543万元。（王　军）

【残疾人培训】 2020年，阳泉市郊区残联完成郊区建档立卡农村贫困残疾人实用技术培训中央级任务10名，省级任务6名，其中：中央级补助每人500元，省级补助每人300元，市、区级补助每人各100元。完成区级残疾人职业技能及实用技术培训任务，共培训残疾人144名，培训费支出46800元。（王　军）

【资助残疾大学生及残疾人子女大学生】 2020年，阳泉市郊区残联完成残疾大学生及残疾人子女大学生资助任务3名，共资助1.3万元，其中残疾人大学本科生2名，每人资助5000元；困难残疾人家庭子女大学生1名，资助3000元，资助金发放到位。（王　军）

【山西省残联督导和专项访视】 2020年6月24日，山西省残联党组成员、副理事长刘晔带队的省残联组联、康复、计财部相关人员组成的督导组一行到郊区，就残联改革工作进行督导，并对特殊困难残疾人家庭开展专项访视。刘晔一行到河底镇残联、区康复中心实地调研督导基层残联组织建设情况和工作服务开展情况，了解残疾人专职委员配备及待遇落实情况，对加强基层残疾人组织建设、提升服务水平提出意见和要求。到河底镇河南村建档立卡贫困户王东元家中入户访视，详细询问他们在疫情期间的生产、生活情况和面临的主要困难，核查当地各项惠残政策的落实情况，听取他们对残联开展服务的意见和建议。（王　军）

【残疾人脱贫工作】 2020年，阳泉市郊区残联发挥行业优势，助力脱贫攻坚，对建档立卡残疾人和易致贫户、边缘户进行重点帮扶，易致贫边缘残疾人7人，纳入项目帮扶5人，重点脱贫监测户27人，纳入项目帮扶15人。区残联充分发挥行业优势，及时掌握底数，各项工作向建档立卡残疾人倾斜，并将数据与各乡镇扶贫办及时对接，做出动态调整，确保数据准确、及时。各乡镇残联还结合动态更新对涉及残疾人的优惠政策落实情况进行自查整改，对发现的问题能解决的及时解决，不能解决的，及时协调相关部门或汇报区残联，给予最及时的协调和落实。截至11月26日，全区有建档立卡残疾人302人。此外，2020年共为有辅具需求的11名建档立卡贫困残疾人适配辅具。（王　军）

【残疾人就业和基本生活保障补助发放】 2020年，阳泉市郊区残联根据《关于转发〈山西省残疾人联合会山西省财政厅关于做好新冠肺炎疫情防控期间残疾人就业和基本生活保障工作的通知〉的通知》文件精神，对疫情期间受影响的困难残疾人、机构等进行资金补助。共发放补助资金71.43万元，其中，为领取生活补贴的2264名残疾人发放补助资金45.28万元，为303名建档立卡残疾人发放补助资金15.15万元，为35个个体工商户发放补助资金7万元，为1个受影响的企业发放补助资金3万元，为1个残疾儿童训练机构发放补助资金1万元。

（王　军）

【《阳泉市郊区残疾人联合会改革实施方案》出台】 2020年，阳泉市郊区残联根据《山西省残疾人联合会改革实施方案》《阳泉市残疾人联合会改革实施方案》《中共阳泉市郊区区委办关于转发〈中共山西省委群团工作改革方案〉的通知》文件要求，制定出台《阳泉市郊区残疾人联合会改革实施方案》，按照改革方案组织实施各项工作。（王　军）

【残疾儿童抢救性康复训练项目定点机构资质评估】 2020年12月19日，阳泉市残联副理事长史向中带领由省康复中心、市康复中心、市妇幼保健医院的专家组成的评估组对郊区大成教育培训中心申请残疾儿童抢救性康复训练项目定点机构资质进行评估。阳泉市郊区大成教育培训中心位于阳泉市郊区平坦镇魏家峪村，占地面积4380平方米,使用面积2886平方米，室外活动面积2550平方米，在原魏家峪学校旧址基础上改建而成，总投资880万元，由阳泉市郊区行政审批服务管理局批准成立，具有独立法人资格的民办非盈利福利机构。大成教育培训中心基础建设、规章制度、师资力量、教学设备等方面基本具备孤独症儿童抢救性康复训练项目定点机构和智力残疾儿童抢救性康复训练项目定点机构的要求。（王　军）

阳泉市郊区红十字会

【舆论宣传】 2020年，阳泉市郊区红十字会利用“5·8”红十字日、世界急救日、“世界艾滋病日”等重要节点开展不同形式的宣传活动。“5·8”红十字日，通过展板、广播、广场舞和大屏幕电视，宣传《中华人民共和国红十字会法》《中华人民共和国献血法》等有关法律法规知识。（邓卫刚）

【应急救助】 2020年，阳泉市郊区红十字会和区卫体局共同制订《阳泉市郊区自然灾害和突发事件应急预案》，为全区冬春火险预防、中高考期间、防洪防汛、烈士公祭等大型集会活动提供应急预防服务。在新冠肺炎疫情期间共接收到郊区社会各界捐赠的医用口罩、84消毒液、护目镜等医用耗材37批48212余副（个或瓶），货值约27.64万元；收到各类生活物资15批2660余箱（件、桶），货值约3.42万元；收到43笔现金捐款，合计84.1711万元。全部接受款物价值合计约115.2311万元。捐赠款物都按照捐赠人的意愿移交指定单位或移交指挥部统一派发，同时在区电视台、区融媒体公众号等区级媒体上进行公示，接受社会监督。在爱心救助方面为全区110户困难家庭发放10箱食品、100条毛巾、100件毛衣，为全区3名困难家庭婴幼儿、46名普通婴幼儿家庭分别发放国奶10桶和235桶，共计价值约49500元。（邓卫刚）

【救护培训】 2020年，阳泉市郊区红十字会联系相关学校，对全区小学教师开展初级应急救护员培训，来自全区4个乡镇9个学校的223人参加培训，全区小学教师初级应急救护员培训实现全覆盖。郊区红十字会对冀东水泥公司的38名企业员工开展应急救护员培训，对开发区十中和阳泉职业技术学院的2000余名学生开展救护知识进校园普及活动，用实际行动践行红十字救护“六进”行动。（邓卫刚）

法　　治

政法委及综治

【概况】　2020年，阳泉市郊区区委政法委贯彻落实习近平新时代中国特色社会主义思想及治国理政新思想、新理念，推进政法改革，以平安建设为抓手，不断推动郊区社会综合治理社会化、智能化、专业化、法治化水平，为郊区营造和谐稳定安全的社会环境。（李　敏）

【维护国家安全】　2020年，阳泉市郊区区委政法委做好邪教人员摸底排查工作。坚持“去存量、控增量、防变量”的总体思路，全面压实防控责任，有效预防危害国家安全和政治安全的案（事）件发生。开展多形式反邪教警示教育宣传，集中转发播报“警惕邪教借疫情造谣”的相关视频。积极开展依法取缔和打击“精神传销”有害培训专项行动，指导各乡镇充分发挥网格员的作用，开展无死角摸底排查，组织各相关单位结合各自业务工作，在全区范围内开展自查和排查。通过以上措施，有效预防“精神传销”在郊区的发生。（李　敏）

【社会稳定】　2020年，阳泉市郊区区委政法委落实党委（党组）安全责任制，把防范化解重大风险工作摆在首位，强化底线思维，提高预测预防能力。建立定期报告机制，对存在的风险隐患建台账、明目标，逐一研究、落实、化解、销账，确保各项措施落到实处，坚决守住“三个防止”和“三个不发生”底线。建立健全维稳工作机制，把信访维稳工作作为全区的中心工作，纳入全区目标考核体系，发挥政法部门主力军作用，从源头防范抓起，对全区10余个重大项目、重点工程进行社会稳定风险评估。明确全区7个乡镇、41个区直单位和部门的党委（党组）对本地（单位、部门）防范化解重大风险工作负主体责任和主要领导负第一责任，把任务层层分解，理顺工作关系。全年共排查各类风险隐患28处，处理化解28处，基本做到将各类风险化解在萌芽状态，实现郊区社会稳定大局平稳可控。（李　敏）

【司法体制改革】　2020年，阳泉市郊区区委政法委强化涉企法律服务。搭建公共法律服务体系实体平台，引导律师队伍为企业发展提供优质法律服务。推进各项“放管服”改革举措的落实，健全政法窗口单位服务标准，定期向社会公开承诺改进服务事项。注意防控金融风险，推动有关部门建立预警平台，提高应对金融风险防范、处置水平。加强产权保护。稳定经济发展预期，充分尊重和维护各类合法经济主体的法律地位、市场地位和社会地位。贯彻《关于完善产权保护制度依法保护产权的意见》，提高运用法治方式保护产权的水平。依法打击经济犯罪。加大对新型网络传销、非法集资、黑社会性质高利贷等犯罪的防范打击力度，有效遏制涉众型、风险型经济案件高发势头。继续开展“非法集资风险”“抢栽抢种抢养抢建”等专项整治，依法打击破坏投资环境、影响重大项目落地开工和影响企业发展的经济领域犯罪，为全区转型发展清除障碍。（李　敏）

【平安建设】 2020年，阳泉市郊区区委政法委严格落实领导责任制，区委常委会专题研究此项工作，统筹规划平安建设、法治建设与经济社会发展，做到同部署、同推进、同督促、同考核、同奖惩。贯彻落实《中国共产党政法工作条例》，明确由各乡镇党委副书记担任政法委员。5月份，成立平安郊区建设领导小组，下设9个专项组。从组织层面保证基层政法综治工作有序开展。加强综治经费投入，拨付平安建设经费208万元，确保社会治安综合治理各项工作有效落实。强化综治责任制落实。全区7个乡镇、开发区社务中心、一监、二监及41个综治成员单位、146个行政村一级对一级负责逐级由“一把手”签订平安建设（综治工作）责任书，层层部署工作任务，层层落实工作责任，确保综治责任落实到位。积极履行综治审查职能，全年共联合审查45批次2935人，56个单位，40个村，表彰5个先进集体。在对中共十八大以来新发展的1192名党员联审中，审查出5名党员存在涉黑涉恶线索；在整治软弱涣散村“两委”班子联审中，审查出3人不符合任职条件，将相关联审结果及时移交区委组织部门。采用定期通报、约谈、挂牌督办、一票否决等综治管理办法加强责任查究。（李　敏）

【扫黑除恶】 2020年，阳泉市郊区区委政法委统筹协调政法机关和有关部门，聚焦涉黑涉恶问题突出的重点地区、重点行业、重点领域，严厉打击各类黑恶势力违法犯罪活动，构建扫黑除恶长效机制。扫黑除恶专项斗争开展三年以来，共打掉涉恶团伙22个，其中1个为涉黑犯罪集团，14个为恶势力团伙，7个为恶势力集团，破获案件105起，抓获犯罪嫌疑人113人，审查起诉23件119人，提起公诉19件73人，法院受理17件23人，整顿软弱涣散村党组织30个，区纪委处理44人。（李　敏）

【“三零”单位创建】 2020年，阳泉市郊区街巷悬挂书写宣传标语500余条，区“三零”办联合区融媒体中心制作“推进‘三零’单位创建，共建和谐家园”宣传片；依托“阳泉郊区之窗”“阳泉郊区政法”微信公众号开展“三零”单位创建知识问答网络有奖答题活动，提升群众知晓率和参与率，形成共建共治共享良好氛围。年度村（社区）“零上访”率96%，“零事故”率100%，“零案件”率54%。企事业单位“零上访”率99.88%，“零事故”率99.97%，“零案件”率99.49%。（李　敏）

【网格化管理】 2020年，阳泉市郊区区委政法委以“制度建设”为抓手，积极推进网格化管理提质增效。突出立足综治、服务中心原则，建立网格事务准入制度，分批分步推进职能部门与网格化管理的融合；三级综治中心统一建立首问负责、协作配合、工作例会、信息报告、应急处置28项工作制度以及“日巡查、周汇总、月通报、季评分、年考核”工作机制，以制度促进工作，用制度规范工作，让制度强化工作；完善网格员选拔聘用、目标考核、管理使用等机制，实行全区网格员末位淘汰、动态管理机制，推动履职尽责干事创业的网格员队伍健康成长，区综治中心统一编制《平安建设工作规范化资料汇编》，让网格员服务群众各项工作办得更好、更顺畅、更高效；在信息化管理方面先后制定编发“网格服务明白卡”“服务民情回应卡”《信息快报》《防疫日报》等内部刊物，使三级综治中心信息化建设成果成为平安建设的有力推手，彰显综治中心在整合社会治理资源、创新社会治理方面的重要作用。全年，全区网格员共上报有效信息39672条，同比增长139.74%。（李　敏）

【矛盾纠纷调处化解】 2020年，阳泉市郊区区委政法委按照“抓基层、夯基础，建机制、促调解，创方法、提效果”的工作思路，不断强化矛盾纠纷源头治理力度，努力将各类纠纷消化在萌芽状态。以人民调解为主，以特色品牌调解室、行业性专业性人民调解委员会和覆盖全域的视频调解系统为辅，着力打造人民调解“郊区模式”。投资450余万元（全市最高标准）的区级信访矛盾纠纷调处中心建设主体完成。全区现建有乡镇（中心）、村（社）调解组织182个，配有专兼职调解员563名。建有“老余调解室”“和为美家事调解室”等个人品牌调解室12个。建有行业性、专业性调解组织5个，涵盖道路交通事故纠纷、医患纠纷、信访、婚姻家庭纠纷、工商联民商事纠纷调解等领域。全年共调解民事纠纷580件，涉及金额达2632万元；化解商事纠纷2件，涉及金额12万元。以多元解纷指导中心为平台，努力打造多元调解新亮点。在郊区法院立案庭和3个人民法庭分别挂牌成立“多元解纷指导中心”。共办结诉前案件783件，诉前调解成功案件601件。通过调解工作，最大限度地把矛盾化解在基层、把问题解决在当地、将隐患消除在萌芽状态，促进全区社会和谐稳定。（李　敏）

【智能化建设】 2020年，阳泉市郊区完成全省政法系统的专网对接建设。全面推行“刑事案件智能辅助办案系统”（即“206”网上办案系统），实现“证据标准、证据规则指引和办案指引，辅助民警收集和检查证据；智能校验可以辅助民警查找证据瑕疵；文书自动生成和流转，大大节省人力和时间”。“雪亮工程”建设初具规模。为全区318名网格员更新信息上报设备。在荫营镇区范围安装两个高清视频监控云台，做到有效发现和及时处置辖区重大安全隐患。（李　敏）

【政法队伍建设】 2020年，阳泉市郊区区委政法委始终坚持把党的政治建设摆在首位，在疫情防控期间保障社会稳定中发挥政法机关应有作用。政法各部门结合工作实际，开展岗位练兵、业务培训、应急拉练、技能比武等活动，提高应对复杂局面的能力。开展先进典型教育活动，引导广大干警向先进看齐，凝聚正能量，激发干事创业的战斗力。贯彻落实《中国共产党廉洁自律准则》《中国共产党纪律处分条例》，组织学习《政法机关党组织向党委请示报告重大事项规定》，落实从严治党部署要求，严肃组织生活，开展廉政党课，增强干警遵守纪律的自觉性。巩固“把纪律挺在前面”和“严肃纪律、整顿作风、树立良好形象”专项活动成果，提高政法队伍拒腐防变能力。严格执法标准，严密执法程序，规范办案流程，防止权力滥用，深化阳光司法，开展执法司法突出问题专项整治，提高执法水平。对违纪行为，早发现、早提醒、早纠正，起到正风肃纪、净化队伍的效果。（李　敏）

法治政府建设

【履行党政主责】 2020年，阳泉市郊区区委办、区政府办下发《阳泉市郊区2020年度党政主要负责人履行推进法治建设第一责任人职责工作清单》，明确区委书记、区长两位党政主要负责同志推进法治建设10项职责任务。区委书记履行第一责任人职责，将法治建设纳入地区发展总体规划和年度工作计划，在年初综合大型会议通盘部署的基础上，主持召开区委全面依法治区委员会第二次会议，对2020年提升社会治理法治化水平、建设法治政府、坚持公正司法、推进全民守法、依法防控疫情等工作全面安排，做到法治建设同其他重点工作一同部署、一同推进、一同落实、一同考核。区长始终把推进法治政府建设职责抓在手上，牵头区政府专门成立由区长任组长、分管副区长任副组长、相关部门负责人为成员的阳泉市郊区法治政府建设工作领导小组，就制定和组织落实全区法治政府建设总体方案和年度实施计划，明确法治政府建设职责分工，指导、协调、考评、监督、检查法治政府建设各项工作等领导小组职责进行明确。特别是坚持自觉运用法治思维谋划工作，针对市级重点工程国道G239改线工程中遇到的“拆迁难”，坚持以法治思维和法治方式解决问题，通过积极咨询法律顾问意见，主动拿起法律武器，促成一家影响工程进度的企业在较短时间内与政府达成协议完成拆迁，成为运用法治思维推动工作的典范。　　（郭　琪）

【重点工作推进】　2020年，阳泉市郊区有序推进全面依法治区、法治政府建设各项工作。围绕区委、区政府年度中心工作，从加强党的领导、强化法治保障、建设法治政府、促进公正司法、推动全民守法、开展执法监督六个方面，对2020年全面依法治区38项工作要点进行细化，明确各项工作的牵头部门、落实部门，加大推进力度。制定下发《阳泉市郊区2020年法治政府建设工作要点》，对年度法治政府建设九大项26小项重点工作的目标任务、责任部门、推进要求等进行明确，确保法治政府建设各项工作有章可循、有据可依。加大阶段性重点工作推进力度。开展法治政府建设短板大调研活动，督促全区各行政执法部门就各自工作中存在问题、不足进行挖掘，经区委依法治区办汇总形成调研报告、问题清单报表，按时完成调研任务。依据中央依法治国办法治政府建设实地督察反馈意见整改，制定区级《整改方案》，明确20个方面问题及62项具体的整改措施，全部细化，确保相关问题严格按要求整改到位。　　（郭　琪）

【法治政府建设示范创建】　2020年，阳泉市郊区制定下发《法治政府建设示范创建活动（2020—2021年）实施方案》，加大各项工作推进落实力度。及时召开区委全面依法治区委员会行政执法协调小组会议，制定下发《行政执法协调小组2020年工作要点》，就创新行政执法方式、加强常态化疫情防控、深化五大领域综合行政执法体制改革、落实行政执法“三项制度”等14项重点工作进行全面部署，明确要求各行政执法部门提升政治站位，扛起使命担当，健全执法体系，提升治理效能，高质量服务和保障经济社会持续健康发展。加强行政执法人员和队伍正规化、专业化、职业化建设，在2019年公布第一批23个执法主体名单的基础上，以区政府文件形式公布第二批5个和第三批7个执法主体名单。组织开展行政执法人员证件申领工作，组织两批次200余名行政执法人员参加全省统一组织的行政执法证申领线上考试。按照省市统一部署，对2018年考过人员身份、工作单位进行核实，为及时颁发证件奠定基础。推进乡镇综合行政执法改革，积极借鉴先进地区做法经验，下发《规范乡镇综合行政执法有关事项的通知》《乡镇人民政府行政执法文书格式范本》，为下一步乡镇严格规范公正文明执法奠定制度基础。积极牵头各行政执法部门征集、编制下放乡镇综合行政执法事项清单，经部门研究上报、司法局汇总梳理、书面征求乡镇意见、座谈会征求意见等程序，征集拟下放乡镇综合行政执法事项55项，初步编制完成《下放乡镇综合行政执法事项清单（第一批）》。持续推进行政执法“三项制度”，积极采取不定期督查检查、定期报告等方式，推动行政执法在法治轨道内运行。坚持动态梳理权责清单，加强合法性审核，确保各部门在机构变动、工作移交之后权责明晰，做到法无授权不可为。严格执行《市场准入负面清单》，做到清单之外各类市场主体依法平等进入。落实公平竞争审查制度，坚决反对垄断和不正当竞争，促进各类所有制经济依法依规平等使用生产要素、公平参与市场竞争、同等受到法律保护。组织开展进百村入百企助力复工复产“法治体检”活动，结合疫情期间企业遇到的劳资纠纷、合同履行、员工社保、工伤保险等问题，积极帮助他们查找制度漏洞和薄弱环节，健全法律风险预警防范机制，提出预防风险、解决纠纷的意见建议，企业守法经营、依法办事的意识不断增强。全年共办理行政诉讼案件22件，其中原告撤诉4件，审结12件，区政府全部胜诉，6件仍在办理当中。（郭　琪）

【优化营商环境】 2020年，阳泉市郊区区委、区政府贯彻落实中央和省、市关于相对集中行政许可权改革精神，克服财政紧张的困难，投资4000多万元启动区政务服务大厅扩容提质工作，在2020年上半年完成搬迁。入驻大厅单位由原来的24家增加至36家，原分散在多部门的行政审批事项中的228项划转至区行政审批服务管理局，为优化审批服务流程，实现审批提速、服务提质等提供有力硬件支撑。加大服务创新力度，推进“一枚印章管审批”。全年梳理“四级四同”事项500项，持续更新数据，实现动态管理。开展“减材料、减证明、减环节、减时限、减次数”五减专项行动，推动企业开办时间由3个工作日压缩至1天。积极推行“一件事一链办”服务，法定44天办完的“新增培训工种审批”仅用2个工作日办完，全年采用该模式办理审批事项34项。针对企业在办理相关手续工作中存在的痛点和堵点，秉承“想在、做在服务对象之前”的思路，靠前服务，推出“全清单”服务，企业立项第一时间就能收到区政务服务中心“菜单式”服务卡，逐项注明线上、线下具体的办理方法，使企业真正享受到“金牌店小二”式的服务。为苇泊工业园标准厂房建设等130个项目“量身定制”报建阶段审批事项全清单。（郭　琪）

公　安

【概况】 2020年，郊区公安分局（以下简称“郊区分局”）全年共接到各类报警9725起，立刑事案件406起，破获149起，破案率36.7%；八类危害社会严重的案件立12起，破10起，破案率83.3%；破获年前案案件31起，破获外省区案件297起，刑事案件破案绝对数477起。打击处理各类违法犯罪嫌疑人449人，其中刑拘123人，逮捕88人，取保候审93人，监视居住9人，提捕56案113人，批捕50案88人，起诉94案187人。打掉团伙18个，涉案人员105名。抓获各类逃犯102人；其间立行政案件935起，查处678起，查处率72.5%，查处人数257（其中行政拘留74人）。

（闫建书）

【大案要案攻坚】 2020年，郊区分局成功破获1999年“7·26”出租车司机被杀案，打响全市2020年侦破命案积案第一枪。以“逃犯清零”为目标，潜逃30年之久的部督强奸犯冯某忠落网；严打电信诈骗犯罪，市区两级联合作战破获“6·10”涉案资金达4亿元的跨境赌博及电信诈骗团伙，抓获成员23名；开展“百城会战”专项行动，破获涉案金额190余万元的部督民族资产解冻类诈骗案，抓获犯罪嫌疑人14名；严打环境违法犯罪，破获“8·26”省督非法经营、污染环境案件，端掉1个涉及“两省六市”的非法收购、拆解铅酸蓄电池团伙，斩断收购、储存、运输、拆解直至熔铅的全流程犯罪链，抓获犯罪嫌疑人7名，查扣危险固体废物8.42吨，确保全区生态环境安全。（闫建书）

【“一所一亮点”“枫桥式”特色创建】 2020年，阳泉市郊区分局将“枫桥式派出所”与“三零”单位创建一体融合，平坦派出所“三进三稳定”工作经验在全市推广，桃林沟社区“老余调解工作室”和“老余工作法”成为全区“三零”创建的桥头堡和明信片。各派出所坚持以党建为引领，根据辖区治安特点，依托“智慧大脑”“掌上派出所”平台和多元解纷平台，打造“一所一亮点”特色枫桥经验。

（闫建书）

【防控体系建设】　2020年，阳泉市郊区重点推进珍宝园、冯家庄新村等智慧安防小区建设。完成“智慧公安”建设任务，实现对出入全区的所有道路及重要部位和重点场所的全时空视频监控覆盖；持续开展“护校安园”行动，全区103所中小学、幼儿园全部安装一键报警装置，与公安联网，硬隔离设施安装879处，提升警务智能化水平和预测预警预防能力；设立“荫营巡区警务站”，组建两支“最小作战单元”，加强荫营镇区“两条街”重点场所部位的巡防守护。（闫建书）

【大数据应用】　2020年，阳泉市郊区分局自主研发呈报的零案件体系创建模型，成功进入全省公安机关建模竞赛决赛圈，是全省唯一的“三零”创建建模技术创新成果。网安电子数据勘验实验室建设走在全市前列，为侦查破案提供坚实的数据支撑，实现战斗力倍增。开展“全警实战大练兵”活动，举办培训28期，有效提升民警分析、运用大数据的能力水平。（闫建书）

【制度建设】　2020年，阳泉市郊区分局建立健全《情报研判分析制度》《关于刑事案件管辖及移交的暂行规定》《吸毒人员尿检工作制度》等一系列规范性文件，特别是建立起《法制跟班轮训制度》，有力提升民警执法办案水平；出台《执法办案场所管理使用规定》《执法办案中心看护专班工作制度》和《看护人员值班管理细则》，确保“高效规范文明”执法；制定《警务督察考评工作制度》，强化系统性通报盯办和督导检查，形成责任到人、落实到细、奖惩到位的良性运行机制。（闫建书）

【创优服务】　2020年，阳泉市郊区分局建立完善“一企一警”包保联系制度。9名局领导、33名民警包保辖区所有重点工程、项目、企业，主动上门对接提供服务和便利；开展黑热病防控，高站位部署、公司化运营、规范化管控、协作化联动、长效化宣传“五措并举”，全面规范郊区犬类管控；全面开展户口整顿，为“第七次人口普查”打下坚实基础；依托“一网通一次办”平台，便民利企服务不断优化，“一门通办”交管、出入境等27项便民业务全覆盖，做到“只进一个门、办结所有事”。（闫建书）

【主题宣传活动】　2020年1月10日，郊区分局组织开展了第34个“110宣传日”活动。活动主题为“不忘初心110，共建共治享安宁”。活动中，局指挥中心、巡警大队、治安大队、刑侦大队、网安大队等部门民警向群众散发宣传单，对安全防范知识、报警服务措施、“扫黑除恶”专项斗争、“打盗抢破小案”、打击治理电信网络新型违法犯罪、“万名民警进万家”等工作进行宣传。通过宣传，增强警务公开的透明度和创新110打击犯罪、服务人民、服务社会的能力和水平。活动期间，共出动车辆20余辆，散发“110”宣传单1万余份、“110”宣传挂历2500余份、张贴标语13条，制作宣传版面20余块。（闫建书）

【“党员先锋队”授旗】　2020年2月20日，阳泉市郊区分局举行“党员先锋队”授旗仪式。赵晋阳为“党员先锋队”授旗，勉励同志们要充分发挥党员在疫情防控工作中的先锋模范带头作用，在抗击新冠肺炎疫情的战场上敢于冲锋、直面难题，以实际行动践行入党时的铮铮誓言，为人民群众筑起安全墙，坚决打赢疫情防控阻击战。“党员先锋队”成员表示，不折不扣贯彻执行局党委的决策部署，义无反顾地冲锋在维护稳定和保护人民的疫情防控第一线，坚决完成疫情防控任务，以实际行动阐释对党和人民的赤胆忠诚，让党旗在防控疫情斗争第一线高高飘扬。（闫建书）

【黑热病防控暨养犬管理专项整治】　2020年，阳泉市郊区分局加强郊区犬类管理，有效防治黑热病蔓延。根据《阳泉市黑热病防控暨我市养犬管理专项整治工作方案》的要求，分局党委制定下发工作方案，按照工作要求，抽调民警组建专职队伍，多措并举、密切协同配合开展犬类集中整治专项行动。共出动警力730人（次），车辆310辆（次），在河底镇、荫营镇等重点管理区域累计收容流浪犬2119只，经检测后规范处置2023只。（闫建书）

【“三零”单位创建】 2020年，阳泉市郊区分局坚持和发展新时代“枫桥经验”，坚持高站位、高境界、高标准、高效率，重机制、重能力、重实干、重结果，抓基层，抓民生，开展“零案件”村（社区）、企业、单位创建工作，不断增强人民群众获得感、幸福感、安全感。抓紧抓实特殊人群精准管控。紧密结合“万名民警进万家”活动，落实“六进六访”，最大限度地预防和减少因管理不到位引发的案事件。严密强化内部单位治安防范。按照“预防为主、突出重点、单位负责、政府监管”的原则，加强人防、物防、技防设施建设，有效提升安全防范能力和管理水平。强化各类案件侦办打击力度。推进落实预防和打击犯罪新机制，更快地破大案、更多地破小案、更准地办好案、更好地控发案。多措并举推进智能安防建设。推进以居民小区、学校、医院为重点的智能安防社区建设，将重点单位、要害部位、人员密集区域、小区主要出入口视频监控、一键报警、人脸、车牌识别等技防系统数据接入公安机关，自动识别、敏锐感知各类风险隐患，提升预警预测预防能力。（闫建书）

【“6·26”禁毒宣传活动】 2020年6月26日是第33个国际禁毒日，郊区禁毒委组织相关部门，分别在荫营广场、杨家庄乡政府开展丰富多样的禁毒宣传活动。活动期间，共悬挂宣传横幅4条，宣传展板12块，累计发放宣传资料300余份，发放禁毒宣传袋100余个，解答群众咨询100余人次。通过此次禁毒教育宣传活动，使广大人民群众特别是青少年认清毒品的危害，增强广大群众识毒、防毒、拒毒、禁毒的意识，掀起各乡镇、村禁毒宣传的高潮，为疫情防控常态化形势下推进禁毒宣传教育活动营造浓厚的社会氛围。（闫建书）

【郊区群众安全感、获得感和幸福感调查】 2020年7月，山西省社情民意调查中心出台《2020年上半年全省公安机关综合评价调查情况》。民意调查显示，郊区人民群众安全感、获得感和幸福感测评分值为95.80（全市均值95.57），排名全市第一；郊区分局公安队伍自身认同感测评分值为96.36（全市均值94.84），排名全市第一。（闫建书）

【“创优金融生态·打击恶意逃废债”工作点挂牌】 2020年8月14日，郊区分局“创优金融生态·打击恶意逃废债”工作点在阳泉农商银行正式揭牌。揭牌仪式后，徐文进与阳泉农商银行召集领导班子成员召开“创优金融生态·打击恶意逃废债”专题座谈会，对阳泉农商银行现阶段“四大战役”工作开展情况进行研讨。（闫建书）

【全市道路交通事故预防应急救援演练】 2020年8月14日，全市道路交通事故应急处置救援综合实战演练在荫营镇中国银行旁路段举行。市交通集团、区应急管理局、交通运输局、公路段、卫体局、消防救援大队等单位参加演练。演练场景为一辆危化品运输车辆与另一转弯的农村面包车相撞，导致面包车副驾驾驶室严重变形，一人严重受伤、多人轻伤、人员被困。接报后，交警三大队立即启动应急预案，迅速指令巡逻中队、事故科民警出警进行处置。期间，各参演单位严格按照预定的演练方案，对事故接处警、交通管制、车辆分流、面包车拆解、车辆人员救治、无人机现场勘查、善后处理以及恢复交通秩序等环节进行详细演练。

（闫建书）

【郊区分局强化职能积极处置涉汛警情】 2020年4至5月间，阳泉市郊区累计降雨量屡创新高，郊区分局全面强化战时机制，投入涉汛突发警情应对处置工作。期间共接到涉汛警情19起，投入警力300余人次，出动车辆30余量次，处置重大险情5次，参与救助、疏散群众20余人次。涉汛警情中，造成交通中断警情4起，房屋受损警情8起，其他汛期求助7起。期间，郊区分局与区应急办、水利局等相关部门加强沟通互动，随时关注天气变化情况，通过钉钉及时推送至各警种和派出所。通过每日警情、重大警情发布栏，及时通报涉汛警情，提示辖区派出所加强巡查和隐患排查。通过整体高效运行，协助处置“6·17”恒大帝景小区西围墙倒塌人员被困、“7·14”白泉汽车被雨水冲走、“8·6”旧街测石山体塌方等重大涉汛警情。 （闫建书）

【全区烟花爆竹清零返厂工作】 2020年，阳泉市郊区分局积极推进全区烟花爆竹清零返厂工作。全区共11678标箱烟花爆竹安全返厂，提前完成全区烟花清零工作。8月17日，省政府下发《关于禁止生产、经营、储存、运输和燃放烟花爆竹的通告》，郊区分局制定方案，按照区政府《阳泉市郊区禁止生产、经营、储存、运输和燃放烟花爆竹工作实施方案》要求，全区范围内的烟花爆竹零售点和批发单位于10月1日前库存全部清零返厂。从9月14日开始，治安管理大队牵头，各派出所协作配合，对辖区13家烟花爆竹零售点的337标箱烟花爆竹全部退回阳泉市晋东立德烟花爆竹有限公司库房，积极与市公安局民爆处沟通，对拟使用烟花爆竹返厂的危化物品运输车辆及其人员进行资格审查，及时核发烟花爆竹道路运输许可证。9月28日，分局配合市、区应急管理局，对晋东烟花爆竹销售有限公司3个烟花爆竹储存库逐一进行再检查，对潮湿失效的烟花爆竹11盘、26个，分别采取燃烧、水淋、土埋等方式进行集中销毁，完成全区烟花清零任务。 （闫建书）

【“一企一警”机制，共创“三零”新机制】 2020年11月12日，阳泉市郊区分局全面推行“一企一警”联系工作新机制，做好警务前移、警企携手、共创平安，努力实现“发案少、秩序好、企业定、职工满意”工作目标。9名局领导率先垂范，31名治安民警包保全区9家重点工程、37家重点企业，确保“一企一警”包保制度落到实处。局领导、民警主动联系、上门对接、主动服务，将37块“一企一警”警企联系点公示牌全部在企业内张贴悬挂，公开联企民警基本情况、联系方式，民警通过警企恳谈，开展矛盾纠纷排查化解，维护企业合法权益，加强企业周边治安防控，严格依法监督管理指导，研究解决实际问题。“一企一警”工作的创新开展，充分发挥联企民警联络、宣传、调解、服务、预警等作用，增强企业和职工的安全感和满意度，推动“三零”创建向纵深发展。 （闫建书）

【郊区分局接受省厅应急处置拉练】 2020年12月18日，由市公安分局指挥中心统一组织，徐文进带队，治安、巡警、网安、荫营派出所与市局巡特警支队排爆组、交警三队、国家电网联合开展以“郊区千亩坪路段电力设施疑似放置爆炸物”为科目的应急处置演练。此次演练贴近实战、立足实战，全流程检验公安队伍指挥精准化、处警高效化、执法规范化、处置专业化的能力和水平，取得预期效果。 （闫建书）

【郊区分局破获系列诈骗案10余起】 2020年1月，在“打盗抢、破小案”专项行动中，郊区分局秉持破小案、保民生的原则，成功破获系列诈骗案10余起，涉案金额100余万元。 （闫建书）

【郊区分局破获“1999·07·26”出租车司机被杀案】 2020年1月，郊区分局运用大数据抄底作战法，在厦门、河南警方和市公安局有关职能部门配合下，成功破获“1999·07·26”出租车司机

被杀案，犯罪嫌疑人席某奇、张某祥、张某连被抓获归案，打响了2020年侦破命案积案第一枪。（闫建书）

【郊区分局破获“3·14”旧街乡枣园村失火案】 2020年3月14日17时许，郊区分局接到群众报警称旧街乡发生山火。接警后，郊区分局高度重视，第一时间报告区委、区政府，通报区应急管理局，立即部署赶赴现场维持秩序、协助灭火。分局领导带领刑侦、治安、网安、旧街派出所前往火场展开调查，经连续三昼夜缜密侦查，最终于17日将嫌疑人杨某成功抓获。（闫建书）

【郊区分局破获涉案价值37万元诈骗案】 2020年3月19日，郊区分局接到被害人袁某琼报案称：其通过网络与一名叫张某雨的男子相识，被对方以与被害人谈恋爱为由诈骗37万余元。接报后，局领导高度重视，立即抽调刑侦、网安等部门干警成立专案组进行侦破，迅速确定张某雨身份。侦查员迅速行动、千里奔袭，几经辗转最终于4月17日凌晨在长沙某酒店将犯罪嫌疑人张某雨抓获归案。（闫建书）

【郊区分局安全销毁一批战争遗留炮弹】 2020年6月5日，郊区分局在阳泉市冀东水泥厂采矿区集中销毁战争遗留炮弹14枚、废弃雷管4枚，及时消除潜在安全隐患。将分局近期收缴及群众发现主动上缴的14枚炮弹、4枚废弃雷管安全妥善运送至阳泉市冀东水泥厂采矿区销毁现场，分局安排专业人员成功进行集中销毁，全程现场监督，杜绝安全隐患，整个销毁过程安全有序。（闫建书）

【郊区分局破获一起集资诈骗案】 2020年，经侦大队不断压实工作责任，强化工作措施，将打击锋芒直指涉众型经济犯罪，成功破获一起涉案资金2000余万元的集资诈骗案。（闫建书）

【郊区分局与区人社局联合追回3名农民工被拖欠工资】 2020年6月，按照区政府统一部署，郊区分局与区人社局等部门联合行动，成功为3名农民工追回被拖欠工资24900元。（闫建书）

【市区两级公安机关打掉跨境赌博及电信诈骗团伙】 2020年7月，市区两级公安机关联手、多警联合作战、同时收网，奋战两昼夜，打掉一个为跨境网络赌博平台、电信诈骗提供资金结算、转账洗钱的犯罪团伙，捣毁隐藏在阳泉市及河北、陕西等地的5个窝点，抓获犯罪嫌疑人21名，破获案件30余起，涉案资金流水约4亿元。（闫建书）

【郊区分局打掉“8·26”跨省非法经营、污染环境犯罪团伙】 2020年8月25日，郊区分局在日常检查中发现一条涉嫌非法经营的重要线索，遂组织警力展开先期调查工作。分局情报、网安、治安、巡警密切协作，连续奋战，一举打掉涉及阳泉郊区、长治潞城、忻州代县、吕梁岚县、大同南郊及河南济源等地非法收购、拆解铅酸蓄电池团伙，斩断收购、储存、运输、拆解直至熔铅全流程犯罪链，破获非法经营、污染环境案件3起，抓获犯罪嫌疑人7名，捣毁隐藏在阳泉郊区、长治潞城的2个窝点，扣押涉案资金10万元及铲车1辆、工具车1辆、微型面包车1辆、蓄电池切割机2台，查扣铅酸蓄电池等危险废物106.2吨。（闫建书）

【郊区分局抓获一名外省入室抢劫、杀人命案逃犯】 2020年10月31日，郊区分局接内蒙古自治区土默特左旗公安局协查通报，网上逃犯侯某军可能藏匿于郊区。郊区刑侦人员迅速行动，与情报中心协同作战快速确定线索，10月31日12时许，在荫营镇上千亩坪村将侯某军抓获归案。（闫建书）

【郊区分局快速破获一起开设赌场案】 2020年12月，郊区分局民警在工作中发现，2018年7月至2020年11月，犯罪嫌疑人朱某在郊区平坦镇甘河村家中使用手机、电脑等，通过QQ、Skype、“汇率换算”等APP大肆发展下线赌客90人（活跃下线赌客30余人），以30%的比例抽头渔利8万元左右，查扣涉案资金16万余元。（闫建书）

检 察

【概况】 2020年，阳泉市郊区检察院紧紧围绕“争做转型发展表率，打造城乡融合样板”目标和全市检察工作“五抓”“三个显著提升”工作思路，履行宪法和法律赋予的监督职责，凝心聚力，攻坚克难，推动检察工作转型发展，被授予“全国先进基层检察院”光荣称号，各项工作取得新进展。维护社会安全稳定，助力建设平安郊区。全年共办理恶势力案件3件，黑社会案件1件。其中，市人民检察院指定区检察院审查起诉的张某等26人涉黑一案，历时7天庭审，共指控7宗罪，是一起有较大社会影响、涉案人数多的黑社会性质组织案，也是区检察院开展扫黑除恶专项斗争以来提起公诉的第一起涉黑社会性质组织犯罪案件。全年共批准逮捕案件51件91人，提起公诉155件213人。实现认罪认罚从宽制度应做尽做。共适用认罪认罚从宽制度办理各类刑事案件141件154人，适用比例为63.6%。在阳泉农商银行设立“防范金融犯罪·打击恶意逃废债·创优金融生态”工作点。对一起涉民企业虚开增值税专用发票案拟不起诉举行公开听证会，护航民营经济健康发展。（李慧慧）

【“六稳”“六保”】 2020年，阳泉市郊区检察院积极稳妥办理涉疫案件，承办2起涉疫案件均顺利交付审判，为打赢疫情防控阻击战贡献检察力量。发挥好全市检察机关司法救助示范院示范作用，共办理司法救助6件6人，发放救助金额达10万余元，有效解决“法度之外，情理之中”的问题。监督公安撤案1件，推进派驻公安机关执法办案管理中心检察室建设，开展诉讼监督百日攻坚行动，开创刑事诉讼监督新局面。提起抗诉的一起职务侵占案入选“全省检察机关十大优秀刑事抗诉案件”。纠正审判活动违法1件次，提出量刑建议155条。办理的林某与黄某民间借贷虚假诉讼监督案成功入选全省首批虚假诉讼典型案例。成功办理王某某诉盂县人社局劳动保障行政不作为一案，实现行政争议实质性化解专项活动“破零”。（李慧慧）

【理论调研和转化应用】 2020年，阳泉市郊区检察院4名干警的调研文章获山西省委政法委、省法学会小微课题研究奖。2020年疫情期间，2名干警撰写的家书在全区组织的“见字如面”征文活动中分别被评为一等奖和优秀奖，在《山西法制报》《山西检察周刊》《阳泉日报》上登载。经过近两年的努力编修完成《阳泉郊区检察志》，全文共98万字，记载郊区检察院从1958年建院至撤销、1979年恢复重建至今的变迁历程。党组成员史保龙牵头创作的原创音乐MV《让我先上》在全国第五届平安中国“三微”比赛作品征集评选活动中获“优秀原创音乐MV”奖。（李慧慧）

【通过视频会议安排防疫工作】 2020年2月12日，阳泉市郊区检察院首次利用微信视频召开防控新型冠状病毒肺炎疫情专题党组视频会，学习传达中央、省、市对疫情工作的重要指示精神，安排部署该院关于新型冠状病毒感染的肺炎疫情的预防控制工作。（李慧慧）

【从快批捕3名潜逃21年抢劫杀人犯罪嫌疑人】 2020年，阳泉市郊区检察院一手抓疫情防控，一手抓案件办理，从快批捕3名潜逃21年的抢劫杀人犯罪嫌疑人。1999年7月下旬，辖区发生一起抢劫致人死亡恶性案件，2020年1月，公安机关通过技术手段锁定3名犯罪嫌疑人，全部抓获。当年2月11日，区检察院受理此案后高度重视，启动快速审查批捕程序，在落实好疫情防控各项措施的前提下，依法从快办理。仅用 4 天时间就完成审查逮捕任务，对 3 名犯罪嫌疑人做出批准逮捕的决定。依法从严从快批准逮捕，体现区检察院严惩疫情防控期间违法犯罪，确保疫情防控平稳有序推进、确保社会大局稳定的责任与担当。（李慧慧）

【认罪认罚工作推进】 2020 年，阳泉市郊区检察院抓好疫情防控，积极探索推动司法办案的有效做法，有序推进疫情防控期间认罪认罚工作，保障犯罪嫌疑人合法权益，确保认罪认罚和从宽工作疫情防控期间不断线。该院适用认罪认罚从宽制度从速办理一起交通肇事案件。在疫情防控期间，区检察院积极稳妥运用认罪认罚从宽制度，妥善把检察办案与疫情防控工作同步抓紧抓好。（李慧慧）

【公益诉讼】 2020 年，阳泉市郊区检察院坚持立足主责主业，积极稳妥推进公益诉讼工作不断档、不缺位。院第三检察部利用微信等新媒体手段召开视频会议，妥善处理办案与防控的关系，灵活开展工作。与市场监管、生态环境、卫体等部门建立沟通机制，注意收集公益诉讼案件线索。对受理的案件持续跟进监督，通过电话问询当事人固证取证，确保公益保护不停步。疫情期间，院第三检察部提前介入一起危险固体废物污染环境公益诉讼案件。院干警与生态环境等部门及乡镇人员实地调查了解危险废物的产生及处置情况，积极督促相关行政部门履行职责，落实监管责任，针对危险废物污染问题采取可行的措施，消除危险、排除妨碍，保障周边生态环境安全。（李慧慧）

【一案例入选全省典型案例】 2020 年 3 月 20 日，山西省人民检察院发布全省首批虚假诉讼典型案例，阳泉市郊区检察院办理的民间借贷虚假诉讼监督案成功入选。该案例为最高检开展虚假诉讼专项监督活动以来阳泉市首例虚假诉讼案件。（李慧慧）

【公益诉讼回头看专项活动】 2020 年 4 月 28 日，阳泉市郊区检察院第三检察部针对 2019 年办理的林里关王庙消防设施损毁公益诉讼一案开展公益诉讼“回头看”专项活动。区文旅局在林里关王庙组织现场消防演练，市消防救援支队防火监督科工作人员对文物消防知识进行现场专业指导。市检察院在现场走访查看、查验查阅卷宗、询问办案细节、听取相关单位意见后，对该院办理的林里关王庙文物消防设施案件给予高度评价。召开座谈会，与会人员从各自专业领域出发，就文物保护、消防安全和公益诉讼的结合点进行探讨，对郊区文物消防安全公益诉讼工作提出大量可行的建议。（李慧慧）

【评审全覆盖】 2020 年 6 月 5 日，阳泉市郊区检察院启动一季度文书质量“回头看”，按照市院党组提出的“五评五要”要求，坚持问题导向，坚持实事求是，将一季度文书全部覆盖，重新评选。建立检务督察巡查机制，检务督察部门牵头，建立旬通报制度，推进办案质效提升专项行动。（李慧慧）

【“同舟共济、检护明天”检察开放日活动】 2020 年，阳泉市郊区检察院加强对未成年人的疫情防控和法治宣传教育，增进对未成年人的司法保护。5 月 27 日，邀请荫营镇部分小学生、家长、教师以及儿童教育专家共 20 余人参加该院举办的主题为“同舟共济、检护明天”检察开放日活动。活动采取线上直播与现场活动相结合，通过组织参观、观看视频、法治小游戏、座谈交流等，实现网上与网下无缝衔接，虚拟与现实融为一体。活动紧紧围绕“努力把开放日做实”的要求，紧贴未成年人法制需求和检察工作职责，开展基层检察院与未成年人观护帮教连线，展示未成年人检察专区、社会支持体系建设等情况。（李慧慧）

【转型发展学习研讨】 2020 年 7 月，阳泉市郊区检察院党组召开扩大会议，学习贯彻省院检察长杨景海和市委书记姜四清对阳泉检察工作中关于三号检察建议和公益诉讼检察工作的“两个批示”指示精神，回顾学习全省检察机关“服务保障在转型发展上率先蹚出一条新路来”动员部署会精神。区院副主任以上干部结合各自分管工作实际依次发言，集中研讨检察工作如何服务保障好高质量转型发展。检察长严志勇提出四点要求：在提高站位上抓好落实。用坚韧不拔的意志抓好落实。摸清郊区国企民企情况，研究制定防范化解金融风险对策措施。挖掘公益诉讼亮点工作，争取打造出几个具有一定社会效果和影响力的公益诉讼案件。　（李慧慧）

【落实“三号检察建议”】　2020 年 8 月 7 日，阳泉市郊区检察院“防范金融犯罪·打击恶意逃废债·创优金融生态工作点”在阳泉农商银行正式揭牌。揭牌仪式后召开“防范金融犯罪·打击恶意逃废债·创优金融生态”座谈会。阳泉农商银行领导就公、检、法机关在营造优质营商环境下所做的工作进行汇报。通过依法履职，打击恶意逃废债行为，保障优质民营企业获得充足的金融资源，为创优金融生态环境、营造法治化营商环境作出贡献。（李慧慧）

【“民法典宣传月”活动】　2020 年 8 月 15 日，阳泉市郊区检察院在荫营文化广场开展民法典普法宣传活动。活动由该院第三检察部和政治部共同开展，主要通过发放宣传资料、摆放宣传展板、提供法律咨询等形式，向来往群众详细讲解民法典颁布实施的重大意义、民法典的主要内容以及检察机关民事行政监督职能、监督理念和监督方式，包括民法典中物权、合同、婚姻、继承等与人民群众日常生活息息相关的主要法律知识，推荐群众关注郊区检察公众号，了解检察职能，监督检察工作，营造人民群众关注、支持检察工作的良好氛围。　（李慧慧）

【《阳泉郊区检察志》编修】　2020 年 8 月，《阳泉郊区检察志》由方志出版社出版发行。全书共 10 编 39 章 98 万字。志书图文并茂，资料丰富，记载了区检察院从 1958 年建院至撤销、1979 年恢复重建至今的变迁历程。《阳泉郊区检察志》是阳泉市检察系统第一部记载反映基层检察院人民检察事业发展历程的志书。志书全面反映了区检察院从一个仅有十几名干警、三间临时借租房起步，在历届市检察院党组、郊区区委的领导下，在区人大及其常委会和社会各界的监督支持下，履行宪法和法律赋予的神圣职责，依法惩治各类刑事犯罪，为阳泉郊区建设和社会保驾护航的历程。　（李慧慧）

【省院调研组到区检察院督导调研】　2020 年 8 月 13 日，山西省人民检察院一级巡视员郭普带队到区检察院专题督导调研“蹚出服务保障转型发展新路、推动整体工作迈进全国第一方阵”工作。调研组一行查看该院部分卷宗，与院领导班子及检察干警代表进行交流。在领导班子座谈会上，严志勇针对调研内容向省院督导调研组做详细汇报，院领导结合自身分管工作依次进行汇报。郭普对郊区检察工作给予充分肯定，要求区检察院要继续把好的经验和优势发扬下去，攻坚克难，补足补齐短板。严志勇检察长表示，区检察院将继续加大学习力度，转变观念，为助推山西检察工作迈进全国第一方阵继续努力。　（李慧慧）

【提前介入一起故意杀人案】　2020 年 8 月，阳泉市郊区检察院派驻阳泉市公安局郊区分局检察室检察官主动提前介入一起故意杀人案。通过出席现场勘验检查、参加案件讨论、监督第一次讯问，同步监督侦查机关重大案件侦查活动。检察官于第一时间到达案发现场，实地了解现场环境，听取侦查人员案情介绍，并就物证、生物检材的提取、保管、送检等提出明确建议，以有效防范瑕疵证据。在随后的案件讨论会议上，检察官提出 8 条具体取证意见。犯罪嫌疑人到案后，检察官又不顾连续工作劳累，提振精神，继续监督侦查机关对犯罪嫌疑人的第一次讯问。待全部介入工作完成，犯罪嫌疑人被送往看守所羁押，已是第二天凌晨。近年来，区检察院推进驻公安机关检察室建设，有效推进公、检工作衔接配合，变被动、事后监督为主动、同步监督，努力实现双赢、多赢、共赢。（李慧慧）

【刑事诉讼监督】 2020 年，阳泉市郊区检察院继续加大刑事诉讼监督力度。8 月 28 日，联合阳泉市公安局郊区分局、阳泉市公安局交通警察支队三大队、四大队共同召开联席会议。会议初步建立检察机关与公安机关的日常联系机制，使侦捕、侦诉衔接沟通更加顺畅、更加有效。（李慧慧）

【行政争议实质性化解工作“破零”】 2020 年 8 月，阳泉市郊区检察院成功办理王某某诉盂县人社局劳动保障行政不作为一案，取得行政争议实质性化解专项活动“破零”的阶段性成就。王某某于 2020 年 8 月 17 日提交撤诉申请，郊区法院裁定准许原告王某某撤回起诉。通过开展行政争议实质性化解工作，维护群众合法权益。（李慧慧）

【获“全国先进基层检察院”称号】 2020 年 10 月 14 日，在全国基层检察院建设工作会议暨第七届全国先进基层检察院表彰大会上，阳泉市郊区检察院获“全国先进基层检察院”称号，这是阳泉市郊区检察院第三次获此项殊荣。（李慧慧）

【服务“六稳”“六保”】 2020 年 10 月 26 日，阳泉市郊区检察院开展以“服务‘六稳’‘六保’、护航民企发展”为主题的检察开放日活动，邀请区工商联、人大代表、政协委员和民营企业家走进检察机关，听取民企呼声、凝聚各方力量，齐心协力护航民营经济健康发展。（李慧慧）

【公开听证】 2020 年，阳泉市郊区检察院深化检务公开，增强办理刑事案件透明度，稳妥处理涉民营企业刑事案件，努力提高检察机关执法公信力。11 月 26 日，区检察院就某民营企业涉嫌虚开增值税专用发票案拟不起诉举行公开听证会。此次听证会是该院落实服务“六稳六保”、服务民营企业、审慎办理涉企案件的重要举措，更是充分保障人民群众的知情权、参与权和监督权的积极探索。（李慧慧）

【2020“宪法宣传周”检察官进校园】 2020 年 12 月 4 日，是第 7 个“国家宪法日”，阳泉市郊区检察院的检察官们走进辖区内中小学开展“检察官进校园、普法助成长”检察开放日活动。12 月 3 日，区院党组书记、检察长赴郊区一中开展“学习习近平法治思想，强化新时代法律监督”检察开放日活动。12 月 4 日，区院 4 位副检察长分别赴河底中学、三泉小学、西南异中学等学校开展法治宣讲活动。12 月 2 日，区院刑检一部田瑶到郊区实验小学开展以“学宪法、讲宪法”为主题的宣讲活动，通过口头宣讲、发放宣传单、现场答疑等形式，宣传宪法知识，弘扬宪法精神。（李慧慧）

2020 年 12 月 4 日，检察官进校园宣传宪法

【抗疫短片 MV《让我先上》获奖】 2020 年 11 月，全国第五届平安中国“三微”比赛暨优秀政法文化作品征集评选活动顺利结束。阳泉市郊区检察院原创 MV《让我先上》斩获全国第五届平安中国“三微”比赛“优秀原创音乐 MV”大奖。本届比赛以

“聚焦扫黑除恶，共筑平安中国”为主题，推出一批包括微电影、微视频、微动漫、短视频、摄影、原创音乐MV、剧本、电影、电视剧等体裁在内的优秀政法文化作品。山西省检察机关共有两部作品获奖。《让我先上》MV作品是一则抗“疫”短片，由区检察院党组成员史保龙牵头创作，张秋成作词，郭晓宁作曲，展现白衣天使、政法干警及社会各方人士在新型冠状病毒肺炎疫情面前毫不退缩、勇挑重担、冲锋在前、无私奉献的政治本色和精神风貌，体现全国人民敢于斗争、敢于胜利的大无畏气概。（李慧慧）

法 院

【概况】 2020年，阳泉市郊区人民法院共受理旧存17件在内的各类案件3302件，结案3296件，结案率99.82%，结案率在全省法院中排名第三位。（王拉寿）

【刑事审判】 2020年，阳泉市郊区人民法院依法惩治严重危害社会治安的涉黑涉恶犯罪、暴力犯罪、毒品犯罪、危害食品安全犯罪、严重影响社会治安和群众安全感的多发性侵财犯罪等。在高压严打的同时，坚定不移严把案件质量关，坚持罪刑法定、罪刑相适应原则，推进量刑规范化的进一步深化。加大轻微刑事案件和解、刑事附带民事案件的调解力度，最大限度减少对抗，修复社会关系。积极参与平安郊区建设，提高人民群众安全感，完善社会治安防控体系，保障人民群众安居乐业。全年，受理刑事案件164件，审结161件。（王拉寿）

【行政审判】 2020年，阳泉市郊区人民法院加强与政府法制部门、行政执法机关、信访部门的联系，参与重点建设项目的社会稳定风险评估工作，加强法律风险的分析研判，通过召开联席会议等方式，通报行政案件审理情况和行政执法中存在的突出问题，提出合理化意见和建议，规范行政执法行为。全年，受理行政案件96件，审结96件。（王拉寿）

【民事审判】 2020年，阳泉市郊区人民法院出台《服务保障区委“争做转型发展表率，打造城乡融合样板”目标任务的实施意见》，围绕区委提出的目标任务，提出服务保障区委中心工作的总体要求和24条具体举措；依法坚持能动司法理念，强化为经济建设发展保障和服务的能力，到全区重点项目、重点企业现场办公6次。审理涉及重点项目、重点企业案件32件，审理涉及民营企业案件236件。审理医疗卫生、教育、就业、婚姻家庭、道路交通等事关民生的各类案件543件。全年，受理民事案件1607件，审结1604件。（王拉寿）

2020年10月9日，退役军人为法院送来锦旗

【执行工作】 2020年，阳泉市郊区人民法院强化公正执行、文明执行理念，统一规范尺度，严格控制办案周期，坚决避免拖延办案。运用执行案件流程信息管理系统，全程留痕、全程监控。1月，执行局获“全国法院先进集体”荣誉称号。全年，受理执行案件1422件，执结1422件。（王拉寿）

【涉银行清欠清收】 2020年，阳泉市郊区人民法院根据上级部署，统一开展涉银行清欠清收百日攻坚行动。出台实施方案，成立领导小组，下设执行攻坚办案组、终本案件核查组、新收和恢复案件执

行组，抽调5名法官助理充实到执行小组，强化执行力量。在具体工作中，做到一案一情况，案案有对策。在涉银行清欠清收百日攻坚行动中，总标的63451.87万元，总到位43930.33万元，销账金额6475.41万元，清欠率77.1%。 （王拉寿）

【两个“一站式”建设】 2020年，阳泉市郊区人民法院对照诉服平台建设，逐项分析各项指标具体要求和得分标准，精准发现问题，督促改进，查漏补缺。率先在全市建起音视频调解工作室3个，两个“一站式”建设（“一站式”多元解纷机制、“一站式”诉讼服务中心）质效评估指标位居全市法院系统前列，全国法院指标得分最高分为95分，山西省指标得分最高分为91.5分，郊区法院得分89.5分，在全国3492家法院中位列第585名。推进“一院一品牌”创建工作。以多元解纷工作为基础，打造家事审判品牌，发挥特邀调解员的作用，深化专门家事审判法庭建设，共审结家事纠纷案件46件。以诉前鉴定为载体，规范鉴定机构的选择途径，共办结诉前鉴定案件32件。9月，市人大、市政协分别到郊区法院进行视察调研，对该院家事审判和诉前鉴定工作予以高度评价。 （王拉寿）

司法行政

【概况】 2020年，阳泉市郊区司法局坚持以习近平新时代中国特色社会主义思想为指导，全面贯彻中共十九大和十九届二中、三中、四中、五中全会精神，深入贯彻习近平总书记视察山西重要讲话重要指示和“三篇光辉文献”精神，增强“四个意识”、坚定“四个自信”、做到“两个维护”，认真落实中央和省、市、区委重大决策部署，忠诚履职，主动作为，制定全年学习计划，举办第二期新时代司法行政工作暨司法所业务培训班，强化基层组织建设，切实提高干部理论素养、专业知识、政策水平和基本技能，推进干部综合业务素质和能力水平迈上新台阶。贯彻落实区委“项目兴区”要求，动员全体干部职工积极开展招商引资工作，上报3条有效信息，其中与北京天源科创风电技术有限公司协调引进的100兆瓦光伏发电项目已签约。 （王德君）

【全面从严治党】 2020年，阳泉市郊区司法局履行全面从严治党主体责任，落实“一岗双责”，开展集体廉政谈话，签订廉政建设责任状。强化廉政教育，开展“端正执法司法理念，改进执法司法作风”专项整治活动。接受省司法厅督导组对郊区司法行政系统保障高质量转型发展、开展“端正执法司法理念、改进执法司法作风”专项整治活动和服务民营经济发展三项工作的专项督导。 （王德君）

2020年7月1日，阳泉市郊区司法局组织党员干部参观温河灌区纪念馆

【“五整治五严禁”】 2020年，阳泉市郊区司法局配合全区开展“五整治五严禁”为主要内容的作风建设专项整治工作。局党组成立由书记牵头的专项工作领导小组，利用党组（局务）会议、机关大会、党员大会、支委会议等会议形式，认真学习《关于进一步整治形式主义、官僚主义问题的通知》《关于进一步贯彻落实中央八项规定精神的实施细则》《党政机关公文处理工作条例》等文件精神。支部书记结合中央、省、市纪委监委公布的典型案例开展警示教育，带头讲廉政党课，深入剖析身边

人、身边事。聚焦文风不正、会风不严、责任缺失、办事无章、纪律松懈等突出问题，深入排查科级干部、一般职工、本股所和中心在作风建设方面的突出问题，对照问题清单逐一销号、彻底解决，在已有制度基础上，进一步完善作风建设相关制度并编制成册。　　（王德君）

【普法与依法治理】　2020年，阳泉市郊区区委全面依法治区委员会守法普法协调小组召开第二次会议，安排部署“七五”普法总结验收工作，对各乡镇（中心），区直各部门、各单位“七五”普法工作进行检查，重点检查各乡镇“七五”普法规划贯彻落实情况，对区直部门进行抽查。接受省委全面依法治省督察组、市委全面依法治市委员会对郊区“七五”普法全面验收。推动国家机关“谁执法谁普法”普法责任制落实。实行部门（单位）普法责任清单制度，实现普法责任对国家机关的广泛覆盖。开展“谁执法谁普法”履职报告评议活动，加强对落实普法责任制的考核检查及普法效果评估。推进新时代文明实践工作，结合郊区新冠肺炎防治、护林防火、黑热病防控等工作，开展专题法治宣传活动和爱国卫生运动10次，开展“进百村入百企助力企业复工复产”活动39次，现场解答法律咨询100余人次，发放各类法律书籍和宣传册1.1万余册。推进《中华人民共和国民法典》学习宣传。将学习宣传《中华人民共和国民法典》《中华人民共和国社区矫正法》列入国家工作人员年度学习计划，加强领导干部学法用法。组织郊区机关人员参加全省人民调解员民法典专题培训大讲堂。推进“民主法治示范村（社区）”创建工作，推动建设“三治融合”（自治、法治、德治）的基层社会治理体系。年末，全区创建全国民主法治示范村3个，申报省级民主法治示范村3个、市级民主法治示范村5个。对区级民主法治示范村进行动态管理，通过复核，拟保留区级民主法治示范村45个，拟撤销区级民主法治示范村5个，拟注销区级民主法治示范村12个。实施农村（社区）“法律明白人”培养工程。开展“12·4”国家宪法日和“宪法宣传周”宣传活动。开展送法进乡村、送法进企业活动，通过中国移动MAS短信云平台向全区群众推送国家宪法宣传日公益短信。　　（王德君）

【公共法律服务体系建设】　2020年，阳泉市郊区司法局启动免费法律咨询便民工程，共接待群众免费法律咨询2758人次，群众满意度100%。组织验收乡镇两级公共法律服务实体平台，建成乡镇公共法律服务工作站7个，村（社区）公共法律服务工作室128个，其中规范化公共法律服务工作室38个，打造桃林沟村、汉河沟村等11个乡村治理示范村公共法律服务室。完成世济律师事务所、致诚法律服务所以及律师、基层法律服务工作者年检注册工作，在册律师5名（含1名为实习律师），基层法律服务工作者6名。开展违规兼职等行为专项清理活动，组织各律师事务所进行自查自纠，全面审核各律师事务所上报材料，对存在问题的律师依法依规处理。结合“进百村入百企”助力企业复工复产“法治体检”活动，推进“一企一法律顾问工作”，全力保障郊区民营企业复工复产。　　（王德君）

【全面深化法律服务改革】　2020年，阳泉市郊区继续推进刑事案件律师辩护全覆盖试点和律师调解试点工作，全年共办理法律援助案件314件，办理刑事案件291件，民事案件22件，行政案件1件。全区成立16个法律援助工作站（分别为7个乡镇及9个社会机构），并在各村建立联络站、聘请联络员。推进“一村（社区）一法律顾问”工作全面升级，为开发区23个村（社区）配齐法律顾问，实现全区范围内“一村（社区）一法律顾问”全覆盖。继续开展法援助力农民工行动，为弱势群体开通“绿色通道”。　　（王德君）

【扫黑除恶专项斗争】 2020年，阳泉市郊区司法局开展涉黑涉恶线索深挖摸排工作，对每名新入矫的社矫对象进行扫黑除恶谈话，并签订扫黑除恶承诺书，共谈话119人次，签订承诺书119份。受理涉恶案件2件、涉黑案件2件，为18名被告指派辩护律师，并派员到庭旁听指导。完成“三书一函”（监察建议书、司法建议书、检察建议书、公安提示函）办理工作，共接收“三书一函”6件，其中5件已完成自查和整改，按期上报相关部门并通过验收。 （王德君）

【社区矫正】 2020年，阳泉市郊区司法局根据《中华人民共和国社区矫正法》，开展该法的系列学习研讨活动并在荫营广场、开发区下五渡村组织开展集中宣传活动。共接收社区矫正对象119人,办理解矫126人，开展审前社会调查评估123起，信息化监控管理119人，对违反社区矫正管理规定的社区矫正对象训诫12人次，警告2人，无重新犯罪，无涉黑涉恶。推进标准化社区矫正中心建设，重新对社区矫正中心进行内外观的改造，实现刑事执行数据化、监管手段信息化、教育帮扶网络化、业务流程智能化和场所设施标准化。11月，经区委编办批复同意，阳泉市郊区司法局加挂“阳泉市郊区社区矫正管理局”牌子。12月，组织召开郊区社区矫正委员会第一次会议。 （王德君）

【人民调解工作】 2020年，阳泉市郊区司法局开展各级人民调解员等级评定工作。通过严格评定，评出一级人民调解员1人、二级人民调解员2人，三、四级人民调解员28人。同时，加强基层人民调解员业务能力培训，联合开发区社会服务中心组织开发区各村（社区）人民调解员50余人参加培训。开展矛盾纠纷排查化解，调解各类矛盾纠纷615件，调解成功613件，调解成功率99.7%，涉及金额约2638万元，同比增长50%。开展多元解纷平台对接工作，组织乡镇人民调解委员会通过山西智慧调解服务系统与郊区人民法院调解平台成功对接，完成案件诉前调解和在线司法确认，与公安机关的掌上派出所预警信息成功对接。2020年，法院通过多元解纷平台推送调解案件7件，调解成功6件，调解失败在线立案申请1件，在线司法确认2件。开展主题党日活动暨加强人民调解百日攻坚专项活动推进会，学习老余调解工作法的典型经验，提升全局排查化解矛盾纠纷工作能力。 （王德君）

军 事

人民武装

【概况】 2020年，阳泉市郊区人民武装部在军分区党委和区委的领导下，以习近平新时代中国特色社会主义思想和习近平强军思想为指导，深入贯彻落实中共十九届二中、三中、四中、五中全会精神，围绕实现党的强军目标，着眼有效履行新的职能任务，扭住铸魂、强能、融合、稳定、改革五个重点，明标准、立规范、抓建训、补短板、强能力，各项工作得到落实，被省委、省政府、省军区表彰为“全面建设先进单位”。 （史 鹏）

【双拥共建】 2020年，阳泉市郊区人民武装部积极参加驻地创卫攻坚活动。多次到包点村（社区）参加义务劳动，协助清理垃圾、整治环境。带领民兵到杨家庄乡参与军民共建双拥林活动，共植树500余棵。武装部领导深入杨家庄乡高垴庄村，解决扶贫产业（果树种植）管理不规范、村卫生治疗室不达标的问题；帮助西南舁乡杜家庄村筹建爱心超市，为脱贫攻坚助力。郊区汉河沟村党支部书记、优秀退伍军人宋晓文，带头向军分区、地方政府等捐助抗疫物资和经费，受到军地一致好评，被评选为全国双拥工作先进个人。 （史 鹏）

【“四个秩序”建设】 2020年，阳泉市郊区人民武装部着力规范“四个秩序”（战备、训练、工作、生活）建设，认真研究部署，明确完成时限和责任人，主动对接朔州市朔城区，完成规范改造。开展“学守用”法规活动，在上级评比考核中，取得两个单项第一、总评第一的好成绩。 （史 鹏）

【国防教育】 2020年，阳泉市郊区人民武装部联合阳泉农商银行探索“总行全面建、支行创特色、网点全覆盖”国防教育模式，建成100平方米国防教育综合展厅，为青年民兵之家配齐国防教育资料100余册，组织国防教育宣讲，在阳泉农商银行各营业点投放5000余份国防教育宣传单。 （史 鹏）

人民防空

【防空组织】 2020年，阳泉市郊区人防办与区住建局挂牌合署办公，由区住建局代行政府人防管理职能，“两块牌子一套人马”。郊区人防办设兼职人防干部1名，兼职人员占用区住建局下属事业单位干部编制。 （毕祯云）

【防空应急机制】 2020年，阳泉市郊区人防办按照山西省人防办《山西省人防军事斗争应急准备工作方案》要求，制定出台《阳泉市郊区防空袭应急方案》，提高全区人民应对突发事件和意外风险的能力。按照阳泉市人防办要求，实行防空应急责任制，完成年度全区人口疏散接受方案并签订人口疏散双向责任书。（毕祯云）

【防空宣传教育】 2020年，阳泉市郊区人防办认真贯彻落实习近平总书记提出的“强化政治意识、大局意识、国防意识、责任意识，贯彻总体国家安全观，为建设强大巩固的现代人民防空体系做出新贡献”要求，开展“5·12”防灾减灾日、“9·18”防空警报试鸣日人民防空知识宣传，印制《防空防灾知识小手册》读本、《山西省人民防空工程建设条例》，编印防空警报试鸣宣传单，制作宣传版，广泛宣传人民防空知识，开展自救互救教育训练，努力提高群众的国防观念和人防意识。加强辖区内学校学生的人防教育，9月18日到千亩坪小学开展防空防灾“两防”教育，在全区中小学播放《防空防灾知识系列片》，人防教育覆盖率达100%。（毕祯云）

驻地武警

【部队建设】 2020年，阳泉市郊区武警中队完成中队营区内部哨固定勤务的同时，确保元旦、春节、疫情防控敏感期、全国“两会”等重点时间段的城市联勤武装巡逻勤务。年初，召开支委会专题研究疫情形势，全面掌握中队官兵及其家属身体健康状况和行动轨迹。以贯彻新制定的《基层正规化管理实施细则》为抓手，以条令条例为依据，从日常制度、点滴养成抓起，保持部队四个秩序正规。牢牢守住安全工作底线，坚决实现“六无”（无政治性问题、无地面责任事故、无刑事案件、无军民纠纷、无严重违纪、无不良事件被网络严重炒作）目标。（吕岷杰）

【思想政治建设】 2020年，阳泉市郊区武警中队按照支队政治教育计划，抓好经常性思想政治教育工作。开展士兵大讲堂，让普通战士走上讲台，充分发挥官兵的主观能动性。通过活动，5名战士成长为中队的理论小教员。组织观看《决胜时刻》红色电影、《战疫情》教育纪录片和《党章中的党史》系列纪录片，组织开展“讲党史、听党话、跟党走”主题活动。紧盯新兵第二适应期这个重点，持续广泛开展“大谈心、深交心”活动、思想隐患排查整治活动和预防自杀隐患苗头专项整治活动，消除各类隐患苗头。开展军营文化活动，根据官兵兴趣爱好，先后建立起37键口风琴、演讲、摄影、绘画等兴趣小组，极大地丰富和活跃官兵业余文化生活。（吕岷杰）

经济管理

发展改革

【概况】 2020年，阳泉市郊区发展与改革委员会（区发改局）落实中央和省委、市委重大决策部署，牢固树立全市“一盘棋”思想，统筹推进稳增长、促改革、调结构、惠民生、防风险、保稳定各项工作，争做转型发展表率，打造城乡融合样板，确保“十三五”规划收官，确保郊区与全国全省全市同步全面建成小康社会。（闫燕明）

【投资项目完成情况】 2020年，阳泉市郊区计划实施投资项目59个，总投资424.8亿元，2020年计划投资79.9亿元。续建项目24个，总投资186.38亿元，2020年计划投资35.02亿元，占2020年计划总投资的18.7%。新建项目35个，总投资286.24亿元。计划投资29.02亿元，占2020年计划总投资的10%。全年开复工58个，开复工率98.3%，完成固定资产投资46.54亿元，增幅11.0%。（闫燕明）

【价费管理】 2020年，阳泉市郊区发改局贯彻落实山西省《关于有效应对疫情促进服务业稳定增长有关政策措施》，降低服务业企业用能成本。对住宿和餐饮行业用非居民管道天然气由现执行非居民配气价格（购销差价）0.79元/立方米，改为执行居民用配气价格（购销差价）0.73元/立方米。执行期由2020年4月30日延长至2020年12月31日。2020年三季度，华润燃气有限公司住宿餐饮行业相关用户销气量为1.69万立方米，累计为用户节约成本3710.96元。对住宿和餐饮行业用城镇自来水价格（不含污水处理费和水资源税）再降10%，累计降低20%。执行期由2020年4月30日延长至2020年12月31日。全区住宿和餐饮行业用城镇自来水价格销售价格由5.92元/立方米调整为4.74元/立方米。1—12月，全区住宿和餐饮行业共优惠水量28271吨，减免金额32366.22元。针对辖区内的一般工商业，电网企业在计收电费时，统一按原到户电价水平的95%结算。为执行好优惠电价政策，荫营供电公司开展高耗能用户排查工作。采用调取营业执照、电话询问客户、现场核实等多种方式对档案中行业逐户排查，共排查用户7000余户，经排查有6139户享受到优惠降价政策。积极配合区市场监管部门，加强对服务业收费行为监管，确保降价红利传导到终端用户，增加企业获得感。（延满军）

【农业水价综合改革试点】 2020年，阳泉市郊区发改局接受市发改委、市水利局、市农业农村局对郊区农业水价综合改革进展情况督导调研，配合水利部门，完善农田水利工程体系、健全农业水价形成机制、提高农业用水效率，促进农业节水和农业可持续发展，按照《阳泉市人民政府办公厅关于推进农业水价综合改革的实施意见》要求，温河灌区作为郊区唯一的中型灌区，需要政府价格主管部门核定农业水价。在成本核算的基础上，核定温河灌区农业供水价格为1.00元/立方米。　（延满军）

【转供电环节专项治理检查】　2020年，阳泉市郊区发改局配合市场监管局，开展转供电环节专项治理检查工作，对郊区商业综合体、产业园区、物业、写字楼等转供电单位电价政策执行情况进行检查，确保疫情期间国家电价政策及时足额传导到终端用户。　（延满军）

【行业协会商会经营服务性收费清理规范】　2020年，阳泉市郊区发改局积极开展行业协会商会经营服务性收费清理规范工作，对在区民政局注册的11家行业协会收费情况进行摸底上报，全面开展自查自纠，规范行业协会收费行为。　（延满军）

【价格备案】　2020年，阳泉市郊区发改局严格执行价格备案制度，对11个小区的物业收费备案登记。开展全区星级幼儿园收费备案工作，对全区74家公办幼儿园按星级标准进行收费备案。　（延满军）

【价格补贴】　2020年，阳泉市郊区发改局根据省政府《关于做好当前重要食品保供稳价工作的通知》《关于进一步完善社会救助和保障标准与物价上涨挂钩联动机制的通知》和市发改委《阳泉市关于启动价格联动机制发放价格临时补贴的通知》等文件要求，联合民政局、教科局、人社局和退役军人事务管理局，对困难群众发放2020年1—9月价格临时补贴，确保困难群众基本生活水平不会因为物价上涨而影响。　（延满军）

【价格认定】　2020年，阳泉市郊区发改局对公安、国土等部门委托的涉案涉纪物品进行认定，认定案件49件，其中涉案29件，金额20.76万元；涉行政20件，金额3037元；总计21.07万元，无复核案件。区发改局存量案卷录入2015—2019年档案共324件，完成率100%，价格信息入库量99%，文书档案规范率100%。　（延满军）

【清洁取暖】　2020年，阳泉市郊区发改局贯彻落实省清洁取暖领导组《2020年山西省冬季清洁取暖工作方案》文件要求，加强大气污染防治，打好打赢蓝天保卫战，有效整治散煤燃烧污染。根据阳泉市人民政府办公室《关于印发阳泉市2020年清洁取暖改造工作方案的通知》、阳泉市郊区冬季清洁取暖协调机制办公室《关于印发阳泉市郊区2020年清洁取暖改造工作方案的通知》等文件要求，区发改局牵头完成全区6个乡镇10个村415户的“煤改气”工作。具体为：荫营镇三都村17户、上白泉村7户、下白泉村31户；河底镇山底村16户；平坦镇辛兴村7户；西南舁乡西南舁村108户（包括集中供暖楼房53户）、东南舁村24户；杨家庄乡庙岭村3户、高坳庄村13户；旧街乡新店村189户。针对以前年度改造中存在的居民户未安装水暖问题，于2020年6月通过招标确定山西晋州园林绿化景观工程有限公司和鑫越建设集团有限公司负责郊区范围内居民户内遗留问题水暖安装工作，出台《阳泉市郊区2017—2018年清洁取暖“煤改气”遗留问题及2020年“煤改气”改造工作实施细则》作为指导文件。整个水暖工程区政府共出资307.36万元，为全区2058户居民安装水暖，彻底解决郊区“煤改气”最后一米问题，使广大群众真正开始使用燃气进行取暖。施行“煤改气”运行费用直补政策。区清洁取暖办根据各燃气公司直补申请将运行费用拨付至各燃气公司账户，参与改造群众在供暖季开始后可凭村委会证明到各燃气公司按拨付进度分批购买燃气。2020年取暖

季，全区共发放“煤改气”运行直补费用1080余万元，惠及全区5100余户居民。（解建明）

【能源革命试点改革】 2020年，阳泉市郊区发改局作为全区能源革命试点改革牵头单位，贯彻落实习近平关于能源革命的战略思想和视察山西重要讲话重要指示及省、市在能源领域的各项方针政策，按照《阳泉市能源革命综合改革试点2020年行动计划》，做好能源革命综合改革试点工作。在全市2020年能源革命考核中名列前茅。（解建明）

【西上庄年产500万吨煤矿及选煤厂项目】 项目总投资53.9亿元。2020年底，主井井筒凿深670米，副井井筒、回风井凿深达设计深度，完成投资4.7163亿元。（解建明）

【西上庄2×66万千瓦低热值煤发电项目】 项目总投资52.8亿元。到2020年底，循环水管土方回填完成；脱硫浆液制备车间1～5轴基础短柱间砌砖完成，2#锅炉四层二段钢架吊装60%；2#炉热一次风道组合50%；1#锅炉钢架三层吊装50%，二层平台安装80%，1#机组热二次烟风管道组装完成80%。配煤中心可研修改方案待审；专用道路可研修订方案待审。2020年完成投资5837万元。（解建明）

【北京宣力阳泉李家山5万千瓦风力发电项目】 项目共分两期，总投资7.4584亿元。截至2020年底，一期工程全部完工并网发电，累计完成投资3.526亿元。二期工程景祐40兆瓦风电项目开工建设，到年底累计完成投资2.0312亿元，合计完成投资5.5572亿元。（解建明）

【煤炭绿色开发】 2020年，阳泉市郊区依托5G通信技术，推进西上庄煤矿建设智能化样板矿井。引入推广矸石充填开采、沿空留巷等绿色开采技术，在保安煤业柔模混凝土沿空留巷试验基础上，建立小煤柱开采试点，力争尽快形成有效经验，适时在郊区其他矿井推广。（解建明）

【煤炭去产能】 2020年，阳泉市郊区贯彻党中央、国务院关于推进供给侧结构性改革、化解煤炭过剩产能决策部署，持续推进煤炭供给侧结构性改革，合理把握去产能力度和节奏，“十三五”期间总计退出产能195万吨，在时限内完成省、市分解下达的化解煤炭过剩产能目标任务，推进坡头煤业和盂县恒泰新胜煤业减量重组平稳实施，以解决坡头煤业产能不足问题。（解建明）

【煤炭洗选行业产业升级】 2020年，阳泉市郊区淘汰退出证照手续不全、环保不达标、工艺落后、生产规模小于120万吨/年的洗选企业。以行业标准化评级工作为抓手，推动保留洗选企业提升工艺标准、提高环保能力、扩大规模效益，实现行业整体提质增效，煤炭入洗率达80%以上。（解建明）

【西上庄煤电一体化产业园区建设】 2020年，阳泉市郊区以阳煤西上庄500万吨/年煤矿项目和2×660兆瓦低热值煤热电项目为基础，努力引进一批上下游相关产业项目，打造百亿级“煤电+”产业集群，年内项目共完成投资5.3亿元。（解建明）

【清洁电力】 2020年，阳泉市郊区清洁电力产业发展良好。继续扩大清洁电力外送规模。近年来电力产业发展迅速，河坡电厂2×35万千瓦火力发电、力宇2.8万千瓦和扬德1.9万千瓦煤层气发电以及中广核10万千瓦、上海航天5万千瓦、潞安集团5万千瓦、昌盛日电2万千瓦光伏发电等项目并网发电，总装机规模达96.7万千瓦。西上庄2×66万千瓦低热值煤发电项目有序推进，绿色清洁的现代能源产业体系初步形成。推进电力体制改革。完善用电企业、售电公司和发电企业直接交易机制，积极开展电力需求侧交易、大用户直接交易，扩大电力市场化交易规模。支持可再生能源发电企业参与电力直接交易，鼓励可再生能源发电企业通过绿证交易等获合理收益补偿。清洁新能源方面积极推进风光发电项目建设，鼓励村集体及个人建设屋顶光伏发电项目。北京宣力50兆瓦风电一期项目建设完成并网发电；二期景祐40兆瓦风电项目开工建设且进展顺利。2021年谋划建设总投资9亿元的郊区350兆瓦风光电新能源基地项目，包括大唐新能源150兆瓦风光电项目、天源科创100兆瓦光伏发电项目等。后续将积极开展综合能源服务，向周边有用能需求的企业进行能源输出，使各种资源得到充分利用。　　（解建明）

【固废综合利用】　2020年，阳泉市郊区推进资源循环利用。8月16日举办“固废综合利用战略合作交流论坛”，推动北京科技大学、中科泓源环保科技有限公司、山西河坡发电有限责任公司达成固废综合利用合作协议。充分利用河坡电厂蒸汽及粉煤灰、电石渣等资源，加大煤矸石等资源化综合利用力度，中科泓源资源循环利用研发中试基地建设项目顺利推进。山西河坡发电有限责任公司和阳泉合力拓机电有限公司联合成立阳泉市煤泥无害化环保集中处置中心，利用城市污泥实现生物质耦合发电，建成后日处理城市生活垃圾200吨，消除城市污泥填埋处理对土壤的污染。　　（解建明）

【绿色低碳】　2020年，阳泉市郊区贯彻落实《阳泉市2020年清洁取暖改造工作实施方案》和市政府专题会议精神，成立阳泉市郊区冬季清洁取暖工作领导组、阳泉郊区禁煤区建设工作领导组，出台《阳泉市郊区2020年冬季清洁取暖实施方案》《阳泉市郊区2020年“禁煤区”建设实施方案》。坚持节能优先,对高耗能产业和产能过剩行业实行能源消费总量控制约束,对其他产业按先进能效标准实行能耗强度约束。截至2021年3月，各乡镇共计排查出散煤14191户14905吨，清理12286户11169吨。通过多途径推进优质能源替代散煤，推进冬季清洁取暖改造工作，开展煤改电、煤改甲醇、煤改生物质、煤改气，在2020年完成改造13268户，累计完成清洁取暖改造52175户，在全区范围内实现清洁取暖全覆盖。　　（解建明）

自然资源管理

【土地管理】　2020年，阳泉市郊区耕地面积（包括开发区）为9194公顷（郊区9083.8公顷，开发区110.2公顷），耕地保有量达上级下达的保有量指标，耕地保护率达113.4%，永久基本农田保护面积100%。按照省自然资源厅《关于开展永久基本农田储备区数据整改和永久基本农田整改补划前期工作的通知》要求，对郊区基本农田储备区重新进行划定，划定面积85.39公顷。开展基本农田整改补划前期工作，对《山西省永久基本农田整改补划工作方案》规定的划定不实和违法违规建设图斑进行前期摸底，根据部、省要求，做整改补划前期工作。对全区47个储备补充耕地项目进行全面核查，对国家下发的认定指标不实地块和面积进行核查举证。部认定需核减耕地项目16个，面积22.9284公顷，郊区举证项目4个，面积6.1408公顷（92亩）。新土地法实施以来，对建设用地报批条件和流程作一定的修改，为维护被征地农民和农村集体经济组织合法权益，规范报地流程，区自然资源局对建设用地流程进行全面梳理。共发布《征收土地启动公告》19份，涉及项目9个，其中6个项目完成土地现状调查，其余项目处于土地现状调查前期阶段。下发《征地告知书》17份，涉及项目7个。批而未供工作情况方面。2009—2017年省政府批准农转用面积1814.404公顷，其中郊区批准面积1558.0448公顷，郊区供应土地面积1216.6744公顷，批而未供土地面积341.3705公顷，供地率78.09%。其中，郊区批而未征81宗地，面积278.5455公顷；征而未供23宗，面积51.2286公顷，村镇建设未供7宗，面积 11.5964 公顷。2020 年市局下达郊区批而未供处置任务数为 35.55 公顷，截至年底完成批而未供土地处置任务 26.4028 公顷，完成率 74%。（冯世超）

【国土空间规划】 2020 年，阳泉市郊区自然资源局完成 3 个乡镇土地利用总体规划的调整，给省规划院提供郊区范围内的规划资料，确定三条控制线（生态红线、基本农田范围线、城市边界线），加快市空间规划编制进度。多次对接市、区重点工程项目，与省院沟通为河坡电厂煤泥项目、天方夜谭等项目确定，为加快项目落地提供保障。（冯世超）

【地质灾害防治】 2020 年，阳泉市郊区人民政府制定全区地质灾害防治工作计划、地质灾害防治工作方案，聘请有资质的地质灾害专家对全区地质灾害隐患点进行全面排查，共排查出 59 处地质灾害隐患点。区政府与各乡镇、各地质灾害成员单位签订地质灾害防治工作责任书 30 份。按照省厅安排，统一制作 59 处地灾警示标牌。组织对全区地质灾害监测员进行地灾防治专业知识培训，做好汛期监测预警工作。全区七个乡镇和郊区开发区社务中心全部开展地质灾害避险演练，增强老百姓应急避险和转移能力。（冯世超）

【土地执法监察】 2020 年，阳泉市郊区自然资源局始终保持打击非法违法采矿高压态势，先后开展秋冬季打击非法采矿专项行动，国庆、中秋节两节期间严厉打击非法采矿专项行动，安全生产大排查大检查专项行动等。全年共出动执法人员 1320 余人次，对郊区涉及资源的 6 个乡镇私挖滥采坑点及隐患点进行排查，下达监管函 550 余份，责令停止违法行为通知书 45 份，查扣大型非法采矿设备 71 台件。全年共办理行政案件 19 起，其中非法采矿 14 起，越界开采 5 起，没收违法所得 30.09 万元，罚款 12.68 万元，罚没款共计 42.77 万元，到年底全部到位。（冯世超）

【矿山执法】 2020 年，阳泉市郊区自然资源局收到自然资源部矿产卫片图斑 5 个，其中第一季度收到 2 个，经组织执法人员和测绘人员外业核查，违法图斑 1 个，伪变化图斑 1 个，处罚到位并上报市局。第三季度收到 3 个，移交平定县自然资源局处理 1 个，经组织执法人员和测绘人员外业核查，合法图斑 2 个。（冯世超）

【扫黑除恶专项斗争】 2020 年，阳泉市郊区自然资源局共上报区扫黑办涉黑涉恶案件线索 3 条，收到区扫黑办转交信访案件 2 件，区纪委问题线索移交函 4 件，公安系统风险提示函 3 件，法院司法建议书 3 件，检察院检察建议书 2 件，纪委监委监察建议书 1 件，积极配合纪委、公安部门调查涉及自然资源领域的线索 12 条，针对调查内容出具情况说明或提供相关材料，均办理完毕。（冯世超）

【生态修复治理】 2020 年，阳泉市郊区明确属于历史遗留矿山生态修复图斑的基本情况：认可图斑 65 个，面积 181.65 公顷。其中：郊区图斑 63 个，面积 178.4 公顷（露天采场 46个 164.07 公顷、废石堆 12 个 8.02 公顷、工业场地 4 个 3 公顷、排土场 1 个 3.31 公顷）；开发区路家山图斑 2 个，面积 3.25 公顷（属于露天采场）。生态修复后可恢复耕地 44.53 公顷，灌木林 122.54 公顷，林地 15.17 公顷。截至年底，土石方工程全部完工。（冯世超）

【地籍调查】 2020 年，阳泉市郊区地籍调查工作经过外业调查举证，内业核查，数据建库，外业互联核查，省级验收，国家级核查验收等阶段工作，郊区三调成果通过国家级审查。（冯世超）

【历史遗留问题解决】 2020 年，阳泉市郊区自然资源局按照市委、市政府文件要求，妥善解决郊区不动产登记遗留问题。郊区政府组织印发方案，成立工作领导组，召开动员会，在全区范围内开展全面摸底调查工作。通过对报回的不动产登记遗留问题摸底情况进行分类汇总，建立台账，本着先易后难分步实施的原则，推进不动产登记遗留问题的解决。截至年底，办理明珠城小区和瑞丰房地产街上村底商住宅楼不动产手续，建筑面积达7.55万平方米，662套住宅，7套底商，符合申报条件，上报市解决不动产登记遗留问题领导组。全年共下发限期办理不动产转移登记通知书2件，向首次登记的固庄矿新区住宅楼和宜居苑1号、2号楼下发限期办理不动产转移登记通知书，督促其尽快配合购房人办理不动产转移登记手续。（冯世超）

能源管理

【新能源产业】 2020年，阳泉市郊区实现能源企业安全生产无事故目标。新能源产业发展势头强劲，光伏发电总装机220兆瓦，全年共发电26323万千瓦时。风电发展起步良好，北京宣力投资有限公司总投资额4.5亿元的一期李家山50兆瓦风电项目20台发电机组安装完成，于2020年12月底倒闸操作一次完成，实现并网送电。总投资额3.34亿元的二期景祐40兆瓦风电项目风机机组预计安装8台，已完成测试7台，并开始试运行。

（张俊勇）

2020年，李家山50兆瓦风电项目建设完工并网发电

【能源领域重点项目建设】 2020年，阳泉市郊区能源局突出抓好省级重点工程西上庄年产500万吨煤矿及选煤厂建设项目。煤矿项目主井、副井、中央回风井掘进均到井底，开始平巷贯通施工。发展绿色电力，重点抓好西上庄2×66万千瓦低热值煤发电项目，完成1、2号锅炉钢架吊装；北京宣力一期李家山5万千瓦风力发电项目完成风机吊装和调试并网；山西荣光生活垃圾发电项目一期工程投入试运行，初步形成绿色清洁的现代能源产业体系。开展河坡发电有限公司1#机组灵活性改造，实现热电解耦与灵活运行，深度调峰能力达30%，供热能力提高20%，深化挖掘企业节能潜力。（李昌恩）

【农村地区清洁取暖改造】 2020年，阳泉市郊区清洁取暖改造任务涉及5个乡镇31村13870户，郊区能源局牵头负责“煤改电”任务27村11090户、“煤改生物质”任务3村2444户。局结合郊区实情详细制定实施方案，建立洁净煤应急供应保障机制。为加快推进工程进度，确保取暖季来临前全部完工，郊区能源局组织人员加班加点跟踪指导，协调解决工程疑难问题。“煤改电”实际户数为27个村9777户，加上往年增补改造户数，总计完成改造10326户，完成率105.6%。（李昌恩）

【煤改生物质】 2020年，阳泉市郊区按照市政府城乡接合部必须全域禁煤的要求，采用“煤改生物质”作为过渡改造方式，保障仍处于搬迁改造过渡期的农村实现过渡取暖。2020年计划任务为3村2444户，里龙光峪村因完成搬迁无须改造，另外10月以来区政府陆续确定新增李家庄乡大西庄村、余积粮沟村、平坦镇魏家峪村实施“煤改生物质”。全区全年完成“煤改生物质”2527户，完成率103.4%，区能源局组织企业在每个村设立生物质燃料供应点，截至2020年底，共配送2021.6吨。（李昌恩）

国有资产管理

【资产管理】 2020年，阳泉市郊区财政局集中整治国有资产管理中存在的问题，确保取得实效。完善区资产管理制度。加强郊区行政事业单位国有资产出租出借管理，规范全区行政事业单位国有资产出租出借行为。全区行政事业单位内部实行资产专管员备案制度，强化单位内部资产管理，实现资产管理动态化和即时化管理。加强资产处置的公正、公开。在与汇华会计事务所、阳泉天元报废汽车回收（拆解）有限责任公司、阳泉市二手交易市场签订协议、确定协作关系的基础上，对全区行政事业单位的废旧资产进行规范合法的处置，针对同级审计要求建立和完善国有资产的处置管理制度，有效防止国有资产流失。针对国有资产报废管理随意性大的问题，严格按照《地方行政单位国有资产处置管理暂行办法》执行。由专业公司组织相应资产的拍卖，使报废资产的残值收益最大化。（王　丰）

审计监督

【概况】 2020年，阳泉市郊区审计局在职人员15人，其中：公务员11人，事业编制4人。内设机构为办公室、固定资产投资股、财政行事股、社保农业企业股、基建投资审计中心、经济责任股、法律审理股。郊区审计局依法对本区域内同级人民政府各部门、国有金融机构和企业、事业组织以及其他依照法律规定应接受审计的财政、财务收支的真实合法和效益性进行审计监督，为国民经济保驾护航。2020年，郊区审计局以审计"全覆盖"为目标，依法履行审计监督职责，加强党建引领示范，不断提升审计工作效能，被区委、区政府评为年度优秀单位。全年共完成审计项目28个，查出主要问题金额63334万元，管理不规范金额58630万元，审计处理处罚金额5032万元，为财政增收节支1413.31万元；提出审计建议29条，提交审计报告、信息简报75篇，有8篇审计报告或信息简报被区领导批示；移送处理事项12起，相关部门处分处理5人，充分彰显审计服务改革发展和反腐倡廉的职能作用。（张晓生）

【审计改革】 2020年，阳泉市郊区审计局按照"六个强审"工作思路，全面加强审计工作统筹，在盘活用好审计资源上下功夫、挖潜力，向统筹要效率，靠创新提效能。加强总体谋划，明确发展方向。在区审计委员会领导下，建立全区审计"一盘棋"组织分工和责任体系，实现通过系统审计，揭示系统问题，促进系统治理。特别是在2020年"十三五"规划收官之年，"十四五"规划编制的关键时期，区审计局总结"十三五"时期审计工作成果，对"十四五"时期审计工作的重大事项进行全面研究，制定今后五年审计工作发展的目标和措施。落实"两统筹"要求，扩大财政同级审成果。坚持"优化、协同、高效"原则，推进"两统筹"开展。在年初制订项目计划时，加强与上级审计机关和各部门汇报、沟通，统筹安排全年审计项目，避免交叉重复。在实施审计项目时，采用融合式、嵌入式、"1+N"等审计方式，让项目实施更高效、工作成果更显著。在2020年的财政同级审中，区审计局将2019年度预算执行和其他财政收支情况审计与经济责任审计、保障性住房、就业优先政策和减税降费等情况有机融合，基本实现"一审多项""一审多果""一果多用"。探索大数据技术运用，推动部门预算全覆盖。加强非现场审计分析和现场审计取证的资源配置和协调衔接，推动部门预算审计全覆盖。通过采集65家预算执行单位财务数据和相关业务数据，运用数据筛选、深度挖掘、比对分析等信息技术确定审计疑点和重点，结合单位自查、审计组复核的方式，重点延伸审计28家单位"三公经费"预算执行情况和重大项目资金安排，揭露部门预算执行中可能存在的无预算、超预算现象，努力打造“数据一张网、审计一盘棋”大格局。强化内部审计，促进外部审计和内部审工作“双提速”。计划安排原有年初审计项目，扩大审计覆盖面，对教科局、区总工会等单位2019年度预算执行和财务收支进行内审督查，对违纪违规问题进行处理处罚，责成有关部门及时进行整改。（张晓生）

【审计调查】 2020年，阳泉市郊区审计局围绕就业优先政策落实、疫情防控、财政资金提质增效、优化营商环境等重大决策部署开展专项审计调查。开展就业优先政策落实情况专项审计，重点审计2019年就业资金（基金）的分配、拨付、支出使用情况以及援企稳岗、创业带动就业、重点群体就业援助等稳就业相关政策措施贯彻落实情况，对发改、财政等11家单位跟踪审计，及时公告审计结果。开展疫情防控资金和捐赠款物管理使用的审计监督，促进疫情防控资金物资规范管理。审计组于2月中旬对郊区疫情防控资金和捐赠款物进行专项审计，审计金额466万元，延伸审计区卫体局、红十字会、1个乡镇、6家企业和金融机构，审计发现的2个问题全部整改完毕。重点对“三大攻坚战”推进、“放管服”改革、减税降费、清理拖欠民营企业中小企业账款、支持民营经济发展、政府性债务风险防范等领域加强审计监督，组织对区财政局、人社局、农业农村局等11家单位相关政策落实情况审计，揭示政策落实过程中的“中梗阻”，审慎地提出建议。

聚焦真正过“紧日子”，促进财政资金提质增效。把推动财政资金增效、促进政府真正过“紧日子”作为审计监督的重点，按照审计全覆盖要求，完成2019年度同级预算执行及其他财政收支情况审计；对区财政局、卫体局、人民法院、交通局、司法局等8个重点部门2019年预算执行和其他财政财务收支进行审计监督。按照市审计局安排，区审计局派出5名业务骨干对矿区政府2019年财政资金直达县区和第四季度稳增长情况进行专项审计，重点审查支出的合法性、效应性和资产的完整性。

紧扣全面建成小康社会，保障和改善基本民生。围绕民生大事、难事、急事，关注重点民生资金和项目，持续加大对脱贫攻坚、社保资金、乡村振兴、保障性安居工程等重点民生领域资金管理和使用的监督力度。开展扶贫专项资金审计，助力脱贫攻坚。结合精准扶贫基本方略和脱贫攻坚任务落实，突出“精准、安全、绩效”主线，组织8名业务骨干和市审计局开展扶贫资金审计调查工作，对全区24个贫困村和18个低收入村走访调研，走访率达50%，共核查财政专项扶贫资金2871.26万元，产业扶贫项目245个。本次审计移送下级党委政府案件12项，案件处理2人次。加大对保障性安居工程审计，促进改善基本民生。重点调查住建局、财政局等部门和7个保障性安居工程项目，检查资金筹集、管理和使用情况，保障性住房分配、管理情况，揭示问题，促进保障性安居工程部署要求全面落实。

深化经济责任及自然资源资产审计，规范领导干部权力运行。以经济责任审计项目为依托，组织开展领导干部任期经济责任审计和自然资源资产审计，实施“经济责任+”的组织开展模式，通过板块化审计，由点及面，有计划、分步骤地实现经济责任审计全覆盖。截至年底，区审计局对卫体局、民政局、交通局等6个区直单位和2个乡镇的主要责任人任期内履行经济责任情况开展审计，查出违规及管理不规范资金5829万元。移送纪检部门处理1件次，处理3人，分别给予党内警告和行政记过处分。

服务全区重大项目投资建设和国企国资保值增值，促进政府投资安全高效。围绕对国有平台企业投资项目、美丽乡村示范村、政府重大财力投资和重大专项投资项目依法监督，助力城乡融合发展，关注乡村振兴成效，拓展审计监督的覆盖面。积极推进政府投资审计监督全覆盖。全年共审计投资项目15个，审计总金额16251.02万元，核减金额

1413.31 万元，核减率为 8.7%；对审计中发现的施工现场管理控制不严、签证手续不全等问题，依法予以纠正和处理，为节约建设资金，提高投资效益发挥积极作用；以监督和维护国有资产安全为重点，开展对 27 家区属国资国有企业运营情况进行审计调查和摸底，对和泰煤业神堂煤矿财务收支、资产重组等方面进行审计，对审计中发现的问题及时向区委区政府提交审计报告及整改建议；积极配合省委巡视组对盂县国有资产晋盂煤业重组情况开展审计督查。

立足“治已病、防未病”，推动审计整改落实到位。为促进审计查出问题的整改落实，坚持“持续跟踪、严格督促、实事求是”的原则，做到边审边改、审后促改、服务助改。2020 年多次联系召开审计专题整改会议，研究部署审计整改，明确、细化分工和责任，对近三年各级审计机关审计项目所列问题整改情况进行全面跟踪监督，共梳理未整改问题 37 项，至年底整改 33 项。（张晓生）

【其他审计项目】 2020 年，根据上级审计机关统一安排，阳泉市郊区审计局抽调专业人员参加阳泉市 2018 年至 2019 年脱贫攻坚政策落实及扶贫资金审计、“一卡通”惠农资金分配管理使用情况审计、阳泉市 2019 年保障性安居工程资金投入和使用绩效审计、区属国资国有企业运营情况审计调查（市）、区国有企业改革基本情况调查摸底（省厅），对审计中发现的问题及时向区委、区政府和市审计局提交审计报告及整改建议。（张晓生）

统计事务

【概况】 2020 年，阳泉市郊区统计局围绕全区“争做转型发展表率、打造城乡融合样板，在转型发展上率先蹚出一条新路来”的定位要求，强化职能、对标对表，顺利完成各项任务，为全区经济社会平稳发展提供有力的统计保障。（王　妍）

【重点工作】 2020 年，阳泉市郊区统计局做好新常态下经济运行预警监测工作，完成综合核算、农业、工业、服务业等专业统计指标的监测汇总和预警研判。做好高质量发展综合绩效考核指标、争先进位专项指标等重要指标的监测预警，加强动态跟踪和分析研判，增强区域经济转型升级工作的主动性，向党政领导报送全区经济指标运行情况分析。与 25 个相关部门协作配合，对 2018 年、2019 年的全面建设小康社会 53 项指标进行搜集整理，对 2020 年完成情况进行预测，准确监测全面建成小康社会各项指标，通过指标数据，形成分析报告 2 篇，为区委、区政府提供有价值的决策依据。开展专业数据质量检查和地方统计调查项目排查。按照省、市统计局通知要求，区统计局通过召开专题会议研究部署，抽调专业人员组成数据质量检查小组，对郊区工业、贸易、服务业等专业共计 89 个“四上”单位和 95 个投资项目单位进行统计数据质量抽查，从源头上把控统计数据质量，为加强企业统计基础建设奠定基础。继续持之以恒抓基层、打基础、提能力，夯实基层基础规范化指导验收的工作，对郊区乡镇、村及企业进行数据质量核查，对通过验收的开展“回头看”复检，确保基层统计人员依法独立、真实、完整地报送统计数据，夯实数据质量。继续提高统计分析质量，充分发挥统计的信息、咨询和监督职能，为全区经济发展发挥参谋作用，为社会各界提供优质服务。完成统计专报《新冠肺炎疫情对郊区经济的影响》，统计报告 22 篇，郊区 2020 年一季度、二季度《经济运行监测》，郊区 2019 年《主要统计数据》，2019 年度《阳泉市郊区统计年鉴》《2020 郊区经济发展报告（上篇）》印制完成分送给四套班子以及各部门，郊区 2019 年度《统计公报》、郊区《全国第四次经济普查公报》通过报刊向社会公布。（王　妍）

【第四次全国经济普查】 2020 年，阳泉市郊区统计局推进郊区第四次全国经济普查（以下简称为四经普）数据发布共享，及时发布郊区四经普公报，依法依规向部门共享普查汇总数据。郊区的四经普工作受到山西省第四次全国经济普查领导小组的高度认可，区统计局被授予“山西省第四次全国经济普查先进集体”的荣誉称号。（王　妍）

【第七次全国人口普查】 2020年，阳泉市郊区统计局顺利完成组建机构、落实经费、资料收集、调查摸底、建筑物标绘与普查小区划分、两员选调、综合试点、普查培训等前期工作。运用多种媒体，举行区“七人普”启动仪式，进行全方位普查宣传，努力营造普查氛围。1600余名普查人员历经3个月时间完成地毯式入户登记、查漏补缺等工作，采用多种手段夯实数据质量。各阶段工作有条不紊推进，取得阶段性成果，完成数据采集上报、核查、审核改错、编码等工作。郊区的工作也多次得到省、市普查办的肯定。（王　妍）

2020年7月29日，市政府、市人普领导小组一行到郊区荫营镇街上村指导试点工作

市场管理

【概况】 2020年，阳泉市郊区市场监管局以“13116”工作思路为主线，在推动高质量发展、打造六最营商环境、疫情防控、食药安全监管以及创建国家卫生城市、荫营镇区环境卫生综合整治和护林防火等各项中心工作中履职尽责，造就一支招之即来、来之能战的市场监管队伍，市场监管各项工作有序推进。（李　欣）

【执法办案调查摸底】 2020年，阳泉市郊区市场监管局对辖区内的电子商务经营者基本情况进行摸底调查，做到底数清，辖区内平台内经营者共130家；规范辖区内电子商务主体资格，加强对电商经营者的规范引导。督促经营者严格按照《中华人民共和国电子商务法》等法律法规要求登记备案，对进入平台的经营者真实信息进行核验、登记，监督电子商务经营者做好亮照、亮证、亮标工作。到年底，辖区内共有96个企业自建网站，其中亮标单位102家，未亮标单位4家。（李　欣）

【广告监管专项治理】 2020年，阳泉市郊区市场监管局积极组织开展疫情防控口罩等防疫物资、野生动物制品广告专项整治。组织开展辖区内涉及新冠肺炎预防治疗、买卖野生动物或者猎捕工具、使用“最佳”“最高级”绝对化用语、妨碍社会公共秩序和公序良俗、医疗药品医疗器械保健食品特殊医学用途配方食品未经审查擅自发布等5项内容违法广告专项整治。经过检查，对阳泉荣威汽车4S店和阳泉三江吉利汽车4S店涉嫌疫情防控虚假广告违法行为予以立案查处。（李　欣）

【违法广告专项整治】 2020年，阳泉市郊区市场监管局开展虚假违法农资广告、互联网虚假违法广告、金融广告、网络直播带货虚假违法广告等专项整治。对全区商场、超市、专卖店、集贸市场的126个经营主体和24个农资经营店进行检查，暂未发现食品、药品、农资等虚假违法广告。（李　欣）

【价格专项监督检查】 2020年，阳泉市郊区市场监管局组织开展疫情防控期间政府疫情隔离定点酒店、个体工商户水电等价格收费扶持政策落实专项价格检查。组织开展疫情防控期间哄抬口罩等防疫

物资和蔬菜猪肉及日用品价格违法专项整治。对海诺大药房荫营店、海诺大药房恒大新城店哄抬口罩违法立案查处，罚没款 2694 元。（李 欣）

【2020 年度“铁拳”行动】 2020 年，阳泉市郊区市场监管局加大知识产权行政执法力度，开展打击侵犯知识产权专项整治行动，对全区 130 个电子商务经营者和超市、商场、专卖店、建材市场等重点场所的抗疫防护用品、食品、电子产品、汽车配件、服饰箱包、涉农产品重点商品进行执法检查，查处维维豆奶商标侵权案件 1 起。（李 欣）

【医疗器械、暂停销售退烧药监督检查】 2020 年，阳泉市郊区市场监管局对全区医疗器械经营单位开展监督检查。按照上级要求，在疫情期间所有药店将所有退烧药下架封存登记，暂停销售，对药店落实情况监督检查，督促药店按要求执行。（李 欣）

【专业市场监督检查】 2020 年，阳泉市郊区市场监管局立足本职工作，着眼辖区实际，扎实对野生动物、拍卖、旅游等专业市场开展专项整治工作。充分发挥基层市场所属地监管的优势，强化市场所的监管力度，结合日常巡查、专项整治等工作，推进相关工作，在疫情期不间断对辖区 96 家网站和 54 家网店进行巡查，未发现违法销售野生动物及其产品行为。开展特种设备安全监管专项整治。组织开展特种设备安全大检查工作、特种设备安全生产大起底、大排查、大整治专项检查工作，对电站锅炉、电梯、大型游乐设施、压力容器及车用气瓶开展集中安全检查。吸取太原景区事故教训，中秋、国庆期间重点对桃林沟、翠枫山等景区内特种设备开展全覆盖检查。（李 欣）

【依法行政】 2020 年，阳泉市郊区市场监管局严格执行《市场监督管理行政处罚程序暂行规定》，依照法律法规把好案件的事实、证据、适用法律法规、定性、程序、处罚裁量等每一个环节，确保案件质量。全年共办理一般程序行政处罚案件 54 件，共收缴罚没款 26.88 万元。其中：价格案 3 件，罚没款 0.45 万元；无照案 13 件，罚款 2.59 万元；无证案 9 件，罚没款 0.62 万元；食品安全案 14 件，罚没款 8.96 万元；产品质量案 3 件，罚没款 3.34 万元；特种设备案 3 件，罚款 8 万元；广告案 6 件，罚没款 1.63 万元；商标案 1 件，罚款 0.05 万元；药品药械案 2 件，罚款 1.2 万元。办理简易程序案件 25 件，全部为药品违法案件，收缴罚没款 0.8 万元，处以警告 13 家。未发生任何诉讼案件。（李 欣）

【创卫工作】 2020 年，阳泉市郊区市场监管局召开创卫攻坚会，全员上阵，包片分组，细化创卫网格监管，局承担的“三小”行业整治和技术评估点位工作顺利通过国家评估组检查。强化宣传培训，营造浓厚氛围。通过丰富内容、拓宽渠道、创新载体，开展全方位、多角度、广覆盖的创建国家卫生城市宣传活动。利用食品安全宣传周、“3·15”消费者权益日、12331 投诉举报主题宣传日等平台，积极开展主题活动宣传，发放各种宣传资料 8 种 2 万余册。加大资金投入，规范经营行为。加强日常监管、规范食品生产经营行为。制作《食品安全信息告示牌》、印制张贴“禁烟标识”、创卫宣传画，印制发放《餐厨废弃物台账》《餐饮消毒台账》《进货台账》等各类台账。攻坚期间又制作光盘行动宣传展板，购置粘鼠板、灭蟑螂药等发放给商户，督促 180 余家“三小”店配备带盖垃圾桶、灭蝇灯，100 余家“小餐饮”配备消毒柜、保洁柜等必要设施。突出问题导向，强化“三小”治理。坚持全面推进与重点整治相结合，突出小餐饮、小食品经营店、小摊点“三小”行业为整治重点。严格按照创卫标准，特别是针对创卫要求差距较大的食品经营单位采取“日日监管、户户评定”的监管模式，从场所卫生、食品安全制度、“三防”措施、操作间布局、从业人员卫生等方面从严把关，符合条件的再强化、再完善，不符合条件的立即整改，确保各项标准均达国家卫生城市标准。检查中督促“三小”开展“搓澡式”搞卫生、“搬家式”大扫除，执法人员亲自动手安装灭蝇灯、悬挂公示牌、帮助大扫除，为业户合理规划操作间布局，全面改善场所环境卫生，提升“三小”生产经营环境，促进创卫工作开展，实现“规范一家、达标一家、巩固一家”目标。（李 欣）

【抗击疫情】 2020 年，阳泉市郊区市场监管局坚决贯彻区委、区政府的指示精神，以“站位高认识高，宣传发动到位；部署快行动快，督查检查到位；方向准重点准，市场整治到位；作风实工作实，投诉处置和案件办理到位”的“四到位”措施，打好疫情防控阻击战，全面维护全区市场公平竞争。

成立防控疫情专门的领导小组和办公室，组成 8 个志愿服务队，严格落实市场监管职责开展防疫工作，坚持一线排查、一线宣传、一线抗击，迅速在全区范围开展餐饮服务单位、药店专项检查，实行不间断巡查，查处哄抬物价、擅自涨价的违法行为；对商场、超市和农贸市场实行严防严控，保障市场供应，保障人民群众生命安全和身体健康。

对餐饮服务单位进行检查指导。要求市场主体严格落实《疫情防控工作措施及预案》，每日对就餐区和后厨进行清洁、消毒、通风，严格按照《餐饮服务操作规范》进行加工操作，鼓励餐饮服务单位网络订餐平台及微信、电话预定开展经营活动。

开展对辖区批发（便民）市场疫情防控情况检查指导。严查市场主体落实《疫情防控工作措施及预案》，严禁采取任何形式进行活畜禽、野生动物宰杀和交易，严格执行食品及原料进货查验、台账记录、追溯管理制度，每天两次以上消毒杀菌，市场管理人员、经营者及从业人员入场体温监测。

开展对辖区超市、食品小经营店等食品销售经营者疫情防控情况检查工作，主要是禁止野味制售、每日全面彻底消杀、严格规范操作、三防措施到位、从业人员佩戴口罩、维护市场秩序、主动配合防控及索证索票台账登记等情况。

对辖区内 3 家医疗器械批发单位和 57 家药品零售单位的药品和医疗器械经营情况开展全面监督检查。加强对各单位医用口罩、防护服、诊断试剂、抗病毒药品等疫情应对重点品种的监督检查，要求合法合规经营药品和医疗器械，加强药械购进、储存和销售环节的管理，保障抗病毒类药品和口罩等防护用品的供应，维持价格稳定，不跟风涨价。

优化审批服务。对涉及疫情防控的食品安全许可事项全程跟踪、特事特办、即来即办。深化容缺受理机制，允许复工复产企业非关键性材料容缺受理。派驻指导服务。向大型餐饮服务单位派驻指导员，指导餐饮单位严格落实从业人员健康管理、原辅料采购、生产加工过程控制、场所及设施设备防护等管理制度，有效降低食品质量安全风险。调研座谈。为尽快让企业复工复产，区市场监管局领导带领相关人员到生生大酒店、山西老食府、丰阳饭店等餐饮企业调研，与驻地乡政府、村委会及相关企业进行座谈交流，了解企业困境，与相关部门协商解决途径。先后为生生大酒店减免租金 10 万元，为山西老食府减免租金 10 万元。（李 欣）

【食品安全监管】 2020 年，阳泉市郊区市场监管局强化食品生产加工企业落实食品质量安全主体责任情况自查，增强食品生产企业食品安全主体责任意识。以日常监督检查、食品生产企业监督检查要点表为依托，建立完善食品生产监督检查体系，本着“点上试行、线上突破、面上推进”监管思路，围绕强化食品生产企业“过程管理、风险管理、信用管理、应急管理”的目标，对白酒、乳制品、调味品、糕点加工、食用油等高风险重点食品，由点到面推行“四环一链”（采购进货、生产过程、质量检验、产品销售）的食品安全监管信息化追溯体系，真正做到逆向可溯源、顺向可跟踪、信息可查询、产品可召回、责任可追究的食品原产地可追溯制度。采取“三分监管”（产品分类、企业分级、监管分等）模式推进全区13家生产企业监管工作。严格按照风险分级管理开展监督检查，排查食品安全风险，对13家食品生产企业建立风险隐患清单，明确检查内容、检查要求、检查主体、检查对象提升监督检查的“靶向性”和“有效性”。推进重点食品生产企业实施电子信息手段采集和记录信息，建立健全重点生产企业电子信息档案，完善好“四环一链”追溯体系及二维码电子产品信息追溯体系。食品生产加工小作坊“四规范”“一提升”：规范证照经营（营业执照、食品生产加工小作坊证、从业人员健康合格证），对不达规范要求的小作坊下达责令改正通知书，督促整改使其达基本要求。规范进货渠道，索证索票、台账记录。严格按要求保存票据。规范生产过程。要求小作坊严格按照《食品添加剂使用标准》规定品种和规定添加量使用添加剂，严厉打击“两非一超”违法行为。规范发证作坊基本达卫生要求，要求对其产品进行送检。规范销售行为，要求小作坊完善防蝇防鼠设施，按规定储存食品。提升食品生产经营者自律意识，做到“尚德守法”。强化食品流通环节日常监管。开展保健食品专项检查工作。对辖区内保健食品经营单位进行专项检查。按照省局、市局要求，开展保健食品“五进”科普宣传活动，推进“放心肉菜示范超市”创建工作，九州生活超市、郊区宜福超市力争提档升级。对中高考、“两会”等重大活动进行食品安全保障，提前进驻，审核菜谱，全程监管。规范学校食堂监管，保障学生身体健康。（李　欣）

【药品药械安全监管】　2020年，阳泉市郊区市场监管局开展疫苗和药品监督检查。严格执行新制定的《2020年疫苗监督检查工作方案》，疫苗的使用情况较好，购进渠道合法，运输储存符合冷链要求。开展第二类精神药品专项检查工作。对阳泉市第二人民医院、荫营镇卫生院、河底镇卫生院、李家庄乡卫生院、西南舁乡卫生院进行监督检查。对药品零售企业开展GSP合规性检查。开展医疗器械监督检查，对医疗器械的购进、储存、使用等环节进行重点监督检查。（李　欣）

【特种设备安全监管】　2020年，阳泉市郊区市场监管局积极开展重点排查整治，保障特种设备安全。对重点时节、重点场所的特种设备开展重点检查整治工作，检查生产使用单位“三落实”“两有证”“一检验”“一预案”“一培训”落实情况。对辖区车站、商场超市、气瓶充装、旅游景区等特种设备使用单位开展全方位安全排查。重点对设备日常维护、人员持证上岗、假期应急值守等工作进行检查。截至年底，郊区在册特种设备生产单位3家，使用单位165家，新增42家；各类设备1171台，新增340台。气瓶8284只，新增266只。其中锅炉48台，新增21台；压力容器352台，新增94台；电梯431台，新增134台；起重机械247台，新增59台；厂内机动车辆69辆，新增31台；大型游乐设施24台（套），新增1套；压力管道325.773千米。作业人员806人，新增76人。（李　欣）

【质量提升行动】　2020年，阳泉市郊区市场监管局落实新制定的《关于印发阳泉市郊区服务业质量提升专项行动工作方案的通知》，推动郊区服务业发展。9月25日，联合阳泉市诚兴建筑工程质量检验有限公司和山西省耐火材料产品质量监督检验站开展“质量开放日”活动，郊区重点企业质量负责人代表共计30余人参加活动。出台《2020年汽柴油抽检计划》，对11家加油站、22个批次汽柴油进行抽检，结果全部合格。配合省、市局开展抽检52家71批次，70批次合格，1批次电线电缆经营单位产品不合格。其中：省抽成品油3家6批次、电线电缆1家2批次、车用天然气1家1批次；市抽化肥1家1批次、民用散煤2家6批次、学生用品3家4批次、电线电缆2家2批次、车用尿素20家22批次、汽柴油19家27批次、耐火产品3家3批次。进行工业产品生产许可证获证企业和重点产品监管，对4家获证企业开展检查，完成计划任务。开展5个重点产品专项检查（乙炔气体市场、疫情期间农资市场、重点工业产品隐患排查、淘汰落后产能和化解产能过剩工作督导检查、危化品安全生产工作等专项检查），检查乙炔气2家次，农资检查24家次，重点工业产品5家次，危化品检查12家次，乙炔气体专项检查中发现的2家违法线索按照规定移交市局。（李　欣）

【知识产权商标品牌战略】 2020年，阳泉市郊区市场监管局积极开展商标行政指导和专题培训工作，增强企业品牌意识，全方位提升郊区商标品牌的创造、保护、运用能力。开展“一企一商标”“一村一品一商标”活动，提升郊区品牌竞争力。引导企业树立“产品未动，商标先行”的意识，组织专人到企业调研，发掘潜在品牌，为注册商标申请人提供商标名称预先查询、资料办理、后续跟踪等服务，对具有品牌培育潜力的企业进行分类建档、跟踪服务。共指导帮助企业申请商标注册34件，指导申报“西南舁苹果”地理标志证明商标注册1件。“西南舁苹果”地理标志证明商标注册申报，标志着郊区农特产品地理标志商标注册实现历史性零突破，为“西南舁苹果”品牌升级、产业提档奠定坚实基础，为郊区知识产权工作品牌富农、地理标志兴农开启新篇章。加大知识产权运用保护宣传力度。充分利用“3·15国际消费者权益日”“4·26知识产权宣传周”“5·10中国品牌日”，广泛宣传与专利、商标相关的知识产权法律法规知识，通过座谈会、报刊、电视、网络等各种媒介多种形式向社会宣传商标品牌发展的重大意义和政府发展商标品牌的各项扶持政策。（李　欣）

【保障公平竞争】 2020年，阳泉市郊区市场监管局贯彻落实国务院《“十三五”市场监管规划》，开展重点加强工业产品、食品药品质量执法监督。加大事中事后监管力度，推行“双随机、一公开”监管，随机抽查事项全覆盖。以信用约束、联合惩戒为核心的企业信用监管长效机制形成，形成“一处违法、处处受限”局面。精准推送监管信息。在部门协同监管平台精准推送信息263条，认领241条，精准认领率91.6%。归集信息1478条，其中行政许可1430条，行政处罚45条，联合惩戒信息3条。推进“双随机”监管和信用体系建设。按照省、市局制定的随机抽查计划，结合郊区实际，制订2020年度“双随机、一公开”抽查计划任务11项，前三季度，共抽查经营单位78家。5月份与人社部门进行跨部门抽查，抽查3家人力资源企业。区市场监管局完成上级委托抽查任务3次，抽查经营单位14家。多措并举，推进年报公示工作。受疫情影响，区市场监管局采取电话通知、张贴海报、村喇叭广播、设立专门帮办窗口等措施，开展企业、农民专业合作社、个体工商户年报工作。截至7月1日，郊区应年报企业2136家，年报企业1988家，年报率93.07%；农村合作社应年报175家，年报114家，年报率65.14%。（李　欣）

【维护消费者权益】 2020年，阳泉市郊区市场监管局多举措做好新形势下消费维权工作。“3·15”当天，在《阳泉日报·郊区周刊》发布购买商品房、家用小轿车、农资消费、食品消费、保健品消费警示；发布消费投诉公示制度，让社会公众及时了解2020年“凝聚你我力量”的消费维权主题。积极推进消费投诉公示工作。依据投诉公示的内容、程序确定辖区消费者投诉公示试点的地点、具体方式。加大宣传力度，利用投诉调解过程讲解公示制度，扩大消费者及经营者投诉公示试点的社会知晓度，使社会公众主动参与消费者投诉公示的监督工作。全年共接到电话及网络投诉1104起，办结1081起，共为消费者挽回损失25.89万元，接受各类咨询370余人次。（李　欣）

工　业

综　述

2020年，面对疫情防控和经济下行双重影响，阳泉市郊区坚持“稳”字当头，加大政策保障力度，多措并举力促工业企稳回升，企业整体运行平稳，工业增加值上升。全年规模以上企业整体运行平稳，工业增加值同比增长5.04%；制造业工业增加值同比增加14.47%，占工业增加值比重为26.2%，比重比上年同期上升2.1个百分点；全区战略新兴产业增加值占工业增加值比重为3.8%，比上年同期增长5.6%。小升规企业完成11家。

全区工业企业总数为346家，规模以上企业38家，其中煤炭企业7家、电力企业4家、燃气企业2家、建材企业20家（耐火企业13家、水泥企业1家、混凝土企业2家、石灰企业2家、其他2家）、装备制造业4家以及石油加工企业1家。2020年末统计从业人员总数为12395人。（帖一国）

煤炭工业

【概况】　2020年，阳泉市郊区共有煤矿8座，正常运营7座。其中属区级行业管理的4座，分别是山西煤炭运销集团阳泉郊区有限公司下属的保安煤业、旧街煤业，山西阳泉郊区和泰煤业有限公司下属的神堂煤业、坡头煤业；另外3座驻地煤矿分别为荫营矿、固庄矿和燕龛矿；和泰牵牛山煤业处于停工停产状态。郊区全年原煤产量231.55万吨，同比增长4.35%；总产值9.03亿元，同比增长6.74%，行业情况稳中向好。（李昌恩）

【煤炭洗选行业提升整治】　2020年，阳泉市郊区登记洗选煤企业15家，包括煤矿附属洗煤企业2家、独立洗煤企业13家。区能源局与洗选煤企业及各部门对接，完成神堂煤业洗选中心认定。神堂煤业洗选中心列入全省首批65家洗选煤企业公示名单。保安煤业洗选中心认定手续上报至省能源局；华海洗选煤有限公司列入淘汰清单。截至年底，确定14家拟保留企业和1家拟淘汰企业。（李昌恩）

【坡头煤业与恒泰新胜煤业重组方案通过】　2020年，郊区坡头煤业有限公司与山西煤炭运销集团盂县恒泰新胜煤业有限公司达成减量重组协议，上报省直厅局审核。年底，重组方案通过，山西阳泉郊区坡头煤业有限公司、山西煤炭运销集团盂县恒泰新胜煤业有限公司2座矿井异地重组，重组后名称为山西阳泉郊区坡头煤业有限公司（暂定名），矿井生产能力由45万吨/年提升至60万吨/年。（李昌恩）

【煤炭运销】 2020年，晋能控股煤业集团阳泉郊区公司以后勤服务为主、煤层气开发为辅，兼营新能源利用、蔬菜种植等业务的经营发展模式，全年完成营业收入5495.94万元，实现利润244.46万元，自产煤销售175万吨。 （张　鹏）

【荫营煤业】 2020年，按照山西正华实业集团有限责任公司安排部署，山西省阳泉荫营煤矿更名为“山西省阳泉荫营煤业有限责任公司”（以下简称荫营煤业）。荫营煤业煤矿生产连续10年7个月没有发生重伤以上安全事故，整体工作在安全中实现新发展，在稳定中实现新突破。

经营管理　荫营煤业在加强“依法合规”和“六全六定”管理法的基础上，制订《进一步加强安全环保经营管控工作的意见》和《进一步加强廉政风险管控工作的意见》，树牢“过紧日子”思想，加强材料、费用计划管理，加大风险管控力度。面对疫情和市场双重压力，抓煤炭生产环节管理，煤质与块炭率均创历史新高。2020年，荫营煤业安全生产销售商品煤230.17万吨，完成进尺8716米，实现工业总产值95451.34万元，上缴省集团公司各类费用10319.21万元。

隐患排查　荫营煤业汲取“10·1”台骀山景区重大事故教训，第一时间开展安全领域专项检查和安全生产风险隐患排查治理，组织专门队伍对全监全矿范围内的建筑物、挡墙、护坡、老旧建筑、居民用气、危化品、燃气管路、人员密集场所等地的用电安全、消防安全、地面建筑安全进行专项检查，对煤矿井下瓦斯、水害、顶板、机电、运输以及井下各采掘工作面进行风险隐患排查。对隐患排查中发现的井下、矿区地面和内部封闭区132条隐患，实行挂牌督办，限期整改，全部隐患在年底前整改。

复工复产　荫营煤业确定“1578”复工复产工作思路，加强关键环节、重点工程、特殊时段安全管理，井下150504综放工作面历时三个月安全通过大型构造。完成1501采区全面封闭，150314和150505两个综采工作面的同时安装，完成生产系统功能性改造。完成瓦斯抽采钻孔21786米，抽放瓦斯3307万立方米，瓦斯发电营收1001.9万元，减排790万立方米，全年节约环保热电费用500余万元。

民生环保　荫营煤业社区管理机构和主体责任移交地方政府。开展“三供一业”分离移交，物业完成分离移交，供电、供暖、供水改造基本完成，天然气改造接近尾声。东煤场封闭盖顶工程完工，路西街边公园、卧虎湾公园、休闲走廊建设完成，主干道拓宽、铺设沥青完成，居民区围墙围栏建设完成。矿区全年拆除危旧房屋3000余平方米，达标处理矿井水244万余吨，累计绿化面积2.2万平方米，种植树木3.2万棵，实现绿化面积年增长5%的目标任务，被阳泉市授予“环保治理突出贡献企业”称号。

转型发展　贯彻部省厅局关于煤矿改革重组工作的各项部署，采取多种方式盘活产业项目，形成以服务煤矿的机加工项目为牵引，以服装加工项目为重点，以外部经营项目为支撑的“三产合一”工作格局，实现煤矿企业从“监企合一、监社不分、一煤独大”向“三产合一、精干高效、相互补充”的转型目标。 （张　浩）

2020年，荫营煤业三供一业移交路面施工

【固庄煤业】 2020年，按照山西正华实业集团有限责任公司安排部署，山西省阳泉固庄煤矿更名为“山西省阳泉固庄煤业有限责任公司”（以下简称固庄煤业）。2020年，固庄煤业坚持抓早、抓快、抓

实，重统筹，重落实，防疫情、保安全、谋发展、推改革，整体工作保持平稳有序发展。

安全稳定　固庄煤业树立安全发展理念，开展三零单位创建。强化责任落实，对安全制度执行、动态风险辨识、隐患排查治理、安全督察检查进行安排部署和任务分解，明确要抓好重点时段、重点部位、重要节点的安全管理，保证整体安全稳定。加大培训力度，强化“培训不到位就是重大安全隐患”思想，全年组织举办煤矿特殊工种人员初训、复训培训、班组长再培训、安全责任制培训等各类培训5600人次。排查管控风险，全覆盖、无死角开展隐患大排查、大整治，对自查发现的607条和上级检查指出的471条问题隐患，全部按照落实措施、落实责任、落实资金、落实时限、落实预案、落实标准“六落实”进行整改，消灭事故隐患。

煤矿生产　固庄煤业针对采掘衔接不畅、井下煤层结构复杂、环保形势严峻的局面，在打钻探明小窑破坏范围的基础上，及时调整新15708工作面的设计方案，恢复巷道掘进，半年时间完成新15708工作面贯通，解决2020年的工作面接替难问题。强化激励考核，加大对工作面掘进进度的考核力度，半年时间掘出2019年全年两倍的巷道工程量，完成大多数人认为完不成的掘进任务。制定激励提高回采率的考核办法，回采率由过去80%左右提高到90.5%，全年多回收煤炭资源4.5万吨。在计划时间节点完成15708的安装、试采和15707的末采、回收，全年生产原煤56万吨，超产11369吨。

项目突破　面对环保压力，固庄煤业采取各种应对方案措施。煤场封闭工程起膜封顶，达环保生产的标准要求，突破制约煤炭产出的瓶颈。完成矿井水升级改造，11月进入调试运行阶段，通过工人培训、工艺设备磨合，处理系统陆续进入正常运转状态，实现矿井水达标排放。利用阳泉市集中热源管线铺设到固庄煤矿东大门口的有利时机，克服工期短、任务量大、工程穿越周边村庄1.7千米的困难，实现对全矿集中供暖。在线监测系统安装完成，矸石山、储煤场无组织在线监测系统安装完毕，对环境大气数据实时监测。

民生环保　固庄煤业改善矿容矿貌，对新区家属区人行道维修，修补部分房顶屋面、粉刷家属楼外墙、加固新旧区沿线挡墙、花栏墙，对新旧区公园进行更新改造，为民警职工创造舒适的生活环境。组织民警职工年度体检、职业病、从业人员体检、65岁以上老年人体检，开展妇女病筛查，举办防癌、抗癌、防疫健康知识讲座，保障民众健康生活。开展关爱行动，年内走访慰问困难职工、患病职工、边远工作站点职工、工亡遗属62人，发放价值11.2万元的慰问品，为58名申请困难救助人员发放慰问金35500元。（赵忠昌）

耐火工业

【概况】　2020年，阳泉市郊区境内探明铝矾土储量达1.5亿吨，氧化铝含量在65%以上。凭借得天独厚的铝矾土资源优势，逐步形成集原料开采、煅烧、骨料及不定型产品、成型制品生产、销售为一体的耐火材料产业。（帖一国）

【产业规模】　2020年，阳泉市郊区有耐火材料生产企业270家，规模以上企业13家。其中耐火制品企业56家，采用隧道窑生产工艺；耐火熟料烧成企业49家；耐火不定型企业165家。全区耐火产品年产量120万吨左右，约占全国铝硅系耐材制品的16%。（帖一国）

【产品分类】　2020年，阳泉市郊区耐火产品主要包括以硅酸铝质、硅质、锆质、镁质、碳质、轻质、不定型、特种耐火材料为主的八大系列100余个品种，广泛应用于钢铁、有色金属、化工、电力、建材、机械制造等行业，部分产品出口美、日、俄、东南亚等国家和地区。郊区主要产品为黏土砖和高铝砖，占全区耐火制品的70%。（帖一国）

【科研能力】 2020年，阳泉市郊区拥有集检测、科研、培训、服务为一体的国家级硅铝质耐火材料质量监督检验中心。区内部分企业与洛耐院、武科大等国内十余所科研院校保持长期合作关系，先后组建阳泉市耐火材料研究所、无机非金属材料研究所、阳泉市不定型耐火材料所等机构。（帖一国）

【发展水平】 2020年，阳泉市郊区银宇耐火的锂电匣钵、东凯耐火的硅钢玉、恒源耐火的钢包预制件、华岭耐火的低导热莫来石制品、金隅通达的新型低膨胀耐火浇注料、贤亨耐火的陶瓷用堇青石等一系列低碳、环保、节能、高效的新产品研发成功，阳泉市郊区耐材产品实现提档升级。（帖一国）

【阳泉金隅通达高温材料有限公司】 2020年，公司依托北京通达耐火总部的院士工作站、博士工作站等科技企业的人才、资源、研发优势，采用均化调制、除杂提纯、改型改性等先进技术，资源化利用多级品位铝矾土和废弃碎矿，再生化生产高档均质合成耐火原料，将资源利用率从不足30%提高至90%以上。均质合成耐火原料项目利用国际上最先进的节能环保窑炉技术，采用清洁能源、实施余热回收，消除对环境的影响。项目被列入国家火炬计划和“十二五”国家科技支撑计划，被钟香崇院士评为“代表着第一个有中国特色的、具有自主知识产权的铝矾土资源综合利用项目”。（帖一国）

装备制造业

【概况】 2020年，阳泉市郊区装备制造类公司主要包括阳泉市广凯机械制造有限公司、阳泉中机伟林矿山设备有限公司、阳泉惠通机械制造有限公司等。（帖一国）

【阳泉惠通机械制造有限公司】 2020年，公司在阳煤集团通风处、中国矿业大学（北京）和太原理工大学专家的指导下，紧贴内部市场需求，研制出适用于井下底抽巷岩石封孔器。公司采用大型通风螺旋焊管机组和水压试验机组，生产螺旋钢塑复合焊管管道和螺旋镀锌管管道等产品，各项指标均符合国家标准。螺旋瓦斯管年生产能力达20万米，镀锌螺旋瓦斯管年生产能力达10万米。（帖一国）

建材工业

【概况】 2020年，阳泉市郊区建材行业主要有水泥企业(冀东水泥)、石灰企业（星火金源、泰耀工贸）和混凝土企业（亿通鼎新、恒正混凝土、祥禾混凝土）等。（帖一国）

【阳泉冀东水泥有限责任公司】 2020年，公司主营业务收入84451.80万元，同比增长26.41%；利润总额23574.54万元，同比增长53.29%，创公司建厂以来盈利记录；全年全年累计上缴税金9335.67万元。公司支持属地疫情防控，向阳泉市郊区工商业联合会捐赠50万元；建厂以来首次享受资源综合利用退税；发挥危废处置的社会效应，应急处置危废1200多吨；建立技术中心，提升企业竞争力和品牌影响力；入选山西省2020年度绿色矿山创建名录；达到山西省重点行业重污染天气绩效分级A级。获“全国建材行业先进集体”“2020中国最具成长性建材企业100强”“环渤海地区建材行业最具影响力企业”“山西省高新技术企业”“山西省能效领跑者”“阳泉市环保治理突出贡献企业”等奖项。国家级绿色工厂申报通过山西省工信厅推荐，在国家工信部初审。（帖一国）

电力工业

【概况】 2020年，阳泉市郊区范围内投入运营的电力企业12家，总装机容量101.8万千瓦，总发电量363076.56万千瓦时。其中光伏发电企业4家

（太科、昌盛、中广核、潞安），装机容量 22 万千瓦，总发电量 26323 万千瓦时；瓦斯发电企业 6 家（荫营、中联固庄、中能、力宇、扬德、兴边富民），装机容量 8.3 万千瓦，总发电量 36463.36 万千瓦时；垃圾发电企业 1 家（荣光），装机容量 1.5 万千瓦，发电量 3061 万千瓦时；火力发电企业 1 家（河坡电厂），装机容量 70 万千瓦，发电量 297229.2 万千瓦时。（帖一国）

【山西河坡发电有限责任公司】 2020 年，河坡公司加强安全生产管理工作，落实安全生产主体责任，确保公司安全生产稳定，未发生供热中断事故，环保指标全面达标排放。深入学习贯彻习近平总书记视察山西时关于在“六新”上不断取得突破的重要指示，围绕全省全力打造 14 个标志性引领性产业集群的部署，取得专利授权 11 项，其中实用新型专利 10 项，发明专利 1 项。（帖一国）

【阳泉市中广核太阳能有限公司】 2020 年，阳泉市中广核太阳能有限公司在平坦镇常家山光伏片区设置两套探火雷达设备。探火雷达选择在 46 号箱变处和 57 号箱变处两个山头高地，立两个 8 米三角铁塔架设防火探头，观测农耕结合地村民点火、上坟烧纸等易引发的火情，同时观测光伏场区内异常高温现象。防火探头包含高清摄像头和红外感温探头，按照预设巡检路径 24 小时自动巡航扫描半径 5 千米的区域，在达预设温度告警阈值后，后台事故音箱告警并记录告警点的高清视频和图片。经过一段时间的投入使用，效果可行。（帖一国）

供 电

【概况】 国网阳泉市荫营供电公司成立于 1987 年 1 月，位于阳泉市郊区荫营镇中兴南路 5 号，是国网山西省电力公司阳泉供电公司设在郊区实施电网建设、管理与供用电服务的分支机构。公司担负着阳泉市郊区 5 个乡镇及平定县、盂县和寿阳部分乡村共 126 个行政村、80526 户居民的生活用电，以及6461 户非居民用户的生产、经营用电供应任务。2020 年，公司售电量完成 6.72 亿千瓦时，同比增长 2.27%；平均电价完成 486.7 元 / 兆瓦时；综合线损率完成 2.69%，同比降低 0.63 个百分点；电费回收率 100%；台区线损达标率完成 100%；堵漏增收完成 102 万元。年台区停电时户数大幅下降，全年未发生人身、设备、电网事故等事件。（郑佳丽）

【电网建设】 2020 年，国网阳泉市荫营供电公司管辖 35 千伏变电站 4 座，主变 8 台，总容量 7.52 万千伏安，配变 546 台，配变容量 191685 千伏安，管辖 10 千伏线路 33 条 354.40 千米（公线），35 千伏线路 13 条 64.70 千米（公线）。“煤改电”配套电网工程实施项目 11 项，投资 6201 万元，涉及 19 个村 10285 户，组立电杆 1405 基，架设 10 千伏线路 20.14 千米、0.4 千伏线路 78.7 千米、安装变台 126 台，更换计量表 12357 只。公司推进“三供一业”工程实施，2020 年建设投运高压线路 2 条 2.2 千米，低压线路 15.44 千米。总体新增 10 千伏线路 5.207 千米，箱变 13 台 8190 千伏安，新增用户 9316 户，售电量增加 1800 余万千瓦时。“煤改电”涉及村电网改造实现全覆盖，完成郊区电网网格化规划。（郑佳丽）

【经营管理】 2020 年，国网阳泉市荫营供电公司营销关键业务治理成效超预期。聚焦“量价费损”，度电必争、推进用电市场整治。推进 10 千伏及以下线损管理，通过系统监控分析、现场排查比对，精准下达“每周一高损台区”治理指标和各类异常处理“工单”。公司 10 千伏及以下综合线损率完成 4.49%，同比升高 0.09 个百分点；低压台区线损率 3.88%，同比下降 0.08 个百分点。全年查处窃电及违规用电 167 户，堵漏增收完成 102 万元。创优快捷办电服务举措，新增用电容量 3.863 万千伏安。

落实电费保全措施，完成电费回收2.8743亿元，电费回收率100%。推行产业单位工程“安全、质量”同质化管理，承接工程73项总额4515.72万元。沟通协调推进政府电力工程结算送审，开展陈欠款回收，共计收回1695.69万元。（郑佳丽）

【安全生产】 2020年，国网阳泉市荫营供电公司应对新冠疫情，完成区域疫情防控临时监测点的紧急用电安装。公司投入200余人次保障疫情定点医院、发热门诊、重点医疗企业及重要用户的电力可靠供应，制定电网稳控策略，完善各类应急预案，组织应急演练和反事故演习，完成节假日、中高考等重要时段保电任务。

安全责任　按照岗责匹配原则，明确领导层、管理层和班组一线层安全责任，厘清安全责任清单，增强各级人员主动履责意识。

风险防控　查处各类违章5起，下达违章通报5份，教育15人。举办各级人员安全业务培训3期和3期触电急救培训。

隐患排查　开展“营销作业现场安全可视化管控平台”试点工作，实现营销作业现场视频全覆盖，杜绝现场作业不安全行为。半年时间集中开展隐患“四个专项行动”大排查，共发现问题499条，按轻重缓急实施销号制度，消除217条，282条列入计划及向用户下达隐患整改通知书。加强设备运行维护，开展带电作业52次，减少变压器停电5265台次，减少停电时户数1.73万时户，非计划停运和重复停电现象减少。针对性开展集中清障和改造消缺846处，变被动抢修为主动运维，10千伏线路故障同比减少12条次。治理高掉闸线路，完成台区消缺12处，线路接地网电阻遥测64处，更换及消除不合格地网4处，清除树障300余处。（郑佳丽）

【电力运行与电力市场】 2020年，国网阳泉市荫营供电公司复工复产降本提速“出实招”。聚焦企业所需，专业团队主动上门，帮助开展用电线路设备安全检查、宣传国家降电价政策、了解生产计划及用电诉求，快捷办理容量恢复手续，助力企业复工复产“加速度”，6080户享受优惠降价政策，累计923.99万元。精准服务能源变革，开拓综合能源市场，与阳泉市千瓦新能源科技有限公司和阳泉红旗晟宝工贸有限公司签订综合能源项目共计69万元。加大直购电市场开拓力度，与阳泉天隆工程材料有限公司、阳泉天隆净水材料有限公司达成直购电协议，合计电量1292万千瓦时。累计完成综合能源营收81.4万元，为企业降本增效再添“生力军”以“打通服务壁垒、堵牢服务质量漏洞”为主线，打出“快捷响应、管控工单、夯实基础、奖惩并举”一系列标本兼治提服务控投诉组合拳，综合着力强化服务协同、走访客户、开展服务稽查、业务培训和服务帮扶，整治频停、低电压等突出问题，公司上半年95598工单数同比下降32%。（郑佳丽）

【农电管理】 2020年，国网阳泉市荫营供电公司多举措搞好农电管理。年内通过山西省电力公司五星级乡镇供电所建设复查验收。供电所场所整治维修立项3个，消除各办公场所的安全隐患。供电所业绩指标考核中荫营公司5个供电所在A段，1个供电所在B段，在全市四个县区公司排名均分第一。2020年技能鉴定培训（农网配电营业工技师）通过率100%；参加山西省应急管理厅组织的进网电工证换证培训，综合合格换（取）证率达98.2%。通过干部职工爱心募捐等形式，帮助石窖垴村建立扶贫“爱心超市”。（郑佳丽）

其他工业

2020年，阳泉市郊区各行业呈现出较好的增长势头。磨料磨具、线缆生产和燃气供应等企业，在全区工业中占据较显著的位置。（帖一国）

阳泉市郊区2020年规模企业法人代表名表

表5

所在乡镇	企业名称	法人	所在乡镇	企业名称	法人
荫营镇	山西省阳泉荫营煤矿	马占彪	平坦镇	山西阳泉郊区神堂煤业有限公司	黄恒博
	阳泉华润燃气有限公司	赵瑞保		山西阳泉郊区坡头煤业有限公司	段英奇
	山西河坡发电有限责任公司	曹 阳		阳泉汇通机械制造有限公司	董太生
	阳泉市贤亨耐火材料有限责任公司	史有才	西南舁乡	阳泉市金土耐火材料有限公司	高喜怀
	阳泉市下千耐火材料有限公司	张非寿		阳泉市星火鑫源铸造材料厂	佘来军
	阳泉市广凯机械制造有限公司	叶伟松		阳泉市星火金源工贸有限公司	佘宝福
	阳泉金隅通达高温材料有限公司	王亚利		阳泉市郊区新建不定型耐火材料厂	高拴秀
	山西阳泉华岭耐火有限公司	史永记		阳泉市腾辉耐火材料厂	高富忠
	山西圣火炉料有限公司	史通召	杨家庄乡	阳泉冀东水泥有限责任公司	许 利
	阳泉市华硕耐火材料有限公司	高旭亮		阳泉市中嘉磨料磨具有限公司	章锡国
	阳泉市丰泽永进耐火材料有限公司	冯海军		阳泉市泰耀工贸有限公司	郭先拴
	山西亿通鼎新建材有限公司	郭石彦		山西晋东新能液化天然气有限公司	牛建伟
	阳泉市新瑞昌机械有限公司	冯卫中		阳泉博润公路工程有限公司	谢 宇
	阳泉市上白泉耐火材料有限公司	马银保	李家庄乡	阳泉市恒正混泥土有限公司	王志安
河底镇	阳泉市燕龛煤炭有限责任公司	赵小红		山西立博线缆有限公司	宋占元
	山西省阳泉固庄煤矿	王永胜	旧街乡	山西煤炭运销集团旧街煤业有限公司	郑海青
	阳泉天隆工程材料有限公司	胡培明		山西煤炭运销集团保安煤业有限公司	陈 雷
	阳泉市中广核太阳能有限公司	姚雪飞		阳泉力宇煤层气利用有限公司	赵海俊
	阳泉聚鑫耐火材料有限公司	杨贵平		阳泉市扬德煤层气利用有限公司	裴攀道

农　业

综　合

【概况】 2020年，阳泉市郊区农业农村局以决战完胜脱贫攻坚和补上全面小康“三农”短板两大任务为主要抓手，推进农业高质量发展和农村各项改革，农业农村经济继续保持总体平稳、稳中有进的发展态势。一产固定资产投资完成20535万元，同比增长147.86%；农林牧渔业增加值增长3.8%；农村居民人均可支配收入完成17350元，同比增长6.7%；年销售收入500万元以上农产品加工企业销售收入完成4.55亿元，同比增长19.42%。省级龙头企业由1家增至3家，新增市级龙头企业4家；夯实农业基础，推进高标准农田建设和有机旱作农业项目；完善农村基础设施建设，改善人居环境；完成脱贫攻坚减贫任务，落实“三保障”及兜底保障精准到位，推进乡村振兴试点工作；农产品质量安全成效明显，农业执法力度加大；推进乡村振兴战略，乡村治理试点工作铺开。（赵国瑞）

种植业

【概况】 2020年，阳泉市郊区种植业坚持科技兴农、科技惠农，立足新技术、新品种的引进、试验、示范、推广、服务工作，着力提升郊区基层农业技术推广服务水平，各项工作进展顺利。2020年，全区全年粮食产量2081.16万千克，果品产量1048.33万千克。（李晓红）

【粮食生产】 2020年，阳泉市郊区春播总面积达3946.44公顷，总产2081.16万千克。其中，玉米播种面积3374.49公顷，总产1921.28万千克；粟类播种面积257.1公顷，总产55.42万千克；豆类播种面积102.82公顷，总产8.62万千克；薯类播种面积211.23公顷，总产95.66万千克；其他播种0.8公顷，总产0.18万千克。（李晓红）

【果品生产】 2020年，阳泉市郊区各类果树种植面积1368.7公顷，挂果果园面积为618.44公顷；总产量1048.33万千克，比2019年增长2.78%。其中苹果种植面积1036.05公顷，总产量982.5万千克；梨种植面积188.18公顷，总产量36.43万千克；葡萄种植面积11.39公顷，总产量5.49万千克；樱桃种植面积34.17公顷，总产量2.33万千克；桃种植面积42.26公顷，总产量18.02万千克；杏种植面积24.76公顷，总产量1.11万千克；其他果树种植面积31.89公顷，总产量2.45万千克。

（李晓红）

【中药材种植】 2020年，阳泉市郊区种植中药材面积365.42公顷。新增中药材种植面积25.33公顷，包括：旧街乡13.4公顷、平坦镇5.23公顷、荫营镇6.7公顷。药材品种有药用牡丹、杜仲等。（李晓红）

蔬菜种植

【概况】 2020年，阳泉市郊区蔬菜中心围绕“四为四高两同步”和“聚力六大突破，实现转型崛起”总体思路和要求，坚持“项目兴区”理念，以市场为导向，推行标准化生产，以增加农产品有效供给和促进农民持续稳定增收为目标，提升全区蔬菜产业整体发展水平。全区全年蔬菜产量达1.4万吨，种植品种主要为西红柿、黄瓜、西葫芦、大白菜、甘蓝、红白萝卜等；完成蔬菜基础设施建设4.13公顷，其中新建温室大棚2.13公顷，改建温室2公顷。（梁建鸿）

【设施蔬菜稳产】 2020年，阳泉市郊区蔬菜中心扩大产业规模，提升产业效益，促进农民增收，按照《关于下达2020年第二批市级乡村振兴专项计划使用计划的通知》和《2020年阳泉市设施蔬菜稳产项目实施指导意见》精神，由阳泉市下白泉鑫汇通农业有限公司、阳泉市金瑞蔬菜种植中心、山西汉博农业开发有限公司具体实施，完成阳泉市设施蔬菜当年稳产项目。（梁建鸿）

【“三新”技术示范推广】 2020年，郊区蔬菜中心提升郊区农业品质及市场竞争力，重点引进“口感型蔬菜”新品种15个。主要有草莓番茄、博洋9号甜瓜、贝贝南瓜、74-7爆浆鲜食玉米、千禧小番茄、水果黄瓜、沙窝萝卜、碧莹西葫芦等。加强新技术推广应用，在东村、北庄、杨树沟、山底、山头、汉河沟等基地，重点示范推广优质蔬菜集约化育苗、农业物联网、水肥一体化、有机肥替代化肥、熊蜂授粉、黏虫板、防虫网、杀虫灯等10项提质增效技术。为提高蔬菜机械化水平，减少人工投入，降低生产成本，加强设施农业新装备示范应用，在入驻农业园区的山西汉博农业开发有限公司进行设施蔬菜实用农机具的推广应用，示范推广小型旋耕机、开沟筑畦机、水肥一体化自动灌溉施肥机、雾化施药机、智能放风机、绑蔓器、定植器、吊蔓夹等与农艺结合技术。（梁建鸿）

【农产品质量安全监管】 2020年，阳泉市郊区蔬菜中心开展诚信体系建设，加强安全管理和安全隐患排查，杜绝农药残留超标的现象出现。通过落实“合格证”安全生产制度，提升农民农产品质量安全生产意识，确保郊区蔬菜农产品质量安全。全年共抽样12次（省抽样2次，市抽样10次），抽查样品182个，合格率达100%。（梁建鸿）

畜牧业

【概况】 2020年，阳泉市郊区畜牧业发展中心认真贯彻落实《关于稳定生猪生产促进转型升级的意见》《农业农村部关于加快生猪生产恢复发展三年行动方案》《山西省人民政府办公厅关于加快生猪产业转型升级行动方案》等文件精神，明确责任，狠抓落实，以项目建设为抓手，多措并举，推进全区生猪产业呈现良好发展势头。全年全区生猪存栏45182头，出栏46789头；蛋鸡存栏481245只，出栏157928只；羊存栏8570只，出栏3886只；牛存栏743头（其中肉牛564头，奶牛179头），出栏111头。肉蛋奶总产量分别为4276.5吨、4731.6吨、660.3吨，同比增幅达11.7%。全年，开工建设各类规模养殖场31个，其中生猪规模养殖场21个，实现投产12个。推行畜禽养殖粪污处理设施配套建设工作，当年规模养殖场粪污处理设施配套率达100%。（付　伟）

【违法违规生猪调运“百日专项”行动】 2020年，阳泉市郊区畜牧业发展中心贯彻落实省、市、区关于开展违法违规生猪调运“百日专项”行动的部署，对生猪经纪人车辆开展全面检查。3个月共检查收猪车辆309车次，生猪10077头，未发现违法违规调运生猪现象。开展广泛宣传，先后在桃林沟果蔬市场、各村入口张贴宣传材料100余张。中心与生猪经纪人签订承诺书，要求经济人自觉遵守动物防疫法等相关法律，保证经营运输动物临床检查健康，须取得“动物检疫合格证明”；不销售、不转运、不乱抛病死畜禽；对运载工具全面消毒；使用运载工具GPS正常运行；履行动物疫情报告义务等。 （付　伟）

【重大动物疫病防控】 2020年，阳泉市郊区畜牧业发展中心完成重大动物疫病春防、秋防工作。猪瘟免疫42240头，猪口蹄疫免疫42269头，新城疫免疫51.67万只，禽流感免疫51.67万只，牛口蹄疫298头，羊口蹄疫6463只，所有畜禽应免尽免；实施产地检疫猪44914头，鸡154200羽，其他动物驴40头，动物及其产品报检后检疫率达100%。无害化处理病死猪15617头。 （付　伟）

【犬黑热病防控】 2020年，阳泉市郊区畜牧兽医部门承担犬利什曼原虫检测及无害化处理工作。通过选定检测机构、协助配备检测试纸、开展犬利什曼原虫检测。共检测犬9096只，阳性1544只。其中：检测家犬8677只，阳性1444只；检测流浪犬419只，阳性100只。开展病死犬及阳性犬无害化处理，无害化处理犬42批次1937只。开展白蛉集中消杀工作，全年共购入菊酯类杀虫剂1800袋，701个养殖场（户）参与消杀累计达614人次，累计消杀面积达27.3万平方米。 （付　伟）

【重点养殖项目】 2020年11月23日，阳泉市欣象养殖有限公司举行规模达3000头种猪的养殖项目开工仪式。项目位于荫营镇山头村，由山西锦绣大象农牧股份有限公司投资建设，总投资1.5亿元，占地约8.71公顷。项目建成后可存栏种猪3000头，年可提供仔猪6万头，可带动郊区周边100多户家庭农场增收30万元以上。 （付　伟）

【农民教育培育】 2020年，阳泉市郊区畜牧业发展中心开展生猪养殖农民教育培育，全区25名村级防疫员、30名养殖户参加理论及实践培训。区畜牧业发展中心组织培训人员先后到太原市阳曲县、吕梁市文水县新大象集团有限公司进行实地参观，学习生猪养殖管理和免疫技术知识，养殖户防疫水平得到提升。 （付　伟）

【职业技能竞赛】 2020年8月19日、20日，山西省第二届动物防疫、动物检疫职业技能竞赛开赛。阳泉市代表队共有6人，其中郊区张成明、张新文、刘刚、郭斌涛、付伟5人参赛。张成明获个人二等奖，记山西省农林水系统个人一等功；张新文获个人三等奖，记山西省农林水系统个人二等功；刘刚、付伟获大赛优秀奖，记山西省农林水系统个人三等功；阳泉市获动物检疫组团体三等奖。 （付　伟）

农业技术

【概况】 阳泉市郊区农业技术推广中心成立于2002年9月16日，为郊区人民政府直属正科级事业单位。中心主要职责为：按照有关农业法律法规组织实施农业技术推广工作；对确定推广的农业技术进行试验、示范；指导下级农业技术推广机构、群众性科技组织和农民技术人员的农业技术推广活动。参与制定农业技术推广计划并组织实施；组织农业技术专业培训。中心内设农技推广站、果树工作站、植保植检站、种子管理站、土壤肥料工作站5个站室。 （李晓红）

【省级果业标杆项目建设】　2020年，阳泉市郊区省级果业标杆项目立项，项目总投资168万元，实施面积73.33公顷，实施主体为阳泉市三异果业合作社（包括西南异乡北异村、霍树头村、西南异村部分果园）。（李晓红）

【市级中药材示范基地建设】　2020年，阳泉市郊区市级中药材示范基地建设项目立项，项目总投资20万元，总规模为26.66公顷（包括杜仲种植基地13.33公顷、药用牡丹基地13.33公顷），实施单位为山西锦丰泰和农业科技有限公司和阳泉中煤生物科技有限公司。（李晓红）

【水果标准化示范基地建设】　2020年，阳泉郊区水果标准化示范基地立项，实施单位为阳泉市凤凰山种植专业合作社，规模33.5公顷。争取上级资金50万元，购置防雹网及配套材料，围网，供水供肥渠相应的管件，园树形管理器械及高效喷雾器械、除草机械设备；物化技术补助，购置黏虫板、低毒高效及生物农药、生物防治材料、果袋等；建立果园投入品台账，建立生产档案和检测室，购置检测器械；技术指导、宣传及培训。（李晓红）

【基层农技推广体系建设与补助】　2020年，阳泉市郊区基层农技推广体系建设与补助项目总投资45万元，为遴选出的全区140个示范主体发放物化补助3万元，投入1万元与知网签订合同，开通“网络书屋”账号。（李晓红）

【新型职业农民培育】　2020年，阳泉市郊区职业农民培训项目完成定向培训35人。培训采取理论培训和实践观摩两种形式，培训时数140余个。（李晓红）

【绿色防控项目建设】　2020年，阳泉市郊区农业技术推广中心制订《2020阳泉市郊区苹果病虫害绿色防控及农药减量增效示范基地实施方案》，建成1个面积逾13.33公顷的苹果病虫害绿色防控及农药减量增效示范基地，绿色防控措施到位率95%以上，病虫危害损失率控制在5%以内，减少化学农药使用30%以上，年内开展技术培训2次，发放技术资料2万份，现场指导10余场。（李晓红）

【农业生产救灾补助】　2020年，阳泉市郊区农业技术推广中心根据《阳泉市2020年中央农业生产救灾资金计划的通知》要求，中央财政下达郊区农业生产救灾资金22万元（其中农作物病虫害防控资金15万元，草地贪夜蛾防控资金7万元）。年内，由防控专业技术强、药械齐全的两家专业化防治组织分别承担统防统治任务，保丰农业技术服务有限公司郊区分公司完成任务333.33公顷，补助资金7.5万元；益丰昌种植专业合作社完成任务333.33公顷，补助资金7.5万元。（李晓红）

【草地贪夜蛾防控】　2020年，按照《阳泉市郊区农业农村局关于印发2020年草地贪夜蛾防控预案的通知》，区农业技术推广中心购置并投放157盏杀虫灯，在全区设立157个地面监测点；在下白泉、大西庄、五架山等村安装5台高空测报灯，购置2吨防控用药。与山西英腾公司签订集中防控协议，组织5支区级集中防控队伍，进行草地贪夜蛾防控演练，包括防控队员、农技员、种粮大户等20余人。（李晓红）

【耕地质量监测与化肥减量增效】　2020年，阳泉市郊区农业技术推广中心对全区7个乡镇设置的16个耕地质量调查监测点进行养分定点监测。以河底镇苏家泉村为试验地，开展化肥利用率试验。采用随机区组试验设计，施肥模式为测土配方施肥、常规对照，机械施肥。玉米收获后，采集试验点土样、籽粒、秸秆各15份，交由山西省农业科

学院农业环境与资源研究所进行化验。（李晓红）

【秸秆综合利用】 2020年，阳泉市郊区农业技术推广中心出台《阳泉郊区2020年秸秆秸秆综合利用工作实施方案》《关于落实秸秆综合利用补助工作的通知》。召开秸秆综合利用部署会，督促各乡镇宣传到村、宣传到户，引导各乡镇、村对实行秸秆半耕半覆盖还田、秸秆粉碎还田、过腹还田、秸秆果园覆盖和秸秆堆沤腐熟还田方式的农户进行登记造册，按每亩30元的标准给予补贴。（李晓红）

【新品种试验示范】 2020年，阳泉市郊区农业技术推广中心开展总规模4.69公顷新品种试验示范。大西庄村、矾窑村、五架山村、山头村、苏家泉村5个试验点落实玉米、谷子、大豆农作物50个品种的试验示范任务。中心组织乡镇技术人员、规模种植户、供种单位人员，参加新品种、新技术田间观摩玉米、谷子、杂豆新品种及新的栽种技术培训。虽全年气候呈现旱涝不均、气温偏低态势，对农作物生长发育造成阶段性影响，但总体效果较好，达到新品种、新技术的示范结果。（李晓红）

【农资市场监管】 2020年，阳泉市郊区农业技术推广中心对3家种子代销企业、20家专营不再分装包装种子门店提交的种子备案资料进行审核。符合备案条件和要求的品种96个，其中玉米90个、谷子4个、大豆2个，共计22081千克。对通过审核的品种进行网上备案登记，发放备案单。做好春耕备种期间备案工作，配合市种子管理站，对辖区内种子经营单位进行种子质量抽检，共抽检2个单位种子样品4个。中心联合区农业综合行政执法大队对7家种子门店种子经营情况进行抽查，查处未备案先销售的门店1家。（李晓红）

【农作物种质资源普查】 2020年，阳泉市郊区农业技术推广中心协助阳泉市保丰农业技术服务有限公司开展第三次农作物资源普查与征集工作，完成4个乡镇12个村43份农作物种质资源调查征集，调查报告及资料报送至省农业农村厅。（李晓红）

农业机械

【概况】 2020年，阳泉市郊区农业机械化发展中心按照乡村振兴战略总要求，以做好新时代“三农”工作为根本遵循，克服新冠肺炎疫情影响，发挥自身职能，为郊区农业机械化装备、作业、安全和服务水平持续发力。（杨瑞鹏）

【农机装备水平】 2020年，阳泉市郊区农业机械总动力达46022千瓦。拖拉机及配套机械1801台套，拖拉机521台（大中型148台、小型373台），拖拉机配套机具1280台；种植业机械2919台套，耕整地机械1004台（耕整机80台、微耕机197、机引犁206台、旋耕机388台、深松机29台、机引耙70台、铺膜机34台），种植施肥机械70台（免耕播种机34台、精少量播种机31台、整地施肥播种机5台），农用排灌机械1138台（水泵1045台、节水灌溉类机械93台），田园管理机械345台（田园管理机95台、机动植保机187台、修剪机械63台），收获机械160台（玉米联合收割机械41台、牧草收获机械1台、马铃薯收获机2台、秸秆粉碎还田机械116台），收获后处理机械202台；农产品初加工机械3122台（其中动力作业机械2429台、加工作业机械693台）；畜牧机械253台（饲草料加工机械165台、畜牧饲养机械71台、畜产品采集加工机械17台）；水产养殖机械1台；农田基本建设机械151台；农用航空器2架。设施农业设备（温室）277万平方米，日光温室269万平方米，塑料大棚8万平方米。（杨瑞鹏）

【农业机械化作业】 2020年，阳泉市郊区机耕面积3060公顷，机械化作业水平76.27%；机播面积

3118 公顷，机械化作业水平 70.74%；农作物机收面积 1368 公顷，机械化作业水平 31.03%（玉米机耕面积 2970 公顷，机械化作业水平 97.12%；玉米机播面积 3100 公顷，机械化作业水平 89.75%；玉米机收面积 1350 公顷，机收水平为 39.09%）；全区综合机械化作业水平 61.04%。（杨瑞鹏）

【农机管理购置补贴】 2020 年，阳泉市郊区农业机械化发展中心开展农业机械化综合示范县建设暨玉米全程机械化作业项目。在荫营镇山头村永亮农机专业合作社和河底镇五架山村宏锦农机专业合作社建立玉米全程机械化示范区，示范面积达 133.33 公顷，辐射面积达 66.67 公顷。全年结合疫情防控期间春耕秋收工作，深化综合示范县建设项目，区政府下拨项目配套资金 2 万元，推广玉米机械化播种、施肥、田间管理及收获，为合作社节约成本，提高效率。6 月，综合示范县项目通过省农业机械化发展中心验收。2020 年度，郊区获国家农机购置补贴资金 23.2 万元，使用国家农机购置补贴资金达 23.16 万元，全区受益农户 24 户，补贴机具数 33 台。（杨瑞鹏）

【农机新技术推广】 2020 年，阳泉市郊区本着“试验示范、典型引路”的原则，结合郊区设施农业机械化生产实际，将设施农业机械化示范项目——千亩坪农业产业园设施农业机械化项目示范区建设作为主要任务。示范区面积 3.33 公顷，引进大棚王、起垄机旋耕犁一体、微喷电动施肥器、担架式喷雾机、太阳能灭虫灯、自走式移栽机等设施农业专用技术装备 39 台（套）。项目总投资 25 万元，其中争取省级补助资金 20 万元，项目承担方自筹资金 5 万元。（杨瑞鹏）

【农机监理】 2020 年，阳泉市郊区农业机械化发展中心健全完善区、乡、村三级监管网络，构建农机安全生产长效机制。全年共检验拖拉机 173 台，注册登记拖拉机和联合收割机 14 台，新考驾驶员 6 人，签订农机安全生产责任状 170 余份，发送安全短信 2000 余条。对符合报废年限及条件的 55 台变型运输型拖拉机办理注销登记，每季度在《阳泉日报》上刊登公告，被省农机局评为“全省农机安全生产目标责任考核优秀单位”。（杨瑞鹏）

林 业

【概况】 2020 年，阳泉市郊区林业局践行“绿水青山就是金山银山”的发展理念，开展营造林、护林防火、森林资源管理等工作。制订出台《关于确保森林草原“零火情”工作的实施方案》，提出九项保障措施，实现全区“零火情”目标。推动林长制改革，制订出台《郊区全面推行林长制的实施方案》，构建责任明确、协调有序、监管有力的区、乡、村三级“林长制”管理新机制。（武亚男）

【国土绿化】 2020 年，阳泉市郊区林业局完成各类营造林任务 726.67 公顷。太行山人工植苗 140 公顷，退化林修复 186.67 公顷，环京津生态屏障区建设工程 200 公顷，荒山及交通沿线绿化 200 公顷。围绕裸地绿化、人居环境改善、创卫、乡村振兴等项目推动林业绿化、彩化、财化高质量发展，建设园林村15 个，完成裸地绿化 133.33 公顷，建设游园 2 处，各类景点 26.67 公顷，完成通道绿化 15 千米。完成汉河沟村、固庄村、西外环、新城大道、明珠城等应急工程。开展全区义务植树活动，建设义务植树基地 10 余处，完成市局下达义务植树和四旁植树任务累计 80 万株。（武亚男）

【护林防火】 2020 年，阳泉市郊区林业局加强专业队伍建设，提升应急处置能力，以区应急救援大队为基础，在荫营、河底、平坦、西南舁、旧街等乡镇设立 5 个应急救援中队，100 人建制；强化基础设施，消除安全隐患，科学设置重点防护区域，将全区森林防灭火区域划分为重点防护区和一般防护区，重点防护区域包括8个林场、6个森林公园及5个重点地段，涉及68个重点村，83个一般村。开展林缘杂草清理和秸秆清理工作，在重点林区打造防火隔离带140千米。创新宣传形式，营造浓厚氛围，在原有的传统宣传教育基础上，开展“全村无火、户户抽奖”宣传教育活动。（武亚男）

【森林资源管护】 2020年，阳泉市郊区林业局配合区行政审批局，完成涉林事项审核14项，审批临时占地项目2项，累计上缴区财政森林植被恢复费达141.04万元。完成郊区生态公益林投保工作，投保面积13833.67公顷，保费37.35万元，保险金额16600.40万元。开展森林督查暨森林资源管理“一张图”工作，卫片执法工作和年度草地资源清查工作。通过草地清查统计，郊区草地资源共计4033.33公顷，郊区草地综合植被盖度78.17%。古树名木保护工作方面，接收开发区27棵古树档案。强化自然保护地管理，修订完成并上报《山西省翠枫山森林自然公园整合优化分述报告》《山西省和谐园森林自然公园整合优化分述报告》。委托阳泉市规划设计院编制翠枫山风景名胜区总体规划大纲，编制工作初步完成。（武亚男）

【“林长制”改革】 2020年，阳泉市郊区“林长制”改革工作启动，区林业局制订出台《郊区全面推行林长制的实施方案》，构建区、乡、村三级“林长制”管理新机制，建立健全林长制部门协作机制和区级会议制度，明确森林资源保护责任主体，逐步形成“山有人管、林有人护、事有人干、责有人担”的格局。（武亚男）

【有害生物防治和防疫】 2020年，阳泉市郊区林业局开展枣疯病检测调查及春季松材线虫病的普查工作，为各乡镇及开发区社会事务服务中心造林队分配森林病虫害防治农药。开展野生动物驯养繁殖专项检查，向各乡镇宣传全国人大的“一决定一法一办法”和山西省人民政府办公厅《关于全面禁止非法猎捕交易食用陆生野生动物的通知》精神。要求各乡镇及相关养殖户严格依法依规办事，严禁捕食野生动物，确保全区疫情可控。开展野生动物救助救济工作，救助国家二级保护野生动物5只，均妥善安置在市林业局野生动物救助中心。（武亚男）

【涉林案件】 2020年，阳泉市郊区林业局加大执法力度，严厉打击违法行为。联合卫片执法，办结林业行政案件10起，处罚单位9次，处罚金额达34548元，罚金全部上缴国家财政。（武亚男）

【果树专业技术培训】 2020年，阳泉市郊区林业局先后在西南舁、荫营、河底、杨家庄、旧街等乡镇举办《核桃综合管理技术》培训班12期，培训人数350余人，培训贫困人员50余人。（武亚男）

【干果经济林提质增效】 2020年，阳泉市郊区核桃经济林管护成效明显。荫营镇杨树沟、东垴、西垴等村完成核桃树整形修剪318.17公顷，高接换优15.17公顷，接芽12000余个；河底林场修剪板栗0.67公顷，完成核桃病虫害防治66.67公顷，发放药品20箱。编制阳泉市郊区永久性生态公益林保护五年（2019—2023年）实施方案。建立管护员巡检系统，与乡镇、林场签订管护责任书5份；新建管护大型宣传牌1块。（武亚男）

【苗木种植】 2020年，阳泉市郊区林业局完成育苗面积共计533.33公顷。其中新育73.33公顷，总产苗量935.9万株，育苗树种为油松、侧柏、刺槐、各类花灌木等。（武亚男）

【林业行业扶贫】 2020年，阳泉市郊区林业局落实林业行业扶贫政策，开展结对帮扶贫困户活动。实施建档立卡贫困户生态护林员项目，从国家级公益林管护、新造林地管护等两个渠道转化贫困人口为护林人员。2020年有扶贫攻坚造林专业合作社10家，总人数200人，贫困劳动力人数120人，超过社员总人数的60%。完成扶贫攻坚造林专业合作社造林任务986.67公顷，贫困户年平均工资1.5万元。区林业局派专人全天驻村作为脱贫攻坚工作指导员，帮助扶贫联系村制定脱贫规划，克服财务紧张困难，支援村级公益事业建设。 （武亚男）

水 利

【概况】 2020年，阳泉市郊区水利局立足本职工作，克服疫情影响，推进全区各项水利工程顺利实施。年内水务一体化PPP项目全面开工，老窑水治理项目开始试运行。全面推进节水型社会建设，完成河长制工作各项任务。 （冀海玉）

【水资源管理】 2020年，阳泉市娘子关泉域水质保护工程（阳泉市郊区封闭治理废旧深井项目）于年内竣工，工程总投资420万元，经水利部技术评估验收。温河渗漏段综合治理项目开工建设，项目总投资749.29万元。全面推进节水型社会建设，通过省级验收；郊区入选水利部第三批全国节水型社会建设达标县（区）。4月14日，山西日报刊登郊区“校园水情教育入心入脑”活动；10月28日，山西省电视台对郊区校园节水校本课程发放仪式进行宣传报道。 （冀海玉）

【河长制工作】 2020年，阳泉市郊区河长办推进河道“清四乱”工作规范化常态化，投资200余万元，清理河道垃圾6万平方米，桃河、荫营河清理小块地约5000平方米。郊区被山西省河长制办公室评为全市唯一的年度河长制工作绩效管理奖励县（区）。荫营河河道综合治理工程完成项目初设、财审和施工、监理招投标，如期开工。 （冀海玉）

【农村饮水安全工程】 2020年，阳泉市郊区水利局实施农村饮水安全巩固提升工程14处、饮水安全维修养护工程27处，保障41个村，4.6万人的饮水安全。加大饮水安全资金投入，全年全区贫困村、低收入村饮水安全“四项指标”（水质、水量、用水方便程度、水源保证率）全部达标。

（冀海玉）

【水土流失综合治理】 2020年，阳泉市郊区持续推进水土流失综合治理工作，全年共完成水土流失治理面积656.67公顷，超年度计划任务1.03%。加大水土保持综合监管力度，完成水利部、省水利厅下达的遥感信息监管任务。 （冀海玉）

防汛抗旱

【防汛】 2020年，阳泉市郊区水利局牵头完成全区107个村、27个自动水位检测站和107个简易雨量站的安装和检修工作，保障山洪灾害指挥系统正常使用，汛期指挥通畅。建立健全防汛抗旱应急救援体系机制，完善应急预案，加强防汛物资储备和抢险队伍建设。及时处理荫营镇下白泉村、李家庄乡恒大帝景小区围墙坍塌事件、长岭村云泉大厦段排水管道泄漏导致坍塌等汛期险情。 （冀海玉）

2020年11月，区领导调研水务一体化项目

【抗旱】 2020年，阳泉市郊区水利局针对2019年遭遇50年来降雨量最少、2020年上半年严重干旱的状况，在原有水车因老化及无相关手续无法继续送水的情况下，采取新措施保障送水，依托区自来水公司累计送水450余车，强化水源的统一配置、加强应急调度和用水管理，调配各类抗旱水源，做好抗旱工作，保障农村饮水安全。

（冀海玉）

温河灌区

【水库安全度汛】 2020年5月，阳泉市郊区温河灌区积极部署，应对汛期工作。召开防汛工作动员会，对油瓮水库的闸门、启闭机、备用电源进行维护保养及通电检查。制订完善防汛值班制度、水库运行管理制度、水库工程项目巡查观测制度、大坝安全管理应急预案、油瓮水库汛期调度计划方案及防汛抢险应急预案等，领导带头水库、灌区双重值守，严格执行各项防汛规章制度，防汛实行24小时值班制，规定主汛期值班领导和人员不能外出、不准请假，手机不准关机等，严防死守做好防汛工作。供水站人员检查各段渠道、渠系建筑物，以保障上下游渠道及渠系建筑物的安全度汛。

（郝永胜）

【保障农业用水】 2020年，阳泉市郊区温河灌区围绕“强管理、抓维修、保供水”的任务，充分发挥灌区的灌溉、供水职能，开展供水工作，促进北郊“三农”发展。完善各项供水制度、岗位职责、安全生产责任制等，细化和明确各站的供水指标和职责任务，激励调动职工，为开展供水工作夯实软件基础。抓住春检契机，对高压线路、机泵、变电设备以及供水渠道进行逐项逐段排查、检修。与渠道沿线相关村庄用水户沟通协调，掌握各地的用需水情况，开拓供水市场，提升供水服务能力，为各用水户即时提供供水服务。由于G239道路施工以及荫营开发区建设影响，灌区供水范围回缩至河底，供水量大幅骤降，全年供水9万平方米。

（郝永胜）

【管护水利工程】 2020年，阳泉市郊区温河灌区管理站克服供水收入低迷、维修支出俱增的困难，通过争取上级支持、推动项目建设，对温河水利工程进行维修养护、续建完善。配合荫营开发区建设，改线南干渠三都段，工程总投资242.7万元，主要内容为河道开挖土石方，铺设外径1020毫米，壁厚12毫米螺旋缝自动埋弧焊钢管620.33米，钢管采用3PE加强级外防腐，IPN8710内防腐，新建井室3座。配合G239工程建设，改线部分南干渠苇泊段，工程总投资153.7万元，主要内容为开挖土石方，铺设外径1020毫米，壁厚12毫米螺旋缝自动埋弧焊钢管418.2米，钢管采用3PE加强级外防腐，IPN8710内防腐，新建井室4座。

（郝永胜）

农村事务

【农村集体产权制度改革】 2020年，阳泉市郊区农村产权交易服务中心完成全区157个村集体经济组织赋码登记工作。按照《阳泉市郊区农村集体经济组织财务管理制度（试行）》等七项制度办法意见的文件要求，协调阳泉市农商银行集中开设银行账户，指导各乡镇会计委托代理中心推进农村集体经济组织与村委会分账管理，完成率达100%。督促中标单位按合同进度完成农村集体产权改革档案资料整理工作。完成157个村集体股权证书印刷发放、检查验收工作，完成率达100%。

（贾丽敏）

【农村产权交易管理】 2020年，阳泉市郊区农村产权交易服务中心推进农村产权信息化管理和电子化交易，完善线上交易系统，实现交易审核、信息发布、业务管理、招标竞价、电子监察多重功能，区、乡、村三级产权信息贯通应用。

（贾丽敏）

【农村集体产权交易市场建设】 2020年，阳泉市郊区农村产权交易服务中心协调阳泉市农商银行推进农村集体产权交易市场建设，建成产权交易大厅，年底前各业务股室全部搬入三楼办公区域，四楼产权交易招投标办公区竣工。 （贾丽敏）

【农村干部任期责任审计】 2020年，阳泉市郊区农村产权交易服务中心按照农村集体产权改革要求，出台《农村干部任期经济责任审计工作方案》，委托山西省兴宇工程招标代理有限公司招标，选定4家会计师事务所签订合同，对全区151个行政村主要领导进行任期经济责任专项审计。 （贾丽敏）

镇区供水

【转企改制】 2020年12月，阳泉市郊区自来水公司从全民所有制改制为国有独资有限责任公司，正式更名为“阳泉市晋泉水务有限责任公司”。公司注册资金5000万元，主要承担郊区荫营镇区、李荫路沿线部分企事业单位、居民（5万余人）的生产、生活供水任务及荫营河污水管网的巡查、维护与林里关王庙消防设施的管护任务。 （贾小平）

【“三供一业”供水分离移交工作】 2020年，阳泉市晋泉水务有限责任公司推进“三供一业”供水分离移交改造工作。受疫情影响，荫、固两矿施工队伍5月中旬进场。总投资3533万元，截至年底，荫营矿完成水表更换改造2332余户，完成总户数（3480户）的67%；固庄矿完成水表更换2384户，完成总户数（2613户）的91%。 （贾小平）

【远传智能水表更换项目】 2020年，阳泉市晋泉水务有限责任公司为解决镇区水表超龄老化、计量不准、跑冒滴漏问题，以政府购买服务与中国移动通信山西有限公司阳泉分公司合作，由移动公司负责先期投资建设。项目计划总投资490万元，其中自筹90万元，剩余400万元由财政预算列支，晋泉水务有限责任公司按40%、30%、30%分三年支付移动公司智能水表服务费、项目建设包括更换辖区内9021块超声波远传水表。到年底，更换远传智能水表9008块，完成率达99.8%。 （贾小平）

【智慧水务云平台建设】 2020年，阳泉市晋泉水务有限责任公司推进智慧水务云平台建设，相继开通供水调度、泵站运行数据监测、管网（压力、流量）监测等项目模块，实行24小时监测，对风台垴泵站升级改造，对桥上泵站进行智能远传设备安装升级改造，实现远程控制设备启停、远程监测电流、电压、水位等指数；对各项回传信息进行研判分析处理，做出相应的辅助决策建议。

（贾小平）

【荫营镇区雨污分流排水管网改造】 2020年，阳泉市晋泉水务有限责任公司委托阳泉市设计院编制荫营镇区雨污分流排水管网改造工程实施方案。工程概算投资1262.26万元，建设包括铺设污水管道，砌筑污水井、跌水井，12月开工。 （贾小平）

【杏花园小区庭院供水管道改造】 2020年，阳泉市晋泉水务有限责任公司自筹资金90余万元，对杏花园小区室外供水管道改造，铺设110—63PPR塑料管道1374米，砌筑水表阀门井27座，安装阀门62台、安装NB超远传水井表1块。

（贾小平）

【荫营镇区自来水管网改扩建】 2020年，阳泉市晋泉水务有限责任公司对娘子关水源输配水管线、荫营镇区市政自来水管网等项目进行改扩建。当年开展可研报告编制，办理环评、土地预评审等手续，工程预计总投资1.8亿元。 （贾小平）

商　　贸

商品流通

【疫情防控】　2020年，阳泉市郊区商务局落实“疫情就是命令，防控就是责任”的要求，及时行动，确保郊区农贸市场、大型商超、加油站、4S店等流通经营场所疫情防控到位。有力有序推进商贸领域疫情防控及应急保供工作。积极组织辖区内四家保供骨干企业做好米面油、肉、蛋、菜等重要商品物资储备，确保民生用品供应充足。督促指导辖区内重点保供企业做好重要商品的监测工作，每日按时上报重要商品的销售、库存情况。（李建华）

【加油站年检】　2020年5月6日，阳泉市郊区商务局正式开展郊区2020年成品油企业年检工作。按照市商务局年检通知要求，及时向辖区内社会加油站点下发《关于开展2020年度成品油经营企业年度定期检查工作的通知》，要求各站严格对照年检标准准备材料，自查自改，确保成品油经营企业年检工作按质、按时完成。郊区8家社会加油站全部通过年检。（李建华）

【促消费工作】　2020年5月下旬，阳泉市郊区商务局积极组织辖区内百货、商超、家电、汽车、成品油、餐饮住宿等流通企业，报名参与“政银企携手惠民生 你我他畅购促消费”活动，对冲新冠肺炎疫情影响，繁荣商贸流通市场。郊区参加消费券投放的企业，涉及商超、百货、家电、餐饮住宿、汽车、加油站，三轮179家。根据《山西省商务厅关于做好参加2020年全国“消费促进月”活动筹备工作的通知》及市商务局有关安排，制定《阳泉市郊区全国促消费方案》，举行阳泉市郊区“乐享消费 美好生活 2020年全国消费促进月暨晋情来消费”活动，做好消费促进活动宣传工作。（李建华）

招商引资

【概况】　2020年，阳泉市郊区以“项目突破年”为抓手，树牢“项目兴市”理念，把招商引资作为第一要事，促进招商引资实现新突破。全区全年共引进百万元以上经济技术合作项目21项，签约金额119.21亿元，完成市下达任务95亿元的125%；当年签约当年开工项目17项，开工率81%；新开工项目计划投资额39.32亿元，完成市下达任务32亿元的122.9%；固定资产投资项目资金到位额14.74亿元，完成目标额9.2亿元的160.2%；非固定资产投资项目资金到位额1.52亿元，完成目标额1亿元的152%。（田文煜）

【围绕产业抓招商】 2020年，阳泉市郊区主要领导围绕主导产业抓招商，坚持重大招商亲自出面，重要客商亲自洽谈，重大项目亲自推动，重大问题亲自协调，对招商工作的成功开展起到决定性的作用，区领导全年共外出招商24次。围绕新材料产业，招引欧贝姆纳米复合材料项目、石墨烯项目、光伏组件项目；围绕装备制造产业，招引耀邦特种车辆项目、中坤钻车设备项目、天方夜谭装备制造项目；围绕新能源产业，招引网约车项目、风光发电项目；围绕农业产业，招引汇鑫现代养殖产业园项目、九天恒泉有机农业园区项目，为郊区经济转型发展注入活力。 （田文煜）

【招商活动】 2020年，阳泉市郊区参加中国国际健康产业博览会、中国国际食品及饮料展览会、厦门国际投资贸易洽谈会、中国国际进口博览会、中国国际高新技术成果交易会等国家级展会活动，对郊区形象、投资环境以及招商引资优惠政策进行展示和宣传，推动郊区与各地在投资、贸易、产业、旅游等领域的交流合作。在年内开展的五次“三个一批”活动上，郊区累计签约招商引资项目14个。其中，9个项目进入13710签约项目库，12个项目完成立项，8个项目开工，7个项目入统，7个项目实现资金到位10.36亿元，7个项目形成有效投资10.36亿元。开工入统项目个数占全部签约项目个数的50%（开工率），资金到位额占全部签约项目投资额的8.1%（资金到位率）。 （田文煜）

【政策支持】 2020年，阳泉市郊区招商局研究草拟《郊区标准化厂房管理办法》，为项目提供更加优惠的招商引资政策。继续完善、调整出台的各类政策，将承诺的服务落实到位，保护投资者的权益。全面梳理郊区招商引资产业分类和产业布局，通过印发《招商图谱》和《郊区投资指南》，制作郊区招商引资宣传片等方式，全面直观地向投资者展现郊区的交通优势、资源禀赋、营商环境等。 （田文煜）

【重点招商项目】 2020年，阳泉市郊区着重加大对产业类项目招引力度。年内落地5亿元以上产业项目4个：钻车设备三机配件生产项目、资源循环利用研发示范基地建设项目、装配建筑产业基地项目、钙基纳米复合材料项目；开工1亿元以上产业项目5个；引进主导产业项目10个，产业投资额95.4亿元，完成市下达任务66亿元的144.5%。 （田文煜）

粮食储备

【概况】 2020年，阳泉市郊区粮油收储中心完成新冠疫情防控期间应急物资调拨和市场粮食价格监测工作，按要求完成自收自支事业单位和国有粮食企业改制工作，利用财政资金改善库区办公条件和完成储备企业化验室维修改造。 （郭宝牛）

【应急物资保障和粮食价格监测】 2020年，阳泉市郊区粮油收储中心调拨帐篷57顶、棉大衣180件、棉被褥15套，用于卡口值勤。在郊区宜福超市、九州超市、阳泉市惠丰源有限责任公司设立粮油价格监测点，监测供应状况，每日上报价格变动情况及库存量，确保粮食市场供应稳定。 （郭宝牛）

【事业单位和企业改制】 2020年6月，阳泉市郊区原粮油批发市场按照自收自支事业单位改制要求，取消编制、注销单位名称、原有人员1人退休到原单位，6人改制到阳泉市郊区粮油收储中心。2020年12月，完成公司制改革，更名为阳泉玉泉嘉穗粮食储备有限责任公司，隶属山西玉泉投资有限责任公司。 （郭宝牛）

【仓储设施维修改造】 2020年，阳泉市郊区粮油收储中心利用省财政5万元仓储设施提升改造资金，自筹2.8万元对三郊储备库化验室维修改造，提高粮油质量检测能力。区财政投资14万元对三郊库办公区维修改造，改善办公环境。 （郭宝牛）

供销合作商业

【概况】 2020年，阳泉市郊区供销合作社联合社推进省级综改试点县各项任务，改造完成基层社2家，新建参股公司2家，领办创办农民专业合作社7个。2018年至2020年度，连续三年被山西省供销社授予“全省供销社综合改革先进单位”，也是全市供销社系统唯一获此荣誉的单位。（郭　凯）

【全区首家县级扶贫超市】 2020年，阳泉市郊区供销社联合郊区直属机关事务服务中心共建的扶贫助销平台——郊区扶贫超市正式营业。扶贫超市由山西本方农业有限公司负责运营，全年对接全区24个贫困村（户）的20余种农产品，通过现金结算、易货置换等方式，累计销售郊区贫困村(户)农产品30余万元。（郭　凯）

【扶贫超市易货服务】 2020年，阳泉市郊区扶贫超市积极尝试开展易货服务，先后对接太原、四川两家易货公司，为旧街乡贫困村南沟村贫困户销售蜂蜜，用蜂蜜置换村民需要的生活用品。截至年底，通过开展易货服务，共置换蜂蜜3600余千克，蜂蜜置换价每千克40元。（郭　凯）

【扶贫超市购销服务】 2020年，阳泉市郊区扶贫超市主动开展购销服务，开辟贫困村贫困户农产品销售专区专柜，推介郊区农特产品。通过现金结算方式，购销旧街乡南沟村蜂蜜500千克，购销西南舁乡代家庄村苹果干1000余袋，购销西南舁乡各贫困村的杂粮统一包装礼盒500余盒，购销杨家庄乡贫困村庙岭村的香猪肉1000千克，各贫困村其他农特产品（小米、黑玉米、南瓜、倭瓜、花椒、核桃、西红柿、黄瓜、萝卜、黄花菜等）近4万元。扶贫超市每月6日持续为全区贫困户、残疾人、70岁以上老人免费发放食用盐。（郭　凯）

【电商物流配送】 2020年，阳泉市郊区供销社同区财政局联合印发《阳泉市郊区机关事业单位食堂农副产品采取定点协议管理办法》，从1月1日开始，郊区供销社电子商务运营中心向全区超过50%的机关事业单位食堂配送农副产品，并于年底续签供货合同。在微信平台注册“供销农心乐”APP小程序，实现网上下单、基地分拣、直达配送运营新模式。提升电子商务运营中心冷链物流配送能力，投资50万元，新购置冷链配送车1辆，新建冷库3座，具备400吨物资仓储能力；为50个基层门店配置冷藏保鲜柜，初步建成小型冷链配送、运输、销售体系。全年线上销售收入增长2.1倍，超额完成山西省供销社电商线上销售额考核指标。（郭　凯）

【基层供销社改造】 2020年，阳泉市郊区供销社积极完成各基层社的改造任务。5月开始，投资20万元改造提升东村供销社，先后完成东村供销社大卖场改造、蔬菜保鲜库、农资运营中心、菜农培训中心建设。6月初投资40万元，改造运营河底供销社，完成800平方米的屋顶防水处理，1200平方米的卖场改造，200平方米的门窗更换、供销社标识建设等，纸壳侠超市开业。（郭　凯）

【领办创办专业合作社】 2020年，阳泉市郊区供销社采取参股合作、服务带动等方式领办创办农民专业合作社，实现优势互补，共同发展。投资20万元参股阳泉市果丰源种植专业合作社，续建冷库1座，收储能力达15万千克。投资15万元注册成立阳泉山蜜蜂业农民专业合作社联合社，重点聚焦对合作方蜂蜜的统一收购、检测、标识、包装、推介、销售。投资6万元参股领办成立阳泉市六棵槐种植专业合作社，加工苹果干提升苹果产业附加值。投资6万元参股阳泉市永亮农机专业合作社，探索提供土地托管服务和统一农机作业新模式。投资5万元控股领办成立阳泉山果种植专业合作社，重点尝试解决果农苹果销售困难问题。（郭　凯）

【职工历史遗留问题解决】 2020年，阳泉市郊区供销社努力克服困难，想方设法逐步解决涉及基层社（公司）职工个人的历史遗留问题。通过申请财政预算一部分、基层社自筹解决一部分、经营权转让化解一部分等多种方式，主动筹措资金，累计解决基层供销社（公司）欠老职工的养老保险和工资共计103万元，是阳泉市第一家也是唯一一家全部解决供销社职工个人历史遗留问题的供销社。（郭 凯）

中小企业服务

【概况】 2020年，阳泉市郊区统计范围中小企业数734个。全区民营企业实现营业收入44.94亿元，同比增长1.68%；实现出口产品交货值1.18亿元，同比增长1.88%；实现现价总产值34.45亿元，同比增长5.4%；实现利润总额1.22亿元，同比增长1.38%；实现上缴税金4.99亿元，同比增长15.23%；实现劳动者报酬4.62亿元，同比增长1.35%。全年实现工业营业收入31.2亿元，同比增长0.96%；实现工业销售产值28.11亿元，同比增长2.14%；实现工业上缴税金3.86亿元，同比增长7.52%；实现工业劳动者报酬3.52亿元，同比增长2.3%。（王晋斌）

【民营企业家培训】 2020年，阳泉市郊区中小企业服务中心先后组织郊区民营企业家参加省局组织的全省中小微企业股份制改造及金融知识普及教育培训班，上海交通大学山西省中小企业、民营企业董事长研修班，北京大学山西省中小企业、民营企业总经理研修班；参加市局组织的“小升规”培训，培训人次达10余人。增强郊区企业家的业务管理水平和素质提升，为郊区民营经济高质量发展提供有力支撑。（王晋斌）

【民营企业股份制改造】 2020年，按照山西省人民政府《关于进一步促进中小微企业创业创新转型发展的若干措施》文件精神，全区中小微企业实施规范化股份制改造工作。对符合国家产业政策、管理规范、效益突出、有市场竞争力的企业，按照“个转企、小升规、规改股、股上市”的决策部署，进行股份制改造。年内，山西融昇园农业技术开发股份有限公司、阳泉中创陶粒股份有限公司、阳泉惠通机械制造股份有限公司和阳泉市银瑞耐火材料股份有限公司4家企业完成股份制改造，在山西股权交易中心晋兴版成功挂牌。山西通宝鑫能物流有限公司、阳泉市中海国能汇丰石油销售有限公司、阳泉市盛泉炉料有限公司3家企业申报山西省上市企业后备资源管理库。股份制改造的实施，推动郊区中小企业现代企业制度的建立和民营经济的转型升级。（侯金才）

【“专精特新”企业申报】 2020年，经推荐申报，阳泉冀东水泥有限责任公司、阳泉惠通机械制造股份有限公司被省局评定为省级“专精特新”企业；阳泉市广凯机械制造有限公司被评定为省级专精特新“小巨人”企业，也是郊区首家专精特新“小巨人”企业。（王晋斌）

【提案办理】 2020年，阳泉市郊区中小企业服务中心共接收由区政府交付办理的区政协九届五次会议提案5件，人大意见建议1件。按照对提案、议案办理的标准程序和时间要求，协调各方力量，推进提案的办理落实，对每一个提案的答复材料进行编写和核对，及时送达各位人大代表和政协委员。（侯金才）

【“助保贷”融资服务】 2020年，阳泉市郊区中小企业服务中心为帮助企业解决融资难的困难，协同区金融办、区税务局、区工信局、区金融机构，先后召开3次企业融资贷款评审会，对有贷款需求的企业进行逐个审核，帮助24户企业获贷款总计9388万元。（侯金才）

交通　邮电　通信

公路建设

【概况】　2020年，阳泉市郊区公路段贯彻落实省公路局、阳泉公路分局公路工作会议精神，坚持新发展理念，强化责任担当，全面狠抓落实，加快提高行业治理体系和治理能力现代化水平，推动“六个公路”（畅行公路、人文公路、法治公路、智慧公路、绿色公路、平安公路）再深化，提升综合服务品质，促进公路养护和管理各项工作迈上新台阶。

2020年，郊区公路管理段独立承担着阳泉郊区境内G207线、G307线、G239线和S315线、S352线5条干线公路共计113.202千米干线公路和32座公路桥梁的养护管理、大中修水毁工程施工任务（其中一级路43.341千米，二级路60.801千米，三级路9.06千米；公路桥梁40座，大桥5座，中桥18座，小桥17座；涵洞116道）。具有公路养护一类资质。郊区县乡村公路共有486条，公路总里程774.507千米，其中县级公路8条69.252千米，乡级公路18条115.003千米，村级公路460条590.252千米。全年公路列养率100%，县道、乡道、村道经常性养护率100%，全区农村公路优良率达86.4%。　（张瑞芳）

【公路养护】　2020年，阳泉市郊区公路段实行“好路更好、中路向好、差路保稳”方针，将路况保稳提升作为重中之重。采取针对性措施对S352、S315线等薄弱路段加强养护，确保路况稳定。以国检路线为重点，实施填补坑槽、刷油灌缝、局部铣刨加铺等预防性养护措施，实现投入小、成效显。以“路基坚实规范达标”为目标，对G207线“二青会”路段、G239线李荫路平交道口的排水设施进行互联互通；对G307线边沟、路沿、涵洞等设施恢复完善；对管养全线涵洞进行清淤疏通。落实桥梁管理责任制，对所有桥涵全面“体检”，落实针对性措施，确保养护到位。以S315线、G207线为重点开展国省干线路域环境综合整治。实施违建拆除、门头牌匾统一、景点建设、沿线绿化、路面病害处治、带泥路口治理、标志标线完善等工作，使路域环境明显改观。结合环保和“创卫”要求，加大路面清扫保洁、洒水降尘频次，因地制宜实施绿化美化和景点建设，施工现场落实“六个百分百”，积极营造“畅安舒美”公路环境。截至2020年底，郊区境内国省干线公路优良路率85%，公路技术状况指数84.88。

国省干线公路日常养护工作完成：疏通水沟7624立方米，整修平台59.58平方千米，清理垃圾13943.5立方米，清理淤泥103740平方米，备防滑料132立方米，备融雪剂65吨，洒融雪剂61.8吨，扫雪打冰91060平方米；清扫路面21687.7平方千米，种花草7040平方米，修剪杂草446530平方米，恢复隔离墙60.8立方米，路肩保养23340平方米，刷油灌缝26487.4平方米，填补坑槽8854.4平方米，处理沉陷1512.74平方米，疏通涵洞186道，清理泄水孔260个，新增标志77块、标线10350平方米，并对G239复线固庄梁危石实施爆破处治，累计完成投资300余万元。（张瑞芳）

2020年，阳泉市郊区加强公路养护，确保路况稳定

【桥涵养护】 2020年，阳泉市郊区公路段完成疏通涵洞186道，清理泄水孔260个，恢复锥坡7.12立方米，恢复涵洞跌井10.84立方米，恢复桥面铺装214.2平方米，更新桥梁信息牌80块，完成投资42万元。（张瑞芳）

【公路路产维护】 2020年，阳泉市郊区公路段配合交通运输局完成国省干线公路行政执法职责划转，坚持“管理不缺位，工作不断档”，继续加强队伍建设，做好综治维稳、路域环境整治等工作。年内，郊区境内国省干线公路共计发生损坏路产行为27起，收取赔偿费145712.36元。（张瑞芳）

【公路安全管理】 2020年，阳泉市郊区公路段牢固树立总体安全观，以保安全、保畅通为目标，规范管理，严格措施，确保安全责任精准落实。坚持每月召开安全例会，逐级签订安全责任书、安全承诺。常态化开展班前嘱托和安全督查，强化安全宣传教育和技能培训。细化安全检查和隐患排查，建立隐患治理台账，逐项整改。修订完善14项应急预案，组织突发事件应急演练、桥梁防汛演练和消防安全演练各1次。开展“安全生产月”、安全生产“五进”等活动，以“三零单位”（零上访、零事故、零案件）创建为抓手，做好信访、综治、扫黑除恶等工作，维护单位稳定大局。召开安全例会12次，签订安全目标责任8份、安全承诺64份，开展安全专项活动6次、在线安全培训和警示教育2次、安全隐患排查和检查40余次，全年无安全生产事故。（张瑞芳）

【公路水毁抢修项目】 2020年，阳泉市郊区公路段应对G307线测石段山体塌方、S315线北头咀大桥桥头路基冲毁、半坡大桥桥墩路基冲刷以及G207线长岭路段路侧塌陷等水毁事件，组织协调各方力量，采取爆破、卸载、封闭交通等措施，开展道路抢通保畅工作。主要完成恢复边沟661.16立方米，急流槽296.2立方米，平台截水沟64.6立方米，混凝土矮墙447.72立方米，挡墙445.15立方米，恢复浆砌片石锥护坡120.8立方米，更换盖板82块，恢复水毁路面3437.4平方米，清理塌方7450立方米，增设管涵280米，G307线测石段卸载、清理危岩34871立方米。共计花费400余万元。（张瑞芳）

【迎接交通运输部“十三五”干线公路养护管理治理能力评价】 2020年，阳泉市郊区公路段成立专项领导组，多次召开专题会议研究部署，分析研究阳泉公路分局迎检专项方案，对涉及郊区国省干线相关工作任务进行细化分解，确保责任到人。外业方面，对照迎检评分细则，开展路基边坡平台整修、标志标线完善规范，里程碑、百米桩和沿线设施恢复等工作；内业方面，细致梳理近五年各项养

护管理资料，查漏补缺，展示郊区国省干线公路整体管理水平和发展实绩。区公路段管养的G307线K444.533–K445.044路段、G207线霍树头至韩庄连续长陡下坡重点处治路段相继接受交通部养护管理评价组实地检查，完成受检任务。 （张瑞芳）

【公路工程项目建设】 2020年，阳泉市郊区境内国省干线公路养建项目分别是G239线安全生命防护工程和G307线PPP（政府和社会资本合作模式）路面改造项目。G239线安全生命防护工程于2020年4月2日开工，7月10日完工，完成投资256万元。G307线PPP路面改造工程于2020年6月11日开工，7月9日完工。工程项目部建立疫情防控机制，确保安全稳定。项目部制定切实可行的疫情防控实施方案，对所有参建人员进行健康体检，并建立健康卡片，每日对参建人员进行体温检测，实行分离就餐、戴口罩、勤洗手和定期消毒措施，确保安全。实行全面、全员、全过程管理，在“强、严、精”字上做文章，重点抓首件产品质量认证，严格规范施工，层层落实质量责任制，确保工程质量全面受控。严把“三关”，严控关键环节，严格按试验标准和规程进行原材料质量检测和控制，加强关键环节的管控，对不合格工程坚决予以返工处理。通过完善施工标志、标牌、规章制度、现场安全管理、落实环保措施等手段，确保工程建设过程安全文明施工。 （张瑞芳）

运输管理

【概况】 2020年，阳泉市郊区交通运输局深入贯彻落实习近平新时代中国特色社会主义思想，围绕“三关一监督”要求，落实“安全第一，预防为主”的工作方针，强化责任意识，优化服务质量，加强道路运输市场规范化管理、夯实源头治理管理工作、做好节能减排工作，认真做好交通运输领域各项工作。 （王素琴）

【G239改线工程按计划完成进度】 G239线阳泉郊区过境河底至荫营段改线工程作为国家级阳泉经济技术开发区中荫营工业园的主轴干线工程，向北到小沟村，对接盂县，向南通过新城大道与阳泉市区相连。项目概算总投资126861万元，建设里程全长13.667千米。设桥梁2553.6米/5座（其中特大桥2275.4米/2座，苇泊特大桥、三都特大桥，大桥278.2米/3座），设互通式立体交叉2处，河底互通、园区路互通，分离式立体交叉4处，平面交叉1处。路基宽度为25.5米，为双向四车道一级公路，设计时速80千米。项目是郊区首次采用政府和社会资本合作的PPP模式进行投资建设及运营管理，建设期2年，运营期15年。项目于2019年1月开工建设，开工里程共计6227米，占全线长度45.6%，完成开工段设计工程量的95%，累计完成投资54508万元。 （王素琴）

【漾泉大道一期绿化工程完工】 2020年，阳泉市漾泉大道一期工程（G207—新城大道）项目设计长度2.4千米，绿化面积55483平方米，2020年6月底全部完工，完成投资1665万元。 （王素琴）

2020年6月，漾泉大道一期绿化工程完工

【公路基础建设】 2020年，太行一号旅游公路阳泉市郊区（辛兴至后峪段）工程，完成施工图设计及批复，项目全长9.275千米，总投资13748.4491万元，2020年11月18日取得市局《关于太行一号

旅游公路阳泉市郊区境内辛兴至后峪段两阶段施工图设计及预算的批复》。阳大铁路河底站连接线一期工程（站前广场—滴苇线段）完成立项，项目全长1.278千米，总投资5049.7417万元，2020年3月26日完成发改部门的立项批复工作。阳泉市郊区县道连大线（庙岭至义白路段）路面改造工程完工，项目全长7.697千米，总投资1877.2122万元，截至2020年底除黑土岩段施工改线以外全线贯通，完成投资1298.5678万元。南流—武家庄（东五线—武家庄段）乡级公路改造工程完成立项，项目建设里程2千米，建设估算投资1056万元，2020年11月9日完成发改部门的立项批复工作。郊里—郊里林场完成立项，项目建设里程2千米，建设估算投资650万元，2020年11月9日完成发改部门的立项批复工作。（王素琴）

【农村公路养护管理】 2020年，阳泉市郊区交通运输局进一步加大辖区路段安全隐患排查力度，开展路域环境整治，加强路面巡查力度。县乡公路实现“有路必养”，对发现的安全隐患及时整改，保障车辆及群众出行安全有序畅通。无行政复议、行政诉讼案件和公路“三乱”行为发生。在日常养护的基础上，对辖区内的部分破损公路进行修复，农村公路运行条件得到改善，全区农村公路优良率达86.4%，其中：县级公路79.9%；乡级公路83.8%；村级公路87.7%。2020年养护提质工程全部完工。项目全长154千米，完成投资2310万元。年内，郊区交通运输局组织与13家养护队签订养护协议对辖区县级公路进行养护，每日共出动养护人员75人，车辆8辆。（王素琴）

【综合运输服务】 2020年，阳泉市郊区共有道路货物运输业户427户，货运车辆2306台，汽车维修企业97家，机动车驾驶员培训机构3家,货运源头企业37家。区交通运输局加强道路运输市场规范化治理，夯实源头治理管理工作，建立完善各项管理制度，明确监管职责，落实治超工作登记、统计制度，按时上报工作报表，确保源头监管工作到位。案件移送、抄告、抄报率达100%，监管覆盖率达100%。实行源头治超“黑名单”管理，加大超载企业、车辆及驾驶员监督检查频次。做好节能减排工作，推广节能型、环保型车辆，加速淘汰能耗高、排放超标的老旧车型。根据阳泉市郊区大气污染防治工作领导组通知，启动橙色预警，对货运企业下达错峰运输生产和工程运输车辆停止运输的通知，向公众播报预警信息，与13家运输企业签订扬尘污染承诺书。要求维修企业安装使用废水废气排放设施，安装烤漆房过滤棉、活性炭，并对使用情况检查，保证全部符合环保部门要求。（王素琴）

【路政稽查】 2020年，阳泉市郊区路政执法人员取缔公路用地范围内摆摊设点、设置非公路标志的违法行为，规范辖区运输车辆管理。全年，上路巡查2930人次，巡查里程37833千米，拆除非公路标志2块、清理路边摆摊设点1处、排查辖区铁路周边安全隐患建筑物4处，办理许可案件3起、赔补偿案件3起、收取赔补费38953元，结案率均达100%，路政移交交警案件存档记录8件。按照山西省交通运输厅、省编办的安排，区交通运输局接收郊区公路管理段移交的国省道干线的路政巡查和执法工作，里程为94.966千米。（王素琴）

交通监管

【概况】 2020年，阳泉市交警三大队按照支队“54321”工作思路及“六个坚持、两个保证”工作要求，学习贯彻中共十九届三中、四中、五中全会精神和习近平系列重要讲话精神，坚持以习近平新时代中国特色社会主义思想为指导、以预防和减少道路交通事故为宗旨，以“三零单位”创建为依托，开展疫情防控、预防道路交通事故“减量控大”八大提升工程、“大气污染防治”、秋冬季道

路交通事故预防“百日攻坚”、危险化学品安全专项整治等交通专项整治行动。（宋海亮）

【落实从优待警】 2020年，阳泉市交警三大队提高全体辅警工资待遇及食堂伙食标准，改善部分中队民警餐厅、浴室、修缮各中队办公场所、生活用房、亮化办公大楼，增加两处交通安全宣传LED显示屏，完善基础配套设施，改善大队机关和基层一线民警办公、生活条件，购置警务执法装备，为民（辅）警执法执勤工作提供安全保障。（宋海亮）

【交通秩序管理】 2020年，阳泉市交警三大队配合防疫部门开展“疫情防控”检测工作，设联合防疫县级检查站1个，高速口防疫站配合相关部门检查各类过境车辆2468辆，检查相关人员3636人。开展秋冬季大气污染综合治理攻坚行动、扬尘污染专项整治、桥梁和隧道交通安全隐患排查及治理工作、“除隐患、防事故、保大庆”及“五大行动”交通秩序集中整治、酒驾醉驾毒驾夜查统一行动、冬季道路交通安全百日行动等。

辖区环保及“创卫”工作　2020年，交警三大队加大柴油货车的管控力度，全天24小时严控过境车辆，加强路面执法，对载运煤炭、煤粉、焦炭、沙土等易遗撒物品，未采取有效覆盖措施的违法行为依法从严查处。在G207线、S214线、S315线等重点区域道路，对车辆实施严查严管，从严执行货车禁限行管控措施，重点检查闯禁行、轮胎不清洁、封闭苫盖不严、尾气不达标等车辆上路行为，对不符合要求上路行驶的渣土车辆严查严处并配合住建等部门开展责任倒查。在白泉口检查点、荫营高速口、苇泊、河南口等重点路段、路口实行常态化巡查，提高巡逻检查频次，查处车辆扬尘抛洒、尾气排放超标、物料运输车辆不遮盖、不清洁等交通违法行为。利用LED屏24小时循环滚动播放降尘污染宣传标语，并联合劝导员采取走村入户等多种形式进行广泛宣传，营造环境保护人人有责的良好氛围。每周组织民警深入大队包保点铝矾土矿开展“创卫”工作。

开展交通违法大整治“百日清零”专项行动　2020年，交警三大队建立完善多部门联合执法常态化路检路查工作机制，与交通局等部门开展联合执法5次。在G307复线白泉口、S315线小河北路段和G207线河南口路段设置散煤治理点3处，实施严查严管，从严执行货车禁限行管控措施。

加大以乡、村道路为重点的生命安全防护建设　2020年，交警三大队狠抓农村道路交通安全治理，提升农村道路交通安全治理能力和水平，让农村群众出行有更多的安全感、顺畅感，为预防遏制重特大道路交通事故奠定坚实基础。

开展“减量控大”酒驾醉驾常态整治行动、假牌套牌假证整治行动及周末夜查全国统一行动　2020年，交警三大队开展酒驾醉驾常态整治行动、假牌套牌假证整治行动及周末夜查全国统一行动等，在辖区范围内每周组织开展多次统一行动，强化路面管控力度，净化辖区道路交通环境。

开展“零酒驾”创建活动　2020年，交警三大队抽调秩序、法制、车管、事故等部门人员成立酒驾醉驾整治专班，深入辖区晋煤物流有限公司、南窑庄村、西南舁乡等开展活动，通过张贴宣传画报、召开座谈会、开展法治宣传教育、路面临检和组织体验活动等多种方式，推进“零酒驾”创建工作。全年，交警三大队出动警力11260余人，警车1860余辆，组织集中行动60余次，查处各类道路交通违法行为18415起，其中简易程序17887起，一般程序528起（饮酒后驾驶机动车275起、醉酒后驾驶机动车7起、无驾驶证驾驶机动车67起、超载155起，其他25起）。（宋海亮）

【道路交通安全隐患排查】 2020年，阳泉市交警三大队辖区内共接警720起，受伤155人，死亡5人，直接经济损失336550元。适用一般程序处理的交通事故65起（死亡事故5起，受伤事故60起），简易程序处理交通事故183起，自行协商472起。与2019年相比事故起数增加34起，上升15.89%；死亡5人，与2019年相比减少2人，下降28.57%；受伤155人，与2019年同期相比增加8人，上升5.44%；直接经济损失与2019年同期相比增加9990元，上升3.06%。适用简易程序行政处罚150人，一般行政处罚18人，醉酒12人。移送人民调解委员会64起。2020年8月14日，在郊区荫营镇中国银行旁边路段举行全市道路交通事故应急处置救援综合实战演练。按照"减量控大"方案要求，排查出团雾路段9处，整改9处；中央隔离设施3处，整改3处；"一灯一带"排查73处，整改43处灯，10处带。 （宋海亮）

【交通安全宣传】 2020年，阳泉市交警三大队开展以进村宣传为主的"七进"宣传活动，召开推进会30余次，围绕工作中存在的弱项短板，调动车管、秩序等主要业务部门警力深入辖区县、乡道路和国道、省道周边农村地区开展各项交管业务宣传。全年共进农村宣传360余次，向务工人员宣传147余次，一老一小140余次，中小学生120余次，重点时间段宣传（早、中、晚高峰）"一盔一带"200余次，其他宣传200余次。坚持处罚与教育并重，在路面开展的260多次整治中，要求每一位民警在处罚中，面对面向群众讲解相应违法行为的社会危害性，引导交通参与人认识自身行为的违法性，自觉改正错误行为，自觉遵守法律法规，做文明交通参与者，累计教育群众3万余次。依托乡镇警保合作劝导站，发放宣传资料，开展教育宣传50余次，更换宣传资料20余次，在辖区国道、省道周边新制作宣传警示牌50处，利用辖区LED屏进行交通安全宣传循环播放。在辖区村口设置"三轮机动车禁止载人"广告牌118处，刷写墙体标语60处，三轮车违法载人有奖举报23次。转发部局新媒体内容45000余次，通过"双微平台"开通网友互动版块108次，警示提示信息98条，开展直播10次，在"统一行动日"随警作战，挖掘案例制作宣传海报开展宣传，主动与媒体联系进行宣传，震慑违法，教育群众。 （宋海亮）

【重点车辆源头管控】 2020年，阳泉市交警三大队以客车、校车、危化品运输车、货车、农村面包车等为重点，进行信息采集摸排，确保一车不漏。全年注册登记179辆次（小型汽车73辆次、摩托车100辆次、电动自行车6辆次），转移登记64辆次（小型汽车32辆次，摩托车28辆次，低速车4辆次），抵押登记422辆次（小型汽车），注销登记811条，转入业务12条，核发检验标志1078辆次（小型汽车674辆次、摩托车399辆次，小型新能源车5辆次），转出/注销恢复39条，初次申领摩托车驾驶证176本，摩托车驾驶证增驾申请223本，补证换证1250本，驾驶证审验2304本。（宋海亮）

【执法规范化建设】 2020年，阳泉市交警三大队加强4G执法记录仪的配备，为一线辅警配发30台4G执法记录仪。推进执法全流程智能管理平台的应用，每日对平台中应用考核的接处警、案件、办案区音视频上传、钉钉推送、受案、立案、涉案财物入库等情况及时提醒，确保各项考核指标达100%。采取中队培训和集中培训、现场指导培训相结合的方式进行培训，重点就执法全流程智能管理平台的应用、《道路交通安全违法行为处理程序规定》《非现场查处道路交通安全违法行为操作规程（试行）》《道路交通安全违法行为异地处理工作规范（试行）》等进行全警大培训。全年，法制中队共发放简易程序处罚决定书503本，违法停车告知单55本，强制措施凭证12本，违法行为处理通知书12本。审核一般程序案件364起，审核简易程序处罚决定书480本，共24000份。推进执法办案场所的使用管理和一般程序案件执法记录仪音视频的审核、检查工作。

（宋海亮）

邮 政

【概况】 2020年，中国邮政集团阳泉郊区分公司完成业务收入814万元（其中金融545万元，寄递38万元，渠道63万元，文化传媒168万元），完成市分全年计划（897万元）90.70%。 （王东荣）

【金融业务】 2020年，中国邮政集团阳泉郊区分公司在“荣耀阳泉杯”金融跨赛第二阶段中，抓住春节前后储蓄旺季黄金时期，通过邀约客户组织沙龙、产说会等多种形式的“点策”“局策”活动，邮储余额稳步净增，价值余额大幅提升，完成跨赛一台阶目标100.06%，全市排名第二。面对新冠疫情暴发对业务的影响，通过微信维护客户指导客户办理业务稳住余额下滑。以发展价值余额、净增余额及“四卡两绑”业务为重点宣传，通过分户管户挖掘客户潜力，并利用营销积分系统发现价值客户，调整余额结构稳定余额规模。执行市分金融政策，结合实际制定每季绩效考核办法，调动网点人员及非邮储人员发展积极性。截至12月，邮储考核余额完成3287万元，高效余额完成3038万元，全市排名第三，会员注册4200户，全市排名第一。保险业务方面，在全市开展的“亮剑岁首，赢在开门”首卖日中，利用激励政策及早邀约客户，精准营销并采取首单奖，一单一奖，机关人员包联支撑等办法措施，完成首季开门红目标任务。把保险补收作为常态化发展重点，在各阶段补收中，通过专项营销竞赛、奖励考核、每日通报排名、质询谈话、业务培训等措施，确保目标的实现。截至12月底，保险累计完成收入111万元，同比增幅65.85%，完成市分全年计划70.86%。 （王东荣）

【寄递业务】 2020年，中国邮政集团阳泉郊区分公司组织开展寄递业务全链条补收活动及散件揽收竞赛活动。通过揽收人员PK、每日通报、奖励考核，调动投递人员积极性，确保寄递收入较好增长。积极开发市场，通过扫楼扫街、摸排重点攻关协议客户，开发西南舁种植樱桃户及郊区粮油店协议客户2家，月收入均在1000元以上。组织营销小分队利用班余时间休息日到市场收集客户信息。截至12月底，寄递业务实现收入38万元，完成市分全年计划44.21%。 （王东荣）

【渠道平台】 2020年，中国邮政集团阳泉郊区分公司抓住春节、中秋期间消费市场旺盛时机，组织开展以粮油、酒水为重点的全员营销活动，完成阶段性任务。开展春季农资专项营销活动，通过入户宣传，线上销售线下配送，农技服务到现场上门拜访等措施，实现农资收入12万元。宣传代开税票业务，消灭“零”业务网点，代开税票354笔，开票金额920万元。截至12月份，渠道平台累计实现收入63万元，完成市分计划100.42%。 （王东荣）

【文化传媒】 2020年，中国邮政集团阳泉郊区分公司开展图书销售。在《习近平在福州》《习近平在宁德厦门》《习近平谈治国理政》（第三卷）等图书营销中，组织以党员及机关人员为重点的营销队伍，深入党政机关、企事业单位联系营销，实现收入5200余元。开展报刊常年收订，通过强化投递人员分户管户稳存量拓增量，报刊收入平稳增加，同时开展报刊欠费清缴工作，5月底前报刊欠费全部清理。通过“四进”活动及网点业务联动推介宣传，集邮爱好者人群不断扩大，市场得到进一步开拓。通过重点营销贵金属邮票、企业形象册及个性化邮票有效拉动收入增长。截至12月份，报刊收入93万元，完成市分计划的109.09%；集邮收入26万元，完成市分计划的82.91%。 （王东荣）

【管理服务】 2020年，中国邮政集团阳泉郊区分公司组织开展服务质量大整治回头看活动，对服务工作中普遍存在的问题进行自查整改，对纯邮政网点进行便民服务叠加。对乡镇所在地的包快邮件实现100%当日妥投，固化“四个百分百”。强化邮件日常检查考核，窗口收寄达到“三个百分百”要求。全年检查发现内控违规问题32个，整改率达100%；区分与柜员签订《安全责任书》，对金融网点45人进行轮岗，74人进行行为排查，对7名支局长家属进行谈话，开展安全教育培训4次，确保全年无任何事故发生。（王东荣）

通　信

【阳泉市郊区电信营销中心】 2020年，阳泉市郊区电信营销中心坚持以习近平新时代中国特色社会主义思想为指导，坚持党建统领，内树企业文化，外树差异化品牌，以客户为中心，全面推动高质量发展，取得长足进步。截至2020年12月，郊区营销中心出账用户总数超过18000户，累计收入接近1000万元。新增手机用户超4000户，新增宽带用户超2000户，两基业务市场新增份额持续提升。

网络建设　推进农村网络覆盖，响应民资进入电信市场的号召，寻找合作伙伴，利用民间资金，开展驻地网建设，实现郊区范围宽带接入率40.63%。

智能生活新体验　推出一系列智能家居产品，营业厅打造智能家居体验区，方便用户体验；和煤气公司合作，推出智能煤气报警器，以满足人民日益增长的新需求；网格支局人员和装维工程师上门免费为用户检测网络质量，及时解决用户使用中存在的疑问，提升用户感知和网络质量。（丁雅萍）

【阳泉移动郊区分公司】 2020年，阳泉移动郊区分公司下辖4个基层网格、2个营业厅，共有员工40人，其中党员9名，积极分子4名，团员3名，大学本科以上学历占比70%。2020年，分公司认真落实集团公司“力量大厦”总体部署，坚持稳中求进、不断改善、保持领先的工作主线，将“六个理念”（坚持问题导向、树牢服务意识、强化工作闭环、提升协同能力、注重效率效益、坚守底线红线）贯穿工作始终，全年通信服务收入3500余万元，通信服务份额57%，宽带到达份额48%，整体经营指标同比增长幅度明显。

开展“党建和创”活动　阳泉移动郊区分公司党支部与阳泉郊区林业局党组、郊区河底卫生院党支部签订“党建和创”协议，开展一系列共建、共融、共享党建活动，推动组织、党建、信息化产品等内容交流合作。落地完成郊区新政务中心大楼信息化项目、国家级“社区医院”信息化项目，助力政务信息化不断加深，使广大人民群众办事更加快捷与方便。

提升网络质量　阳泉移动郊区分公司完成8个宽带小区光缆迁改，新增端口2338个；新验收入网小区9个，形成1540个端口能力，覆盖住户数2741户，郊区分公司管辖的19个扶贫村实现全面覆盖，实现宽带入户。强化维护质量、服务水平，落实精细化管理，实现宽带安装响应率、安装及时率均达100%，宽带客户满意度领先竞品1.18。

社会责任　阳泉移动郊区分公司助力阳泉市政府“创建卫生文明城市”工作，利用微信群、LED显示屏、展板等多种形式进行宣传，引导全体员工自觉革除各种危害健康、污染环境的不文明、不卫生行为，树立讲文明、讲卫生、防疾病的良好习惯。在2020年“困境儿童结队助学帮扶行动”中，青年文明号、班组、党员、个人开展助学帮扶，累计帮扶10余次，青年文明号定期到孤寡老人家中进行困难帮扶，为老人送去人文关怀；疫情期间，党员突击队成员践行企业责任担当，发挥专业技术优势，主动放弃节假日，为郊区政府、第二人民医院、卫健局、各乡镇等疫情防控单位免费安装云视讯会议系统和300余个手机软终端，实现疫情防控信息快速传递与沟通；在较短时间内开发出社区人员出入管理系统，应用在郊区170多个小区、行政村，降低交叉感染的风险。开展森林火灾通信救援，火灾发生后，郊区分公司组织应急通信车、通信保障人员第

一时间赶赴现场，协调开通应急基站，保障应急指挥部通信畅通。（史丽芳）

【阳泉联通郊区分公司】 2020年，阳泉联通郊区分公司在做好本单位疫情防控工作时，配合政府开展疫情防疫工作，协助区政府紧急开通钉钉视频会议，用于政府随时随地抗疫指挥使用；区疾控中心、区政府、第二人民医院专线电路带宽提升到100兆；第二人民医院80余部固话开通免停机服务；15所学校办理钉钉线上教学注册认证，助力学校线上教育。

数字化转型 区联通分公司推进数字化转型发展，在疫情防控期间，运用云技术创新业务，全面推进复工复产，提前在郊区政府主会场搭建视频流媒体服务系统，同时在7个分会场安装调试设备系统，责成专人及时提供全程跟踪服务和定期系统检测维护，确保会务期间系统正常运行，助力郊区“三干会议”和人代会、政协会召开。3月，与郊区教育科技局达成人体热成像服务系统安装协议，在荫营中学、育才小学等学校安装高精度测温安检门10部，确保疫情期间各学校平稳开学。5月，为郊区政府两个会议厅进行升级改造。7月，与郊区政法委合作，在桃林沟景区安装智慧建设系统，集桃林沟电子地图、视频监控、老余日常工作内容展示、老余线上矛盾调解为一体的立体化信息化社会治安防控体系，为桃林沟警务室开展网上调解、在线互动工作、百姓少跑腿起到积极作用，助力桃林沟警务室实现辖区群体性事件零发生、重大矛盾纠纷零激化、矛盾纠纷零上交的“三零”工作目标。在文华园、佳瑞园两个小区安装高空远景视频治安监控高清摄像头，智能监控PC客户端24小时，实时监视小区及周边治安状况。与郊区政法委达成“数言舆情”大数据产品合作协议，并提供智能分析研判、技术统计数据和信息支撑，形成快速有效的处理流程，提高工作效率。

维护工作 区联通公司完成郊区505端局和10个接入机房的发电和日常电源维护工作，上半年发电31次87.5小时，处理电源设备故障8次。完成燕龛、下荫营基站、鸡洼基站、河底接入网机房、西南舁油机房房顶防水维修工作。查修郊区505端局和接入网机房空调故障6台/次，对23个自有保留机房空调室外机进行清洗，保证郊区505端局和接入网机房、基站设备的安全度夏。开通郊区中继电路11条，用户电路17条，教育网提速13条，武警割接5条，处理其他专业故障41起。开展郊区设备资源清查工作，完成所辖67个局站、81个机房、454个机架、835个机框、850个网元的清查工作。2020年，郊区联通配合末梢人员完成四川天邑，联通在线设备升级工作。建设纯千兆PON口5个，千兆PON口割接用户518户，40个PON口，提供4个小区（雅馨园、明珠城、杏花园、梅花园二期）接入千兆宽带能力。（李月琴）

城建　环保

城乡建设

【空间规划】　2020年，阳泉市郊区完成荫营镇、平坦镇和河底镇土地利用总体规划的调整。确定郊区生态红线、基本农田、城市边界线等三条控制线的范围，为郊区文化中心、郊区职业中学和阳泉日加材料科技有限公司等重点项目办理规划相关手续。与G239、G307、G207连接线建设单位对接，确定最终规划方案，保障项目进行。完成郊区7个乡镇实用性村庄规划编制资料的收集整理工作，推动全区国土空间规划全覆盖。（张东红）

【郊区北部集中供热管网工程】　2020年11月1日，阳泉市郊区北部集中供热管网工程全线正式投运供暖。工程为2019—2020年市重点项目，由阳泉市热力有限责任公司建设，山西中青旅建设有限公司、誉海建设工程有限公司施工，计划总投资31908万元。项目的供热热源为河坡电厂，通过建设供热管网将河坡电厂的热电联产余热量供往阳泉市郊区北部固庄矿、河底镇及阳泉经济技术开发区北区，共计528.23万平方米供热面积的用热需求，总热负荷353.944兆瓦。工程共分四个标段，其中第一标段为：河坡电厂出口—江正大街北敷设DN900一级管网4.0千米；第二标段为：江正大街北—隔压换热站敷设DN900一级管网3.7千米；第三标段为：隔压换热站—河底镇敷设DN900～DN600二级管网6.6千米；第四标段为：隔压换热站土建、站内设备和工艺管道安装。工程于2019年11月开工，2020年完成投资21700万元，完成全区供热管道敷设，隔压站投运。（毕祯云）

【荫营镇区五条市政道路综合改造工程】　2020年，阳泉市郊区实施府西路、文昌路、瑞丰大街、中兴南路、中兴北路等五条市政道路综合改造工程。工程于4月开工，6月底竣工，累计完成投资1900万元，共摊铺人行道11634平方米，道路标线1351.87平方米，新入地雨水管网2073.4米、污水管网铺设1252米。（毕祯云）

【忠义路与江正大街连接线工程】　2020年，阳泉市郊区住建局牵头实施忠义路与江正大街连接线工程，设计规模宽40米，双向6车道，水稳层铺设完成，11月底完成沥青路面铺设。（毕祯云）

【市容环境卫生整治】　2020年，阳泉市郊区住建局结合“创卫”工作，开展市容环境综合整治，重点对荫营镇区、新城大道、平阳街、甘河路段等街

路的占道经营、流动摊点、店外经营进行综合整治。共享单车乱停乱放、流动摊点、占道经营和店外经营得到遏制。（毕祯云）

【“两下两进两拆”】 2020年，阳泉市郊区住建局按照全区“两下两进两拆”（即管线下地、广告下墙，停车进库、进位，拆除违建和围墙）工作要求，开展荫营镇区及周边临建违建拆除工作。全年累计拆除违章建筑18处，面积599.28平方米；投资200余万元，更换荫营综合市场门头牌匾495块，面积1000平方米，整修台阶1050平方米；集中清除一店多牌，治理违规户外广告798平方米，油烟净化设施、人员密集场所占用消防通道情况得到全面清查。结合荫营镇区5条街道改造工程，新入地雨水管网2073.4米、污水管网铺设1252米。镇区新增停车位285个，其中南区停车场设置135个停车位，明珠城设置150个停车位。（毕祯云）

【生活垃圾治理】 2020年，阳泉市郊区住建局按照《阳泉市郊区生活垃圾收运全覆盖实施方案》，出台《郊区农村生活垃圾收运考核管理办法》，在全区开展积存垃圾治理工作。6月份开始，每天安排专人到各行政村开展督察检查，累计下发通报101期。各行政村共计投入资金1537万元，购置环卫车辆83辆，组建环卫队伍968人。各乡镇、村实施撤除垃圾桶、拆除垃圾池，实现上门收集、垃圾不落地的收运方式。到2020年底，全区各行政村实现“村收集、乡转运、区处理”的生活垃圾收运处理模式。（毕祯云）

【建成区绿化覆盖率达42.2%】 2020年，阳泉市郊区住建局结合“创卫”工作，完成辖区“五街七路两公园两广场一草坪”园林绿化日常养护管理工作。完成中兴南路600余平方米绿化带改造、江正大街南外环段绿化带草坪铺设工作。到2020年底，荫营建成区绿化覆盖面积为265.8公顷，建成区绿化覆盖率为42.2%，同比增长0.2个百分点；建成区绿地率达39%，建成区人均公园绿地面积达8.54平方米。（毕祯云）

【疫情防控建设并举】 2020年，郊区住建局严格建筑工地外来务工人员的管控，尤其是高风险地区外来务工人员严格实施7天、14天隔离措施和核酸检验；协助社区管理人员开展疫情防控工作；牵头完成二院临时隔离病房建设改造工程和江正大酒店临时监督观察点改造工程；城管综合行政执法队配合区公安分局做好黑热病防控工作，开展犬只管控和病犬捕杀专项行动。全年累计出动执法人员310人次，车辆100余台次，管控犬只2119只。（毕祯云）

建设管理

【建筑业健康发展】 2020年，阳泉郊区共监管房屋建筑和市政运营工程项目24项，建筑面积165.60万平方米。其中新建8项，建筑面积29.65万平方米；竣工验收8项，建筑面积37.29万平方米。共配合审批局受理项目报建5项，招投标备案6项，施工许可5项。共检查建筑市场行为24次，下达责令整改通知3份，项目参建单位均整改到位。（毕祯云）

【建筑领域“安全生产月”活动】 2020年6月，阳泉市郊区住建局开展“安全生产月”活动。制作安全生产宣传展板1块，印制安全培训等宣传手册400余本，发放安全扑克200余副；开展“排查整治进行时”专项活动，排查、整改安全隐患27处；开展建筑工地火灾救援应急演练和疫情防控应急演练；开展“安全生产公开课”企业负责人宣讲活动，重点强化安全生产法律法规知识普及，提升从业人员安全生产履行法定职责意识，凝聚安全生产发展共识。（毕祯云）

【建筑业标准化工地建设】　2020年，阳泉市郊区住建局强化房屋建筑和市政运营项目标化工地建设，辖区房屋建筑和市政运营工程创建市标化工地5个、省优质结构工程2项。　（毕祯云）

【建筑工程安全监督】　2020年，阳泉市郊区住建局执行基本建设程序，严格项目报建、施工许可受理和招投标管理，依法查处违法违规市场行为，依法对7家不按基本建设程序的工程及违法违规的市场行为进行查处，处罚金额141.96万元；在建项目完善实名制平台信息覆盖率达95%，对建筑行业农民工工资问题进行检查及治理。　（毕祯云）

【扬尘治理“六个百分之百”】　2020年，阳泉市郊区住建局贯彻落实环保大气污染防治工作要求，实施市政道路洒洗抑尘，加大扬尘治理力度，对执行扬尘“六个百分百”（施工现场100%围挡、100%施工道路硬化、100%绿网覆盖、100%设置冲洗设施、100%湿法作业、100%密闭运输）不力的违规企业严肃查处，处罚金额7万元。　（毕祯云）

【建筑领域安全隐患专项排查整治】　2020年，阳泉市郊区住建局对房屋建筑、农村自建房用作经营场所、建筑领域装饰装修（彩钢夹芯板）和住宅改门店进行安全隐患全面排查，累计排查各类建筑1332处，存在安全隐患建筑105处，责成相关单位全部进行整改，共拆除53处、停用15处、维修加固22处、其他处置15处。　（毕祯云）

建筑工程公司

【阳泉市扬帆建筑工程有限公司】　2020年，公司完成桃林沟棚户区改造项目一期工程；在建项目有桃林沟棚户区改造项目二期工程，郊区范围“三供一业”物业分离移交改造项目，荫营中学新食堂建设项目等，完成施工产值5314万元。　（张丽佳）

【桃林沟棚户区改造二期工程及室外配套基础工程】工程建筑面积7.14万平方米，共14栋住宅楼。工程于2018年7月开工建设，2020年10月，主楼竣工并一次性通过竣工验收，进行主楼扫尾工程、水暖电及电梯安装、门套安装及屋面防水工程。室外配套基础工程4月开工，完成土石方挖运、沟槽开挖、室外土方回填、种植土回填、沟槽回填；1-5#车库、煤气加压站、配电室及配套用房竣工；上下水、热力管网安装、路灯安装、监控安装、路沿石单元入口台阶、部分路面铺装；小广场竣工。总计约完成室外配套基础工程总量的90%。截至2020年底，完成产值约4000余万元，累计完成施工产值约13000万元。　（张丽佳）

【“三供一业”物业分离移交改造项目】　2020年4月，阳泉市郊区开发公司“三供一业”工程复工复产，“三供一业”一标段铝矾土矿小区完成污水改造、楼前硬化工程；巨兴小区完成路沿石更换、人行道树池改造、污水管改造、井盖更换等项目的维修改造；截至7月底，一标段工程全部完工，进行审计，完成施工产值约3200万元。“三供一业”二标段荫营矿小区、固庄矿小区于6月底、8月初进场。荫营矿小区完成屋面防水更换、室内外污水管网更换、地面硬化、单元防盗门更换、路灯更换等项目；固庄矿小区完成屋面防水更换、室外污水管网更换、道路硬化、内外墙涂料、绿化等项目，完成施工产值约2500万元。　（张丽佳）

【荫营中学维修改造及食堂新建项目】　工程建筑面积约3000平方米，三层框架结构。施工队伍于2月底进场，3月底完成荫营中学危旧三楼和东二楼的拆除。5月底完成荫营中学食堂新建项目范围内6个院落的拆迁安置。6月底完成竖向土方及基槽土方开挖，由于夏季雨季影响，8月底开始处理地基基础。截至年底，工程主体及二次结构完成。区开发公司对荫营中学梦圆楼、平房，公寓楼、科

技楼等进行装修，工期两个月（7—8月），项目总计完成施工产值约900万元。（张丽佳）

房地产管理

【城乡居民住房建设】 2020年，阳泉市郊区（含生态新城）新开工保障房2240套，续建7610套，完成投资9.87亿元；460户城镇家庭公共租赁住房完成联审工作；全市首批既有住宅加装电梯工程启动，开工9部，投运1部。完成省下达农村危房改造1户，年度动态保障改造新增危房10户，完成已改造危房排查；对2009年以来改造的农村危房进行排查和全面评估。实施全区既有建筑能效提升工程，改造开发区及荫营镇区住宅面积达21.2万平方米。（毕祯云）

【公共租赁住房分配与审核】 2020年，阳泉市郊区完成居乐园约450套公租房分配。完成城镇住房困难家庭公共租赁住房申请"三级审核"工作，共入户审核434户。（毕祯云）

【区"人才公寓"入住120套】 2020年，按照阳泉市郊区人才引进计划要求，郊区住建局牵头完成人才公寓楼装修168套。经过区委组织部、区工信局、区能源局等机关事业单位申报、公示，并经区住建局审核等相关程序，全区机关事业单位120名引进人才入住公寓。（毕祯云）

【既有建筑能效提升项目】 2020年，阳泉市郊区既有建筑能效提升项目招标面积共21.2万平方米。其中开发区改造28栋楼，共计16万平方米；下荫营改造12栋楼，共计5.2万平方米。项目分六个标段实施。郊区住建局按照规定程序，办理可研、立项、财政评审、招投标、施工许可等手续，完成屋面保温、外墙保温施工等工程内容。项目总投资4000余万元，工程于8月底竣工。（毕祯云）

【既有住宅加装电梯】 2020年12月11日，阳泉市首部既有住宅加装电梯正式移交，建设主管部门区住建局将电梯钥匙移交到郊区开发区大华社区华盛苑东区9号楼2单元业主手中。区住建局、郊区开发区社会事务服务中心、开发区大华社区有关负责人参加移交仪式。加装电梯工程于2020年8月26日开工建设，于12月2日竣工后经阳泉市特检所验收合格，12月11日正式投入使用。2020年，郊区开发区惠泽社区、康达社区等小区办理前期手续，准备在下一年度申请实施部分小区的既有住宅电梯加装工程。（毕祯云）

2020年，阳泉市郊区华盛苑东区既有住宅加装电梯工程移交仪式

【农村危房改造】 2020年，阳泉市郊区住建局按照省、市农村困难家庭危房改造计划要求，做好区农村危房改造的鉴定、审核、工程监督、验收工作，实现"应改尽改"目标要求。（毕祯云）

【农村危房改造大排查】 2020年，阳泉市郊区住建局根据省、市、区农村危房改造工作方案，从2月份开始，将工作任务分解到各乡镇、村，对全区困难家庭住房安全进行逐户排查，完成全区1115户建档立卡贫困户的排查、鉴定工作。（毕祯云）

【物业管理】 2020年，阳泉市郊区住建局对荫营镇及开发区100余个小区进行物业监管，全年共处理物业管理纠纷及各类物业管理问题110余

件，办理前期物业合同备案54家、物业服务等级备案53家，对7家新成立业主委员会小区进行物业备案。 （毕祯云）

房地产开发

【阳泉市郊区城乡建设发展总公司】 阳泉市郊区城乡建设发展总公司位于阳泉市郊区下荫营村，隶属阳泉市郊区人民政府，属差额拨款事业单位，业务范围：研究和制定城市化发展战略，完善城乡建设规划体系，研究城镇建设用地合理开发与利用，负责乡镇区域内的房地产开发勘探、勘测、规划、设计、征地、拆迁、安置，郊区范围内集中供热和煤气供应。按照中央、省、市关于从事生产经营活动事业单位改革精神和区委、区政府文件精神，积极稳妥推动转企改制工作。 （张丽佳）

【阳泉市兴富华房地产开发有限公司】 2020年，阳泉市兴富华房地产开发有限公司完成区社会足球场项目，续建工程有阳泉市生态新城桃坡棚户区改造项目、下荫营城中村改造项目，新开项目有阳泉市郊区职业高级中学校新校区建设项目。全年实现销售收入7686.21万元。 （张丽佳）

【郊区南区社会足球场建设项目竣工】 2020年，阳泉市郊区开发公司承接建设郊区南区社会足球场建设项目（11人制1个、5人制2个，附属建设400米标准跑道）。项目于2020年5月13日经区发改局核准立项，项目总用地面积33333.5平方米，计划总投资1986.87万元。项目工程于2020年4月开工建设，11月底竣工完成，完成投资约2200余万元。 （张丽佳）

【桃坡棚户区改造及室外配套基础工程】 工程总占地4.67公顷，总建筑面积15.3万平方米，总投资6.75亿元。共11栋住宅楼，商业、办公2栋，配套建设两个地下车库及一所幼儿园。工程于2018年7月开工建设，截至2020年底，除7号楼因拆迁影响外，其余楼号全部完工；7号楼主体工程、二次结构完成；12号楼因用途改变，主体工程、二次结构完成。另外，室外配套基础工程于9月开工，完成热力加热站、泵房、配电室主体及二次结构和化粪池，进行管网工程施工。截至2020年底，累计完成投资约52000万元。 （张丽佳）

【下荫营“城中村”改造工程】 工程总占地面积9.13公顷，总建筑面积12.8万平方米，总投资4.36亿元。2020年，区开发公司配合村镇两级开展下荫营、桥上两村的拆迁工作，2020年底，下荫营村拆迁工作基本完成，桥上村96个院落拆迁完成41个院落。区开发公司按照计划推进前期“三通一平”工作，同步进行设计方案优化和容积率规划条件调整等工作。 （张丽佳）

【阳泉市郊区职业高级中学校新校区建设项目】 项目位于阳泉市郊区荫营镇江正大街南侧，与荫营文化体育中心统一规划建设。项目于2019年12月31日经区发改局核准立项，2020年3月完成招投标工作，中标单位为航天建筑设计研究院有限公司。项目规划建筑面积59403平方米，其中地上建筑面积为32023平方米，地下建筑面积为27380平方米，项目总投资32814.37万元。2020年10月完成拆迁工作，进行地基处理和桩基工程。项目总计完成投资约6000万元。 （张丽佳）

【阳泉荫营文化体育中心建设项目】 项目位于阳泉市郊区荫营镇江正大街南侧，总建设用地面积32842.6平方米，规划总建筑面积44300平方米，其中地上建筑面积26200平方米，地下建筑面积18100平方米，项目总投资35363.84万元。设施具备短期内改建成“方舱医院”或应急避难场所转换能力。项目于2019年12月31日经区发改局核准

立项，进行修建性详规编制和项目招投标准备工作，并积极争取专项债券。（张丽佳）

市政管理

【市政基础设施工程】 2020 年，阳泉市郊区投资 1900 万元，完成瑞丰大街、文昌路、府西街、中兴北路、中兴南路等市政道路综合改造工程，更新、补铺人行道 11634 平方米，道路标线 1351.87 平方米；完成忠义路与江正大街连接线；荫营西公园建成 500 米健身步道；完成北部地区集中供热工程，敷设管网 15 千米，主体（隔压站）于采暖季投运供暖。投资 2000 万元实施荫营镇区污水处理厂二次提标改造工程，主体基本竣工。（毕祯云）

【路灯照明设施管理】 2020 年，阳泉市郊区住建局路灯管理所按照路灯管理相关标准、规定，做好日常巡查、维护、维修等工作。完成区“三节”灯展镇区主要街路及公园广场彩灯安装工作和路灯变压器及控制柜的春季检修，镇区 5 条市政道路改造升级 LED 路灯 125 盏，荫营西公园改造 LED 路灯 21 盏，镇区路灯照明设施亮灯率达 98%以上。（毕祯云）

2020 年，维修新城大道路灯照明设施

【城镇燃气安全监管】 2020 年，阳泉市郊区住建局对辖区城镇燃气企业安全监督检查，对城镇燃气安全生产非法行为进行查处，全年共检查燃气企业 40 次，发现安全隐患 65 条，均责令责任单位全部按要求完成整改。（毕祯云）

环境保护

【概况】 2020 年，阳泉市生态环境局郊区分局，以改善环境质量为导向，全力推进环境污染防治攻坚战，主要污染物排放量得到有效控制，环境质量明显改善，重点工作进展在全市排名靠前，圆满完成上级下达的各项目标任务。

2020 年，阳泉市郊区空气质量创近年来最好水平，二级以上优良天数 266 天，较 2018 年和 2019 年分别增加 54 天、46 天，六项污染物浓度年均值整体下降。水体质量明显改善，温河辛庄断面退出劣V 类水体，其他断面水质状况好转。土壤生态环境质量持续保持稳定，保安煤矿等 7 个矿山生态环境恢复治理试点示范工程全面完工，23 座煤矸山生态修复治理工程如期完成。（李东生）

【环境信访】 2020 年，全国 12369 环保举报联网管理平台接收环境污染举报 305 件，其中，受理有效信访 144 件，已经办结 141 件，正在办理 3 件。不予受理件 161 件（电话、微信、网络举报中举报信息有误或不属于职能划分的举报件）。除匿名举报外，对已办结件（不含联系电话有误件）通过电话、平台信息推送对举报人进行反馈。对非职能划分不受理件，引导举报人向相关部门进行反映。（李东生）

【应急处置】 2020 年，接群众举报，位于阳泉市郊区杨家庄乡黑土岩村附近有刺鼻气味，阳泉市生态环境局郊区分局立即对郊区杨家庄乡黑土岩村附近进行现场检查，经检查发现位于郊区杨家庄乡黑土岩村的阳泉市中裕达粉末冶金有限公司发生氨水泄漏事故，阳泉市生态环境局郊区分局责令其立即对泄漏物进行科学处理，减少对周围环境的污染。疫情初期多次接到群众举报，反映郊区杨家庄乡齐家岩村垃圾自燃，产生刺激的烟气影响周围环境，阳泉市生态环境局郊区分局立即上报区政府，采取应急处置措施，邀请专家进行现场分析研判，指导乡政府进行科学治理，分局执法人员进行不间断跟踪监督，使废气排放得到有效控制。（李东生）

【环境影响评价】　2020年，阳泉市生态环境局郊区分局按照项目审批流程和国家法律、法规以及省、市有关文件精神执行，把好环保项目审批关。2020年共审批项目86个，其中，审批报告书1个，报告表85个，计划总投资330286.3万元，环保投资18245.9万元。有57个登记表项目进行网上备案，且全部项目进行政务网上报和建档等一系列工作。（常　奕）

【排污许可证核发】　2020年，阳泉市生态环境局郊区分局按照生态环境部做好固定污染源清理整顿和排污许可发证登记要求，对纳入清理整顿的85家畜禽养殖场进行排污登记帮扶指导，全面完成清理整顿工作；对纳入2020年应登记和发证的企业，通过行业分类将名单下发至商务、交通、能源、农业等主管部门负责督促办理，由于排污许可证核发权限转变，阳泉市生态环境局郊区分局配合市生态环境局、市行政审批局对48家重点管理或简化管理的排污单位完成许可证核发；对357家登记管理的排污单位给予排污登记信息填报现场指导。截至2020年底，按照生态环境部关于对排污登记信息“回头看”的工作要求，经系统筛选出不符合填报规范的454条信息完成变更并重新提交。（常　奕）

【总量核定】　2020年，阳泉市生态环境局郊区分局根据减排措施，制定《阳泉市郊区行政区域污染物排放量削减方案》，通过工业企业治理、锅炉改造、禁煤区建设等措施，实现颗粒物、二氧化硫、氮氧化物削减排放量分别为4643.5吨/年、2449.92吨/年、2716.05吨/年。推进郊区招商引资和项目落地的污染物总量置换替代工作。全年完成41个建设项目污染物排放总量申请批复，其中26个建设项目直接纳入郊区环境总量、15个建设项目通过占用初始定量等方式获取总量。完成区域减排量统计工作，用于郊区新建项目落地。（常　奕）

【环境统计】　2020年3月底前，阳泉市生态环境局郊区分局通过“十三五”环境统计业务系统上报2019年度环境统计年报数据，将纳入环境统计的101家企业全部完成上报。（常　奕）

【资金申报项目】　2020年，阳泉市生态环境局郊区分局争取专项资金，推进污染治理。11家企业争取到1662.4万元大气污染专项资金，27家企业进入资金申报中央项目库程序。老窑水治理项目进入水污染防治中央专项资金项目储备库中，河底镇程庄村、西南舁乡王家庄村、荫营镇下烟村等农村生活污水及农业局申报项目进入土壤污染防治中央专项资金项目储备库中。（常　奕）

【大气污染防治】　2020年，阳泉市生态环境局郊区分局深化治理“白名单”分级管控。通过标准引导，提升企业环境治理水平。根据深化治理考核结果，相应出台《关于阳泉市郊区重点行业实行“白名单”绩效评价差异化管理的通知》，对重点行业采取精细化管控措施，通过绩效评价，建立“白名单”（绿色、蓝色、黄色）三级制度，实行差异化分级管理。山西大学环保专家团队对完成深化治理的企业开展“白名单”分级管控复核工作，以综合考评划分A、B、C、D，推进企业分级差异化管控，激励A类企业引领发展、鼓励B类企业改造提升，倒逼C、D类企业提质转型，实现郊区企业高质量发展。2020年全区377家企业均验收考核完毕，最终确定A类企业2家、B类企业16家、C类企业246家、D类企业113家。对评为D级的企业实施查封、断电、断气等停业整顿措施，并同步开展停业调度、现场检查和督查工作，帮扶指导

C、D 类企业整改，纠错指正，并对拒不执行停业整顿的企业，组织实施强制措施。

大气污染热点网格工作　2020 年,阳泉市生态环境局郊区分局建立热点网格监管体系区、乡、村三级网格员队伍，完善大气污染问题发现、反馈、处置等措施，形成快速反应联动机制，反馈、处置率均达 100%。

推进挥发性有机物（VOCs）治理攻坚　2020 年，阳泉市生态环境局郊区分局对完成初步治理的 35 家涉 VOCs 企业开展深化治理，在单一治理模式基础上采用活性炭吸附、光氧催化、燃烧等多种处理模式组合系统，继续巩固 VOCs 治理成果。

重污染天气应急工作　2020 年,阳泉市生态环境局郊区分局依据生态环境部《重污染天气重点行业应急减排措施制定技术指南（2020 年修订版)》，以区为单元开展绩效分级管控工作，在 2020 年秋冬防应急减排分级工作中，上级确定的郊区 B 级企业 2 家，全市占比 33%；C 级企业 74 家，全市占比 35%，B 级、C 级企业均在全市各县区企业数最多。其余 348 家非炉窑企业均纳入非引领性企业。郊区工业企业按照全市《工业源重污染天气应急减排清单》制定“一厂一策”和公示牌。强化监管机制，采取区、乡、村、企业四级联动响应监管方式，完善驻厂监管人员制度。秋冬防以来共启动应急响应 2 次，各企业均能按照应急减排措施落实。预警期间汇总减排信息，形成工作简报 70 期，报市应急指挥部办公室。

2020 年 8 月 11 日，阳泉市郊区生态环境监测站人员在荫营矿洗煤厂进行现场采样

推进郊区在用锅炉改造　2020 年,阳泉市生态环境局郊区分局燃气锅炉低氮改造任务 75 台，完成改造的锅炉 46 台，因环保管理权限变更移交开发区 4 台（已完成)，其他 25 台燃气锅炉分别引用热电联产、停运和改用电空调。（常　奕）

【水污染防治】　城镇污水处理厂及污水管网建设　阳泉市荫营污水处理厂二次提标改造工程，计划总投资 2380 万元，于 2020 年 4 月开工实施高密澄清池，生化池和二沉池设备安装等主体工程。河底镇污水处理厂项目为阳泉市郊区水务一体化 PPP 项目子项目之一，投资539 万元，采用 PPP 投资模式。项目进展按照 PPP 项目程序进行，于 2019 年 12 月开工，2020 年 6 月土建工程及污水收集管网建设完成，进入试运行阶段。

工业废水治理工作　2020 年,阳泉市生态环境局郊区分局对 8 家煤矿强化监控，新景煤矿、保安煤矿、旧街煤矿、坡头煤矿、神堂煤矿、燕龛煤矿的矿井水、生活污水经处理后全部达标回用，不外排。荫营煤矿、固庄煤矿为保障矿井水最大涌水量全部处理，实施提标改造工程并进入试运行。郊区自 2019 年开展重点行业污染防治深化治理以来，工业窑炉完成尾气治理，生产中严格管控脱硫脱硝循环用水，做到闭路循环、综合利用、不外排。

农村污水治理工作　2020 年,阳泉市生态环境局郊区分局通过实地调查，组织编制《郊区农村生活污水治理专项规划》，全面推进农村污水治理。郊区重点开展上白泉村、王家庄村、程庄村、下烟村等四个村农村污水综合整治。上白泉村建设 8000 米的污水管网，与郊区污水管网对接，实现污水达标排放，项目总投资 131.94 万元，完成工程 98%；王家庄村实施铺设主管网 2460 米，支管网 1730 米、水处理设备设施一套，项目总投资 800 万元，主体工程基本完工；程庄村建设一座处理能力为 30 立方米 / 天的污水处理站和配套

12000米的污水管网，项目总投资790万元，管网建设完工，污水处理站完成工程80%；下烟村实施建设一座处理能力为3吨/小时的污水处理站和配套8700米的污水管网，项目总投资277.75万元，工程完工。

巩固黑臭水体整治成效　郊区黑臭水体主要涉及洪城河上游、李家庄河上游两条河流。洪城河上游四个行政村生活污水全部与市政污水管网对接，李家庄河上游的生活污水经排至市结构厂。

开展荫营河、温河“两河”流域综合治理　2020年，阳泉市生态环境局郊区分局力争实现荫营河、温河跨界考核断面全部消除劣V类目标。荫营河河道综合治理工程，预计投资1200余万元。编制项目初设报告、完成工程施工和监理招投标。对“两河”治理水质提升工程编制设计报告，并进行专家评审；编制完成《滹沱河流域生态修复工程阳泉市郊区温河综合治理项目可行性研究报告》，完善工程前期手续。　（常　奕）

【土壤污染治理】　推进生态环境恢复治理工作　自2017年以来，阳泉市生态环境局郊区分局牵头开展矿山生态恢复治理示范工作，涉及郊区7个项目，治理面积195.13公顷，总投资2.06亿元。2020年全部完工并验收。

开展涉镉等重金属重点行业企业排查整治　2020年，阳泉市生态环境局郊区分局按照《山西省涉镉等重金属重点行业企业排查整治方案》要求，对3家涉重企业提高管控标准，原材料运输和存储按照危险废物的标准进行管理。

2020年，全区纳入一般工业固体废物管理的企业共计23家，涉及一般工业固体废物有煤矸石、粉煤灰、脱硫石膏、污泥、炉渣、除尘灰等。按要求建设固体废物堆存场所，编制固体废物突发环境事件应急预案。危险废物规范化管理工作全区纳入危险废物产生（经营）单位共计57家企业（包括煤矿8个、机械加工企业6个、电厂6个、汽车维修包括汽车4S店22个、废弃资源综合利用企业1个、医院12个，危废经营单位1家（医废中心），水泥生产企业1个），建立全区57家危险废物产生（经营）单位名录，并全部在固体废物管理系统上对2019年度产废情况进行系统申报。　（常　奕）

【辐射与危险废物安全监管】　2020年，阳泉市郊区辐射站根据山西省生态环境保护厅、阳泉市生态环保局关于开展辐射安全综合检查专项行动的具体要求，认真开展辐射安全防护大检查。共检查单位14家，下达责令整改通知书1家。　（李东生）

【治污行动】　2020年，阳泉市生态环境局郊区分局严查环境违法行为，开展大练兵活动，共下达《环境违法行为责令改正决定书》25份，并向局法制股移送案件25家。“四类案件”再度升级，对5家企业实施查封，1家企业责令停产，2家违规转运危险废物被行政拘留。　（宋红霞　李东生）

【违法查处】　2020年，阳泉市生态环境局郊区分局下达责令改正违法行为决定书29份，立案查处环境违法案件16件，作出行政处罚决定16件，停产整治1件，行政罚款114万元，移送公安机关环境违法线索2件。　（周　立）

【推进环境污染强制责任保险】　2020年，阳泉市生态环境局郊区分局在环境高风险领域推行环境污染强制责任保险，阳泉市燕龛煤炭有限责任公司、山西新景矿煤业有限责任公司、山西省阳泉荫营煤业、山西省阳泉固庄煤业在2020年度投保。

（周　立）

环境监测

【环境质量监测】　环境空气　2020年，阳泉市郊区环境空气质量总监测天数为366天，经山西省生态环境监测中心审核后，有效监测天数为 350 天。其中二级以上优良天数 265 天，优良率 75.7%，比 2019 年增加 45 天。空气质量综合指数为 5.42，比 2019 年下降 14.0%。六项污染因子中，SO_2 浓度均值为 39 微克 / 立方米，NO_2 浓度均值为 36 微克 / 立方米，可吸入颗粒物 PM_{10} 浓度均值为 76 微克 / 立方米，CO 浓度均值为 2.2 毫克 / 立方米，O_3 浓度均值为 170 微克 / 立方米，细颗粒物 $PM_{2.5}$ 浓度均值为 41 微克 / 立方米。

地表水环境质量监测 2020 年，郊区地表水常规监测断面中新店村为Ⅲ到Ⅴ类水质，辛庄村为Ⅳ到Ⅴ类水质，山底村、河南村和白泉村为劣Ⅴ类水质，Ⅲ类以上优良水体比例为 8.0%，劣Ⅴ类水体比例为 56.0%，实现温河辛庄村断面退出劣Ⅴ类，荫营河白泉村断面有所改善，保安河新店村断面达到Ⅳ类的年度考核目标。

道路交通噪声监测 2020 年，荫营东大街道路交通噪声等效声级均值为 65.1 分贝。

农村环境质量监测 2020 年，根据山西省生态环境厅《关于印发〈2020 年山西省生态环境监测方案〉的通知》和阳泉市生态环境局《关于印发〈阳泉市生态环境局 2020 年生态环境监测工作要点〉的通知》要求，郊区成为阳泉市新增的开展农村环境质量监测的县区之一。监测内容包括农村环境空气质量、饮用水水源地水质、县域地表水环境质量和农村生活污水处理设施出水水质监测，监测村庄为大洼村、河底村和北杨家庄村，县域地表水确定 3 个点位，农村生活污水处理设施为汉河沟村污水处理站，监测任务于 11 月全部完成。（牛昌茂）

【执法监测】 2020 年，阳泉市郊区生态环境监测站与区生态环境保护综合执法队开展 16 次联动执法监测，监测项目有废水、无组织颗粒物等，为环境执法和环境管理提供数据支撑。（牛昌茂）

【能力验证】 2020 年，阳泉市郊区生态环境监测站参加由省市场监督管理局牵头组织，太原安弘检测公司主办的检验检测机构能力验证考核（水中氟化物），在第一批次考核中通过。（牛昌茂）

【重点排污单位自行监测及信息公开】 2020 年，阳泉市郊区按照《关于切实推进 2020 年排污单位自行监测及信息公开的通知》要求，对进入“全国污染源监测信息管理与共享平台”的 24 家排污单位和“阳泉市重点监控企业自行监测信息实时发布平台”上的 34 家排污单位开展帮扶指导。对阳泉冀东水泥有限责任公司、山西河坡发电有限责任公司和山西深港产学研环保工程技术有限公司 3 家单位开展现场帮扶指导和抽测比对监测。（牛昌茂）

【在线监测信息监控】 2020 年，阳泉市郊区有 49家企业 55 台在线监测设备的在线监测数据实时上传有组织在线监控平台，有 58 家单位的 94 个颗粒物监测点位（包括 $PM_{2.5}$ 和 PM_{10}）和 55 个视频监控实时上传无组织监控平台，并与区全域数据平台实现数据共享。（牛昌茂）

【机动车尾气联合执法和检查检测】 2020 年，阳泉市郊区生态环境监测站联合交警三大队和交通运输等部门定期开展联合执法监测，现场采用手工检测、遥感车抓拍等技术手段，在郊区 G207、G307、G307 复线和义白路等主要交通干线上，对重型柴油货车尾气开展检查检测。加强对道路建筑等施工工地和工业企业所使用的非道路移动机械的检查抽测，对检测不达标的机械和国三标准以下的施工工程机械进行清场退出，并定期对郊区两条环保检测线的检测活动开展巡查检查。（牛昌茂）

财政　税务

财　政

【概况】　2020年，面对减税降费和疫情影响造成的财政收支矛盾，阳泉市郊区财政局聚焦主责主业，把“增财力、保运行、抓调试、保指标、优支出、保民生”作为财政工作的重中之重，较好地完成各项目标任务，财政保障经济和各项社会事业发展的能力持续增强。　（王　丰）

【一般预算收入】　2020年，阳泉市郊区财政局克服减税降费和新冠肺炎疫情带来的不利影响，与税务、自然资源等部门主动对接，密切配合，坚持“应减必减与应收尽收”并重，千方百计增加收入，集聚财力。抓好指标调度。会同税务、自然资源等职能部门，加强重点企业和非税重点单位的动态监控分析，及早谋划、主动对接、强化征管、提前入库。继续加大向上争取力度。主动配合相关部门做好项目储备和申报工作，共争取上级财政转移支付资金14.29亿元，新增债券2.1亿元，为全区各项事业发展提供有力的资金支持。

2020年，全区全年一般预算收入累计完成46173万元，占年初预算45475万元的101.53%，占调整预算46030万元的100.31%，同比下降3.67%，超进度0.31个百分点。其中税务系统完成30420万元，占年初预算29975万元的101.48%，调整预算30324万元的100.32%，同比增长7.78%，超进度0.32个百分点；财政系统完成15753万元，占年初预算15500万元的101.63%，占调整预算15706万元的100.30%，同比下降20.08%，超进度0.30个百分点。　（王　丰）

【一般预算支出】　2020年，阳泉市郊区财政局按照“坚守底线、突出重点”的工作思路，聚焦“六稳”，突出“六保”，从严控制一般性支出。资金向重点领域和民生领域倾斜。及时清理收回财政结余资金6369万元，安排存量支出1.18亿元。保障疫情防控资金。坚持“急事急办，特事特办”，建立疫情防控资金拨付“绿色通道”，及时拨付各类疫情防控资金699万元，支持和保障郊区各乡镇、各部门打赢疫情防控阻击战。积极争取7500万元抗疫特别国债资金，用于公共卫生体系建设和重大疫情防控救助体系建设。继续加大社会事业支出。科教文卫、社会保障、农林水等支出累计7.15亿元。坚持教育优先，统筹安排2.6亿元各类教育资金，支持教育事业发展。及时落实城乡低保调标政策，全年共安排4540万元最低生活保障资金。围绕全区脱贫年度任务，精准测算和筹措资金，做好脱贫攻坚资金保障。全年共安排各类扶贫资金1699万元（省618万元、市469万元、区612万元），到位率100%，拨付率100%，使用率97%。在重点工作开展方面，支持农村基础设施建设、产业发展、民生改善、生态和环境保护，安排8000万元用于西南舁乡“北七村”乡村振兴示范区建设，3000万元支持千亩坪现代农业产业园建设，为全区2.1万多农户安排耕地地力保护补贴资金395万元。推进冬季清洁取暖工作，省、市、区配套的13799万元全部拨付到位。采煤沉陷区综合治理搬迁安置项目有序推进，共计13421万元补助资金拨付项目单位。2020年，全区财政一般预算支出累计完成200655万元，为年度调整预算的99.55%，同比增长12.19%。全区民生支出为146051万元，占总支出的比重为72.79%。（王　丰）

【“三服务”】 2020年，阳泉市郊区财政局全面落实疫情防控期间各项扶持政策，做好“三服务”，保障全区经济社会平稳运行。精准服务企业。开展“五问、五心”入企帮扶，梳理制定疫情防控期间《支持企业发展金融措施十条》和《支持企业发展财税政策十条》，支持企业复工复产。特别是用足用活“助保贷”“过桥贷”政策，支持有融资需求企业“爬坡过坎”。为24户企业融资9388万元，25户企业过桥贷款18117万元，降低企业融资成本。加大对民营企业欠款清理力度，在全市率先实现民营企业欠款全面清零。倾情服务基层。继续加大省级“一事一议”项目资金争取力度，助推郊区农村公益事业发展。到位资金537万元，涉及7个乡镇51个村。持续支持农村集体经济发展，2020年3月通过竞争立项获得全市首批集体经济扶持试点荣誉，获奖补资金1250万元。支持汉河沟美丽乡村试点，完善设施、优化环境，成功争取美丽乡村示范项目，获200万元补助资金。贴心服务群众，加快推动惠农惠民“一卡通”软件电子化管理，将33类共计1.3亿元左右的惠农惠民资金全部纳入“一卡通”管理系统，确保安全、及时、准确直达农户。主动参与市商业银行舆情处理事件，组织干部到一线向群众做好政策宣讲。（王　丰）

【深化改革】 2020年，阳泉市郊区财政局深化预算管理制度改革。规范细化预算编审，推进预算信息公开，除涉密部门外全区119个部门单位的预算在规定时间全面公开。积极推进财政票据电子化。全区120多家机关事业单位票据管理软件安装及操作培训全部完成，实现财政部门对财政票据的事后监督检查转变为事前、事中控制。推进财政预算管理一体化改革。与省、市同步开展预算管理一体化试点工作，完成各部门基本信息库填报。系统运行后将覆盖预算编制、预算执行、财政决算等核心业务，全面提升郊区财政财务管理水平。推进国库集中支付改革。不断扩大国库集中支付规模和财政授权支付范围，规范国库集中支付方式和流程，实施公务卡强制结算目录，提高资金使用效益。全年，共办理国库集中支付业务27850笔，金额24.58亿元。推进国库集中支付电子化改革，顺利试运行。规范PPP项目管理。遵循“规范运行、严格监管、公开透明、保障有力”的原则，支持G239改线项目和郊区水务一体化项目，建立协同配合、措施到位的工作机制，以全流程监控、全过程审核的工作措施，确保项目如期完工。（王　丰）

【风险防控】 2020年，阳泉市郊区财政局加大财政投资评审力度。对50万元以上项目实现投资评审全覆盖。全年共承接评审项目34个，出具报告项目30个，审核资金3.15亿元，审定资金2.60亿元，审减金额5457.82万元，审减率达17.34%，有效地节约财政资金。全面推进预算绩效评价管理。对642个总投资8.61亿元的预算项目全部进行绩效目标管理。对2019年度24个总投资7.3亿元的项目开展重点绩效评价，力争最大限度地发挥财政资金效益。完善政府采购管理。依照省级标准统一规范政府集中采购目录和采购限额标准，扩大政府采购协议供货和定点采购范围，创新“互联网＋政府采购”的电子卖场模式，提高政府采购效率和透明度。完成政府采购中心整体移交事项，真正实现“管办分离”。积极化解债务风险。11月份，通过前期充分准备，经财政部统一答辩，成功争创全国隐性债务风险化解试点县。纳入试点后可争取较大规模的置换债券，及时化解郊区地方政府存量债务，为郊区未来10年发展提供更加充裕的资金保障。强化资金监管。积极支持人大开展预算联网监督，不断丰富完善人大预算联网监督系统数据，为人大代表更好地履行监督职责、创新监督方式提供支持。积极配合区直相关部门开展直达资金审计、扶贫资金检查、抗疫专项资金监督检查，确保资金规范、高效使用。（王　丰）

税　务

【减税降费】　2020年，阳泉市郊区税务局多措并举，确保政策落实全覆盖，为坚决打赢疫情防控阻击战贡献力量。加大精准辅导力度、精准落实力度、精准服务力度，通过税企交流群、电话、邮件等形式问需于企业，进行“点对点”“一对一”专属政策解答和纳税辅导；办税服务厅开设2个减税降费专窗，在导税台设立咨询专岗，区局业务骨干组成专家团队，随时随地解决纳税人遇到的问题；通过纳税人学堂、微信、朋友圈等形式，宣传有关税收法律法规和各类政策措施，持续发布政策热点问题解答，多渠道让纳税人周知，共举办各类减税降费宣传辅导和培训纳税人累计700户次，培训税务人员累计350人次。做好减税降费政策效应分析工作，全年累计减税降费3830万元。（李雅娜）

【个人所得税综合所得汇算清缴】　2020年，阳泉市郊区税务局按照“分类、分批、分策、分责”要求，紧扣时间节点，加强个人所得税扣缴申报管理，做好自然人基础信息清理，顺利完成汇算清缴任务。聚集自然人纳税申报，点对点精准辅导。在办税服务大厅设置个税汇算专窗及咨询专岗，建立微信群转发个税新政和政策宣传内容，针对纳税人的疑难问题制作政策操作小视频和截图广泛宣传个税政策。聚焦申报重点企业，提供“定制化”服务。了解退补税人数较多的原因、退补税工作计划，为企业制定操作性强的个性申报方案。共有6528人完成个税汇算工作，其中，汇算退税人数2589人，汇算补税287人。（李雅娜）

【组织收入工作】　2020年，阳泉市郊区税务局履行“为国聚财，为民收税”的职责和使命，严格执行组织收入原则，通过强化税收预测分析，加强重点税源监控，开展好税源调查，摸清税源底子正确研判形势，把握收入形势；加强各税费种管理，突出行业管理和风险管理，提升税源掌控力等措施，做好组织税费收入相关工作。按照要求推进社保、非税各项工作，开展2020年度城乡居民基本医疗保险延期缴费、2021年度城乡居民基本医疗保险征缴、城乡居民养老保险征缴以及做好企业社保费划转、新划转非税收入衔接等工作。（李雅娜）

【“非接触式”办税缴费服务】　2020年，阳泉市郊区税务局按照“非接触式”办税的原则，推广“税务事，网上办”。积极引导纳税人通过山西省电子税务局移动端办理纳税申报、税款缴纳、发票代开、发票领用等常用业务；充分运用全省自助办税“一体化、智能化”管理平台，满足纳税人自助办税需求；按照建设规范标准完成电子税务局办税区和24小时自助办税厅有关标识的改造；做好自然人电子税务局上线及运维工作。通过税企微信群、微信朋友圈、电视台飞播字幕等多渠道宣传推广“非接触式”办税服务；加强办税服务厅导税力量，指导帮助纳税人自助办税；推行发票“网上申领、邮寄配送”服务，为纳税人提供办事不出门、零跑动的便利服务；开展网上税收课堂，宣传解读减税降费税收优惠政策和业务操作；组织专人专岗专机，开展网络在线服务，为纳税人、扣缴义务人提供政策允许的业务办理。电子税务局注册率达96.22%，网报率达99.58%。（李雅娜）

【优化税收营商环境】 2020年，阳泉市郊区税务局贯彻落实《优化税收营商环境条例》，推进“网上办税为主、自助办税为辅、办税服务厅兜底”的办税服务模式，提高办税缴费便利化水平。推行新办企业涉税事项集成办理，实现企业开办涉税事项一套资料、一窗受理、一次提交、一次办结。紧扣“减税费优服务　助复产促发展”的税收宣传主题，主动对接、精准服务，开展税法宣传进机关、进企业活动。加大推广使用电子发票力度，对新办纳税人免费发放税务UKey，节约纳税人的办税成本，方便纳税人。入驻郊区政务中心，保障企业和群众办事线下“只进一扇门”“最多跑一次”。安装“好差评”管理系统，掌握纳税人诉求，改进纳税服务短板。积极配合郊区行政审批局完成营商环境评价工作，落实投诉快速响应机制，加强对涉税中介机构的服务和监管，开展纳税信用评定和结果运用，开展银税合作，助力解决融资难题。（李雅娜）

【优化执法方式】 2020年，阳泉市郊区税务局深入贯彻落实中共十九精神，不断理顺工作机制，创新工作方法，确保“三项制度”落实、落细。严格执行省局新修订的税务行政处罚裁量基准，做到依据合法、程序合法。积极开展法治税务示范基地创建活动，落实普法依法治理工作。加强税费种管理，货物劳务税方面，依托增值税发票系统2.0版，落实构建增值税发票风险全链条防控机制，做好发票风险的源头防范。加快土地增值税清算审核进度，确保在土地增值税立法前完成清算审核工作。做好印花税、土地增值税、契税、城市维护建设税立法调研。（李雅娜）

【优化征管职责规范与征管方式】 2020年，阳泉市郊区税务局围绕工作重点，坚持依法行政，推进征管改革，确保各项工作顺利完成。严格依据“三定”规定，设置税源管理股室税务分局（所）相关职能。建立“税管家”专家服务团队，强化分类管理责任，适度将重点税源监控、基础管理、低风险应对等工作分工负责。发挥基层税源管理优势，就近向纳税人、缴费人提供优质高效便捷服务。加强事前服务，推广电子税务局和其他非接触办税模式，将违反日常管理的简易处罚等，全部前移至办税服务厅，税务管理的基础事项工作重点转向事中事后监管，最大程度减轻纳税人办税流程，提升纳税人办税体验。（李雅娜）

【风险管理机制】 2020年，阳泉市郊区税务局全面落实省税务局税收风险管理工作意见及配套措施，实施风险任务扎口管理，强化风险统筹，坚持“有风险就应对、无风险不打扰”，注重加强税费联动管理，加强税种间、税与费、税与非税之间的联动比对分析，提升数据应用能力和税费精细化管理水平，共下发风险任务63批次513户次，移送稽查立案2户。（李雅娜）

【税务文化建设】 2020年，阳泉市郊区税务局加强干部队伍建设，激发干部队伍活力，积极稳妥有序推进职务职级并行工作，推动绩效系统和数字人事的衔接运行机制，强化数字人事和个人绩效考核结果应用，激励干部担当作为。抓好教育培训，积极组织税务干部参加业务大比武，掀起学业务、提技能、当才俊的热潮。打造税务“家”文化、“四合院”文化，组织开展“税苑满书香，读书正当时”系列主题活动、纪念中国共产党成立99周年系列活动、青年文明号服务月、青年文明号开放周、健康知识讲座、援鄂事迹报告会、刘备山烈士公祭等活动。注重典型带动。组织税务干部观看大型舞台剧《温河儿女》、扶贫主旋律电影《一个不落》和《一句誓言，一生作答》纪录片，做好“感人瞬间”时代楷模微视频展播工作，使税务机关成为税务干部创业的平台、温馨的港湾。积极创建老干部示范活动室，做好老干部工作，发挥好老干部“传家宝”的作用。（李雅娜）

【履行社会职责】　2020 年，阳泉市郊区税务局激励党员干部强化身份感、责任感、使命感，积极履行社会责任，为地方经济社会发展做出积极贡献。党员助力精准扶贫。全体党员安装社会扶贫和建档立卡 APP，到扶贫户走访慰问，宣传党的政策；按照“十个清零”要求，对存在问题进行入户核查；积极开展消费扶贫，购买扶贫村苹果、苹果干、小米、土豆等农产品 1 万余元，党员为扶贫户捐款 3000 元。全年支出扶贫资金 6.7 万元。开展“在职党员进社区”活动。党员认领公益岗位，主动参加居住地社区的志愿服务活动，积极参加社区疫情防控值守，全局 122 人共计为抗疫捐款 14980 元。开展党员爱心捐助。参加“送温暖，献爱心”活动，130 人捐款 4950 元；开展“六一”儿童节慰问，捐助购买学习用品 4000 元；4 名党员干部参加区妇联“心手相连，助学梦圆”活动，帮扶 4 名困难儿童。此外，党员干部还积极参加创卫公益劳动、清理积雪、义务献血等志愿服务活动。（李雅娜）

【便民办税春风行动】　2020 年，阳泉市郊区税务局不断加强内部管理，持续开展“便民办税春风行动”，持续优化税收服务，方便纳税人、降低税收成本，优化税收营商环境，提升纳税人满意度。推出 4 项 21 条便民办税服务措施，持续宣传减税降费政策，优化纳税服务措施，在全省上半年纳税人满意度调查中全市第一。推动企业复工复产，支持疫情防控，帮扶企业纾困解难，对重点企业推行“一企一策”“一对一”“点对点”帮扶等服务措施，实行“税管家”式服务，做好全区在建和新开工重大项目的跟踪服务工作。不断优化现场办税缴费服务，加强对办税服务厅的监督指导，严格落实领导值班、首问责任、导税咨询、资料会审等制度。加强办税服务厅清洁消毒等安全防护，对确需到现场办理税费事项的纳税人、缴费人，充分发挥自助办税终端作用，加强导税服务，严格落实首问责任制，推行双向预约办、错峰办、努力营造安全放心、便捷高效的办税缴费环境，提升服务质效。

（李雅娜）

2020 年，阳泉市郊区税务局“项目管家团队”主动上门开展“滴灌式”政策宣传辅导

金融 保险

中国工商银行阳泉市郊区支行

【概况】 2020年，中国工商银行股份有限公司阳泉郊区支行（以下简称“工行郊区支行”）以“制度治理年”为抓手，强化内控案防工作，科学精准施策，加快推进“第一个人金融银行”战略在阳泉郊区落地，凝聚全员智慧与力量夯实“拓户增存增收”的成果，以党建促业务，以融合促发展。（王晓敏）

【强化营销】 2020年，工行郊区支行在转变发展思想上先行先试，在网点人员布局上率先转型，在营销行动中强化“比、拼、进”思维，坚持个人与对公拓户的点面结合、系统谋划，打好客户“争夺战”；坚持全员营销精准发力、拉高标杆，打好发展“攻坚战”；坚持优化服务突出重点、守好底线，做好客户“维护战”。（王晓敏）

【业务拓展】 2020年，工行郊区支行积极开展新冠疫情防控、脱贫攻坚以及宪法精神宣传、存款保险制度宣传、反洗钱宣传、征信宣传、防赌防诈骗宣传等工作，在积极履行社会责任中实现可持续发展。4月开始，疫情得到有效控制，为支持辖内众多小微企业顺利复工复产，尽量减少客户出行，启动客户经理援助行动，由客户经理与管户企业通过电话、微信等方式联系沟通，为其指导网银操作，解决续贷、发薪等难题。由行长带队，上门了解小微企业经营状况，帮助有融资需求的企业线上申请、线上提款，尽可能采取“无接触”业务服务，指定专人跟进资格审批、材料收集、加急开户、双人面签等具体环节，支持小微企业15户，发放小微企业贷款1066万元，力争以最高的效率、最优的利率助力小微企业复工复产。（王晓敏）

中国农业银行阳泉市郊区支行

【概况】 中国农业银行股份有限公司阳泉郊区支行（以下简称农行郊区支行）位于郊区荫营镇东大街36号，现有干部职工61人。下辖支行营业室、义井分理处、河底分理处、西南舁分理处4个营业网点。2020年，支行全行上下以总行“六维方略”为指引，贯彻落实省行“五字要求”“五项原则”，围绕“特色兴行”目标，坚持疫情防控和业务经营两手抓，精准发力、重点突破，守住安全发展底线，业务经营取得较好成绩。（张耀亮）

【政治建设】 2020年，农行郊区支行始终将政治建设摆在首位，坚定不移贯彻落实好各级党委的决策部署。通过落实党委理论中心组学习计划、规范“三会一课”、主题党日等措施，推动理论学习不断走深走实，利用（网点）支部微信群、“学习强国”等载体，推动学习宣传覆盖到每个支部、每名党员。坚持严管与厚爱相结合，组织开展员工行为排查、“一把手讲守则”、警示教育大会、讲党课、工间查岗、典型案例通报、节日廉政提示等措施，引导全行知敬畏、存戒惧、守底线。通过节日走访慰问、夏日送清凉、慰问医务人员家属、发放抗疫福利等措施落实“暖心工程”。加强支部建设、党员建设。对全行 6 个独立党支部、29 名党员进行细化评价，6 个支部进行换届选举，对 1 个支部从事纪检工作的人员进行调整，注重后备力量培养，新发展党员 1 名，培养积极分子 2 名。（张耀亮）

【基础管理】 2020 年，农行郊区支行加强运营考核工作，制定支行运营管理负责人、内勤行长、柜面经理、大堂经理考核及奖惩办法，明确各岗位的职责，激发合规经营、规范操作的意识，业务差错率明显减少，服务得到提升，2020 年运营考核全市排名第 2；强化员工行为管理，按要求对 6 家外调单位开展外部走访 2 次，重点关注人员谈心谈话 3 次，家访 1 次，对“员工办理第三方机构 POS 套现、以卡养卡”等进行排查，全天候、多角度了解员工实际情况。（张耀亮）

【零售业务扩量增收】 2020 年，农行郊区支行辖内 4 个网点全面完成战略转型，减少高柜窗口 5 个。支行以“五项原则”为指引，积极践行“五步工作法”，通过加强信用卡发行、掌银“跑马圈地”、做大商户规模等措施，掌银净增年活跃客户 1231 户，月均活跃客户 2064 户，信用卡新增卡量 3957 张，信用卡分期实现 3829 万元，信用卡智慧商圈场景完成 5 户，智慧党费场景上线 4 户。特别是保险、信用卡有效客户、聚合码商户、扶贫商城场景客户数完成全年任务，电子银行业务增势喜人。（张耀亮）

中国建设银行阳泉市郊区（工业园区）支行

【业务发展】 2020 年，中国建设银行阳泉市郊区（工业园区）支行全口径存款快速增长。全年全口径存款时点余额 9.5 亿元，较年初增长 0.63 亿元。其中个人存款余额 5.48 亿元，较年初增长 1.06 亿元；对公存款余额 4.02 亿元，较年初减少 0.43 亿元。各项贷款平稳运行。累计发放贷款 2.19 亿元，较年初减少 0.24 亿元。中间业务收入增加，累计实现中间业务收入 486 万元，比上年同期减少 67 万元，全行排名第 5。信用卡发卡 1060 张，完成计划的 158%，全行排名第 5 位。商户覆盖度提升，新增商户 188 户，全行排名第 2 位；实现商户收单交易额 1.69 亿元，计划完成率 361%，全行排名第一。（王 鹏）

【金融服务】 2020 年，建行郊区支行强化厅堂服务，积极做好社保客户的维护和服务。社保卡代发工作开展后，郊区支行通过“三保障两服务”（人员保障、时效保障、现金保障；专人服务、专柜服务）助推客户转化，确保这类客群的稳定。通过设置一站式服务，确保客户便捷地实现开卡换卡，从申请到办卡结束，用时仅需十分钟左右；积极引导客户前往自助设备取款，通过专人引导加快客户支用效率，确保客户足额快速取现。强化云端服务，积极做好客户的远程升级。打造客户经理云工作室，通过微信公众号发布信息，引导客户关注财经新闻、了解理财产品、提供云端维护，促进服务营销一体化。强化电子服务，积极推进手机银行业务。利用总行“一分购保险”“一元购”以及快捷支付发红包等活动，让利客户、手把手培训客户学会使用手机银行，使客户习惯线上服务，成为建行手机银行的忠实客户。共实现快捷绑卡 3.68 万户，新增活跃客户近 4000 户，在全行排名第二。强化商圈服务，积极促进消费信心提振。配合市政府向全体市民发放消费券，积极拓展围绕周边商户，通过“惠兜圈”“龙卡星期六”“消费券”等活动吸引商户入驻，升级消费场景，构建良好的金融生态圈。加大各村镇“裕农通”商户的激活、营销。对荫营镇、河底镇、西南舁乡等村镇开展驻村走访，努力提升商户质量，促进营商环境发育。（王　鹏）

【普惠金融】　2020年，为保障辖内企业及时复工复产，建行郊区支行积极为存量信贷客户申请延期还款。疫情期间，累计为3户信贷客户申请延期还款，共计430万元。充分运用云税贷、云疫贷等贷款利器，累计为辖内61户小微企业，申请授信额度3904万元，小微快贷余额当年新增1196.5万元。推出个人快贷、分期通、专修分期、购车分期等业务，提振消费信心，缓解个人资金压力，全年累计发放消费信贷729万元。（王　鹏）

【合规管理】　2020年，中国建设银行阳泉市郊区支行强化客户身份信息管理，到年底，全行对公客户信息完整率从4月20日的89.06%提升至100%，个人客户信息完整率从95.85%提升至99.84%。强化员工合规教育，通过晨夕会、周例会及全行大会等形式，宣讲典型案例，传导法规制度，加强职工廉政教育，在思想上筑起拒腐防变的防线。坚持“每周一课”，宣导各项规章制度。学习人行银监会最新政策，加强员工理论知识学习，提高合规意识，全面开展员工行为排查，加大安全保卫工作的检查落实力度，提高全员履职能力，全行本年“零事故、零案件”。（王　鹏）

中国银行阳泉新城支行

【概况】　2020年，中行新城支行围绕奋力建设全球一流现代银行集团的战略目标，激发活力、敏捷反应、重点突破，将推动自身经营发展与践行企业社会责任紧密结合，统筹推进服务实体经济、深化改革创新、防范化解风险等各项工作，拓展公司、小微企业、个人普惠金融贷款投放工作，实现经济效益和社会效益的共同提升。（侯林璧）

【服务实体经济】　2020年，中行新城支行积极服务实体经济，助力高质量发展。落实阳泉市“新城建设”加快城乡一体化进程的重要战略部署，持续加大对区域经济重点领域和薄弱环节的支持力度，制造业、能源供应产业贷款占比保持大型银行较高水平。普惠金融贷款快速增长，对基础设施、小微企业等领域的支持力度加大。（侯林璧）

2020年9月18日，新城支行负责人深入阳泉天隆工程材料有限公司洽谈业务

【优化产品体验】　2020年，中行新城支行用心服务广大客户，持续优化产品体验。围绕经济转型升级和社会发展需要，结合区域特点，加快推进教育、商圈、银发、农村4个场景建设，将金融服务深度融入客户日常生产生活。坚持科技引领，积极运用智能柜台、移动柜台、远程见证、人脸识别等新技术提升金融服务品质与效率。继续推广手机银行，手机银行月活动客户数量、交易规模持续稳健增长。重视客户权益保护，优化客户投诉处理机制，第一时间了解客户诉求，力争妥善解决客户亟待处理的问题。通过“3·15”消费者权益保护日、反洗钱知识宣传、金融知识进万家、防范非法集资宣传等活动普及金融知识宣传教育工作，保障消费者权益，

让广大消费者不仅成为金融秩序的参与者，更是金融改革创新的体验者、推动者。（侯林璧）

【履行社会责任】 2020年，中行新城支行坚决贯彻党中央及总分行关于打赢脱贫攻坚战的部署，帮助贫困群众叙做扶贫贷款，支持汉河沟醋厂特色产业。结合“百年中行植根郊区”目标，集中优势资源，为周边居民提供便利的金融服务。疫情期间，为区教育局及区内多个学校发放政府消费券，连续三轮发放公众消费券，为周边的企业、商户提供资金支持。依托产品优势，参与地方经济建设。截至2020年末，新城支行各项存款余额2.9亿余元。其中公司存款1.4亿余元，个人存款1.5亿余元。人民币时点贷款余额1650万元。其中公司普惠金融贷款余额1300万元；个人贷款余额350万元（其中扶贫贷款100万元）。（侯林璧）

阳泉农村商业银行

【概况】 2020年，阳泉农村商业银行（下称阳泉农商银行）郊区农商银行以“转型提质”战略部署为统领，贯彻执行行业准则，有效推动各项业务经营快速稳健发展，紧紧围绕年初制定的发展战略和工作目标，抓紧抓实各项工作举措，业务经营实现稳中有进。（李慧敏）

【增存措施】 2020年，阳泉农商银行采取多项措施扩大增存。以网格化营销为基础，以“好享存”为拳头产品对辖区内客户进行大规模营销，加强客户回访，提升存款市场份额。实行“上下联动，按绩考核”，调动全员的揽储积极性，确保存款上升。全面梳理理财产品、定制产品的到期时间，合理错配期限，保证存款的稳定性，全年储蓄存款较年初净增20.21亿元。积极对接辖内国有企业及民营企业，对大项目、大客户、大资金通过灵活定价机制进行营销。主动对接各级政府部门，营销财政专户、政府专项债券项目资金、住宅专项维修资金、采煤沉陷区资金、拆迁补偿款、社保及公积金等专户。加大对公账户的营销开立工作，新增开立对公账户512户。全年累计对公存款较年初净增加8.51亿元，低成本存款余额达51.48亿元，较年初增加6.91亿元，增幅15.51%。（李慧敏）

【信贷投放】 2020年，阳泉农商银行继续推进整村授信工作，对90个行政村、9639户农户进行预授信，授信金额4.96亿元。为上千亩坪村发放首笔200万元农村股份经济合作社贷款，借助“农村集体资产监管平台”系统，为村集体经济组织提供一揽子金融服务。农户小额信用贷款余额达4816户、4.04亿元，较年初增加1246户、1.39亿元。推广兴农快贷，结合“暖阳阳e贷”风控系统，提升获客能力。推出“科创贷”、三晋英才贷等产品，为特殊产业提供差别化信贷服务。与百度云计算（阳泉）中心二期项目、国道G239线改线工程项目、山西省南庄煤炭集团公司西上庄煤矿及选煤厂项目等企业对接。“三大创新”建设、“十大产业集群”“文旅融合发展”等重点领域精准发力，截至年底，信贷支持5户、0.34亿元。累计为辖内重点工程项目发放贷款1.59亿元。运用“富民贷”等产品，对符合条件的贫困户实现“应贷尽贷”。对辖内全部贫困户进行走访对接、评级授信，授信总额0.49亿元，金融精准扶贫贷款余额达85户、0.95亿元，较年初增加299.39万元。其中：单位扶贫贷款余额11户、0.92亿元；个人精准扶贫贷款余额74户、367.5万元。为贫困户办理贴息214.74万元，到年底，阳泉农商银行所扶持贫困户全部脱贫。（李慧敏）

【不良资产清理】 2020年，阳泉农商银行采取现金清收、以资抵债、利息折让等方式对陈年旧贷分类列单清收。对部分赖债户依法起诉，对部分陈年旧案恢复执行，对进入执行环节的加大落实力度，通过多渠道核查赖账户可供执行财产线索，依法查封。对公职人员、农村党员干部不良贷款进行催收催告，做到“应清尽清”“不留死角”。积极争取政府、司法等支持，对接纪委、公安、法院等部门，联合开展严厉打击恶意逃废银行债务专项行动，出台《打击恶意逃废债·创优金融生态·打造一流农商行专项行动实施方案》；用足用好“两个移送”、失信被执行人、限高等“司法利剑”，让赖债、恶意拖欠账务的失信行为受到联合惩戒。风险资产清收处置9.2亿元，完成任务目标12.58亿元的73.13%，资料确认视同清收处置共计14亿元，完成任务目标12.58亿元的111.29%；“百日行动”共清收5.88亿元，完成清收任务6.65亿元的87.22%。（李慧敏）

【渠道拓展】 2020年，阳泉农商银行千方百计拓展业务渠道。加快“金融+社保”一站式网点建设进度，新开通义井、赛鱼2个一站式网点，累计达4个；推广第三代社保卡，引导客户通过晋享生活APP开通电子社保卡，2020年，共发行第三代社保卡37198张。开展“您缴热费我送礼”“您缴医保我出钱”活动，为辖内百姓提供线上线下缴费服务。全年代缴热力费11759笔、1535.98万元，代缴医保29333笔、821.58万元；郊区惠民惠农财政补贴资金“一卡通”系统委托单位扩大到住建局、民政局、农业局、水利局等关系民生的机关单位，代发户数增至4万余户；在凯通邻里超市上线商超MIS系统，拓宽收单业务渠道；推行MGM营销模式，通过客户转介绍客户实现批量获客；通过举办特色活动，增强客户黏性。如营业部举办“魅力瑜伽”等三期客户沙龙，借此推广各项业务。（李慧敏）

中国邮政储蓄银行阳泉市郊区支行

【概况】 2020年，中国邮储银行阳泉郊区支行自觉承担“普之城乡，惠之于民”的社会责任，定位于服务社区、服务中小企业、服务“三农”，坚持“以市场为导向，以效益为目标，以客户为中心”的指导思想，用服务拓市场，向管理要效益，各项业务取得较大成绩，有力地促进地方经济发展。年内贯彻分行全年工作会议精神，以“坚定信心、突出重点、防控风险”为主题，把增存款、调结构、夯内控、抓服务、强党建、促和谐有机地结合起来，有效促进整体业务的全面发展和核心竞争力的快速提高。截至年底，支行各项存款合计19100万元，经营利润实现340万元。（梁对萍）

【存款业务】 2020年，中国邮储银行阳泉郊区支行积极探索个人金融业务发展新模式。围绕邮储银行品牌形象、重点产品和增值服务，加大宣传力度，重维护深挖潜，保存量拓增量，关注存款重要节点，达成管控目标，建立支行长、客户经理、大堂经理、柜员四位一体的分层营销体制，借助中国邮储银行阳泉郊区支行推出的个人结构性存款、大额存单、资管产品、中邮证券以及各类纯债基金。结合客户需求，丰富客户产品选择的种类，为客户有效配置产品，厅堂及外排双管齐下，做好存量客户和流量客户的营销拓宽存款。根据行里营销计划，做到沙龙的持续开展，微信群的建立及互动，确保周周有活动、月月有主题、逢节过节通过活动吸引客户到行办理业务，促进存款增长。正向激励拉存款，通过制定员工绩效考核办法，充分调动员工积极性，鼓励员工主动联系客户办理存款，从源头抓好大客户拓户工程，充分挖掘人脉，收集一手信息，主动出击、上门推介，全年累计个金存款较上年增加1200万元，对公存款较去年增加500万元，实现两项存款双突破。（梁对萍）

【合规经营】 2020年，中国邮储银行阳泉郊区支行通过晨夕会、周例会等形式，宣讲典型案例，传导法规制度，在思想上筑起拒腐防变的坚强防线。强化合规经营，将合规作为底线、红线，以案为鉴，加强培训，定期召开内控案防分析会，抓好重要风险点的防控。不断提升制度执行力，开展员工行为排查，大额资金检查、ATM 机运行情况检查等。深化全面风险管理，坚持问题导向，充分发挥风险与内控管理委员会在政策指导、制度建设、流程优化、工作督办等方面的引导作用，强化顶层推动。加强信用风险监测和资产分类，按月对领用风险进行监测与分析，发现问题与不足，强化整改和处置工作。做好信用卡逾期催收工作，继续实施“一户一策”清收策略，通过自主清收、司法清收、政策激励等手段，加大不良贷款清收力度，降低中国邮储银行阳泉郊区支行不良份额，截至年底，支行持续保持“零发案率”。 （梁对萍）

【中间业务增长】 2020 年，邮储银行阳泉郊区支行积极发展中间业务，促进经营利润提升。在日常营销过程中打破专业限制，上下联动，公私对接，捆绑营销，对目标客户进行整体渗透营销。年内推出腾讯卡、军服卡及社保卡等多种新卡种，借助腾讯卡 1 元扫 15 元话费，军服卡活动大优惠及社保卡办理领电话费的活动，加大绑卡力度。支行开办 POS 收单业务，借助一码付的优惠活动，锁定商户，加大绑卡交易量。全年增加手机银行 1150 户，快捷绑卡 1350 户，信用卡发卡 910 户，拉动中间业务的快速增长。 （梁对萍）

【资源整合优化】 2020 年，邮储银行阳泉郊区支行结合省行、市行的政策引导，持续做到贷款业务下沉，真正整合各项资源，将网点打造成信贷、对公、个金为一体的多功能网点，实现客户资产利益最大化。通过交叉引见、联动营销，做到资源的优化利用。取得社保一体卡开通资质，与社保进行紧密配合，提供大量手持电子信息设备，有效推动郊区劳动力的建档立卡。 （梁对萍）

中国人民财产保险公司阳泉市郊区支公司

【概况】 中国人民财产保险股份有限公司阳泉市郊区支公司隶属于中国人民财产保险股份有限公司。支公司下设河底、平坦、荫营、西南舁、杨家庄 5 个营销服务部及 1 个综拓业务部。主营车险、财产险、意外健康险、责任险、货运险、组合险、个人非车险、农险等险种。2020 年在职职工 12 人，营销员 45 人，电销座席 8 人。保费收入 1878.89 万元，获阳泉市分公司“2020 年度家自车增量贡献奖”“2020 年度商非增量贡献奖”“2020 年度农险业务发展优胜奖”荣誉，区域市场份额位居第一，赔付支出 1416.2 万元。 （史瑞霞）

【商非险领域开拓】 2020 年，人保财险郊区支公司在固守家财险、货运险、学幼险等传统商非团、个险险种基础上，利用宣传手段和推广活动，开拓商非险种新领域。6 月，抓住“消除事故隐患 筑牢安全防线”安全生产月宣传契机，签出全市首单企业建筑施工安全责任险，收取保费 22.8 万元，及首单集公众责任和食品安全责任为一体的“地摊保”组合保险产品，成为商非新业务发展的又一项突破。 （史瑞霞）

【农险工作】 2020 年，人保财险郊区支公司与区政企部门及乡镇、村紧密对接，抓住市场先机，在农险工作中提速领先。一季度成为全市第一家首次森林险招标中标单位，承保森林险 46.61 万元；二季度成功中标玉米险承办权，收取保费 46.42 万元，签单“3+N”扶贫保险保费 55.24 万元，加速拓展养殖险新业务，推动农险整体提速迈进。全年农险保费累计达 325.18 万元，提前 20 天完成年度目标，区域份额位居第一。 （史瑞霞）

【服务提升】 2020 年，人保财险郊区支公司为全面提升县域服务能力，提升服务温度，于 9 月组建地面续保团队，配备完善职场设备。截至年底，招聘座席人员 8 人，为县域内客户提供业务咨询、提醒、承保等线上化服务。深化警保合作，5 月中旬与市交警支队联合召开“警保联动”“一盔一带”

工作推进会，座谈合作事项。8 月与市交警支队、消防、急救中心、交通局等 13 家单位共同参加阳泉市 2020 年道路交通事故应急救援演练，提高“警保联动”在面对交通事故时的高效协同实战能力。荫营传统庙会期间，与市交警三大队联合开展“一盔一带”安全宣传活动，推进“一盔一带”安全守护行动，深化警保合作。（史瑞霞）

中国人寿保险公司阳泉市郊区支公司

【概况】 中国人寿保险股份有限公司阳泉市郊区支公司（以下简称中国人寿郊区支公司）是中国人寿保险股份有限公司阳泉分公司在郊区设立的分支机构，位于阳泉市郊区荫营镇东大街 25 号，成立于 1996 年，2003 年完成股份制改造。2020 年，公司保费收入达 2300.84 万元，各类赔付支出 469.96 万元。（翟　鑫）

【党建工作】 2020 年，中国人寿郊区支公司紧紧围绕三大渠道业务、队伍各项指标，以深化服务型党组织建设为载体，以推进作风建设常态化为抓手，全面加强公司思想、组织、作风、反腐倡廉和制度建设。坚持从严治党，强化党建工作责任，加强和规范党内政治生活。注重实效，广泛开展“两学一做”学习教育。通过上党课、理论学习、专题组织生活会等多种形式，组织党员干部系统学习落实全面从严治党主体责任规定；学习习近平总书记“4·19”重要讲话；学习《中国人寿学习贯彻中共十九届四中全会精神宣讲提纲》引导党员干部用党的理论武装头脑、指导实践、推动工作。理论学习和业务培训有机结合，确保党建教育的日常化和效果长期化。密切联系群众，加强和改进思想政治工作，做好党员发展工作。（翟　鑫）

【健全监督网络】 2020 年，中国人寿郊区支公司自觉接受社会监督，主动开展民主评议活动，通过召开员工谈心得体会、邀请客户座谈、开展问卷调查等多种形式，广泛听取社会意见。开展“三讲”提升公司员工整体政治素质，加强管理团队的凝聚力，提高各类风险防控能力。全年开展“三讲”12 次，涉及诚信教育、诚信文化、销售合规等方面。全年共开展反洗钱和非法集资培训 12 次，宣传 12 次，涉及 370 余人次。全年接到咨询或投诉事项 1210 件，涉及客户咨询销售误导、新单回访、客户邀约、续期客户服务等方面，经过访谈和解，全部妥善办结。年内还开展了矛盾纠纷情况排查、人身险自律检查、风险大排查、声誉风险排查工作。（翟　鑫）

教育　科技

教　育

【概况】　2020年，阳泉市郊区以“发展更加公平更有质量的教育”为根本目标，深入贯彻中共十九大和十九届五中全会精神，紧扣全市教育“六个领先”（立德树人品牌打造、基础教育优质均衡、教育改革先行先试、内涵引领质量提升、智慧教育全省示范、教师能力优化升级六个方面领先发展）和全区“争做转型发展表率，打造城乡融合样板”奋斗目标，以内涵发展为方向，以改革创新为动力，以队伍建设为核心，实施教育强区战略，构建现代学校治理体系，全面贯彻党的教育方针、深化教育改革、提高教育质量、推进乡村教育振兴计划，办出让人民群众更满意的高质量教育。年末，全区学前教育普及率99.7%；义务教育入学率、巩固率、毕业率全部达100%；高中阶段毛入学率达97%，普通高中招生800人，区职业学校招生337人；新增民办教育机构5所。全区教育投入3.23亿元，一般公共预算教育经费占一般公共预算支出的比例达14.22%。　（郭　江）

【系统党建全面强化】　2020年，阳泉市郊区教育系统深入贯彻落实习近平新时代中国特色社会主义思想和中共十九大、十九届五中全会精神，以深化“三基建设”（基层建设、基础工作、基本功训练）为主抓手，全面提升系统党建水平。开展星级支部、先锋支部创建，共创建五星级支部3个，四星级支部7个，三星级支部11个；培树先锋党支部14个、党员先锋岗5个；发展新党员2名，11个基层党（总）支部换届，8人走上书记岗位。组织中共十九届五中全会精神学习教育活动，5个宣讲团深入全区中小学校，全覆盖、多层面宣讲，共作报告15场；1642名教职工和221名退休党员参与“学习强国”APP学习，56名教职工获区学习强国“学习之星”称号，1084名教职工参加区“学习强国”知识竞赛，区直教育工委获优秀组织奖。开展“五整治五严禁”专项整治，围绕“五个方面”（文风不正、会风不严、责任缺失、办事无章、纪律松懈）查摆，工作作风得到优化。　（郭　江）

【教育质量持续提升】　2020年，阳泉市郊区严格落实《中小学德育工作指南》，开展社会主义核心价值观“心行教育”活动。育才小学《立德树人，心行养成》典型案例入选全省20个中小学德育工作典型经验和做法。区职业高中、区实验小学、育才小学、荫营二中、阳泉十中创建为市级社会主义核心价值观“心行”教育示范校。全区高考二本以上达线（含艺体类）390 人，较 2019 年的 360 人增加 30 人，达线率 43.7%，较 2019 年提升 7.2 个百分点。中考“总均分”“总及格率”“高分段人数”三项指标位居全市第三。（郭　江）

【疫情防控扎实有效】 2020 年，阳泉市郊区教育系统认真贯彻落实上级党委、政府要求，严格属地管理责任，认真落实“十个到位”要求，全面做实、做细、做精各项疫情防控。对辖区内所有学校（园）疫情防控进行全覆盖监督检查和指导，建立“区—学校—年级—学生（家长）”四级防控工作联系网络，严格实行“日报告，零报告”信息报送制度。加强防疫物资保障，为全区中小学（园）安装体温检测门，购置口罩、体温枪、手套、消毒液等防疫用品。全面贯彻“教师离校不离教，学生停课不停学”要求。按照《阳泉市郊区延期开学期间中小学远程教学服务工作方案》，利用“钉钉直播”“超星学习通”等教学平台，全面开启中小学生线上教学。区教研室通过网络教研，就做好线上与线下教学有机衔接进行研讨，对教学工作进行全面部署。完善日常教学管理和监控办法，因校施策，采取教研员包校制度，强化精准指导，大力度提升教育教学质量。按照上级安排部署，分步骤推进中小学全面复学，对区内各级各类学校采取分批分次的办法逐步复课复学。全覆盖强化硬件配备，开学前对宿舍、食堂、厕所等按照防疫要求进行升级改造，添置更新消毒灯等设备；全覆盖加强卫生工作，为每所学校（园）指定定点联系医疗机构，配备专业人员负责指导学校疫情防控和卫生工作。（郭　江）

【办学条件持续改善】 2020 年，阳泉市郊区中小学校办学条件持续改善。区职业高级中学、育杰学校新建工程启动实施，开发区实验小学二期建设项目主体完工，荫营中学新建餐厅主体完工，中小学旱厕改造全部完成，3 所农村寄宿制学校建设工程全部竣工。义务教育薄弱环节改善与能力提升项目全部完成，新（改、扩）建及维修校舍 4 所，中小学校全部接入一键报警系统，购置计算机、智慧黑板 326 台，购置国家标准学生升降桌椅 3690 套。睿智艺术幼儿园、梦想幼儿园通过普惠性幼儿园创建验收。（郭　江）

【惠民政策精准落实】 2020 年，阳泉市郊区严格落实各项教育惠民政策。义务教育、职业教育免费持续落实，中职资助、幼儿资助、高中资助和义务教育阶段寄宿生生活补全年共发放 275.85 万元，受助学生 3504 人次；生源地信用助学贷款受理合同数 1632 笔，发放金额 1141.9342 万元；“营养改善计划”补助资金 36 万元，受益学生 723 余人；开行 70 条专线、运行 74 辆校车，覆盖所有撤并中小学校，3000 余名学生受益。（郭　江）

2020 年，阳泉市郊区运行 74 辆专用校车接送学生

【教育改革全面深化】 2020 年，阳泉市郊区出台《阳泉市郊区 2020 年普通中小学校教师县管校聘管理改革实施方案》，制定“三步走”的分阶段实施步骤，1600 余名教师竞聘上岗，竞聘上岗率达 100%，其中有 200 余名教师跨校竞聘，竞争择优、能上能下的用人机制更加完善。组织综合素质评价平台操作培训，各学校修订完善《综合素质评价方案》，科学划定各个等级比例，规范评价结果公示、存档、上报、备案流程，完成 2017 级初中毕业生综合素质评价工作。制订《阳泉市郊区学区化联盟

办学模式改革实施方案》，重新确定学区联盟组，各联盟校制定办学章程、发展规划、工作方案、活动计划等，以联盟为依托，以优质校为龙头的集团化方式助力全区学校优质均衡发展。（郭　江）

【语言文字工作】 2020年，阳泉市郊区语言文字工作委员会选拔育才小学葛素敏、张媛，文苑小学杨风青，河底联校光惠，二十中李涛5名语文教师参加中华经典诵读网络专项培训，推荐5件优秀作品参加市级评选。开展第23届全国推广普通话宣传周活动，各乡镇、学校和区直单位均结合工作实际开展形式多样内容丰富的宣传活动。对2019年和2020年应达标的育英小学、育才小学、西南舁中学、河底联校、白泉中学、三泉中学、杨家庄学校、杨家庄联校、巨兴小学、玉泉中学10所学校（巨兴小学、玉泉中学2所为督查单位）进行检查督导，全区学校语言文字工作达标任务全部完成。组织区直单位及社会人员共计52人参加普通话水平等级测试。组织全区24所学校168名教师和3069名学生参加省教育厅组织的"书香三晋——2020年山西省中小学生经典名著阅读"活动。（张　惠）

【学历培训】 2020年，山西广播电视大学郊区教学点共招生75人，本科28人，专科33人；另加"农村干部学历提升工程"本科6人，专科8人；在校生人数259人，本年度毕业生59人。9月，郊区教学点连续两年被山西广播电视大学阳泉分校授予先进工作站荣誉称号。（张　惠）

【中小学布局优化】 2020年，阳泉市郊区调整区域中小学布局，共撤并5所学校，分别为玉泉中学、东村中学、燕龛学校、平坦中学和李家庄小学。开发区巨兴小学投入使用，新组建玉泉中学高标准寄宿制初中学校。9月，阳泉郊区布局调整经验做法《绘就"一张图"定立"一张表"密织"一张网"全力推进中小学布局调整和资源整合》在全省义务教育学校布局优化工作部署会上交流。（郭　江）

【中小学机器人课程辅导员线下交流培训】 2020年10月19日，阳泉市电教馆在阳泉郊区实验小学组织中小学机器人课程辅导员线下交流培训，全区中小学30余名信息技术教师参加。培训以公开课展示、专题讲座、分组研讨、现场答疑等形式进行。市电教馆教师做主题讲座，山西禾希科技有限公司专业人员现场解答机器人教学编程相关问题，指导机器人编程教学实际应用。（郭　江）

【初中毕业年级教师网络教研】 2020年2月29日和3月1日，阳泉市郊区教科局组织初中毕业年级和毕业科目网络教研活动，13所初中学校9个学科222名教师通过钉钉视频会议参加研讨。各学校分享网络授课经验，各学科教师针对"如何有效地进行复习备考"进行交流研讨；区教研室各学科教研员从"整合、优化教学内容，确保教学进度和教学质量""加强对学生监管，确保'一生一案'的落实""处理好网络教学与正常教学的关系，确保正常开学后各项工作的顺利衔接"等方面对如何进一步开展好网络教学提出建议。（郭　江）

【中小学校（园）长读书论坛】 2020年7月30日，阳泉市郊区2020年中小学校（园）长"书香校园"读书论坛在区青少年活动中心举办，活动以"走进教育经典、提升管理质量"为主题，28名校（园）长交流读书心得，从不同角度分享管理智慧、办学思想和办学特色。（郭　江）

【新上岗教师培训】 2020年，阳泉市郊区教师进修学校组织开展新上岗教师培训工作，帮助新教师提升专业素质。邀请平定师范专科学校赵毅鹤老师和一线优秀班主任对2020年40名新上岗教师进行为期一个月的"三笔字"和"班主任管理工作"培训。组织新上岗教师开展为期两周的"课堂教学培训活动”。抓住区省级名师续聘考核这一契机，发挥名师的示范辐射作用和发扬“老带新”“传帮带”精神，通过“同课异构”形式，安排新教师上展示课、名师上示范课，并且将说课、议课、评课及课后指导融为一体，系统、科学地帮助新上岗教师在课堂教学这一环节得到有效改进。邀请超星集团专任培训师翟摘迪对2019、2020年度新上岗教师及各校师训负责人和教研分管领导共计126人开展为期两天的“学习通在教研教学方面的应用”专题培训。（张 惠）

【丰华双语学校工会成立】 2020年2月，阳泉市郊区丰华学校召开工会成立暨第一次会员代表大会，标志着丰华双语学校工会组织正式组建成立，成为本区首个成立工会组织的民办学校。（郭 江）

【主题演讲比赛】 2020年5月15日，阳泉市郊区教育科技局组织“诚信感恩，励志成才”主题演讲比赛，27名中小学生用亲身经历讲述自身贫寒却依旧立志发奋读书的故事，讲述教育扶贫带来的变化和希望，通过演讲讴歌新时代，感谢党和国家的惠民政策，感受到教育扶贫惠及民生。

（郭 江）

【高水平实训基地建设项目】 阳泉市郊区职业高中按照省教育厅关于开展2020年职业教育高水平重点专业和高水平实训基地建设项目的通知要求，积极组织开展申报，经过第三方机构形式审查和专家遴选，最终被确定为全省2020年职业教育高水平实训基地建设项目学校，确定计算机平面设计为项目专业。（郭 江）

【河底小学建校100周年】 2020年10月8日至30日，阳泉市郊区河底小学举行主题为“百年河校，百年辉煌”建校100周年校庆活动。包括“联动你我，共庆百年”网上送祝福活动、“百年河校，光辉历程”演讲比赛、“诵读经典诗文，享受诗意人生”经典诵读活动、校庆吉祥物设计大赛和“百年河校，百年辉煌”庆祝活动。（刘永生）

【禁毒教育基地建成】 2020年11月，阳泉市郊区荫营第二中学校投资10余万元，在校园里建成面积约100平方米的禁毒教育基地。基地布设有禁毒警示、宣传标语、毒品知识宣传栏，凸显禁毒主题，通过展出常见的毒品模型和部分吸毒工具，营造心灵震撼效应和视觉冲击效果。（余素明）

【项目化学习实践活动】 2020年9月，阳泉市郊区育才小学利用校园现有资源，启动“校园伴我行”项目化学习实践计划。包括“地球村”“太阳城”“星星岛”“月亮湾”4个学习实践基地，旨在以校园文化建设与学习实践为突破口，实现思想品德教育与劳动实践教育相结合、心行教育与文化学习相结合、学校教育与家庭教育相结合，突出文化育人的特色，做到校园是我家，使校园成为多功能实践基地，对学生进行动手实践、热爱劳动、保护环境、爱心责任等教育。（郭永军 李永存）

【武敏荣获全国优秀共青团员称号】 2020年4月，共青团中央发布《关于表彰“全国优秀共青团员”“全国优秀共青团干部”“全国五四红旗团委（团支部）”的决定》，阳泉市郊区荫营中学1709班学生武敏被共青团中央授予“全国优秀共青团员”称号。

（郭 江）

【区职业高中大赛获奖】 2020年，由省教育厅、省人社厅和省总工会联合举办的山西省第十四届职业院校技能大赛中，代表郊区参赛的区职业高级中学代表队在15个比赛项目中共获得23个团体及个人奖项，其中一等奖3个、二等奖12个、三等奖8个，创该校参加技能大赛以来的历史最好成绩。（郭 江）

关心下一代工作

【概况】 2020年，阳泉市郊区关工委认真学习贯彻落实习近平新时代中国特色社会主义思想和中共十九届二中、三中、四中、五中全会精神以及省、市领导对关心下一代工作的指示，紧紧围绕关心青少年健康成长的工作目标，坚持“急党政所急、想青少年所想、尽关工委所能”的工作原则，按照“围绕中心、突出重点、勇于创新、务求实效”的工作思路，扎实开展“传承红色基因，争做时代新人”主题教育活动；进一步推进“中华魂”读书活动；全面夯实“五老”帮扶工作；积极构建学校家庭社会协同育人机制；不断优化青少年健康成长的社会环境，多措并举促进郊区关心下一代工作取得新进展。（张婧芳）

【《血债》在郊区开拍】 2020年8月25日，由阳泉市关工委与阳泉市广播电视台联合拍摄的纪录片《血债》，在郊区南沟村狼峪抗战遗址和大西庄村开拍，区关工委协调相关部门、单位，给予大力支持和配合，保证拍摄工作的顺利进行。（张婧芳）

【助力郊区中小学校（园）开学复课】 2020年3月22日至6月8日，阳泉市郊区关工委组织市蓝领人力资源服务有限公司的专业人员对荫营中学、玉泉中学、文苑小学、实验幼儿园等30多所校（园）免费进行全方位的消杀，确保学校的顺利开学复课。（张婧芳）

【“中华魂”主题演讲】 2020年，“中华魂”（爱我中华）主题教育演讲表彰活动中，固庄煤业王慧获全国青年组一等奖，文苑小学任子心获全国小学组二等奖，阳泉十中杨羽晗、荫营二中曹慧娴获全国中学组三等奖；郊区“中华魂”主题教育组委会被评为省“先进集体”，文苑小学高鹏莺被评为省“先进工作者”，荫营联校陈琪获省青年组二等奖，文苑小学李明月获省小学组三等奖；文苑小学、阳泉十中、河底联校、荫营中学获市“集体优胜奖”，区关工委主任王振杰获市“优秀组织者奖”，区教育科技局曹丽仁等4人获市“先进工作者”，阳泉十中张芳等6人获市“优秀辅导教师”，育才小学王思睿等4人获市“个人优秀奖”。（张婧芳）

【单位荣誉】 2020年11月24日，在市关工委组织的“个十百千”五老关爱帮扶行动表彰活动中，郊区关工委等8个集体被评为“先进集体”，胡培明等16人被评为“先进个人”，受到表彰。

（张婧芳）

科 技

【概况】 2020年，阳泉市郊区教育科技局坚持以习近平新时代中国特色社会主义思想为指导，全面贯彻中共十九大和十九届二中、三中、四中、五中全会精神，深入贯彻习近平总书记视察山西重要讲话重要指示，全面落实省科学技术大会和市科技创新推进大会精神，按照区教育科技局的总体工作部署和全区科技工作要求，制定工作措施、明确岗位责任，制定出台全区《关于加快构建一流创新生态推进郊区高质量转型发展的实施意见》以及《关于支持科技创新加快构建一流创新生态的若干政策》（简称科技创新10条），深入实施创新驱动发展、科教兴区和人才强区战略，加快构建一流创新生态，着力实现“六新”突破，进一步推进全区高质量转型发展。（武存贵）

【科技项目管理】 2020年，阳泉市郊区以项目支撑“六新”，集聚动能、培育势能、推动转型，积极组织各类科技项目申报。全年组织申报国家科技项目3项，省科技项目2项，市级科技项目12项，争取上级科技扶持资金132万元。组织山西河坡发电有限责任公司牵头申报“低热值煤清洁高效燃烧资源利用与灵活发电关键技术”国家重点科技专项并通过科技部评审。推荐立博线缆、煜祥砂器申报科技部“科技助力2020重点项目”，推荐裕盛源申报山西省农业龙头企业科技研发专项，推荐中机伟林申报省发改委产教融合项目。（武存贵）

【科技型企业培育】 2020年，阳泉市郊区强化企业技术创新主体地位，健全“科技型中小企业、高新技术企业、创新型领军企业”梯次培育机制。通过“贴心行动”“五问五心”、入企帮扶等活动，帮助企业开展科技型企业入库、高新技术企业认定等工作。组织中嘉磨料磨具、广凯机械等7家企业开展高新技术企业申报，组织通宝鑫能申报2020年度省级民营科技企业。高新技术企业14家，入库科技型中小企业18家。奖励扶持14家科技创新成效突出的企业950万元，为科技型企业办理区“助保贷”300万元。（武存贵）

【科技人才】 2020年，阳泉市郊区创优科技人才发展环境，全面落实区委《深化人才发展体制机制改革的实施意见》，大力实施科技创新人才引进培育计划，围绕高新技术产业发展，聚焦科技创新人才，培育创新资源，努力打造“政策引才、平台聚才、服务留才”人才生态最优区。加强科技创新人才团队建设，组织推荐恒源耐火的“冶金高炉工程材料阳泉市科技创新团队（平台）”和立博线缆的“硫化器阳泉市科技创新团队（平台）申报市级重点科技创新团队（平台）。深化科技特派员制度，围绕脱贫攻坚、农业项目等工作，选派14名农村科技特派员结对帮扶全区24个贫困村，实现脱贫攻坚科技服务全覆盖。对2020年度36名科技人才进行奖励，奖励资金达16.3万元。（武存贵）

【科技成果转化与创新平台】 2020年，阳泉市郊区抓紧谋划建设高水平科技创新示范基地，打造郊区“双创”升级版。推进阳泉市郊区科创中心建设，联系国内清控科创及中科创投多次到郊区调研双创载体建设工作。协助阳泉中机伟林磁机电产业研究院建设工程，开工手续年末办理完毕，全面开工建设。支持产学研合作，加强中试基地建设，推动航天气凝胶中试基地转入大规模生产。新建中科泓源与北京科技大学产学研合作平台和航天级新型智能防护服中试基地，推动科研成果向现实生产力转化。郊区4家研发平台通过市级工程技术研究中心评价。金隅通达、银宇耐火与山西工程技术学院共建先进高温功能耐火材料市级重点实验室通过认定。新增市级重点实验室和工程技术研究中心各1家。（武存贵）

【科技合作与交流】 2020年，阳泉市郊区与驻地两所高校对接，到重点企业开展调研，与山西工程技术学院举行“新经济·新发展·新未来”区校融合创新论坛，签署战略合作框架协议，开启区校融合创新新局面。（武存贵）

2020年11月24日，郊区政府和山西工程技术学院联合举办“新经济·新发展·新未来”区校融合创新论坛

防震减灾

【防震减灾宣传】 2020年，阳泉市郊区开展纪念“5·12”汶川地震日和“7·28”唐山纪念日系列宣

传活动，共发放宣传资料3000余份，防震减灾手提袋800余个，宣传扇400余把，防震减灾小扑克600余副，预防地震科学小常识画册500余份。（王 瑛）

2020年5月12日，阳泉市郊区防震减灾中心开展防震减灾日宣传

【监测预报】 2020年，阳泉市郊区防震减灾中心按照省、市地震局安排，做好地震烈度速报预警工作，确定郊区防震减灾中心及荫营二中2个点为“国家地震烈度速报与预警工程”项目。年末，基础建设完成，预警设备准备安装。坚持24小时震情值班制度，实时开展震情监控。宏观观测员、地震助理员实行日报制度，每日将有关情况上报到郊区防震减灾中心，确保及时报告宏观异常情况。（王 瑛）

【应急演练】 2020年8月13日，阳泉市郊区防震减灾中心组织中心全体工作人员及三网一员参加全省地震系统应急演练。开展模拟山西省大同市云冈区（北纬40.0度，东经113.1度）发生5.5级地震，震源深度10千米1小时演练和第二时段模拟阳泉市平定县（北纬37.81度，东经113.84度）发生4.5级地震2小时应急演练。（王 瑛）

【科普示范学校社区】 2020年，阳泉市郊区防震减灾中心根据山西省出台的地方标准《中小学防震减灾示范学校评价规范》，重新认定郊区育才小学、文苑小学2所省级防震减灾科普示范学校。会同应急、消防、气象、红十字会等有关部门对盛世新城、新澳城、珍宝园、御康社区进行综合减灾示范社区的考评验收。（王 瑛）

【地震灾害风险评估】 2020年，阳泉市郊区防震减灾中心按照山西省地震局《市县级地震灾害风险评估工作实施细则（试行）》及阳泉市地震局关于开展地震风险评估工作要求，开展地震灾害风险评估工作。先后对各乡镇地震助理员和机关全体干部职工进行集中培训，重点了解掌握郊区房屋结构类型的识别方法、地形条件和交通条件的判定、全村抗震能力评价方法、房屋建筑照片拍摄注意事项等内容。搜集郊区人口、经济、交通、水库、地质灾害、气象、学校等应急基础数据，对4个乡3个镇146个行政村进行实地调研，共填写《综合统计表》136份，拍摄全区各类典型建筑物照片近1500张。调研历经3个月，完成地震灾害风险评估工作，报告经山西省地震局验收通过。（王 瑛）

【地震应急准备】 2020年，阳泉市郊区防震减灾中心对郊区重点部门和重点单位开展地震应急准备工作。区乡两级共储备食品24吨，饮用水59吨、帐篷240顶。室外应急避难场所7处，总面积15.75万平方米，预定疏散11万人。组建综合应急救援大队100余人和地震志愿者队伍160余人。（王 瑛）

文化旅游　传媒

文化旅游

【公共文化服务建设】 2020年，阳泉市郊区按照《2020年全省公共文化领域重点改革任务推进方案》《2020年阳泉市公共文化领域重点改革任务推进方案》要求，出台阳泉市郊区文化和旅游局《关于2020年全区公共文化领域重点改革任务推进方案》，完成4个文化馆分馆、4个图书馆基层服务点的设施配套。为全区157个村的文化服务中心、16个社区文化服务中心进行各类活动室的制度、标识牌的制定与制作，不断完善贫困村文化硬件、软件设施。为各乡镇文化站、文化服务中心等配备专用电脑、图书、图书柜、阅览桌、音响等各类文化设施，配送图书出版物共计433种6900册，配送图书柜共计70个，图书阅览桌椅34套，配送拉杆音响59个。（胡艳红）

【文化惠民工程】 2020年，阳泉市郊区文化和旅游局根据山西省文化和旅游厅、山西省财政厅《关于印发〈山西省“免费送戏下乡一万场”（2020）实施方案〉的通知》和《阳泉市2020年“免费送戏下乡”文化惠民演出实施方案》，出台《阳泉市郊区2020年“免费送戏下乡”文化惠民演出实施方案》。5月启动“免费送戏下乡”活动，区歌舞团精心编排10多个主题鲜明、内容丰富的舞蹈、演唱、乐器演奏等群众喜闻乐见的文艺节目，先后在西南舁乡五里庄村、河底镇山底村、杨家庄乡小西庄村等乡村演出，全年共演出61场。（胡艳红）

【文化建设成效评估】 2020年9月14日，山西省文化和旅游厅评估组一行到阳泉市郊区，就区级文化馆、图书馆总分馆制建设以及基层综合文化服务中心建设工作进行成效评估。评估组先后到区文化馆、区图书馆、三都村文化服务中心评估检查，通过实地查看、核查资料等形式，重点围绕设施建设、队伍建设、文献资源建设、服务提供、运行管理机制等方面，对全区近两年来的基层文化建设工作实效进行整体评估。（胡艳红）

【举办首届春晚】 2020年1月20日，“多彩郊区、幸福家园”阳泉市郊区首届春节联欢晚会上演。节目涵盖歌舞、相声、小品、晋剧等多种形式，融合G239重点工程、创建国家卫生城市、庆祝中华人民共和国成立70周年、脱贫攻坚、乡村振兴战略、村社治理新体系、招商引资、乡村旅游发展、新时代郊区精神、新时代文明实践等成果，创作出《多彩郊区、幸福家园》《拆菜园》等一批原创节目，具有地方文化特色和时代精神。

（张蓉蓉）

【舞台剧《温河儿女》】 2020年，舞台剧《温河儿女》上演，作品运用说白、演唱、舞蹈等多种表演形式，通过《英雄赞歌》《天地星火》《英雄豪气》《温河战歌》《英雄出平凡》五个篇章，讲述在中国革命、建设、改革波澜壮阔的历史进程中，郊区儿女建支部闹革命、英勇抗日、劈太行引温河建设灌区、谋发展促转型、团结抗疫的英雄事迹。《温河儿女》在郊区各乡镇、社务中心巡演9场次，观看党员干部、群众6000余人次。（张蓉蓉）

【“三个一批”活动】 2020年，阳泉市郊区文化和旅游局依托区域各级各类公共文化服务阵地实施“三个一批”战略，变“送”文化为“种”文化，组织申报乡村群众文艺队伍（文艺小分队）33支、乡土文化能人艺人20人、乡村文化带头人32人。全年共开展活动1707场，并上传平台活动照片，其中乡土文化能人艺人上传285场、乡村文化带头人上传场次为385场、文艺小分队上传场次为1011场。

（张蓉蓉）

【文艺创作】 2020年，阳泉市郊区文化馆围绕全区工作大局，坚持正确的政治方向和以人民为中心的创作导向，以重点文艺作品和重大节点文艺创作为工作重点，开展极具地域文化特色的文艺创作。新创作品题材涵盖脱贫攻坚、防疫抗疫、革命历史、新农村建设、文化旅游、新时代文明实践和村社治理新体系等。创作有歌曲《爱在故乡》、小品《农家乐》、相声《我是志愿者》等21个节目，重点打造展现桃林沟乡村风貌与景区特点的文化终端产品——大型旅游主题广场舞《再唱桃花红》和“歌颂历史、致敬英雄、传承精神”的红色传统文化精品——阳泉市郊区纪念建党99周年大型舞台剧《温河儿女》。立足三义文化、舁上文化、红色文化等域内文化，创作文化旅游主题歌曲《刘备山》，以众志成城抗击疫情的国家力量和民族精神为源泉，创作抗疫战歌《让我先上》。（张蓉蓉）

【全民阅读推广活动】 2020年，阳泉市郊区图书馆以“倡导全民阅读，建设书香社会”为工作目标，坚持“惠民化、均等化”的基层服务工作原则，通过馆内馆外、线上线下多维度协同推广全民阅读。受疫情防控工作影响，郊区图书馆实行有限制的开放工作，分批次、小规模开展“阅三晋，行天下——全民阅读推广”“世界读书日——全民阅读月”“我们的中国梦——文化进万家”等系列活动。开展书展图展、经典诵演、主题征文、书法比赛、公益讲座、读书分享论坛等形式的59场阅读推广活动，累计服务3.3万余人次，其中阅读类活动共计46场次，动员人数达1.5万人次，累计发

2020年1月20日，“多彩郊区、幸福家园”阳泉市郊区首届春节联欢晚会上演

放纪念品400余份。郊区图书馆继续大力推进数字文化服务体系建设，依托数字美篇平台，开展线上文化宣传活动，开辟“童心阅三晋”——《金闪闪的故事屋》专栏，第一季十二期共讲述84个小故事。另推送有“文化生活进万家——文旅e家助力美好生活”“病毒无情，防控有方”“历久弥新——中国共产党历届党代会图文展”等45篇推文，内容涵盖数字资源推介、馆内重要活动推广、公益文化课堂、疫情防控宣传、节日纪念日科普等方面，累计服务超过3.4万人次。（朱佳慧）

【基层图书馆服务体系】 2020年，阳泉市郊区图书馆拓展公共文化服务范围，延伸服务功能，新建郊区宣传部流动图书服务点和郊区行政审批局流动图书服务点2个读者自助借阅登记管理的全开放阅读网点，配送图书、期刊200余册和数字阅读视听资源10万余册的资料，内容涉及政治、经济、文学、历史、管理多个类别。年末，郊区图书馆初步建成以本馆为中心、以3个分馆为重点、以24个流动图书服务点为基础的总分馆服务体系，网点覆盖全区多个学校、机关，年均接待服务各类人员3万余人次。（朱佳慧）

【获授省级志愿服务站点】 2020年12月，阳泉市郊区图书馆“学雷锋文化服务站”被山西省委宣传部纳入“第二批省级志愿服务站点”。服务站成立以来，探索和完善学雷锋文化志愿服务体系的规范化、长效化、志愿化、服务化建设，开展各类全民阅读推广活动，承办各类读书比赛，开展公益讲座工作、关爱留守儿童、家庭教育、倡导文明言行、热爱社会公共卫生等公益活动。年末，发展学雷锋文化志愿服务者61人，全年参与各类学雷锋文化志愿服务工作累计1700小时以上。（朱佳慧）

【公益培训讲座】 2020年7—8月，阳泉市郊区图书馆开办“书香浸润，阅读有益”——中小学读书指导公益系列讲座20次，单次限额33人，累计授课时长达300小时。11月，区图书馆在三郊小学、上千亩坪小学、三泉小学和育才小学流动图书服务点同时开设“弘扬传统文化——软（硬）笔书法兴趣班公益课堂”，志愿者利用学校课余时间累计前往授课16次，直接服务群众超过2000人。（朱佳慧）

【征集地方文献】 2020年3月，阳泉市郊区图书馆地方文献资料室开展疫情防控文献征集活动，面向社会各界人士长期收集各种载体的抗疫相关文献资料。9月，区图书馆响应由市委宣传部、市文旅局主办的“节气文化·四季阳泉”主题文旅活动暨“魅力郊区·多彩四季”文旅活动，面向全区开展“美丽乡村·自驾游——随手拍照片征集”工作，用镜头记录和展现脱贫攻坚记忆。（朱佳慧）

【校长读书分享论坛】 2020年7月30日，阳泉市郊区文旅局与郊区教科局联合主办“阅读经典服务教育——书香校园”校长读书分享论坛，活动由区图书馆、区教师进修学校、区青少年活动中心共同承办。来自全区各联校、中学、九年一贯制学校、区直学校（园）的28名校（园）长，从“读书—收获—实践—心得—成果、文化校园建设—规划—设计—建设—管理—服务—文化和教育融合—特色”等角度做精彩分享。70余名校行政领导班子成员参与观摩，区教育科技局、区文化和旅游局的有关领导进行点评和总结。（朱佳慧）

文旅产业与市场

【文旅产业发展联盟】 2020年，阳泉市郊区文化和旅游局先后完成与北京桃河集团公司、阳泉市天天假日旅行社有限公司、阳泉恒信旅行社有限公司、北京云祈旅游文化发展有限公司等企业的文旅联盟协议签约。联盟拥有涵盖文旅企业、景区、媒体等多方主体的29家会员单位，联盟会员合作持续加强，先后举办“义结天下友·缘聚刘备山”阳泉市郊区刘备山第二届文化旅游节、山西珐华·砂器传承与创新学术交流暨“走窑口——寻找中国式乐烧”创作营等大型文旅活动。 （曹 旸）

【平安文化市场建设】 2020年，阳泉市郊区文化和旅游局清理本区文化和旅游市场违法违规经营行为，制定《关于开展2020年全区文化和旅游市场整治专项行动计划》，起草并印发《阳泉市郊区文化旅游行业突发事件应急处置预案（试行）》《全区旅游景区、文化活动场所安全生产专项检查工作方案》等相关文件。多次召集辖区文旅行业经营业主召开会议，签订《安全生产守法经营责任书》，组织文旅行业业主学习文旅市场相关法律法规，提高经营业主规范经营，安全经营意识，强化企业主体责任意识。由局领导带队，组成检查组，对辖区A级景区、旅行社、网吧、娱乐场所、文物单位、出版物市场、影院等经营单位（场所）的违法违规经营行为、安全制度、应急预案、消防设施设备、安全工作台账、安全责任落实情况进行全面检查。以定期检查、突击检查、巡回检查、跟踪检查、全面检查、专项检查等方式，确保检查不走过场。 （王忠生）

文物　旅游

【景区服务质量优化】 2020年，阳泉市郊区文化和旅游局就优化郊区A级旅游景区旅游环境，于8月14日召开全区旅游服务提升会议，8月15日和8月27日分别在桃林沟、翠枫山景区召开专题会议。在景区新建3座旅游厕所，为游客提供更好的景区硬件环境。 （曹 旸）

【乡村旅游点提档升级】 2020年，阳泉市郊区文化和旅游局申报省级乡村旅游点。旧街乡南沟村、西南舁乡大洼村被评为山西省AAA级乡村旅游示范村。按照标准，申报太行人家，推荐郊区平坦镇桃林沟村同心苑农家乐、郊区旧街乡保安村融莓庄园等7家农家乐参与评选。桃林沟村入选全国乡村旅游重点村。 （曹 旸）

【旅游宣传】 2020年，阳泉市郊区文化和旅游局与阳泉日报社合作推出《游郊区、听故事》专题报道，与阳泉电视台合作拍摄《寻幽访古畅游阳泉郊区》宣传片，介绍郊区故事。《生活晨报》打卡桃林沟等9处景区景点。《味道》栏目组在咀子上村拍摄农家美食。举办阳泉市郊区“精彩阳泉·惠游郊区”大型文旅消费季活动暨“夜桃林·享生活”季中季优惠活动，推出涉及景区项目、农家乐、小吃店、酒店民宿、文旅产品近60家商家的惠民消费名单。举办“魅力郊区·多彩四季”大型文旅活动、第二届刘备山文化旅游节、第四届树莓文化旅游节、第六届晋阳府醋文化节等活动，使政府补贴、商家优惠、全民共享落到实处。 （曹 旸）

【丰富旅游业态】 2020年，阳泉市郊区文化和旅游局推进发展研学旅游。邀请太原等地的研学机构到南沟村、桃林沟村进行考察，召集各相关单位召开研讨座谈会，议定形成红色文化、农耕文化、民俗文化等研学主题，命名桃林沟景区桃河民俗文化园、西南舁乡咀子上村乡村记忆馆、旧街乡南沟村狼峪抗战遗址公园、河底镇武家庄村温河灌区纪念馆、荫营镇辛庄村路北抗日政府第四区区公所纪念馆、西南舁乡代家庄村红色纪念馆、小西庄东旭砂器有限公司7个研学旅游基地，促进乡村旅游产品升级。打造夜间经济试点，以桃林沟景区为试点，帮助策划开展“桃醉夜生活”文化休闲广场，分设桃醉美食坊、桃醉嗨淘站、桃醉夜演区、桃醉欢乐场四大功能区，丰富夜市业态种类，为桃林沟精心创作的大型旅游主题广场舞《再唱桃花红》作为开场曲目在桃林夜市夜演区演出。 （曹 旸）

【乡村旅游接待奖励办法】 2020年，阳泉市郊区文化和旅游局加大对郊区旅游市场的宣传力度，不断提升旅游吸引力，进一步盘活乡村旅游资源，带动农民增收，推动全区旅游业全面发展，出台《阳泉市郊区乡村旅游接待奖励办法》，明确旅游团队组织奖、自驾游组织奖、研学旅游组织奖、年度累计接待奖的标准、申报、审核程序等。（曹　旸）

【文物保护基础工作】 2020年，阳泉市郊区文化和旅游局落实文物保护属地管理主体责任，与各乡镇签订《2020年阳泉市郊区文物安全工作责任书》，明确文物保护属地责任，要求各乡镇明确文保单位责任人和管理人，配备看护人员，做好文保单位日常管护工作，认真梳理辖区内不可移动文物资源情况，完善文物档案。（赵雨星）

【公布12处不可移动文物】 2020年，阳泉市郊区文化和旅游局依据《中华人民共和国文物保护法》《不可移动文物认定导则(试行)》《关于核实现有不可移动革命文物情况的通知》文件精神，结合郊区实际，通过调查走访、现场勘探、查阅资料、专家论证等形式，认定12处不可移动文物。（赵雨星）

【文物保护利用工程】 2020年，阳泉市郊区文化和旅游局出台《阳泉市郊区文物局关于加强文物保护利用改革的实施方案》，推动文物资源的整合利用。申报关王庙古建筑数字化保护工程项目、关王庙安防升级改造工程、消防升级改造工程并编制项目方案，关王庙消防、安防工程列入山西省2021年度首批文物保护单位安防消防防雷项目实施计划。上报保晋公司六矿办公旧址为2020年度“文明守望”工程文物认养项目。（赵雨星）

【文物核查】 2020年，阳泉市郊区文化和旅游局配合市文物局、区自然资源局做好项目建设前的文物核查工作，仔细核查所涉及的项目范围与文物保护范围的重叠情况，严格履行核查程序，做到应查尽查。年末，完成对25家项目单位的采矿权范围与文物保护范围重叠情况核查。（赵雨星）

【文保措施】 2020年，阳泉市郊区文化和旅游局联合区消防队制定《全区文物建筑消防安全大检查工作方案》《阳泉市郊区文物火灾隐患整治和消防能力提升三年行动实施方案》，针对消防安全、日常维护、违法乱建、巡查制度等方面对全区文物保护单位进行全面检查，对发现的安全隐患责令其限期整改，确保文物安全。联合区消防大队每季度对重点文物保护单位关王庙进行一次消防安全培训，每半年开展一次消防安全演练。（赵雨星）

“非遗”保护

【第六批区级非物质文化遗产名录公布】 2020年，阳泉市郊区文化和旅游局、区非物质文化遗产保护中心完成《辛庄石鱼文印的传说》《古琴演奏》《代家庄柏叶香手工搓制技艺》等14个非物质文化遗产项目的申报审核工作。并于4月2日由郊区人民政府办公室发文公布为第六批区级非物质文化遗产名录。（张蔚然）

【“非遗”交流与研学旅游活动】 2020年7月2日，山西珐华·砂器传承与创新学术交流暨“走窑口——寻找中国式乐烧”创作营启动仪式在杨家庄乡小西庄东旭砂器有限公司举行。市、区领导与省内外陶瓷专家代表出席活动，为东旭砂器有限公司“阳泉市郊区砂器研学基地”揭牌。“走窑口”创作营活动为期一周，邀请省内外陶瓷专家30余名在小西庄东旭砂器公司开展创作交流和学术研讨。

7月8日，郊区珐华·砂器传承与创新座谈会在东旭砂器有限公司举行。30余名省内外专家学者与本土非遗传承人参加座谈，座谈会上郊区文旅局局长魏志清介绍郊区工艺美术现状以及工美园区项目规划。景德镇陶瓷大学、南京艺术学院等艺术院校的专家学者与郊区珐华器传承人甄国民、砂器传承人张世亮等“非遗”传承人发言，就珐华器、砂器的传承、创新和发展提出许多宝贵的建议。

7月16日，郊区召开工艺美术行业座谈会，区委副书记、区长宁文鑫，区委常委、宣传部部长张海斌，区政府副区长赵旭等领导出席。会上，赵丽娜、赵旭峰等文化企业代表和甄国民、张世亮等非遗代表性传承人进行交流发言。宁文鑫就工艺美术发展提出要求：要高度重视工艺美术产业，大力营造良好发展环境；要深入挖掘资源优势，打造特色工艺美术产业集群；要注重培养创新型中青年人才和后备人才，建立高素质工艺美术人才队伍。

8月31日，太原师范学院设计系80余名师生到三泉村“山西珐华器制作技艺传习所”研学采风，学习“山西三宝”之一珐华器的制作工艺。省级非物质文化遗产代表性传承人甄国民从珐华器的历史、工艺流程以及重要特征等方面为师生们进行详细的讲解，随后师生们参与珐华器立线工艺的互动体验，加深对珐华器制作工艺的认识和理解。

10月26日，阳泉市郊区迓鼓研讨会在荫营镇三泉村召开，来自全区的20余名迓鼓老艺人和文艺工作者参加研讨会。参会人员作交流发言，就迓鼓的历史沿革、形式特点等内容进行交流探讨，并就迓鼓的创新发展表达各自的意见和建议。

（张蔚然）

【“非遗”传承人作品获奖】 2020年，郊区剪纸传承人刘换林作品《勇者归来》获第二届杭州市“廉值千金心向党”剪纸大赛优秀奖，作品《万众一心》在2020年庚子春“战疫情”山西剪纸作品展评活动中获优秀作品奖，作品《庆丰收》获得2020年山西省文化惠民工程“纸韵三晋”民间剪纸艺术展优秀奖；剪纸传承人窦月英作品《抗疫大获胜》在2020年庚子春“战疫情”山西剪纸作品展评活动中获优秀作品奖，作品《国运昌盛》在首届山西工艺美术产品博览交易会上获工美产业联盟晋艺“太行杯”优秀奖，在全国“灵鼠闹春”剪纸作品展中获优秀奖；砂货烧制工艺传承人张世亮的作品《中国梦》在首届山西工艺美术产品博览交易会上获工美产业联盟晋艺“太行杯”文创奖铜奖；刺绣传承人郑二梅获2020年山西省工艺美术第七届“神工杯”刺绣职业技能大赛优秀奖；刺绣传承人郑芳在阳泉市群众文化惠民活动“高手在民间”乡土文化人才技艺展示中获最佳展演奖，在“工行杯”阳泉市首届职业技能大赛中获刺绣工项目三等奖；葫芦烙画传承人张永伟、彩塑传承人史淑惠在阳泉市“高手在民间”乡土文化人才技艺展示中获展演奖；珐华器制作工艺传承人甄世强在“高手在民间”乡土文化人才技艺展示中获最佳展演奖，甄国民、甄世盛分别获2020人民网“人民优选”直播大赛山西非遗专场最具创新项目奖。

（张蔚然）

传　媒

【概况】 2020年，阳泉市郊区融媒体中心按照《关于加强县级融媒体中心建设的意见》和习近平总书记“要扎实抓好县级融媒体中心建设，更好引导群众、服务群众”的要求，不断加快媒体融合建设步伐，为“争做转型发展表率、打造城乡融合样板”营造舆论氛围。报纸、电视、微信公众号、电子报等媒体宣传平台正常运行，初步建成“中央厨房”式的专业性、综合性宣传指挥平台。探索“新闻＋运行”模式，从新闻宣传向公共服务领域拓展，从传统传播向多元化新闻传播延伸，为打造“新闻＋政务＋服务”的综合新闻信息服务平台奠定基础。

（孙志强）

【融媒体中心建设】 2020年，阳泉市郊区融媒体中心在2019年实现办公场所、工作人员、工作业务初步融合的基础上，巩固报纸、电视、微信公众号等传媒平台，加快指挥中心硬件建设和软件配套建设步伐。为采编人员购置新型高清数码摄录机、专业照相机，更新监控屏、信号同步接收等设备，购置演播室灯光、播音等设施，配套安装楼内电梯。全媒体交互式虚拟演播室、非编用磁盘阵列、非线编辑系统等相继交付投入使用。融媒体指挥中心内部装修全部完成，调度大屏系统、直播推流、网络二级等保、电视播出墙等系统安装调试到位，并投入运行。新媒体 APP 定制开发工作正在进行。

（孙志强）

【新闻宣传】 2020 年，阳泉市郊区融媒体中心把打造新型主流媒体作为首要任务，改进工作作风，创新新闻宣传方式。先后开辟《新时代新气象新专栏》《共享共治谱新篇》《聚焦重点工程》《项目建设年郊区在突破》《时代先锋》《打好污染防治攻坚战》《走向我们的小康生活》《精准扶贫你我同行》《蓝天保卫战我们在行动》等 10 多个专栏，时时跟踪报道、宣传郊区的重点项目、亮点工程和幸福故事。播发电视新闻 1426 余条，推出反映党的建设、新时代文明实践、村社治理新体系试点等工作的《热点专访》19 期，推出人居环境整治、创卫等工作和“美篇”、微视频等 31 期（个），向市电视台《县区新闻联播》栏目推送新闻 98 期。出版《郊区周刊》49 期，刊登各类宣传报道 1326 条（篇），开设《学习宣传贯彻中共十九届五中全会精神》《坚决打赢疫情防控阻击战》《走向我们的小康生活》《新时代文明实践在郊区》等专栏、专版，编发一批有思想、有温度、有品质的新闻作品。《阳泉郊区之窗》微信公众号紧扣区委区政府中心工作，开辟“时政要闻”“部门快讯”“乡镇动态”“脱贫攻坚”“聚焦六新看突破”等专栏，发布时政消息和主题性报道。探索抖音、微视频、美篇、动图、图片新闻等新媒体形式，加大社会新闻、人物报道、知识技能等方面的比重，突出时效性、综合性，成为宣传郊区的主流阵地。2020 年推出新闻和宣传报道 2912 条，平均关注人数扩大到 6000 人以上。

（孙志强）

2020 年 11 月 8 日，第 21 个记者节来临之时，区领导慰问区融媒体中心采编人员

【安全播出】 2020 年，阳泉市郊区融媒体中心坚持硬件软件“两手抓”，为安全播出提供保障。投资更换部分主供电线路，争取专项资金，架设中心配电室到九楼电梯机房电梯供电专线。启动刘备山转播台接收、发射设备采购项目，购置不间断电源 1 台、数字电视发射机 1 台、卫星接收天线 1 套，已通过相关部门验收。召开安全部署会 3 次，健全完善《机房制度》《值机人员职责》《安全播出预案》等工作制度，将工作职责落实到人。在春节、全国“两会”、国庆节等重要时段、重要节点，深入转播现场蹲点，加强安全播出工作的监督检查、指导，较好完成各阶段节目播出监控监查、安全报告等工作。

（孙志强）

对外宣传

【概况】 2020 年，阳泉市郊区新闻中心抓住郊区被列为全国乡村治理体系试点示范县区和全国建设新时代文明实践中心试点区“双试点”工作的契机，对接国家和省、市级各类媒体，加大对郊区招商引资、脱贫攻坚、疫情防控、转型发展、深化改革、乡村治理、新时代文明实践等各项重点工作的宣传力度，先后三次分别组织山西综合广播、生活晨报以及国家和省市多家新闻媒体，对全区乡村治理试点工作和美丽乡村建设等方面的采风活动。全年共接待区外媒体记者600余人次，外宣信息条数达1360余条，其中，国家级和省级主流媒体共计140余条。（刘　宏）

【加大外宣力度】　2020年，阳泉市郊区新闻中心坚持“团结稳定鼓劲和正面宣传为主”的方针，认真做好重点、热点、难点、焦点问题的舆论引导，深入宣传报道全区经济社会发展情况。截至年底，外宣信息共计1119条，其中，国家级媒体114条、省级媒体133条、市级媒体871条、其他地市级媒体1条。（刘　宏）

【疫情防控报道】　2020年，面对突如其来的疫情，区新闻中心遵照宣传报道的基本要求，对接上级媒体，通过视频、图片、文字等形式，广泛宣传报道郊区在疫情防控期间的经验做法、先进典型。相继宣传报道相关信息近200余条。（刘　宏）

网络信息

【政府门户网站建设】　2020年，阳泉市郊区政府信息中心在政府门户网站上开设区长信箱等栏目，拓宽民意反馈渠道，对反映的问题协调各部门进行及时处理和回复。丰富网站内容展现形式，完善网站综合信息、部门动态、周边信息等栏目，多角度宣传党的精神和郊区政务信息。在公示、公告栏目发布项目环保评估、扶贫相关等信息，及时将全区重大信息上传到门户网站。网站栏目更新实现常态化，年末，主要栏目综合更新317条，部门、乡镇动态更新188条，周边信息更新78条，各类栏目共更新1786条。（赵雅琴）

【推进政府信息公开】　2020年，阳泉市郊区政府信息中心把区政府信息公开作为推进郊区政务公开工作走上法制化轨道的一项重要工作来抓，按照上级安排，按时发布政府信息公开年度报告。根据阳泉市人民政府办公室《关于印发阳泉市2020年政务公开工作要点的通知》要求，对政府信息公开平台进行改版，完善信息公开平台页面设置。11月12日召开全区政务公开推进会议，认真落实市委市政府关于政务公开工作决策部署，按照上级要求的政府信息公开平台改版进行任务分解安排，规范政府信息公开内容。改版后的政府信息公开栏目于12月16日上线试运行，全年共公开信息3101条。（赵雅琴）

【政务网络建设】　2020年，阳泉市郊区政府信息中心实施并完成阳泉市郊区信息化建设项目。对阳泉市郊区政府办公楼网络进行全面升级改造，完成办公楼及辅楼网络线路的扩容升级，实现办公内网的全千兆接入和无线网络的全覆盖，并对互联网出口进行安全加固，新建标准化数据机房。定期排查网络故障，维护政府网络安全运行。按照公安网监、网信办的要求，完成信息关键基础设施的基本信息摸底，加强上网行为安全管理，确保信息网络运行安全。通过完善集上网日志、防火墙、流量控制为一体的新一代防火墙设备，提升政务网络防御能力，保障郊区政务网络系统安全。为郊区没有接入政务外网的14家单位接通数据服务接口，会同市信息中心改造政务网出口。对政务网内的720台电脑的MC地址和IP地址进行长期管理，为信息网络安全追溯储备第一手基础资料。定时检查政府网络运行情况，开展日常网络维护208次，其中全年处理较大网络故障3次。（赵雅琴）

卫生健康 体育

综合工作

【新冠疫情防控】 2020年，阳泉市郊区完善组织机构，成立由区委书记和区长任双组长的新型冠状病毒肺炎防控领导小组，全面负责郊区疫情防控各项工作。各乡镇、各部门、各村（社区）相继成立防控领导小组，具体负责乡镇、部门及村（社区）的防控工作，构建起区、乡、村三级防疫机构，形成自上而下的指挥体系。全区各级各部门统筹协调，分工明确，责任到人，逐步形成区包乡（镇）、乡（镇）包村（社区）的责任制。专门修建“云视讯”视频会议室，区防控领导小组通过“云视讯”平台召开视频调度会。全区上下构建起纵向到底、横向到边的防控措施落实体系。

在全区各村（社区）高速路口、国道出入口设立检查卡口，对来往人员进行体温测试、登记，全面落实村（社区）封闭管理。成立由乡镇、疾控工作人员组成的转运工作组，协调配备3辆转运车，全力做好点对点转运接送工作。加强对医疗机构预检分诊、发热门诊、养老院、福利院、监管场所等特殊场所和公园、广场、商场等人员密集的重点场所的管理，开展常态化防疫管控，杜绝发生聚集性疫情。加强学校开学疫情防控管理，全面贯彻各级疫情防控决策部署和开学工作要求，把好开学前的准备关、验收关、报到关，确保全区各类学校能有序开学。

郊区政府拨出防控专款，及时购买、发放防控物资，先后出资租赁两个集中隔离点，对区人民医院发热门诊进行改造，并对疫情期间涌现出的医疗、公安、基层等的先进工作者进行物质表彰和嘉奖，疫情期间区级以上直接投入约900万元，为打赢疫情防控阻击战提供有力的物质保证。全区广大党员干部在疫情防控期间顶风冒雪、克服艰难，在卡口测量体温、登记来往人员、宣传防疫知识，坚守各条战线。社会各界积极捐款捐物，形成上下齐心、四方支援的抗疫合力。截至年末，区红十字会共收到社会各界捐赠的医用、生活物资和捐款合计约115.23万元，所捐款物或按定点捐赠要求捐赠，其余全部纳入全区物资管理。通过政府网站、电视台、微信公众号、村广播、印发宣传册等方式发布各类宣传报道，向广大群众传递科学防疫、全民防疫的“最强音”。山西电视台播出的《阳泉郊区宏苑社区和康达社区干部奋战防疫第一线》成为阳泉市首条省级媒体播发的“抗疫”新闻。

郊区组建机动高效的核酸检测、医疗救治、疫情防控专业“三支队伍”，完成防控工作。形成区级一体化防控的网络体系，快速响应突发疫情防控。填补郊区核酸检测（PCR）实验室的空白，年末有新冠病毒检测能力的机构共有2个。在区人民医院原医技楼为主体结构的基础上，改建传染病房、隔离病房、发热门诊，总投资1143.28万元，面积2633.2平方米，传染病区设置病房22间，床位50张。加大对进口冷冻食品、水产品及其制品食品运输、仓储、销售全链条监管检测力度，加强对商场、超市、农贸市场、交通站点等人员密集场所及养老院、福利院、监管场所等特殊场所的管理。区市场监管局、区人民医院、区疾控中心针对冷链食品储存、加工、销售场所，做到每两周进行环境、肉类及从业人员采样检测。在重点场所建立完善监测哨点，明确各成员单位责任，部署开展医疗机构、农贸市场、药店等重点单位和场所的监测预警工作，完善多点触发机制。强化疫情监测预警，对新发病例2小时网络直报、6小时出核酸检测结果、24小时完成流行病学调查，做到实时分析、及时研判、快速处置。（段文婷）

【县乡医疗一体化改革】 2020年，阳泉市郊区加快县乡医疗一体化改革步伐，为“六统一”（人才、业务、药品、财务、资产、绩效）管理提供工作保障。新组建的医疗集团以提升医疗服务质量为抓手，定期不定期聘请省内外专家医诊，取得良好的效果。按照紧密型县域医改要求和打造郊区北部中心医院的总体规划，区政府投资200万元对河底分院进行信息化建设改造，增加DR、彩超等5件较大型医疗设备，该院顺利通过国家级“社区医院”评审。全区重点完成电子票据管理系统、预约诊疗系统、区医疗集团财务统一核算系统建设。实施医疗、疾控应急体系建设和能力提升项目，项目由区人民医院牵头，各卫生院、疾控中心、妇幼中心辅助，采取集中打包的方式。（段文婷）

【健康扶贫】 2020年，阳泉市郊区根据精准扶贫“两不愁三保障”的具体要求，为3300名建档立卡贫困人口建立动态电子档案，电子档案动态管理率100%。对140名建档立卡贫困人口实行先诊疗后付费，共发生费用131.54万元。对500人次进行救治，治疗总金额708.99万元，其中自付金额60.13万元，自付比例8.5%,。全面落实“双签约”政策，与所有建档立卡贫困人口进行签约，双签约率100%，电子建档率达100%。开展家庭医生集中活动月服务约745人次。结合公共卫生服务项目，开展老年人、高血压、糖尿病、严重精神障碍患者等慢性病患者健康管理1168人次。对健康扶贫五年来的档案资料、服务情况、政策落实情况等进行统一的归档整理。（段文婷）

【基本公共卫生服务】 2020年，阳泉市郊区卫生健康和体育局对2020年度基本公卫项目执行情况及家庭医生签约服务情况进行绩效评价。在年初接受市级考核组对郊区2019年度基本公卫及家庭医生签约服务情况的绩效评价，两项评价均获全市第一，获奖励资金8万元。召开开发区2020年度基本公共卫生工作推进会，理顺开发区基本公共卫生管理体系。根据区政府会议纪要精神，由白泉卫生院代管开发区基本公共卫生管理工作，按基本公共卫生各项目要求有序推进，区医疗集团对项目实施情况进行考核。集中开展65岁以上老年人的健康体检工作；开展公共卫生服务平台群众满意度征集活动，加强督导力度，及时发现问题，促进整改，保证12个基本公共卫生服务项目的指标性任务顺利完成，指标值均保持在较好水平。（段文婷）

【卫生监督综合执法】 2020年，阳泉市郊区卫生健康和体育局对辖区内250家医疗机构进行监督检查。重点监督检查乡镇级以上医疗机构100个，出动监督员300人次，下达100份监督意见书，全年监督检查学校22家，幼儿园评估5家，出动监督员66人次，提出并下达22份卫生监督意见书，共监督检查集中式供水单位1家，监督巡查村级供水点147个，协助开发区社会服务中心对3家二次供水单位和15家直饮水单位开展监督检查，出动监督员33人次，下达4份卫生监督意见书，共督查各级各类医疗机构94家，同时对辖区内医院、诊所、社区卫生服务站等医疗机构的医疗废物处置情况进行全面督查。督查各级各类医疗机构83家，下发《卫生监督意见书》责令其立即改正落实。监督检查郊区11家放射诊疗单位，出动监督员33人次，车辆11台次，提出监督意见书11份。全年通过监督和巡查的方式，对全区1家消毒产品生产企业、3家消毒产品经营单位和23家药店开展督导检查及产品抽检工作，出动监督员87人次，车辆29车次。下发监督意见书27份，监督检查9家计划生育单位，出动监督员27人次，下达9份卫生监督意见书。对全区6家职业卫生用人单位开展督导检查，其中1家单位被给予警告。7月中旬，开展职业检查机构的监督检查工作，无违法案件的发生。查处案件18起，罚款金额共计15.4万元，没收违法所得1.07万元。（段文婷）

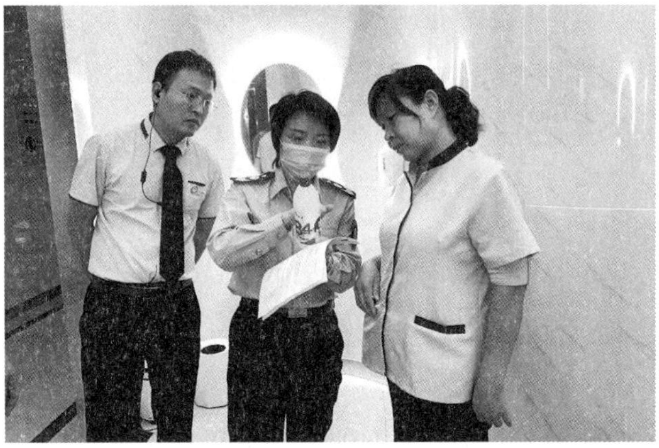

2020年，阳泉市郊区卫健执法队对开发区迪卡派娱乐城进行日常监督检查

【“双随机”抽查】 2020年，阳泉市郊区按照上级“双随机”抽查的安排，“双随机”监督检查单位207家，其中国家级69家、省级86家、市级52家，关闭单位16家，完成国家、省“双随机”抽查任务100%。医疗案件处罚1起。（段文婷）

【卫生计生监督协管】 2020年，阳泉市郊区充分发挥基层协管员的作用，开展卫生计生监督。各乡镇卫生监督协管员重点对乡村级医疗卫生、学校卫生、饮用水卫生进行巡查，覆盖率100%。共出动巡查人员4154人次，巡查单位次数2077次，提供发生的事件线索3条，信息报告率100%，反馈率100%，无查处案件。（段文婷）

疾病防控

【传染病监测及处置】 2020年，阳泉市郊区疾控中心传染病疫情监测实行AB岗24小时网络监测。1月24日至6月30日，每1小时监测一次；7月1日至12月31日，每4小时监测一次。全年累计上网审核5500余次，删除重卡20张，及时审核率100%；累计登录突发公共卫生事件管理信息系统980余次，审核15起非职业性一氧化碳中毒事件，波及暴露人数22人，发病数22人，死亡0人。每日登陆传染病自动预警信息系统，规范填写传染病自动预警信息卡42次，并逐日进行登记。全年进行散发传染病处置20余次，手足口散发疫情采样共4份。完成传染病疫情动态月分析12份，制作12期疾病预防控制通报。（韩丽波）

【免疫规划管理】 2020年，阳泉市郊区疾病预防控制中心严格按照《中华人民共和国疫苗管理法》及单位制定的制度，规范郊区疫苗接收、购进、储存、配送、供应工作。全年计划免疫冷链运转约260单位次。共下发疫苗76319支。其中免疫规划疫苗12种35520支，分别为乙肝疫苗4994支、卡介苗350支、脊灰灭活疫苗4053支、脊灰减毒活疫苗1344支、无细胞百白破疫苗8664支、白破815支、麻风疫苗20支、麻腮风疫苗4100支、A群流脑疫苗1210支、A+C流脑3880支、乙脑疫苗4330支、甲肝疫苗1760支；非免疫规划疫苗22种40799支，分别为狂犬疫苗5215支、乙肝470支、

水痘4280支、四价流感3340支、成人三价流感2700支、儿童流感3000支、甲肝1519支、EV71疫苗5334支、B型流感疫苗525支、四价流脑1000支、HIB+a+c三联苗987支、23价肺炎1632支、双价HPV疫苗300支、四价HPV疫苗1680支、九价HPV疫苗1022支、口服轮状1467支、五价轮状1970支、13价肺炎2078支、脊灰灭活506支、五联870支、四联4支、AC结合900支。下发注射器45100具。每月按照要求及时对免疫规划信息系统中的常规报表进行审核、汇总并上报，无迟报或漏报。疫苗报告接种率均达90%以上，安全注射率100%。按要求全区全年统一回收报废疫苗703支，由区卫体局、区市场监督管理局、区疾控中心共同签字盖章，统一运送至医疗废物处理中心进行处理。全区累计网络报告6例疑似预防接种异常反应，荫营镇卫生院报告1例接种水痘疫苗引起的一般反应和1例接种百白破疫苗引起的一般反应，平坦镇卫生院报告1例接种百白破疫苗引起的一般反应和1例接种A+C流脑疫苗引起的一般反应，开发区西区社区卫生服务中心报告2例接种23价肺炎疫苗引起的一般反应。11月，省疾控中心调查组对河底镇和平坦镇的84名儿童进行接种率抽查，接种率均为100%。对2个乡镇2所学校中当年新入学的72名儿童进行接种证查验，需补种10人已补种10人，补种率100%，抽查40名入学儿童查验记录未发现漏种现象及登记不符问题。（韩丽波）

【疫苗信息化追溯体系建设】 2020年，阳泉市郊区疾病预防控制中心根据《关于转发〈山西省卫生健康委办公室关于印发全省免疫规划信息系统建设方案的通知〉的通知》文件要求，于3月开始完善免疫规划信息系统，在新增的山西省免疫规划综合信息系统平台中逐条录入全区21个接种单位的单位信息、接种人员信息、冷链设备信息200余条。6月开始启用蓝牙打印机打印冷藏车车载温度记录，7月开始登录系统进行免疫规划疫苗扫码出入库。年末，中心免疫规划科疫苗扫码出入库率和21个接种单位扫码入库率均为100%。（韩丽波）

【艾滋病性病防治】 2020年，阳泉市郊区疾病预防控制中心根据山西省2020年中央补助艾滋病防治项目资金分配方案和《山西省遏制与防治艾滋病“十三五”行动计划》的要求，全区共报告新发病例HIV/AIDS共4例。按照现住址管理要求，截至12月31日累计管理HIV/AIDS66例，其中艾滋病病毒感染者36例，艾滋病病人30例，累计死亡10例。存活HIV/AIDS共56例，HIV（34例）占60.71%，AIDS（22例）占39.29%。对56名（不包括羁押、转出和死亡人员）艾滋病感染者和病人按要求进行随访管理。全区免费抗病毒治疗人数51人，存活者治疗覆盖率91.07%。全区共报告HIV抗体筛查36985人次，所有样品中筛查阳性人次26份，确证检测7份，确证阳性3份，完成全年任务的119.31%。积极开展自愿咨询、检测工作，全年自愿咨询检测254人，全部为阴性，完成全年任务的101.6%。中心对公共场所女性服务工作者进行艾滋病防治知识宣传及行为干预100人次，检测人数104人，检测人数完成任务的104%。对HIV/AIDS56例全部进行结核检测，对两名配偶进行检测。全年共上报1542人梅毒门诊筛查，单阳数60，双阳数6。开展梅毒“十三五”规划终期评估知晓率调查，城市居民调查160人，知晓率94%；农村居民调查人数99人，知晓率94%；流动人口调查人数71人，知晓率87%；暗娼调查人数3人，知晓率100%；男男同性性行为者调查人数59人，知晓率90%。（韩丽波）

【健康教育】 2020年，阳泉市郊区疾病预防控制中心以推进健康中国建设为指引，开展疫情防控健康教育、基本公共卫生健康教育健康促进、基层健康教育人员培训、健康教育数据管理等工作。在三郊中学举办世界无烟日控烟专题讲座，在荫营中学对113名教职工进行新型冠状病毒防控知识讲座，在职业技术学院开展疫情消杀技术讲座。2月22日区疾控中心与区教科局联合在区教科局电教中心举办面向全区各学校及教育机构的以新冠肺炎防控为内容的专题讲座，讲座通过钉钉会议直播软件进行网络会议直播，参加讲座人数3143人，观看人次11596人次，点赞9668个。（韩丽波）

【居民健康素养监测】 2020年5月，阳泉市郊区疾病预防控制中心开展郊区居民健康素养监测工作。依照监测方案要求进行抽样，抽取郊区李家庄乡、荫营镇、平坦镇3个乡镇为监测乡镇，并从监测乡镇抽取6个村（包括合并村）作为监测村，共监测290人。10月完成数据输入。（韩丽波）

【无烟单位创建】 2020年，阳泉市郊区疾病预防控制中心以阳泉市创建国家卫生城市为契机，按照无烟单位创建要求，制订无烟单位实施方案、工作制度，开展无烟单位人员培训、讲座，在辖区内、室内、公共场所、工作场所及主要入口处张贴禁烟标识。共有61家机关（单位）通过验收，达到“无烟机关（单位）”创建标准要求。

（韩丽波）

【食源性疾病防控】 2020年，阳泉市郊区疾病预防控制中心参照省市2020年食源性疾病监测实施方案，起草制订郊区《2020年食源性疾病监测方案》，落实方案要求，从疾病信息采集到案发事件处置，做到完整、及时、准确。截至12月31日，郊区哨点医院（郊区人民医院）报告病例126例，完成全年任务(100例)的126%；市疾控对郊区疾控病例网报审核的考核结果及时率为100%；全区聚集性病例的识别与报告为1起，未造成人员伤亡及不良的社会影响；C类医疗机构固庄矿医院完成全年食源性病例上报任务（5例）；县乡村一体化监测单位覆盖率100%。（韩丽波）

【农村生活饮用水】 2020年，阳泉市郊区疾病预防控制中心设水质采集点30个，其中农村21个，学校3个，城镇水6个，乡镇采集覆盖率达100%。中心对30个监测点的饮用水分枯水期、丰水期两次33项目进行检测，并对部分不合格项进行二次采样分析，对每一个水质进行风险评估，并提出改进措施。（韩丽波）

【病媒生物防治】 2020年，阳泉市郊区疾病预防控制中心选取30个病媒生物监测点，对监测点的蚊子、苍蝇、老鼠、蟑螂按方案要求进行监测。

（韩丽波）

【农村环境卫生监测】 2020年，阳泉市郊区疾病预防控制中心进入5个乡镇、20个村、100户农民家庭，10所学校，完成现场130余份调查表格与20份土壤样品采集工作；11月15日，完成数据录入与审核上报工作。完成郊区农村环境卫生监测项目技术报告及工作报告。（韩丽波）

【学生健康体检工作】 2020年，阳泉市郊区疾病预防控制中心组织单位及外聘人员共20余人，历经48天，对38所学校（含三所一贯）17292名学生进行体检。其中郊区辖区32所11472名，开发区6所5820名。体检项目包括视力、身高、体重、口腔、血压、内科、外科等，体检率达99.2%。

（韩丽波）

【碘盐监测】 2020年，阳泉市郊区疾病预防控制中心根据阳泉市疾控中心《关于开展2020年度阳泉市碘缺乏病监测工作的通知》和《阳泉市2020年碘缺乏病监测方案》的具体要求，结合全区工作实际，制订《2020年阳泉市郊区碘缺乏病监测方案》，按照方案要求抽取郊区5个乡镇8至10岁儿童和孕妇的300份样品进行检测，碘盐监测指标合格，碘盐覆盖率为94%。儿童尿碘份数200，尿碘

中位数 238.1 微克 / 升；孕妇尿碘份数 100，尿碘中位数 238.0 微克 / 升。（韩丽波）

【布鲁氏菌病监测】　2020 年，阳泉市郊区疾病预防控制中心按照《2020 年阳泉市重点地方病防治三年攻坚行动暨布鲁氏菌病防治项目技术方案》，制订《2020 年阳泉市郊区布鲁氏菌病防治项目技术方案》，对从事家畜养殖，乳、肉、皮等畜产品贩运、屠宰、加工，牲畜交易等重点职业人群进行血清学检测，检测 200 人，实际完成 203 人，完成率 102%。血清初筛虎红平板凝集试验阳性 10 人，确证实验试管凝聚滴度试验阳性 10 人。经流行病学调查隐性感染者 8 人，确诊布病患者 2 人。发现布病确诊病例 13 例，均进行流行病学个案调查，建档。应完成用药督导管理人次 80 次，实际完成 136 次，完成率 170%。（韩丽波）

【黑热病病例监测】　2020 年，阳泉市郊区疾病预防控制中心根据《阳泉市黑热病防控行动方案》具体要求，制订《阳泉市郊区黑热病防控工作方案》，开展黑热病防控工作。根据《山西省黑热病监测工作方案》，制订《阳泉市郊区黑热病监测工作方案》。通过中国疾病预防控制信息系统网络监测，全区共发现黑热病病例数 23 例，完成流行病学个案调查和流行病学调查报告 23 例。完成《阳泉市郊区 2020 年上半年黑热病疫情分析》和《阳泉市郊区 2020 年黑热病年疫情分析》。（韩丽波）

【病媒生物白蛉监测】　2020 年 5—9 月，阳泉市郊区疾病预防控制中心对郊区荫营镇的坪上村、白泉村、三泉村和河底镇的河底村、韦泊村 5 个村的 20 个监测点的白蛉进行监测，捕获白蛉 1715 只。（韩丽波）

【疟疾监测】　2020 年，阳泉市郊区疾病预防控制中心根据《山西省消除疟疾后监测实施方案（2016 年版）》的要求，对发热病人实行疟原虫监测。全年全区应完成不明原因发热病人血检数 145 份，实际完成血检人数 160 份，完成率 110%。（韩丽波）

【职业病防治】　2020 年，阳泉市郊区疾病预防控制中心成立领导组，组建调查队伍，历时 2 个多月，调查摸底 67 家企业，涉及人员 1984 名，其中存活人数为 158 人，死亡人数为 1826 人（大部分是 2000 年以前死亡）。中心调查员核实尘肺病人员 3000 余人次，完成郊区尘肺病患者的回顾性调查摸底工作。根据《阳泉市职业病危害现状调查实施方案》，抽取河底镇、平坦镇 2 个乡镇，对抽取的辖区内的采矿业、制造业、电力、燃气及水的生产和供应业等 3 类行业开展调查，此次调查工作任务数为 116 家企业，完成调查 116 家，完成率为 100%。其中河底镇 83 家（正常生产 54 家、停产 15 家、空壳 3 家、注销 2 家、未营业 9 家）、平坦镇 33 家（正常生产 6 家、未投产 14 家、半生产半停产 13 家），初步审核通过。对在调查中存在问题的 56 家企业进行置换。（韩丽波）

【慢性病防控】　2020 年，阳泉市郊区辖区内登记上报老年人 28851 人，健康管理 18974 人，健康管理率 65.77%，建立健康档案的老年人 28486 人，体检 18974 人。高血压患者应管理 19988 人，已管理 31688 人，规范管理 27789 人，规范管理率 87.70%，血压控制人数 25711 人，控制率 81.33%。各乡镇卫生院高血压规范管理率均符合国家 65%的要求指标。糖尿病患者应管理 5333 人，已管理 8817 人，规范管理 7577 人，规范管理率 85.94%，血糖控制人数 6511 人，血糖控制率 73.85%。各乡镇卫生院糖尿病规范管理率均符合国家 65%的要求指标。（韩丽波）

【全民健康生活方式健康支持性环境创建】　2020 年，阳泉市郊区疾病预防控制中心按照《山西省全民健康生活方式行动健康支持性环境建设指导方案》，结合《阳泉市全民健康生活方式行动健康支持性环境建设指导方案》的要求，以满足人民群众健康需求和解决主要健康问题为导向，结合郊区实际情况，在桃林沟村创建健康支持性环境“健康一条街”，通过考核验收。（韩丽波）

【死因报告信息管理】 2020年，阳泉市郊区疾病预防控制中心按照死因报告规范要求，开展死因报告信息管理，每日进行死因报告审核，报告死亡1213例，报告死亡率4.11‰，报告及时性96%，审核率100%，迟审率0.00%。报告病例中死因位于前五位的是心脏病、恶性肿瘤、脑血管病、呼吸系统疾病、内分泌营养代谢疾病。（韩丽波）

【结核病防控】 2020年，阳泉市郊区疾病预防控制中心按照结核病规范要求，依据防治规划指标，开展结核病管理、结核病督导、结核病宣传。登记管理结核病患者64例，其中涂片阳性21例，仅培阳3例，分子生物学阳性3例，病原学检查阴性30例，单纯性结核性胸膜炎7例，阳性率47.4%；除因特殊情况无法落实基层肺结核患者规范管理外，应管理59例，实际管理59例，规范管理率100%；非结防机构网络报告肺结核患者84例，应到位45例，实际到位44例，追踪到位率为97.8%，病原学检查阳性的肺结核患者密切接触者筛查率100%，肺结核患者成功治疗率为95.9%；阳性患者耐药筛查率100%。（韩丽波）

【新冠肺炎防控】 2020年，阳泉市郊区疾病预防控制中心通过中国疾病预防控制信息系统中监测报告管理、突发公共卫生事件管理信息系统、传染病自动预警系统三个子监测新冠病例、异常信息、突发事件。从1月24日至6月30日实行AB岗每小时监测一次，每日实行零报告制度。按照“五早”（早发现、早报告、早诊断、早隔离、早治疗）工作要求对密切接触者参照《新冠肺炎防控方案》对协查对象及时进行协查，进行医学观察，实行四级管理、包保到人。通过打电话逐一核实58份协查函的人员情况，疫情流调组累计管理密切接触者62人，截至4月10日，62名密切接触者全部解除为期14天的医学观察。3月11日，开始集中隔离观察入境人员及高风险地方返泉人员，年末，共隔离观察入境及高、中风险地区返泉人员48名。完成新型冠状病毒疫情核酸检测标本送样至市CDC疾病检验科共计120次1443份样本，核酸检测结果均阴性。从6月中旬开始，中心检验检测组相关人员完成全区环境及冷链食品采集送检共计17次523份样本，核酸检测结果均阴性。开展新冠疫情防控消杀工作。中心派驻集中医学观察点的3名工作人员每日对150平方米的观察区和150平方米的生活区进行预防性、随时、终末消毒。病媒消杀组工作人员对学校、文化馆、居家、防控检测点、高速路口、人大政协会场等重点场所进行消杀技术指导。累计进行消毒消杀技术指导40余次，消杀消毒工作达400余次，消杀面积约35万平方米，配置消毒消杀药品80万余毫升。（韩丽波）

妇幼保健

【妇幼保健机构能力建设】 2020年8月，阳泉市郊区妇幼保健计划生育服务中心根据山西省卫生健康委办公室《关于印发2020年妇幼保健机构能力建设项目实施方案的通知》要求，结合郊区实际，制订并实施《阳泉市郊区2020年妇幼保健机构能力建设项目实施方案》，争取专项资金200万元，从专科人才队伍建设、医疗设备引进、建立云上妇幼等三方面开展郊区妇幼保健机构能力建设。举办三期妇幼健康服务项目政策解读、母婴安全和托幼机构疫情防控培训班，组织专业技术人员外出进修13人次。购置生物刺激反馈仪、彩色多普勒超声系统、便携式彩超、医用X线摄影系统等设备并部分投入使用。与东软熙康健康科技有限公司达成合作意向，和山西省儿童妇幼医疗保健专科联盟开展远程 DR 阅片，解决阅片需求。（赵笑进）

【民生服务】　2020 年，阳泉市郊区妇幼保健计划生育服务中心推动孕妇免费无创 DNA 检测和新生儿疾病筛查重点民生服务项目实施。全年全区怀孕妇女参与免费无创 DNA 检测 131 人，其中高风险 53 例、其他风险 78 例，1 例 18 号染色体存在缺失，行羊水穿刺术未见异常，已分娩；免费新生儿疾病筛查 808 人，其中可疑阳性为耳聋基因检测杂合突变 60 例、同质性突变 6 例、异质性突变 1 例；串联质谱 7 例，全部召回。（赵笑进）

【免费婚前医学检查】　2020 年，阳泉市郊区妇幼保健计划生育服务中心推进免费婚前医学检查“一条龙”服务，全区婚检夫妇 535 对，婚检率 60%。（赵笑进）

【农村妇女免费两癌筛查】　2020 年，阳泉市郊区妇幼保健计划生育服务中心制订出台《阳泉市郊区农村妇女两癌检查实施方案》，进一步规范服务技术，在乳腺癌检查任务 1000 人的基础上为参加免费宫颈癌筛查的所有妇女提供一次免费乳腺癌筛查，全年免费乳腺癌筛查约 4950 人，转诊 28 人，检出乳腺癌 5 例，其中 4 例进行手术治疗。全年完成免费宫颈癌筛查 5003 人，结案 5003 人，完成全年任务的 100.06%。其中，阴道镜检查 157 人，病检 151 人，检出宫颈病变 71 例（其中 CINI31 例、CINII—Ⅲ39 例，鳞癌 1 例），随访 40 人，手术治疗 28 人。（赵笑进）

【孕产妇健康管理】　2020 年，阳泉市郊区妇幼保健计划生育服务中心强化和规范孕产妇健康服务，孕产妇早孕建册率达 94.07%，产后访视率达 96.08%，系统管理率达 91.89%。（赵笑进）

【儿童健康管理】　2020 年，阳泉市郊区妇幼保健计划生育服务中心强化和规范 0 至 6 岁儿童健康服务，新生儿访视率达 95.52%，0 至 6 岁儿童健康管理率达 91.93%。（赵笑进）

【避孕药具管理】　2020 年，阳泉市郊区妇幼保健计划生育服务中心全年共发放避孕套 17.60 万支，避孕药 2305 盒，外用药 590 盒。（赵笑进）

【增补叶酸预防神经管畸形】　2020 年，阳泉市郊区妇幼保健计划生育服务中心制订实施《郊区增补叶酸预防神经管畸形项目实施方案》，农村叶酸发放 700 人份，城镇叶酸发放 900 人份，均完成全年任务的 100%。（赵笑进）

【预防艾滋病、梅毒和乙肝母婴传播】　2020 年，阳泉市郊区孕期接受艾滋病检测 1321 人，免费咨询 1323 人，艾滋病无感染人数；接受梅毒检测 1321 人，感染孕妇 1 人；接受乙肝检测 1321 人，乙肝表面抗原阳性孕妇 12 人。在郊区所属医疗机构住院分娩产妇数 192 人，艾梅乙检测率 100%，早孕检测率 80.73%、孕期检测率 96.88%；梅毒阳性产妇 1 人，阳性产妇所娩活产数 1 人，预防用药 1 人，干预率 100%，梅毒阳性产妇所生婴儿随访 40 人次；乙肝表面抗原阳性的孕妇所娩活产 1 人，注射高效价免疫球蛋白 1 人，预防率 100%。（赵笑进）

【孕前优生健康检查】　2020 年，阳泉市郊区妇幼保健计划生育服务中心实施婚姻登记、照相、婚前医学检查、孕前优生检查、免费领取避孕药具等一条龙服务。有 500 对孕前夫妇参加健康检查，指标完成率达 100%。（赵笑进）

【免费产前筛查】　2020 年，阳泉市郊区妇幼保健计划生育服务中心制订《郊区免费产前筛查实施方案》，让所有孕妇能够进行产前筛查，做到应筛尽筛。免费发放产筛卡 1602 人份，产前筛查 1553 人。其中，高风险孕妇 127 人，转诊 125 人，转诊率为 98.43%；产前诊断人数 115 人，产前诊断率 90.55%。产前筛查妊娠结局随访 1770 人，其中高风险 94 人，无出生缺陷儿。对高风险和其他风险的孕产妇进行通知和随访 400 余次。 （赵笑进）

【母婴安全保障】 2020 年，阳泉市郊区助产医疗机构接诊孕产妇 1527 人次，评估孕产妇 236 人，其中高危孕产妇 180 人，橙色 62 人，红色 0 人，紫色 8 人，对 67 名高危孕产妇进行专案管理，做到发现 1 例、登记 1 例、报告 1 例、管理 1 例、救治 1 例。上报 1 例危重孕产妇，转诊、救治危重新生儿人数 1 例。孕产妇死亡评审 1 次，约谈通报各 1 次，实地演练 4 次，不适宜继续妊娠的孕妇提出可行合理建议人数 3 人。 （赵笑进）

【托幼园所管理】 2020 年，阳泉市郊区妇幼保健计划生育服务中心严格执行《托儿所幼儿园卫生保健管理办法》，加强托幼园所卫生保健管理。对全区 4 所托幼机构开展卫生保健评价、督导，对督导检查发现的问题限期整改，对整改情况进行复核，确保托幼园所的卫生保健工作规范运行。新入园幼儿健康检查 7664 人，幼儿教师健康检查1260 人。 （赵笑进）

【围产儿管理】 2020 年，阳泉市郊区医疗机构围产儿出生 190 人，出生缺陷儿 0 例，无神经管畸形，无围产儿死亡，孕产妇死亡 1 例。 （赵笑进）

【妇幼卫生监测和年报】 2020 年，阳泉市郊区妇幼保健计划生育服务中心开展质控、督导和危重孕产妇、儿童死亡评审。早孕建册率 94.07%，产后访视率 96.08%，产妇系统管理率91.89%，1 例非住院分娩，1 例孕产妇死亡，5 岁以下儿童死亡率 3.87‰，婴儿死亡率 1.1‰，新生儿死亡率 2.76‰，新生儿访视率 95.52%。 （赵笑进）

【新生儿疾病筛查】 2020 年，阳泉市郊区医疗机构活产 190 人，筛查 186 人，其中串联质谱 19 人，可疑阳性 8 人，召回率 100%，无确诊病例。听力筛查 185 人，筛查率 97.4%，有 9 例可疑阳性，召回 7 例，1 例重新筛查未通过。 （赵笑进）

【健康教育】 2020 年，阳泉市郊区妇幼保健计划生育服务中心制作关于科普妇幼卫生健康内容的户外大屏宣传 11 幅，分别在三地滚动播出；创新搭建移动信息平台，手机移动端每月发送妇幼保健公益信息 1500 条；制作宣传折页、挂历、小礼品共计 2 万份；开通“阳泉市郊区妇幼保健计划生育服务中心”微信公众号，定期推送健康教育内容；与区妇联、区卫体局、区计生协会等单位联合开展健康教育宣传活动 10 次，发放宣传品、宣传资料约 2 万余份。 （赵笑进）

阳泉市第二人民医院

【概况】 阳泉市郊区人民医院始建于 1951 年，是一所医疗、急救、预防、科研、教学、体检等工作任务的综合型医院。医院占地面积 22060 平方米，建筑面积 27467 平方米，固定资产 9552 万元。现设有 14 个职能科室、15 个临床科室和 7 个医技科室。其中卫生技术人员 315 人，占比 83.2%。包括高级职称 45 人，中级职称 87 人，初级职称 59 人。编制床位 230 张，实际开放床位 216 张。

召开党风廉政建设和医德医风建设会议，贯彻落实《党委（党组）落实全面从严治党主体责任规定》，规范医务人员廉洁从医行为。成立刘胡兰党员志愿服务队开展志愿服务和公益活动。派出 1 名骨干医师到新疆维吾尔自治区开展援疆工作。

按照传染病区建设要求，争取上级资金改造隔离病区，推进“战疫情、补短板，应急能力提升”项目建设，该项目采用EPC总承包的方式进行施工，总投资38100万元，建筑面积为61226.8平方米，新增医疗设备650余台套，改造医疗污水处理系统11套。截至目前完成部分院内改造工程和西南畀分院、杨家庄分院的建设。

利用“中央医疗疾控应急体系建设和能力提升项目”专项资金，完成专科联盟、远程医疗的网络对接工作，包括医疗集团公共卫生安全保障一体化系统建设、远程会诊平台建设、家庭医生签约服务系统建设、云数据平台建设、电子病历三级项目建设和医疗集团人财物管理系统建设，加速打通医疗卫生服务“最后一公里”。 （张爱文）

【疫情防控】 2020年，阳泉市第二人民医院（阳泉市郊区人民医院）在市、区各级卫生行政部门的指导下，成立新冠肺炎疫情应急处理领导小组，负责疫情的日常管理和综合协调工作，建立疫情报告值班制度，实行24小时值班制。设立预检分诊台，抽调中医科、康复科的医务人员及后勤保卫科组成预检分诊应急队伍，抽调内科系统技术强、资历高的医疗、护理人员组成救治队伍，在第一时间承担辖区内新冠肺炎患者的应急处置工作。及时更新《新冠肺炎疫情的应急救援预案》，开展疫情培训10余次，培训2000余人。各级领导明确职责，配

2020年2月9日，郊区人民医院冯兆斌医师支援湖北

备兼职人员负责疫情上报工作，严格报告内容、时限和流程，第一时间通过云视讯传达上级部门对疫情防控的指导和指示精神。紧急改造隔离病区，于7月底投入使用。按照市卫健委的安排，2月9日派出急诊科主任冯兆斌赴武汉抗击疫情。为做好秋冬季疫情防控工作，对发热门诊人员、流程、布局再培训、再完善、再改造，积极储备防疫应急救援物资，做好隔离病区床单元准备。争取上级资金开展核酸检测实验室工作，完成愿检尽检8165人次，应检尽检4571人次，共12736人次。11月8日，组织集团医务人员参加疫情防控演练。 （张爱文）

【医疗集团六统一管理】 2020年，阳泉市郊区人民医院有序推进“六统一”（统一行政管理、统一人员管理、统一财务管理、统一业务管理、统一药械管理、统一绩效考核工作）工作，按照“政府组织、联盟采购、平台操作”的原则，对器械采购实行集中招标，带量采购。为河底分院、李家庄分院及荫营分院采购152万元的医疗设备，为荫营分院、河底分院、平坦分院及李家庄分院采购12万元的呼吸系统设备。集团人民医院与各分院性质不同，经多次酝酿讨论，12月7日组织召开集团职工代表大会讨论通过《阳泉市郊区医疗集团绩效考核方案》，实现区医疗集团的统一绩效考核管理。年末，集团“六统一”管理工作全面完成，并按照扁平化管理模式有序推进。 （张爱文）

【医疗质量管理】 2020年，阳泉市第二人民医院（阳泉市郊区人民医院）坚持每周召开一次院周会，分析医疗质量存在问题，通过平均住院日、次均费用、入出院人数、手术例数、药占比、耗材占比、临床路径入径率等指标展示医疗质量内涵，开展医疗质量评价点评，提出整改措施。全年完成临床路径16个专业57个病种，入径完成率达90.7%；严格执行抗菌药物分级管理，开展处方点评4344份；严格执行18项医疗核心制度，强化基础医疗质量，

促进全院科室之间的协调配合。发挥医联体的帮扶效应，多次邀请省市专家进行学术讲座，长期外聘多个专业领域的省市专家定期坐诊，在专家的指导下开展业务查房、讲座、疑难危重病人会诊等业务工作，现场指导运行病历的书写，防范医疗纠纷发生。按卫健委安排，12月23日派出内科大夫刘瑞峰前往边疆援助。 （张爱文）

【提升能力工程项目】 2020年3月，阳泉市郊区医疗集团根据《山西省发展和改革委员会国家开发银行山西省分行关于申报战疫情稳投资补短板项目的通知》文件要求，完成《阳泉市郊区战“疫”情、补短板，医疗、疾控应急体系建设和能力提升项目可行性研究报告》，并报郊区发改局立项。项目包括郊区人民医院、郊区妇幼保健计划生育服务中心、郊区疾控中心、西南舁分院等10个单位建设的内容，项目总投资38100万元，改扩建及新建总面积61226.8平方米，新增仪器设备650余台套，改造医疗污水处理系统11套。 （张爱文）

体 育

【全民健身】 2020年，阳泉市郊区在第12个“全民健身日”期间，利用公园、体育广场开展形式多样的全民健身活动，第六届职工羽毛球比赛在郊区体育馆举行，山西省十大群众文化活动体育项目象棋大赛和踢毽大赛郊区海选赛分别在区人民医院大报告厅和郊区体育馆举办。年末，共有单项体协5个，每千人有社会体育指导员2.4人。经常参加体育锻炼的人员达35%，建成区体育设施达96%。北山公园开辟智能健身步道，为人们提供休闲、娱乐、健身为一体的健身场所。全区共有体育场地860个，体育场地面积40.71万平方米，人均体育场地面积1.39平方米。 （段文婷）

2020年10月，阳泉市郊区总工会与区卫体局联合举办了郊区2020年第六届职工羽毛球大赛

【经营性棋牌活动场所专项治理】 2020年，阳泉市郊区卫生健康和体育局联合工商、公安等部门，对辖区内经营性棋牌活动场所开展专项治理，经过走访、摸排，共排查出159家经营性棋牌活动场所，根据摸排结果采取针对性规范措施。 （段文婷）

【社会足球场地建设】 2020年，阳泉市郊区建设社会足球场地7块。其中，平坦镇魏家峪村2块室外五人制足球场，于5月底投入使用；荫营南炉片区十一人制足球场1块，5人制足球场地2块，于10月底基本完工；侯家沟生态公园、漾泉大道北，十一人制足球场1块和室外非标准笼式五人制足球场1块，于10月底开工建设。 （段文婷）

社 会 生 活

民 政

【基本民生保障】 2020年，阳泉市郊区强化基本民生保障，超额完成城乡低保提标工作。城乡低保标准均提高35元，分别为城市587元、农村418元。城市低保对象6653人，农村低保对象6482人，发放低保补助金6302.98万元。加大困难群众临时救助力度，救助城乡困难群众2056人，支出救助金282.19万元，其中健康临时扶贫356人，计42.98万元。落实困难残疾人生活补贴和重度残疾人护理补贴，为符合条件的困难残疾人27652人，每人每月发放50元，共138.26万元；重度残疾人25201人次，城镇重度残疾人护理补贴125元/人/月、农村75元/人/月，发放护理补贴242.92万元。完善特困供养保障，建档立卡贫困对象纳入农村特困供养31人，城乡特困供养标准提高至9200元，农村分散供养6700元，农村集中供养9700元。城市特困供养对象60人，农村特困供养对象643人，特困供养补助778.90万元。 （王荣荣）

2020年阳泉市郊区城乡低保标准提标说明一览表

表6

	2020年提标前	提标金额（元）	2020年提标后	文件号
城保标准	552元/人/月	35元	587元/人/月	阳民字〔2020〕19号
农保标准	383元/人/月	35元	418元/人/月	阳民字〔2020〕19号

【基层社会治理】 2020年，阳泉市郊区民政局推进合并行政村（村改居）工作，全区原有行政村157个，城市社区18个。通过合并行政村和村改居，全区减少行政村56个，增设城市社区10个，净减少46个村社组织。新成立社区1个。年末，全区共设立101个行政村、29个城市社区。指导村规民约修订完善和乡村治理服务示范社区创建，完成村规民约修订完善工作，行政村村规民约覆盖率为100%；河底镇固庄村村规民约被省民政厅评选为“山西省优秀村规民约20佳”；荫营镇三都村、河底镇固庄村、旧街乡南沟村被省司法厅、民政厅命名为“山西省民主法治示范村”；固庄村被确定为民政部“村级议事协商创新实验”试点村；荫营镇三都村、平坦镇桃林沟村等16个行政村被省民政厅确定为“省级善治示范村”；李家庄乡汉河沟村被省民政厅确定为“省级乡村治理服务示范

社区”。区划地名工作稳步开展，在全市率先完成第二次全国地名普查暨数据信息更新成果验收工作与《行政区划图》的审定印制工作。（王荣荣）

【基本社会服务】 2020年，阳泉市郊区基本社会服务实现新突破。婚姻登记服务按时办结率与登记合格率均达100%。配合卫计部门完成婚前医学体检工作。推行结婚登记颁证服务，为新人免费举行结婚登记颁证仪式，有序开展新婚夫妇学校特色服务，做好特殊日子的应急措施。年内，全区办理婚姻登记1655对，其中办理结婚登记891对，离婚登记343对，补发结婚登记405对，补发离婚落实登记16件。推进殡葬改革，落实孤残、困境儿童政策，落实事实无人抚养儿童保障制度，4月，郊区建立农村留守儿童关爱保护和困境儿童保障工作联席会议制度，7月，成立阳泉市郊区未成年人救助保护中心，为全区18名孤儿和11名事实无人抚养儿童发放基本生活补助27.9万元，为4名在校大学生孤儿发放助学金2万元。（王荣荣）

【社会组织监管】 2020年，阳泉市郊区规范社会组织监管。核准登记社会组织65家，社会团体22家，民办非企业单位43家。按照社会组织党建“两个覆盖”清零攻坚行动要求，全区共建立社会组织党组织18个，单建党组织15个（含阳泉市经济技术开发区东方幼儿园党支部，该社会组织在市民政局核准登记），联建党组织3个（覆盖10家社会组织），对还未建立党组织的社会组织调整选派党建工作指导员。中共阳泉市郊区丰华双语培训学校党支部被阳泉市命名为第二批优秀基层党组织，被区委评定为2020年度“五星级基层党组织”。（王荣荣）

【重点民生工程】 2020年末，阳泉市郊区社会福利养老中心主体工程完工。建设地址位于郊区荫营镇三郊村，2017年3月开工建设，该工程总投资1941.1万元，占地10363.5平方米，建筑面积6413平方米，计划床位151张。（王荣荣）

【扶贫攻坚】 2020年，阳泉市郊区民政局围绕党中央确定的现行扶贫标准下农村贫困人口实现脱贫的总目标，制订《阳泉市郊区2020年农村低保扶贫行动计划》，做好农村最低生活保障制度与扶贫开发政策有效衔接，坚持应保尽保、兜底救助、统筹衔接、正确引导，优化政策供给，发挥农村低保、特困供养、临时救助等制度的作用，形成政策合力，实现政策性保障兜底，确保农村贫困人口脱贫任务如期完成。全区有建档立卡贫困户1477户3300人，其中建档立卡低保户207户382人，精准扶贫对象中民政对象通过两项制度衔接占14%。全区特困供养人员中建档立卡贫困户31户31人，共发放供养金27.38万元。为全区建档立卡贫困户中102名困难残疾人和74名重度残疾人发放生活补贴和护理补贴12.53万元。共救助建档立卡贫困户396人，发放临时救助金46.62万元，其中为确保农村贫困人口住院医疗费用个人实际报销比例提高到90%以上，通过困难群众临时生活救助的方式，对全区356名建档立卡贫困人口报销比例不达90%的人员进行再次救助，支出资金42.98万元。对2019年底正式划归郊区的开发区建档立卡贫困户，根据区扶贫办提供的建档立卡贫困户数据，经过反复核实和测算，补发救助金。其中2018年有27人符合救助条件，共计补发救助金3.24万元，2019年有29人符合救助条件，共计补发救助金4.18万元。（王荣荣）

【新冠肺炎疫情防控】 2020年，阳泉市郊区民政局成立疫情防控工作领导小组，落实四方责任，协调组织民政系统疫情防控工作。及时下发《关于妥善做好疫情防控期间婚姻登记工作的通知》，取消2月2日加班办理婚姻登记事项，暂停办理婚姻登记业务，后期实行预约办理登记。提前制订复工后婚姻登记疫情防控工作方案，严格防控措施。做好疫情期间的殡葬管理工作，印发《关于做好2020年清明节祭扫工作的通知》《阳泉市郊区民政局关于做好2020年农历十月初一祭扫工作的通知》，对祭扫工作进行安排部署。严格按照疫情期间机关管理制度，对进出机关人员进行登记和体温测试，并对办公场所开展全方位消毒。加强疫情期间的社会救助服务，及时印发《加强新冠肺炎疫情期间社会救助工作实施方案》，全面开通疫情防控期间社会救助快捷通道，按照"特事特办、先行纳入"原则，简化社会救助审批程序，凡申请临时救助、城乡低保的，暂停申请人家庭经济状况核对、民主评议和入户调查等环节，采取个人承诺方式，做到当月申请、当月审批，先行给予临时救助，疫情解除后补齐相关手续。对低保对象、特困人员和农村建档立卡贫困人口，直接予以救助；对其他生活困难者，积极开展先行救助；对造成严重生活困难的，采取一事一议加大救助力度。开展疫情捐款活动，对疫情捐款及时公示。新冠肺炎疫情防控期间共收到社会各界人士捐款165.28万元。　（王荣荣）

【腐败和不正之风专项整治】　2020年，阳泉市郊区民政局开展农村低保专项治理工作，集中治理"人情保""关系保""错保""漏保"，坚决查处农村低保经办服务中的腐败和作风问题，进一步规范管理，提升经办服务水平，切实发挥农村低保在打赢脱贫攻坚战中的兜底保障作用。对所有在册农村低保对象、近一年来曾提交申请但未审批通过的家庭、近一年来动态管理中已退出的低保家庭（不包含死亡和领取社保人员）、未纳入农村低保的建档立卡贫困户四类对象逐户排查。重点排查在册低保对象家庭成员、收入、财产和消费支出的变化情况，看动态管理是否到位；对非在册对象的排查，主要是对照农村低保条件核查其家庭成员、收入、财产和消费支出，看是否有漏保的情形。在排查过程中，对照治理重点主动听取群众意见，收集相关腐败和作风问题线索。根据"不忘初心、牢记使命"主题教育中关于专项整治漠视侵害群众利益问题的要求，深入开展农村低保专项治理，重点针对贫困老年人、残疾人、儿童等特殊困难群众进行筛查，及时将符合条件的困难群众纳入最低生活保障，解决低保办理过程中审核审批程序不规范、服务效率低下问题，重点完善动态管理机制。全区共有农村低保3656户6482人，新增低保对象301户591人，退出低保对象308户599人，实现动态管理下的"应保尽保""应退尽退"。　（王荣荣）

【"三零"单位创建】　2020年，阳泉市郊区民政局成立"三零"单位创建工作领导小组，制订《阳泉市郊区民政局"三零"创建工作实施方案》。妥善化解矛盾纠纷，确保"零上访"。聚焦重复访、越级访、集体访等突出信访问题，持续推进积案攻坚，着力化解存量。结合脱贫攻坚任务和疫情实际，重点了解低保、特困及其他边缘群体等民政服务对象，及时化解矛盾，做好兜底保障。关注社会福利、社会救助等民生领域敏感、热点、负面舆情问题，对排查出的重大矛盾纠纷，综合运用法律、经济、教育、心理疏导等方法予以化解，力争将矛盾化解在萌芽状态。排查整改安全隐患，确保"零事故"。认真执行《中华人民共和国国家安全法》，按照安全生产"管行业必须管安全，管业务必须管安全，管生产经营必须管安全"的要求，定期排查局机关和郊区各类民政服务机构的安全隐患，尤其是养老机构、殡葬机构等，动态掌握风险点、危险源，分类建立台账。严格落实安全管理第一责任人制度，发现问题及时整改。创新基层治理方式，确保"零案件"。把"三零"单位创建与疫情防控、扫黑除恶、法治乡村建设、乡村振兴等工作结合起来。充分发挥基层群众自治的基础作用，加强基层群众依法参与民主决策、民主管理和民主监督，持续推进社区、社会组织、社会工作"三社联动"，引导群众积极参与"三零"单位创建；发挥社会组织在基层治理中的积极作用，加快培育社区社会组织，引导和鼓励其通过提供公共服务等形式助力“三零”单位创建；充分发挥道德建设的教化作用，修订完善村规民约，以和善居民、和美家庭，促和睦邻里、和谐村居，维护良好的生产生活秩序，共建平安和谐郊区。（王荣荣）

人力资源和社会保障

【社会保险】 2020 年，阳泉市郊区企业基本养老保险参保 2.37 万人，完成市下达目标任务的 113.81%。企业职工参保人数（不含离退休）1.8972 万人，完成市下达目标任务的 113.60%。企业养老保险基金收入 26912 万元，离退休人员 4701 人，企业养老保险基金总支出 54720 万元，基金结余 13195 万元。机关事业单位基本养老保险参保 7170 人，完成市下达目标任务的 101.70%。机关事业单位职工参保人数（不含离退休）4221人，完成市下达目标任务的 101.66%。机关事业单位养老保险基金收入 16609 万元，退休人员 2949 人，养老保险基金支出 16047 万元，基金结余 3810 万元。城乡居民基本养老保险 9.76 万人，完成市下达目标任务的 100.15%。参保缴费到账 1912 万元，财政补贴到账 4192 万元，为 3 万名待遇领取人员发放养老金 5855 万元，实现 100%社会化发放。失业保险 10439 人参保，完成市下达目标任务的 105.4%，征缴失业保险基金 147 万元，基金支出 492 万元。为 42 户参保企业发放稳岗补贴 265.21 万元，惠及职工 4428 人；技能提升补贴 19 人，发放 2.7 万元。为符合条件的 169 人发放失业补助金 38.19 万元。工伤保险参保人数 4.73 万人，完成市下达目标任务的 101.72%。工伤保险基金收入 118.8 万元，支出 601.4 万元。（李丽红）

【就业创业】 2020 年，阳泉市郊区城镇新增就业 3501 人，完成市下达目标任务的 100%；下岗失业人员再就业 1643 人，完成市下达目标任务的 101%；就业困难人员实现就业 650 人，完成市下达目标任务的 101.56%；农村劳动力转移 1827 人，完成市下达目标任务的 101.5%；城镇登记失业率 3.87%，控制在 4.5%以内。（李丽红）

【城镇居民可支配收入】 2020 年，阳泉市郊区第一季度城镇居民可支配收入 8376 元，增幅为 1.5%，全市排名第三；二季度城镇居民可支配收入 1.46 万元，增幅为 2.2%，全市排名第四；三季度城镇居民可支配收入 2.19 万元，增幅 3.8%，全市排名第四；四季度城镇居民可支配收入 2.97 万元，增幅为 4.1%。（李丽红）

【职业技能提升培训】 2020 年，阳泉市郊区职业技能提升培训 3142 人，完成全年培训任务的 109%。企业培训 274 人，创业培训 90 人，职业技能培训 2778 人。（李丽红）

2020 年 7 月 9 日，郊区 2020 年度首批职业技能培训班分别在韩庄、珍宝园等地开班

【人力资源】 2020 年，阳泉市郊区人力资源和社会保障局共考核事业单位科级以下工作人员 3273人，评出优秀人数 438 人，优秀率 13.3%。共新聘任专业技术人员 234 人（其中高级 23 人，中级 118 人，初级 93 人），续聘专业技术人员 222 人（其中高级 22 人，中级 120 人，初级 80 人）。审

批2020年事业单位工作人员正常晋升薪级工资3180人；审批2020年全区事业单位工作人员绩效工资共3023人，转正定级、调入人员工资确定301人；职务变动、岗位变动、技术等级变动等工资变动962人；为全区已故机关事业单位工作人员及离退休人员11人审批丧葬费、一次性抚恤金；为全区已故机关事业单位工作人员及离退休人员1人补发一次性抚恤金；审批机关事业临时退休待遇人数117人；审批调整乡镇工作补贴和执行乡镇工作补贴共1030人；审批机关事业单位退休人员获得荣誉领取一次性补贴90人；审核并按照文件规定为阳泉市第二人民医院援鄂队员增发工资；完成2019年事业单位工作人员工资统计报表的申报工作；为全区已故离休干部无工作配偶9人调整生活困难补助标准。（李丽红）

【劳动保障】 2020年，阳泉市郊区人力资源和社会保障局处理郊区行政区域管辖范围内的新建、在建工程项目或改扩建工程项目、机械加工、餐饮食品、三产服务等范围内的涉及工人工资及其他劳动争议案件208起。其中，劳动仲裁、信访调解裁决案件198起，结案率100%，结案金额为769.19万元，劳动监察立案受理案件10起，结案率100%，结案金额约350余万元，农民工工资投诉举报案件均严格按照“三个清零”的目标任务进行案件办结。疫情期间促进企业复工复产，深入企业65户（次），建筑施工工地30余户（次），进行实名登记复工复产外来务工人员30余批次共计2641人。区劳动保障综合行政执法队赴工地、企业等用人单位和农民工的居住地，宣传党中央、国务院在疫情期间出台的相关政策、法规，发放宣传单8000余份。在工程项目部张贴关于复工复产及维护农民工合法权益告知书、宣传单等宣传资料700余份，覆盖郊区27个建设施工项目80余户企业。贯彻落实预存工资保证金政策。按照《阳泉市预防和解决企业工资拖欠应急周转金制度的实施意见》要求，区政府出资200万作为应急周转金在财政专户内运行，出台《阳泉市郊区建设工程项目预存工资保证金实施办法》，规范全区行政区域内在建工程项目预存和缴纳工资保证金行为和发生突发事件后应急周转金的使用和管理。年末，全区累计预存工资保证金2484.1万元，审核退还218万元，存储工资保证金2266.1万元。落实治欠保支“六项主体责任”目标任务。多次组织人员对在建工程项目中涉及建设、施工、劳务等单位的负责人、劳资管理人员业务考核进行工作指导，使全区工程项目建设施工单位执行“六项主体责任”的要求。对所有农民工进行在册登记，实现实名制登记用工，并开设农民工劳务费专用账户，农民工工资支付实现银行专户支付全覆盖。规范工伤认定和劳动能力鉴定。共收到用人单位、受伤职工提交的工伤认定申请资料165份，出具《工伤认定决定书》138份。收集并上报市工伤科劳动能力鉴定申请79份。办理工伤认定行政诉讼案件3起。（李丽红）

2020年7月31日，阳泉市郊区人社局工作人员深入建筑工地，进行工伤保险政策宣传

【行业扶贫】 2020年，阳泉市郊区人力资源和社会保障局发挥基层服务平台作用，精准掌握贫困劳动力信息。建立贫困户劳动就业创业信息台账，贫困劳动力基础信息实时动态管理。年内，建档立卡贫困劳动力总数为2014人，其中，在校生164人，无劳动力及丧失劳动力合计107人，郊

区适龄且具有劳动能力的建档立卡劳动力总数为1743人。根据区扶贫办统计数据，按照《促进贫困劳动力培训就业扶贫工作方案》和郊区第四批、第六批挂牌督战重大政策落实目标任务“就业扶贫问题要清零”的要求，对299名扶贫办提供的未就业贫困人口情况逐户进行“点对点”摸排，逐个按其就业需求进行就业帮扶。年末，未就业的16名贫困劳动力中15人实现就业，1人因丧失劳动能力无法就业。开展“就业援助月”“春风行动”“就业扶贫送岗位下乡”等活动，拓展公共就业线上服务渠道，做好就业困难人员管理工作。3月1日至6月1日举办“2020年阳泉市郊区网络招聘会”，依托“阳泉市就业网”“掌上365阳泉人才网”等线上招聘平台，积极开展线上招聘。打造线上“春风行动”，开展网上招聘和高校毕业生就业招聘，71家企业报名参加，提供就业岗位243个，实名注册的求职者达2112人。认定、建设“扶贫车间”，助力贫困户脱贫致富。2020年9月，认定西南舁乡“阳泉市嘴上食品加工有限责任公司”“阳泉市元亨养殖专业合作社”2家合作社为就业扶贫工厂（车间）。为全区建档立卡贫困户劳动力发放就业补贴3.45万元。为“山西中讯通网络科技有限公司”发放新增吸纳建档立卡贫困人口10人就业奖助资金3万元。开发扶贫公益岗托底安置，落实“一户一公岗”政策。按照晋人社厅发〔2020〕17号文，制订《郊区贫困劳动力公益性岗位管理暂行办法》，开展对未脱贫劳动力的就业援助，对确实无法离乡、无业可扶、无力脱贫的贫困劳动力，通过开发就业扶贫公益性岗位予以托底安置。对2户6名未脱贫劳动力进行入户摸底调查，采取“优先吸纳，就近安置”的方式，安置未脱贫劳动力。发放贫困劳动力培训补贴，帮助贫困户学技能脱贫。截至6月，全区参加技能培训的建档立卡贫困劳动力222人，取得职业技能鉴定证书56人，为54名建档立卡贫困劳动力发放生活费补助8100元。开展“点对点”服务，稳定外出务工贫困劳动力就业。为143名建档立卡贫困人口发放“用工补贴”28.60万元，帮助外出务工贫困劳动力稳定就业。为33名建档立卡贫困劳动力发放“外出务工补助”8247.5元。帮助39人贫困劳动力实现省外就业，为6人发放交通费补贴1595.5元。为全区17名省外务工建档立卡贫困劳动力发放“求职创业补贴”1.36万元（补贴标准为800元/人）。实行贫困劳动力建档立卡，为精准培训提供数据支撑。3月，区人社局召开“全区劳动力建档立卡”工作部署会，会后确定各乡镇（村）和开发区社务中心“劳动力建档立卡工作”专管员476名，筹集经费50万元，进村入户开展“全区劳动力建档立卡”信息采集和录入工作，建档立卡登记工作圆满完成。

（李丽红）

2020年10月19日，阳泉市郊区人社局干部职工到雨下沟村进行扶贫宣传

【城乡居民基本养老保险扶贫】 2020年，阳泉市郊区人力资源和社会保障局为建档立卡贫困户代缴基本养老保险，累计1723人，17.23万元；低保对象及特困人员等群体实际代缴6960人，代缴金额69.60万元，代缴率100%。年末，已有7706人贫困人口享受城乡居民基本养老保险待遇，建档立卡贫困人口数1124人，低保对象及特困人员等困难群体人数6582人，发放率100%。

（李丽红）

退役军人管理

【概况】 2020年是退役军人事务工作开局之年。按照省市区政府以及退役军人事务部门的工作安排和部署，阳泉市郊区退役军人事务局发挥职能，保障退役军人合法权益，牢记全心全意为退役军人服务的初心和使命，落实让军人成为全社会尊崇的职业，让退役军人成为全社会尊敬的人的工作目标，用心用情用力做好退役军人服务工作。 （孙 雪）

【退役军人服务保障体系建设】 截至2020年底，阳泉市郊区共建173个退役军人服务中心（站），其中1个区级退役军人服务中心、8个乡镇（中心）和164个村（社区）退役军人服务站，实现退役军人服务体系纵向到底的“全覆盖”。 （孙 雪）

【发放优抚补助资金】 截至2020年底，阳泉市郊区共有各类重点优抚对象1123人，发放重点优抚对象价格临时补贴48.43万元，各类抚恤补助资金680.25万元，各类优抚对象提标补助资金28.85万元，八一慰问金50.45万元，8023临时性岗位资金133万元，义务兵优待金788万元。 （孙 雪）

【信访矛盾纠纷化解】 2020年，阳泉市郊区退役军人事务局多次召开专题会议研究分析信访形势，部门联动，密切配合，形成合力，做好政策解释和引导工作。开展“两节”走访慰问活动、“强服务送健康”体检活动，解决部分人员的诉求，表达党和政府对退役军人群体的关心。 （孙 雪）

【“全国双拥模范城”创建】 2020年，为助力阳泉市创建“全国双拥模范城”，阳泉市郊区重点打造以李家庄乡汉河沟村为样板的市级双拥示范村，在汉河沟村建设双拥主题公园、双拥教育展览馆和退役军人创业培训基地。在李荫路、赛西路、义白路沿线制作并安装双拥标语、宣传灯箱1000余块，营造氛围。6月4日，李家庄乡汉河沟村作为阳泉市创建全国双拥模范城的验收点接受省调研组的验收，高质量完成验收任务。10月20日，阳泉市郊区双拥办选送的李家庄乡汉河沟村党支部书记宋晓文获“全国爱国拥军模范”荣誉称号。 （孙 雪）

2020年10月20日，阳泉市郊区退役军人局迎接全国爱国拥军模范宋晓文载誉归来

医疗保障

【党建引领】 2020年，阳泉市郊区医疗保障局创新党建工作思路，制订《2020年阳泉市郊区医疗保障局党建工作要点》，提出党建工作“1+3+3”工作思路，即一个核心（党支部建设为核心），着力打造“三支队伍”（党员先锋队、青年先锋队、巾帼先锋队），有效搭建“三个平台”（党员活动室、廉政谈话室、职工之家），创建“新医保·心服务”党建品牌，努力开创医保党建工作新局面。3月17日召开全区医疗保障暨党风廉政建设工作会，局长同分管领导，分管领导同股室负责人层层签订《党风廉政建设目标管理责任书》，全体工作人员签订《廉政承诺书》，做到责任到岗，责任到人。组织党员开展“亮身份、亮承诺、亮工作”活动，树立党员示范岗，全力营造“学比赶帮超”争创一流的良好服务氛围。常态化开展“结对贫困户、结对两定机构、结对团员青年”的党员“三结对”活动，特色

化开展每月一主题党日活动。全体干部职工深入杨家庄乡庙岭村、开发区包保小区开展义务劳动，以实际行动助力扶贫和创卫工作。（王沁星）

【医保扶贫】 2020年，阳泉市郊区医疗保障局到各乡（镇）、村（社区）宣传医保政策，组织医保扶贫专题培训，确保“三保险、三救助”医保扶贫政策落细落实。对建档立卡的贫困人口实行基本医疗、大病保险、补充医疗保险“一站式”结算服务。按季度动态调整农村建档立卡贫困人口，建档立卡贫困人口3314人实现应保尽保，参保率100%。门诊慢性病在定点医疗机构直接实行支付限额100%报销。省内定点医疗机构住院综合保障比例平均达90%的目标。建档立卡贫困人员住院564人次，基本基金支付428.91万元，大病基金支付120.18万元，基本基金兜底支付132.04万元，补充医疗保险支付28.13万元，实际报销比例达90%及以上的227人次。慢性病享受医保帮扶政策2968人次，基本基金支付77.94万元，大病基金支付5.72万元。通过建档立卡贫困人口绿色通道鉴定成功8人。（王沁星）

【打击欺诈骗保】 2020年，阳泉市郊区医疗保障局保持打击欺诈骗保高压态势。4月，开展“打击欺诈骗保维护基金安全”宣传月活动，为区定点医药医疗机构发放宣传手册1600余册，为人大代表、政协委员和其他与会人员发放医保政策问答手册600余册；组织安排两定机构悬挂张贴条幅宣传画，在广场大屏幕滚动播放医保宣传片，在500路公交车悬挂标语、在微信公众号上推送打击欺诈骗保相关政策信息进行医保政策宣传；征集到社会各界参与制作的抖音作品60余件；与规模较大的两定机构形成结对帮扶。工作人员走进基层诊所宣传医保政策；开展欺诈骗保行为举报奖励活动。与所有两定机构签订医保服务协议和医药机构医保诚信服务承诺书。全年共对42家次医药机构的违规行为进行处罚，共追缴和罚款166.76万元。（王沁星）

【县域医疗卫生一体化改革】 2020年，阳泉市郊区医疗保障局按照“总额预算管理，结余留用，合理超支分担”原则，实行“打包付费，按月拨付，年终清算”运行管理模式。按照服务协议拨付郊区医疗集团打包付费预拨款1508.4万元，其中城镇职工医疗252万元，城乡居民医疗1256.4万元。（王沁星）

【基金运行安全平稳】 2020年，阳泉市郊区城镇职工基本医疗保费收入5835.03万元，支出6508.36万元。在新型冠状病毒感染肺炎疫情防控期间，为减轻企业负担，全力支持企业复工复产，按照市医保局、市财政局、市税务局《关于阶段性减征职工基本医疗保险费的实施方案》文件要求，2月至4月实施阶段性减半征收职工基本医疗保险费。当年城乡居民个人缴费每人250元，共收缴3587.07万元,支出3573.37万元，全年医保基金运行安全平稳。（王沁星）

2020年8月13日，阳泉市郊区医保局召开基金监管专项治理检查暨医保电子凭证业务培训会

【药品耗材集中带量采购】 2020年，阳泉市郊区医疗保障局按照省、市药品耗材集中带量采购政策要求，组织全区相关医疗机构认真落实药品耗材集

中带量采购工作，按时按点全面完成药品耗材集中带量采购任务。共组织实施 4 个批次，其中国家组织 2 次，省组织 1 次，市组织 1 次。涉及医疗机构 8 家，药品、医用耗材采购品种 110 个，共签订合同 133 份，拨付带量采购预付款 15.71 万元，降低群众药费负担。（王沁星）

居民生活

【城镇居民生活】 2020 年，郊区围绕“争做转型发展表率，打造城乡融合样板”的发展目标，经济、政治、文化、社会、生态协调发展，城镇居民生活水平稳步增长。据统计调查数据显示，城镇常住居民人均可支配收入 2.97 万元，比上年增加 1171 元，增速为 4.1%；城镇常住居民人均现住房建筑面积 32.3 平方米，城镇居民人均现金消费支出 1.54 万元，其中食品烟酒 3962 元，占比 26%；衣着 1168 元，占比 8%；生活用品及服务 664 元，占比 4%；医疗保健 1586 元，占比 10%；交通通信 4692 元，占比 30%；教育文化娱乐服务 1727 元，占比 11%；居住 1186 元，占比 8%；其他商品和服务 395 元，占比 3%。随着郊区经济的快速稳步发展，人民生活质量不断提高，外出旅游度假成为人们节假日的首选，八大项支出中交通通信、食品烟酒、教育文化娱乐服务、医疗保健支出占比相对较高，分别为 30%、26%、11%和 10%。（邵树琴）

【农村居民生活】 2020 年，是全国脱贫攻坚决胜年，郊区区委、区政府多措并举致力于农村居民收入的增长。据统计调查数据显示，全区农村常住居民人均可支配收入 1.75 万元。农村常住居民收入增速连续四年快于城镇，城乡差距进一步缩小，城乡居民收入比由 2017 年的 1.8∶1 下降到 2020 年的 1.7∶1，城乡收入差距不断缩小。农村常住居民人均可支配收入稳步增长，绝对额增长 1187 元，增速为 7.3%。农村常住居民人均可支配收入绝对额在全市排名第一，比全市平均水平高出 942 元，比盂县、平定县分别高出 998 元和 1618 元。农村居民人均消费支出 9731 元，其中食品烟酒 3044 元，占比 31%；衣着 722 元，占比 7%；生活用品及服务 459 元，占比 5%；医疗保健 2390 元，占比 25%；交通通信 1022 元，占比 11%；教育文化娱乐服务 820 元，占比 8%；居住 928 元，占比 9%；其他商品和服务 346 元，占比 4%。随着郊区农村生活水平的不断提高及医疗保障事业的推进，农村居民保健意识逐步增强，八大项支出中食品烟酒、医疗保健、交通通信支出占比相对较高，依次为 31%、25%、11%。（邵树琴）

乡镇 社区

荫营镇

【概况】 阳泉市郊区荫营镇地处太行山西麓刘备山下，因西汉大将韩信在此浓荫密林中隐军修整而得名。是郊区区委、区政府所在地，是郊区的政治、经济、文化中心。距阳泉市北6千米，地理位置优越，李荫路、义白路、阳盂路、阳五高速和207国道、239国道、307复线等公路贯通全镇境内，交通便利。2020年，全镇总面积103.30平方千米，耕地面积2580公顷，总人口5.91万人，其中，乡村人口5.55万人。经行政村合并及村改居民委员会后，辖段家庄村(段家庄村、河北村)、福洼村（前洼村、后洼村)、落菇堰村（东落菇堰村、西落菇堰村)、垴上村（东垴村、西垴村)、下千亩坪村（下千亩坪村、鸡洼村)、韩庄村（韩庄村、马庄村)、双福村（南垴村、火石岩村)、小庄村、西梨庄村、辛庄村、窑沟村、上白泉村、东梁庄村、矾窑村、下烟村、上千亩坪村、杨树沟村、山头村、三郊村、上烟村、下白泉村、三都村、三泉村23个行政村和上荫营社区（后沟村、街上村)、玉泉社区（南窑庄村、林里村)、坪上社区（坪上村)、桥上社区（桥上村)、下荫营社区（下荫营社村)、瑞丰社区、老虎沟社区（老虎沟村、老虎沟社区)、文苑社区、荫营矿社区9个居民委员会。综合实力名列全区乡镇前茅，是“全国文明乡镇”“全国拥军优属先进单位”、省级“文明和谐镇”。

2020年，荫营镇围绕传承和弘扬“唯旗必夺、争创一流”的荫营精神，做好“园区项目承载、城镇扩容提质、村社治理创新”三篇文章，争做“全区转型发展表率，打造城乡融合样板”。累计完成税收3.44亿元，同比增长22.07%；累计完成固定资产投资12.1亿元，完成固定资产投资任务的121%；规模以上企业完成产值29.07亿元，完成规模以上企业工业增加值10.84亿元。 （冯曹娜）

【入企帮扶】 2020年，阳泉市郊区荫营镇多措并举，深入开展“五问”“五心”入企帮扶活动，推进企业复工复产。成立荫营镇入企帮扶领导小组，经常性到所包企业开展工作，宣传优惠政策。针对企业复工过程中遇到融资难、技工短缺、防疫物资缺乏等共性问题，群策群力，引导企业通过建行“云义贷”等渠道，解决融资难题。借助网络招聘平台，发布信息，吸纳有技术、有能力、有担当的有识之士，为企业发展注入新鲜活力。帮助企业找寻防疫物资，畅通购买渠道，满足企业需求，让他们感受到政府关怀与帮助。以入企帮扶工作为契机，深入开展“三个一批”（登记一批、整治一批、关停一批）环保深化治理工作。加强与企业的沟通与交流，引导企业正确应对环保要求。针对企业治理过程中的不足，督促企业及时整改，尽早达标达效，不走弯路，在做好防疫工作的同时，坚决打赢环保治理攻坚战。加强对复工复产企业巡查工作，对部分企业从业人员不戴口罩、检测点无人值守、物资配备不齐全等行为进行教育，并要求立即整改，避免因麻痹大意产生祸患，确保防疫工作扎实有力开展。（冯曹娜）

【“煤改电”工作验收】 2020年8月16日，阳泉市郊区荫营镇召开“煤改电”工作推进会，各村就煤改电工作进行汇报。荫营镇要求各村要切实提高思想认识，进一步加强工作的紧迫感和责任感，抓住重点，主动作为，责任到人，倒排工期，全力推进，严肃问责，确保“煤改电”工作顺利进行。荫营镇会同区能源局、荫营供电所及第三方监理机构成立验收工作组，通过实地查看、翻看资料、听取汇报等方式了解“煤改电”工程进度、设备调试及线路铺设情况，并对工程中存在问题提出整改意见和建议，要求施工单位严格按照标准限期进行整改。年末，全镇2019年“煤改电”涉及的12个村全部通过区级验收。（冯曹娜）

【企业环保治理与环境整治】 2020年4月24日，阳泉市郊区荫营镇召开耐火产业整合、环保深化治理暨“白名单”绩效工作推进会。要求各企业要高度重视，做好前期资料收集准备工作，及时、准确填报《荫营镇工业企业基本信息表》，同步做好企业自查工作，严格按照要求进行查漏补缺，正确应对环保深化治理验收及耐火产业整合工作，确保各项工作不出纰漏。郊区环保局聘请山西大学环境与资源学院孟东平教授等，对荫营镇企业环保治理情况进行验收。为加快工作进度，召开会议进行安排部署，成立工作组经常性深入企业开展帮扶，就企业积存垃圾清理、建筑物外墙统一色调、厂区绿化硬化、环保安全资料收集等情况进行督导，要求企业要严格对照标准，按时按要求高质量完成。120余家企业相继完成企业环境整治工作。（冯曹娜）

【黑热病防控】 2020年，阳泉市郊区荫营镇成立领导组，开展黑热病防控。按照严部署、广培训、多宣传、清底数、细检测、灭白蛉、速管控、重整治的工作思路，严格落实六阶段工作要求，开展摸排清底、犬只检测、病犬管控、集中消杀、卫生整治、舆论引导工作。检疫检测家养犬3054只，收容处置病犬677只，下发特效蝇蚊杀药品280袋，自购2400余袋，3次集中消杀面积约66.5万平方米，完成黑热病防控阶段性工作。（冯曹娜）

【就业培训】 2020年，阳泉市郊区荫营镇按照政府搭建平台，社会资本参与，为基层未就业群众提供专业化、规范化服务的工作思路，与中国蓝领有限公司开展深度合作，签订就业安置协议，为有求职意愿的未就业群众提供免费培训及岗位安置。举办小儿推拿、护工、月嫂等培训45期，共有2100余人参加培训，其中，110名学员在上海、北京、太原等地就职，实现就业300余人。（冯曹娜）

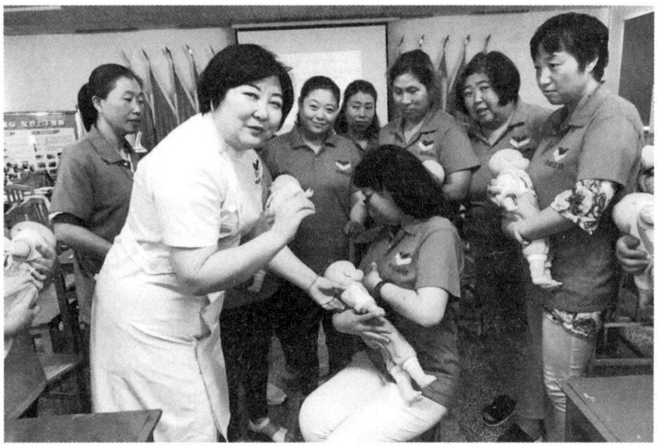

2020年阳泉市郊区荫营镇技能培训现场

【违建拆除】 2020年7月15日，阳泉市郊区荫营镇按照区政府安排部署，在城管、公安、交警、卫生、供电、供水等部门的协调配合下，对坪上、上白泉、林里3个村的11处900余平方米的违法建筑进行集中拆除。为保证拆违行动取得实效，荫营镇党委、政府通过反复论证拆迁方案、不断完善部门分工、仔细进行实地勘察，严密安排部署，结合各村实情，与各部门协调联动，合力攻坚，共出动各类机械5台、专业执勤执法车辆12台，工作及执法人员近百人，完成拆迁任务。（冯曹娜）

【企业创新】 2020年，阳泉市郊区荫营镇多次派出工作组深入企业开展技术创新帮扶，了解企业运营情况，深入挖掘企业创新动能，积极推进企业创新发展。至2020年年底，荫营镇14家规模以上企业实现技术创新全覆盖，部分中小企业走出创新发展的新路子。千禾工贸打造一、二产业协同发展新模式；华博新材料引进“山东经验”，投资建厂；亿晟源达工贸打造“花园式”工厂，保障经济可持续发展。（冯曹娜）

【散煤清零工作】 2020年，阳泉市郊区荫营镇开展禁煤区建设及散煤清零工作，严格落实包保责任，共发放清煤经费41.3万元，张贴禁煤公告200余张，悬挂“禁煤区”标识牌1500余块。年末，存煤1.51万吨全部清理完毕。（冯曹娜）

【抗美援朝老兵纪念章发放】 2020年12月11日，阳泉市郊区荫营镇退役军人服务站负责人走访慰问抗美援朝老兵李三保，并送上中国人民志愿军抗美援朝出国作战70周年纪念章，向老人送上诚挚的祝福，感谢老人为国家和人民作出的贡献。（冯曹娜）

【镇工会组织进一步完善】 2020年12月21日，“荫营护工”工会委员会第一次会员代表大会召开，选举产生“荫营护工”工会委员会领导班子，郊区首个护工行业工会正式成立。12月31日，荫营镇总工会第三次代表大会召开。大会按照公开、公正的原则，以无记名投票方式选举产生新一届工会委员会、经费审查委员会和女职工委员会。史贤良当选为工会主席，苗志勇当选为工会副主席，郗银平当选为工会挂职副主席，史桂梅、余云波当选为工会兼职副主席；张宝堂当选为经费审查委员会主任；李洁当选为女职工委员会主任。（冯曹娜）

【农机农技推广】 2020年，阳泉市郊区荫营镇两年承担智慧农机建设项目。智慧农机管理系统构筑包括农机综合信息化服务网络和农机综合监管网络两大服务网络，在为农田作业拖拉机加装GPS的同时，配套使用智慧农机平台。智慧农机的推广应用，实现对作业农机具的科学有效监管，使农机业务管理和社会服务实现有效融合。荫营镇连续四年推广土地深松项目，引导更多农户运用科技手段科学种田，随着深松项目的不断推广，该镇深松面积不断扩大，改良项目区的土壤结构、粮食作物产量明显提高。（冯曹娜）

【新冠疫情防控】 2020年，阳泉市郊区荫营镇成立镇疫情防控工作指挥部，组建7个专项工作组，开展新冠疫情防控工作。在春节期间实施全面严防措施，共布设各级检查站56个，24小时不间断开展检查；组织近40支共374人的志愿者摩托巡查队，严防聚集，降低疫情扩散风险；在疫情防控常态化工作方面，制订防控工作十项措施，针对防控宣传、摸排工作、重点地区返回人员、重点社区和法人单位、外来务工人员、核酸检测等不同工作范畴，精准施策，实现防控常态化。加强疫情防控宣传和舆论引导，开展新冠肺炎的宣教和知识普及工作，提高群众防护意识，落实不聚集、戴口罩、勤洗手、勤通风、保持合理社交距离等措施。根据上级通报的风险地区情况，有针对性地对北京新发地批发市场、青岛、内蒙古自治区、新疆维吾尔自治区等中高风险地区、冷链运输等特定地区、特殊环节及时开展人员往返排查，发布防控信息，确保反应迅速、防控有效。做好冬春季疫情防控工作，继续落实网格化管理和零报告制度。加大排查力度和精准度，落实“大型活动非必要不举办、戴口罩、勤洗手、一米线”等措施，加强对风险地区往返人员、外来务工人员等的排查管控。全力保障防控物资，保证防控物资满足使用，足额储备。共消耗口罩 10 万余个、消杀液 7031 升、酒精 1242 升、体温枪（计）326 个。（冯曹娜）

【“三零”单位创建】 2020 年，阳泉市郊区荫营镇开展“三零”单位创建工作。围绕“零事故”，严守安全底线，按照“三必管”（管行业必须管安全、管业务必须管安全、管生产经营必须管安全）原则开展隐患排查整治。各部门深入村企、厂矿、建筑工地、护林防火站点、人员密集区域、旅游景点等场所，对安全生产、防火防汛、疫情防控、消防安全、道路交通安全等工作展开督促检查。围绕“零案件”，开展法律大讲堂，向群众宣讲法律知识，收集社情民意、涉稳信息，完善村级矛盾调解室建设，及时化解矛盾纠纷，定期与派出所联合开展辖区稳定形势分析研判，预测预警预防重大矛盾纠纷苗头性、倾向性问题；围绕“零上访”，从“减存量”“控增量”和“防变量”方面入手，聚焦重复访、越级访、集体访等突出信访问题开展攻坚行动，特别是对一些长期积案和疑难案件，用好用足各种政策手段，切实做好稳控化解工作。（冯曹娜）

河底镇

【概况】 阳泉市郊区河底镇位于太行山脉中段刘备山北麓，古称“青龙镇”，民国前属平定州，历史上就是州北地区重要的政治经济文化活动中心和商品集散之地。2020 年，该镇总面积 103.04 平方千米，经行政村合并后，辖龙光峪村（龙光峪村、里龙光峪村）、山底村（山底村、小沟村）、河底村（河底村、猪头垴村）、大河北村（大河北村、武家庄村）、下章召村（下章召村、河南村）、燕龛村（燕龛村、西沟村）、北庄村（北庄村、郊里村）、固庄村（固庄村、小固庄村）、五架山村、小河北村、中佐村、北小西庄村、关家峪村、红土岩村、曹家掌村、邓家峪村、程庄村、苏家泉村、东南沟村、上章召村、任家峪村、东村村、苇泊村、牵牛镇村 24 个行政村和固庄矿社区 1 个居民委员会，总人口 3.66 万人，耕地 2313.33 公顷。境内矿藏丰富，有无烟煤、铝矾土、硫铁矿、石灰石、白云石、高铝黏土、耐火黏土、石膏矿、铁矿，尤以煤炭、铝矾土储量大、品质优。

河底镇是郊区第二大镇，自古就是连接平定、盂县的重要枢纽，207 国道、214 省道贯穿境内，阳五高速、京昆高速交汇过境，交通发达，区位优越。镇政府所在地距阳泉市区 20 千米，距规划开发的新城区不足 10 千米，镇区中心距阳五高速入口 7 千米、距京昆高速入口不足 1 千米，地理位置优越，交通十分便利。

2020 年，河底镇规模以上总产值完成 173804.01 万元，同比增长 9.14%；规模以上增加值完成 81913.43 万元，同比增长 15.39%；固定资产投资完成 50065 万元；财政税收完成 3919 万元，同比增长 20.6%；一般预算收入完成 1385 万元，完成任务的 102.6%，同比增长 8.7%。积极推进耐材企业规范重组联合壮大发展，通过重组河底镇耐材行业工业总产值由 1.2 亿元增加到 3 亿元以上。

（苏子莺）

【新冠疫情防控】 2020 年，阳泉市郊区河底镇把打赢新冠疫情防控阻击战作为年度工作的突出任务，发挥党委作用，逐级压实责任、逐项明确任务，逐条对照落实。通过张贴区政府致全区人民一封信，悬挂河底镇疫情防治告示牌，发放告知书、条幅，制作防疫督查袖标，设点立卡严格执行出入人员登记制度，通过广播、微信工作群、电话告知等多种方式传达中央、省、市、区各级指示，迅速下发《党员志愿者积极参与疫情防控倡议书》，广泛动员河底镇各级党组织迅速投入战役，发动全镇60周岁以下身体健康的党员志愿者300余名，开展全方位走访摸排、发放宣传材料、普及防范知识，充分发挥党员先锋队的先锋模范作用。做到一个支部就是一座堡垒，一个党员就是一面旗帜，青年党员、多名积极分子主动请缨，成立一支6人志愿服务小分队，充实防控力量，减轻防疫一线工作人员的负担。苏家泉村李长寿祖孙三代同上阵在元宵节到卡口值勤，镇领导班子成员分赴各村慰问奋战在疫情防控一线的工作人员。（苏子莺）

【防火信息化】 2020年3月29日，阳泉市郊区河底镇作为全区首家引进护林员定位系统的乡镇，正式开展护林员定位系统试运行。河底镇护林防火责任辖区共分为89个，每个辖区责任人均配备一个定位器，由林业站负责通过电脑终端对所有护林员进行实时监控。发现火情或其他突发事件，镇政府、森林防火指挥部可以在最短时间内得到事故现场的准确位置及情况，第一时间做出应对举措，做到突发事故随传随报。（苏子莺）

【脱贫攻坚推进会】 2020年4月21日，阳泉市郊区河底镇召开脱贫攻坚推进会，传达4月20日全省脱贫攻坚问题整改推进电视电话会、全省扶贫小额信贷风险防范电视电话会、全市抓党建促决战完胜脱贫攻坚暨干部驻村帮扶工作推进会等会议精神，并对市督查组干部驻村帮扶及贫困村“十个清零”问题统计表中涉及河底镇的8个问题进行通报。会议对低保户申请、苹果树补植补种、村容村貌提升等工作进行安排。（苏子莺）

【“三零”单位创建动员会】 2020年5月7日，阳泉市郊区河底镇召开“三零”单位创建工作动员会，认真贯彻习近平总书记关于“加快推进社会治理现代化，努力建设更高水平的平安中国”指示精神，结合河底镇实际，出台《河底镇深入开展“零上访、零事故、零案件”村、企业、单位创建工作实施方案》，按部门安排工作任务，确立工作目标和创建标准，明确当前“三排查”的工作重点和今后常态化的工作机制。（苏子莺）

【“七一”主题活动】 2020年6月30日，阳泉市郊区温河灌区纪念馆在河底镇武家庄村正式揭牌开馆，区、镇领导，温河水利工程参与者及家属代表，到村任职机关事业单位干部以及河底镇各界代表共130余人参加揭牌仪式。仪式宣布选派机关事业单位干部到村任职人员，并进行誓师。23名选派干部代表发言表态。（苏子莺）

【山底村首届黑玉米采摘节】 2020年，阳泉市郊区河底镇积极探索脱贫攻坚、致富兴镇新路子，学习借鉴乡村旅游先进经验，突出发展特色农业。山底村作为有机旱作农业发展基地，新引进20公顷特色玉米种植，其中黑玉米8.67公顷，甜糯玉米18公顷，全力打造晋东最大的黑玉米种植基地。8月25日，由河底镇党委、镇政府主办，河底镇山底村首届黑玉米采摘节开幕。开幕式现场，山底村在田间地头架起大锅，现场邀请人们免费品尝特色黑玉米，甜糯的口感获得现场品尝者的一致好评，现场销售黑玉米千穗以上。（苏子莺）

【重点工作推进会】 2020年10月23日，阳泉市郊区河底镇召开全镇重点工作推进会。班子成员分别结合自身分管工作，对信访维稳、“三零”单位创建、乡村治理、秋冬季疫情防控、职业病防治、食品安全、安全隐患排查整改、秋冬季大气污染防治、散乱污清理、禁煤区工作、“五整治五严禁”问题及其处理办法、退役军人服务站阵地建设等重点工作进行详细安排部署。（苏子莺）

【全市首个“古村影视拍摄基地”授牌】 2020年11月25日，阳泉市郊区河底镇牵牛镇村被阳泉市委宣传部授予“古村影视拍摄基地”，授牌仪式在河底镇牵牛镇村举行。牵牛镇村历史悠久，早在唐代，即有先人生繁衍，宋代设治，是历代3条上京官道驿站之一，村里至今沿用“官道沟”之名。唐代至民国，经营黑白釉瓷货、杂货、铁货、药店等老字号商铺90余家，现存的周家大院、王家大院、陶瓷古窑、三甲阁等古迹保留完整。（苏子莺）

【散煤清零】 2020年，阳泉市郊区河底镇多措并举推进散煤清零工作。召开散煤清零专项会议，出台《关于组织党员干部入村督导帮扶清洁取暖工作的通知》，成立镇入村督导帮扶清洁取暖工作领导小组，及时发放移动取暖设备，引导涉煤企业包村回收煤，成立2个禁煤检查组开展检查。年内，累计完成煤改电9713户，煤改气853户，煤改甲醇349户，煤改生物质192户，共计完成1.11万户；除个别拆迁村外，基本实现全覆盖。（苏子莺）

【第十届人民代表大会第九次会议】 2020年12月28日至29日，阳泉市郊区河底镇第十届人民代表大会第九次会议召开。河底镇63名正式代表、44名列席代表参加会议。会议听取并审议通过《政府工作报告》。报告从基础设施建设、脱贫攻坚、产业发展、民生保障、人居环境等方面全面阐述河底镇2020年的各项工作，并对下一阶段的各项工作进行具体部署。会议审议通过《财政预算执行情况报告》。（苏子莺）

平坦镇

【概况】 阳泉市郊区平坦镇地处阳泉市西部的城郊接合部，北与盂县相连，西和寿阳接壤，南至平定，属地与矿区、城区、开发区相连。2020年，国土面积105.92平方千米，总人口9724人。经行政村合并后，辖桑掌村（桑掌村、曹里村、长吉岭村、龙门村、北垴村）、辛兴村（辛兴村、李家山村、侯家山村、张家岩村、芦湖村、常家山村、东西畛村）、后峪村、中庄村、龙凤沟村、坡头村、甘河村、西上庄村、魏家峪村、桃林沟村等10个行政村。

镇域区位优势明显，交通便利，石太铁路、307国道等道路穿境而过。辖区内煤炭资源丰富，煤炭产业是本镇的支柱产业，主要的煤炭企业有神堂、坡头2座煤矿；阳煤集团一矿、二矿、三矿、新景矿和西上庄煤矿主要采区均在辖区内。阳煤集团是阳泉市大型国有企业，作为与阳煤集团联系密切的乡镇，对未来招商引资、打造平台、实现地企合作具有重要的意义。此外，郊区绝大部分森林资源在该镇辖区内，对发展林业经济、旅游产业等，具有极高价值。

平坦镇努力调整产业结构，着力培养新的经济增长点，先后引入西上庄煤电一体化、桑掌乏风氧化发电、李家山风力发电等项目；利用城郊优势，新建了桃林沟果蔬交易市场，为阳泉市“菜篮子”工程的重要项目；梵尔奇家居生产研发基地，为本区及阳泉市摆脱资源型招商的重要标志。

域内人文、自然景观丰富，郊区仅有的桃林沟、翠枫山2个AAAA级景区均在辖区内。翠枫山景区是全市首家AAAA级风景区，是城市近郊天然氧吧；桃林沟被评为“全国美丽休闲乡村”。（张　妍）

【第六届人民代表大会第八次会议】 2020年8月14日，阳泉市郊区平坦镇召开第六届人民代表大会第八次会议，听取并审议《政府工作报告》。大会以习近平新时代中国特色社会主义思想为指导，统筹推进“五位一体”总体布局、协调推进“四个全面”战略布局，团结带领人民，凝心聚力，锐意进取，真抓实干，攻坚克难，为决胜小康，开启现代化平坦新征程而努力奋斗。（张　妍）

【外出观摩学习】 2020年10月22日，阳泉市郊区平坦镇组织各党支部书记到长治市襄垣县观摩学习，进一步创新思路、弥补不足，提升全镇党建、乡村治理等工作的科学化、规范化水平。外出观摩学习中，先后到长治市栗家岭、小垴村、襄垣县党群服务中心等地，听取情况介绍，与当地村干部交流研讨，观摩学习襄垣县党建、乡村治理、新时代文明实践等工作的先进经验。借鉴襄垣县推进婚事新办、丧事简办、余事不办等新风尚。（张 妍）

【坡头村红色文化长廊】 2020年，阳泉市郊区平坦镇坡头村打造红色文化长廊，文化长廊工程主要内容以习近平新时代中国特色社会主义思想为指导，以传承红色文化、弘扬爱国精神、实施乡村振兴战略为主题内容，具体包括“两个维护”“四个自信”“四个意识”，社会主义核心价值观、环境卫生、护林防火、家庭美德等内容的97块版面，形成千米文化长廊一条街。长廊工程主要包括修建影壁约800平方米、彩绘1108.6平方米、沥青道路铺设约1千米、花岗岩路沿石400米、绿化700平方米、粉刷墙壁约900平方米、铺设安装下水道300米、亮化、地标线、电路网络改线等10部分，总造价约160万元。（张 妍）

【省统计局检查“双基”建设】 2020年12月23日，省统计局工交处一行到阳泉市郊区平坦镇检查“双基”建设情况，检查组通过查看报表、原始资料、相关凭证，询问生产经营状况、相关指标填报方法和计算过程等方式进行检查指导。（张 妍）

【西上庄低热值煤热电项目复建】 2020年，华阳集团西上庄2×660兆瓦低热值煤热电项目复建后进展顺利。该项目是阳泉市推进产业转型、变输煤为输电、走煤电一体化之路的重点工程，是推进阳泉矿区和新城集中供热、改善居民生活质量的民生热电项目。于2016年2月26日开工建设，同年3月31日主厂房浇筑第一罐混凝土。根据国家、省关于化解煤电产能会议精神，于2019年5月已移除2017年停建项目名单。总投资约52.77亿元，其中，资本金约占总投资的20%，资金来源由企业自筹、银行贷款解决。（张 妍）

李家庄乡

【概况】 阳泉市郊区李家庄乡地处阳泉市郊区中南部，属城郊结合带，东连杨家庄乡，南抱开发区，西邻平坦镇，北接荫营镇，乡政府驻汉河沟村，距区政府驻地荫营约4.8千米，距阳泉市区约6.5千米。李家庄乡紧靠市区，所辖村全部纳入阳泉生态新城3平方千米起步区，辖区内李荫路、义白路、宁波路、平阳路、207国道、307复线、新城大道、漾泉大道形成“五纵三横”便利路网。2020年，经行政村合并及村改居民委员会后，辖黄沙岩村、余积粮沟村、汉河沟村、柳沟村、桃坡村、大西庄村6个行政村和李家庄社区（李家庄村、李家庄社区）、冯家庄社区（冯家庄村）、甄家庄社区（甄家庄村）、恒大社区（桑堰村、石马沟村）4个居民委员会。辖区总面积16.22平方千米，总人口1.47万人。公共财政预算收入完成9307万元；固定资产投资完成100877万元；规模以上企业工业总产值完成6666万元。

2020年，李家庄乡三产服务业为主的经济转型框架体系基本完善，档次和水平不断提升，比重达98%；李荫路沿线汽车销售服务企业25个，逐步形成商业汽贸、房地产开发、仓储物流等城郊型经济发展模式。三产行业引领经济发展，限额以上批零企业商品销售额达177857万元。有7个村（社区）搬入新建小区，实现水、电、气、暖的管网连接，基础设施配套齐全，城镇化建设达64%。（甄 理）

【经济工作暨年度总结表彰大会】 2020年1月20日，阳泉市郊区李家庄乡召开经济工作会暨2019年度先进集体表彰大会，回顾2019年全乡经济工作，分析研判面临的新形势、新任务和新挑战，安排部署2020年重点工作任务，表彰2019年度在各项工作中涌现出的先进集体。（甄 理）

【“三零”单位创建活动】 2020年，阳泉市郊区李家庄乡掀起“三零”单位创建活动热潮。全乡共有10个村（社区）、11所学校、1家医院、5个营业网点、2个事业单位、27个厂矿、428家企业参与创建。集中开展“三零”单位创建宣传活动。参与创建单位广泛利用电子屏、广播等载体对创建标语进行滚动播放，让广大群众参与其中，为创建工作营造良好氛围。利用党员村民代表会议，对“三零”单位创建工作内容进行解读宣讲，让广大党员干部带头参与到“三零”单位创建工作中。对辖区内的企业开展安全隐患排查整治工作，及时动态掌握各类风险点、危险源，健全应急处置机制，定期宣传“三零”单位创建工作目标及内容，提高企业重视度。加强与区信访局、李家庄派出所等部门的协同联动，全方位进行宣传指导，确保“三零”单位创建取得实效。（甄 理）

【新城建设成果观摩】 2020年6月23日，阳泉市郊区李家庄乡组织乡机关及各村党员干部，走进阳泉市规划展览馆，感知山城蝶变之精彩，领略中共第一城的蜕变，通过参观学习，大家再次重温阳泉厚重的历史文化，充分感受当代阳泉建设的辉煌成就，系统了解阳泉城市规划的发展历程和未来方向，激发大家热爱阳泉、心系阳泉、发展阳泉的热情和干劲。（甄 理）

【国家安全法宣传教育】 2020年，阳泉市郊区李家庄乡开展国家安全法宣传教育活动，通过LED显示屏、知识讲座、发放宣传材料、张贴海报等宣传方式，开展《中华人民共和国国家安全法》《中华人民共和国反间谍法》《中华人民共和国反恐怖主义法》等宣传活动。（甄 理）

【李家庄乡汽车产业党建联盟】 2020年7月13日，李家庄乡汽车产业党建联盟正式揭牌成立。李荫路沿线是郊区乃至全市汽车4S店比较集中的区域，为充分发挥党建引领在助推产业发展方面的积极作用，李家庄乡党委、政府结合实际，联合李荫路沿线的27家汽车企业和4S店，利用地理优势和政策优势，运用企业单建、企企联建、村企共建、指导员帮建的“3+1+1工作法”，实现沿线汽车4S店党组织全覆盖，以“红色引擎”带动汽车产业集群发展，组建起汽车产业党建联盟。（甄 理）

【省人大调研组到汉河沟村调研】 2020年12月9日，省人大常委会调研组，到汉河沟村就壮大集体经济、乡村治理等工作进行调研。调研组深入汉河沟村景河广场和居民小区，认真听取工作人员汇报，查看乡村治理相关资料，全面了解汉河沟村壮大集体经济的措施方法，对汉河沟村的发展给予充分的肯定。（甄 理）

【第十三届人民代表大会第九次会议】 2020年12月28日至29日，阳泉市郊区李家庄乡召开第十三届人民代表大会第九次会议。全乡45名人大代表、55名列席人员参加会议。听取并审议《李家庄乡人民政府关于经济和社会发展情况工作报告》。充分肯定政府2020年在疫情防控、脱贫攻坚、乡村振兴、社会治理等方面的工作开展情况及全乡经济社会发展取得的成绩。（甄 理）

西南舁乡

【概况】 阳泉市郊区西南舁乡位于阳泉市郊区东北部，北与盂县牛村镇相连，东与平定县岔口乡接壤，属三县区交界之地。平阳高速、207国道、杨白线、京昆高速4条公路穿境而过，区位优势明显。2020年，全乡占地面积57.99平方千米，户籍人口5929户1.29万人。经行政村合并后，下辖咀子上村（东林尖村、咀子上村）、清石台村（王家庄村、代家庄村、杜家庄村）、东南㟁村（石窑垴村、郊山村、东南㟁村）、五里庄村、孔南庄村、雨下沟村、张家井村、北大西庄村、霍树头村、大洼村、北㟁村、西南㟁村 12 个行政村。

西南㟁乡是阳泉市最大的无公害苹果生产基地，2020 年果树种植面积达 866.67 公顷，果品年产量 650 万千克。由于独特的地理条件，西南㟁乡苹果糖分高、色泽饱满，深受消费者喜爱，被中国果品流通协会授予“中国苹果百强乡镇”称号。2020 年，西南㟁乡苹果顺利申请国家地理标识，成为郊区首个拥有此标识的产品。

西南㟁乡矿产资源丰富，铝矾土储量丰厚，促进耐火产业的发展。为实现耐火产业高效发展，西南㟁乡积极推进耐火资源整合、环保深化治理等工作，耐火产业发展逐步回暖。2020 年引入投资规模 1.3 亿元的阳泉市郊区清水洼石膏矿新建开采加工 100 万吨石灰石及 50 万吨石膏矿项目。

2020 年全乡公共财政预算收入完成 2454 万元，规模以上工业总产值 2.93 亿元，固定资产投资 3.02 亿元。全乡工业企业主要以耐火为主，企业税收完成 4910 万元。阳泉市星火金源工贸有限公司完成产值 1.63 亿元。招商引资项目汇鑫现代养殖农业产业园完成投资 6298 万元。（杨泽元）

【千人植树大会战】 2020 年 3 月 21 日，阳泉市郊区西南㟁乡新时代文明实践站带领全乡党员志愿者队伍、巾帼志愿者队伍、青年志愿者队伍等共计 1000 余人开展“绿色㟁上在行动”植树活动，掀起为期一个月的千人植树大会战，以实际行动践行“绿水青山就是金山银山”的发展理念。在全乡 18 个植树点，乡领导班子、各行政村支村两委带领大家一起植树。（杨泽元）

【乡村振兴示范区建设】 2020 年，阳泉市郊区西南㟁乡在做好疫情防控、复工复产、护林防火等重点工作的同时，搞绿化、拆违建、做设计，“北七村”乡村振兴示范区建设项目如火如荼进行。项目指挥部提出“日汇报、周调度、月总结”的工作方案。各村每天向包村领导汇报工作开展情况，每周召开一次调度会，每月进行一次工作总结和安排部署。4 月 13 日，调度会在东林尖村召开，会议地点选在村口的柳树下，参加会议的人员直观全面地看到东林尖村的工程开展情况。（杨泽元）

【汇鑫现代养殖农业产业园】 2020 年，阳泉市郊区西南㟁乡政府与北京强盛汇鑫投资管理有限公司签订项目协议。阳泉市汇鑫现代养殖农业产业园项目在大西庄村落地实施。汇鑫现代养殖农业产业园占地 10 公顷，总投资 1.2 亿元，建设工期 6 个月，包括建设现代化环保猪舍 14 栋、无害化粪污处理设施 1 座以及配套设施等，是阳泉市 2020 年十大标杆项目之一，是郊区重点招商引资项目，是西南㟁乡践行“贴心行动”，立足乡情，以商招商的重要成果。4 月 19 日，项目在西南㟁乡大西庄村举行开工仪式。项目动工后，地企双方团结协作，克服疫情带来的不利影响，一手抓工程质量，一手抓建设进度，确保项目按预定工期顺利推进。8 月上旬，14 栋现代化猪舍及相关配套设施土建工程建设过半、全部封顶。8 月中旬，投资 5000 万元的专业生产设备全面安装。4 支建设队伍同时进场作业，300 多名建设人员正加班加点日夜奋战，年末，所有项目全部投产。（杨泽元）

【代家庄村红色纪念展馆】 2020 年 5 月 15 日，阳泉市党史研究室、区乡和各帮扶单位有关领导与各界代表共 80 余人参加代家庄村红色纪念展馆开馆仪式。英雄家属代表郭曙光，市、区领导为纪念馆揭牌。（杨泽元）

【项目谋划和重点工作推进会】 2020 年 6 月 13 日，阳泉市郊区西南㟁乡召开项目谋划和重点工作推进会，各村书记、主任就近期重点工作开展情况进行汇报，具体内容包括挂牌督战问题整改情况、“十个清零”台账建立、积存垃圾清理工作、管网工程和改厕工作、村容村貌改造情况等。乡长针对各村重点工作开展过程中存在的问题作出详细安排部署，要求各村尽快召开两委班子会议，坚持问题导向，明确分工，抓紧落实。要求参会人员要创新管理模式，引入“第三方管理机制”，引进财务管理第三方、工程管理第三方、监理监管第三方、旅游资源第三方。（杨泽元）

【推进垃圾不落地】 2020年，阳泉市郊区西南舁乡召开专题会议，对全乡垃圾不落地工作统一安排部署。全乡垃圾清零工作清理范围广、基数大、任务重、起步晚，各行政村结合本村实际，按照全乡安排制定垃圾清运方案，积极开展清理工作，加快清理进度，按时完成与耀邦公司垃圾清运工作的顺利交接，力求达标达效。各行政村选择醒目位置加挂条幅、标语，加大宣传，乡纪委发挥纪委监督职能，督促各村提高认识、端正态度、转变作风，以严明的纪律推动垃圾不落地工作落实到位。年末，累计开展督查20次，下发督查情况通报15期。各村垃圾清理工作全部通过验收，验收合格率100%。全乡各村主干道沿线干净整洁，非正规垃圾点覆土填埋，边坡垃圾、河道垃圾、积存垃圾清

2020年4月15日，阳泉市郊区区领导一行深入代家庄村调研人居环境整治工作

零工作全部完成。垃圾不落地配套设备有垃圾桶4000个、果皮箱100个、清洗车1辆、压缩收集车3辆、三轮垃圾车18辆，按时分配到各村。

（杨泽元）

【全区重点项目观摩】 2020年，阳泉市郊区西南舁乡在抓好“北七村”人居环境整治示范片区、脱贫攻坚等工作的同时，全力推进农村垃圾不落地工作，对农村生活垃圾实行网格化管理。7月29日，区领导一行对西南舁乡重点项目进行集中观摩，通过观摩看进展、找不足、解难题、促落实。观摩组对西南舁乡垃圾不落地项目、大洼田园综合体项目玉龙山景区二期项目进行观摩。（杨泽元）

【第十六届人民代表大会第八次会议】 2020年8月14日至8月15日，阳泉市郊区西南舁乡政府召第十六届人民代表大会第八次会议，对2019年工作进行总结，并安排2020年工作。选举赵星为乡人民政府副乡长。（杨泽元）

【咀子上村乡村旅游】 2020年，阳泉市郊区西南舁乡咀子上村干部群众团结一心齐动手、扮靓村庄创环境，在干净、整洁、美观方面做文章，提升旅游服务质量。坚持共建共享，强化“旅游＋文化＋生态”的创新模式，依托自身优势和本土文化，精心打造“一山一场一院一馆一厅一园”乡村旅游项目。向游客全面开放官印山景区、农耕广场、知青大院、民俗展览馆等景点。促进村强民富，实现乡村振兴，稳步延伸乡村旅游的产业链条，构建生态宜居美丽乡村，助当地农户端上“旅游碗”，吃上“生态饭”，走上“致富路”。（杨泽元）

【市人大代表到东林尖村调研】 2020年10月14日，阳泉市人大代表一行到西南舁乡东林尖村，就乡村振兴示范区建设项目开展情况进行调研。乡负责人就东林尖村发展现状及“北七村”乡村振兴示范区

建设发展规划进行详细介绍。市人大代表一行到东林尖村农村街巷、广场、农村改厕现场等地，查看道路建设、厕所环境卫生、饮水工程、垃圾清运、村庄绿化美化、景点打造等情况，详细了解乡村振兴示范区建设工作进展情况。（杨泽元）

【西南异苹果获批中国地理标志商标】 2020年，阳泉市郊区西南异乡“西南异苹果”获批国家地理标志商标，成为全区第一个国家地理标识产品。“西南异苹果”变成当地农民致富的“金钥匙”。（杨泽元）

杨家庄乡

【概况】 阳泉市郊区杨家庄乡位于郊区东部，邻近市区，东邻平定巨城镇，北靠郊区白泉工业园区，南接义井镇，西与李家庄乡、荫营镇的许多村庄为伴，界内阳五高速、207国道、义白路、漾泉大道公路网纵横交错，交通便利。2020年，乡域面积25.98平方千米，经行政村合并后，辖高坳庄村（高坳庄村、庙岭村）、白家庄村（白家庄村、齐家岩村）、北杨家庄村（北杨家庄村、桐花树村）、杏树坡村、孙家沟村、黑土岩村、小西庄村、南杨家庄村8个行政村，人口9223人，全乡耕地700公顷。8月，白家庄村、齐家岩村、南杨家庄村由开发区托管。乡域矿产资源主要有矾石、石灰石。乡卫生院有医务人员19人，床位20张；村卫生所11家。有九年一贯寄宿制学校1所，全校有教职工51人，在校生502人，其中小学274人、初中228人；有小西庄小学1所，有教职工15人，在校生85人；有幼儿园7所，有教职工26人，在校幼儿97人。有乡敬老院1所，建筑面积2400平方米，可容纳90名老人。

2020年，乡党委、乡政府坚持以习近平新时代中国特色社会主义思想为指导，围绕区委提出的“争做转型发展表率、打造城乡融合样板”奋斗目标，牢固树立全区“一盘棋”思想，聚焦“强党建、夯基础，抓招商、落项目，兴产业、促发展，靓村庄、惠民生”的发展思路，克服新冠肺炎疫情对经济社会的巨大冲击，加快乡村振兴步伐，实现经济社会稳步发展。财政税收完成12082万元；规模以上工业总产值126248万元，同比增长14.5%；工业增加值33259万元，同比增长15.8%；固定资产投资累计完成21621万元。（郑俊琴）

【项目建设】 2020年，阳泉市郊区杨家庄乡项目建设有所突破。总投资7000万元的冀东水泥公司水泥窑协同处置危险废物项目土建于5月开工，完成投资4166万元，设备安装基本结束。总投资5500万元的天龙公司30万只蛋鸡养殖项目于10月开工，投资500余万元，完成场地平整及2栋鸡舍钢结构建设。总投资1亿元的田园颂农业综合体项目，完成投资4988万余元，填沟造地26.67公顷，建成4座全自动智能温室大棚、建设果园6.67公顷，种植果树8000多棵，品种近20个。总投资2亿元的黑土岩村棚户区改造安置项目，完成投资8135万元，完成7幢住宅楼共计5万平方米建设。总投资1500万元的骏峰工贸技改项目，完成投资1523万元，安装环形窑及窑车、破碎及成型系统、环保设备等，正在申请排污总量，准备全线设备调试完成后开始试生产。（郑俊琴）

【脱贫攻坚】 2020年，阳泉市郊区杨家庄乡全面落实“两不愁三保障”政策，无适龄儿童因贫辍学情况，28人次享受雨露计划；236户建档立卡贫困户全部参加基本医疗保险及大病、补充医疗保险，42人享受医保136政策，84户127人享受社会保障兜底；改造贫困户危房23户；11个行政村均建成标准村级卫生室，并规范运行；生活用水供应充足，饮水水质达标。扶贫项目全面“提升”，共完成10个扶贫项目，总投资507万元（下拨扶贫资金220万元）。其中，庙岭村4个（100平方米冷库建设项目、产业路建设项目、蛋鸡育雏项目、育肥香猪养殖项目）；桐花树村4个（桐花树村2000头生猪养殖项目、中药材种植项目、桐花树村果树防雹网项目、村容村貌改善）；高堖庄村2个（排污管路铺设项目、村内道路拓宽硬化项目）。围绕脱贫攻坚开展问题隐患大排查大起底工作，结合上级巡察反馈问题，经过梳理共发现问题隐患10个方面98条。严格按照“十个清零”要求，重点解决了9个扶贫项目分红低、分红不到位问题、7户贫困户危房改造、部分群众饮水难、爱心超市未运行、2个扶贫项目闲置、9户24人易地搬迁不到位等问题，对问题隐患全部整改销号，通过省考核组问题整改“回头看”验收。（郑俊琴）

【整治人居】 2020年，阳泉市郊区杨家庄乡召开专题会安排部署全乡农村人居环境现场观摩活动，统筹开展“爱国卫生季”“乡政府所在地环境整治”“创卫延伸区整治”等工作，深入推进环境整治行动。累计出动6724人次，动用机械、车辆626台次，清理积存垃圾2957吨，整治垃圾坡87处，清理四堆1650余处，取缔非正规垃圾倾倒点14处，清理河道1.5千米；栽植树木2.5万余棵，花卉4000株，播种草籽3.33公顷。做到村村有行动，实现村村有变化，乡村面貌明显提升。杨家庄乡被省爱卫会命名为省卫生乡，10个行政村被命名为省卫生村。全力配合区交通局对连大线7.8千米路面进行高质量改造；北杨家庄、小西庄、庙岭、高堖庄、桐花树、白家庄等村完善提质村级公路9.5千米；修建小公园、休闲广场5处，提升美丽农村颜值。开展“厕所革命”，庙岭、高堖庄、小西庄村先行铺开，共改造水冲式公厕3个，户厕195个；庙岭村整村完成污水管网铺设，无害化粪污装置开始运行。将连大线划分为义白路杨家庄口至乡政府路段、乡政府路段至庙岭村路段两段责任区，聘用8名工作人员，对主干道实行每日一次普扫和巡回保洁的工作模式进行环卫作业，坚持每天上下午各两次洒水进行降尘。对连接主干道9处路口进行水泥硬化，钉桩70余根，对暂不具备硬化条件的路口和已取缔的散乱污路口采取封堵措施；对18处22.33公顷裸地进行绿化，共栽植树木1.46万棵。加强重点行业企业深化治理，对列入“白名单”的23家企业进行精细化管理，关停2家，停产整改6家，10余家耐火炉窑企业共投资3000多万元安装脱硫脱硝及在线监控设备10套、无组织监控设备12套；对齐家岩垃圾场自燃问题进行彻底治理；对2家单位燃气锅炉进行提标改造，完成锅炉提标改造任务“清零”；对完成清洁能源改造村的部分农户燃煤反弹现象进行全面排查、全面整改。（郑俊琴）

【疫情防控】 2020年，阳泉市郊区杨家庄乡全力组织新冠肺炎疫情及黑热病的防控，完成全省实行一级响应应急措施期间防控任务。全乡封闭管理，构筑“党建+群防”的战疫体系，对13名湖北返乡人员实行“四包一”包保责任制进行包联管控；封堵小路16处，设卡15个，组建17支志愿者队伍，出动160余人参与村级防控；与公安、交警、卫生、应急等部门协同配合，共出动600余人次在阳泉东高速口进行24小时值班值守；发放宣传资料3000余份，通过宣传栏、标语条幅、微信群、LED显示屏、喇叭广播、宣传车等多种载体全方面多渠道开展宣传；乡党委、政府积极筹措资金协调购买防疫物资，爱心企业、单位、社会组织及个人捐款捐物，保障物资基本需求。坚持党群同防，完成守护家园和阳泉东大门的任务，全乡无一例确诊病例、疑似病例。（郑俊琴）

【安全防火】 2020年，阳泉市郊区杨家庄乡开展专项检查，重点围绕安全生产集中整治，组织开展两会期间和重点节假日专项检查，针对重点行业领域开展专项行动及安全检查。出动80余人次，对1752户农村住房及45处人员密集场所进行安全排查，累计查出65条隐患，整改60条。组建护林防火应急队伍并配备专业设备，较好完成护林防火任务。开展林缘清理、防火通道和防火隔离带建设，推动秸秆还田。继续保持对私挖滥采的“零容忍”态度，出动人员300余人次，车辆150多次，查扣大型机械1台，卡车1辆，三轮车6辆，其他工具10余件。对辖区内医疗机构、“四小”（小旅店、小浴室、小美容美发厅、小歌舞厅）公共场所、学校、生活饮用水、职业卫生监督检查，打击各类卫生违法行为；联合杨家庄市场监督管理所开展食品安全监管，未发生公共卫生事件及食品安全事故。

（郑俊琴）

【民生事业】 2020年，阳泉市郊区杨家庄乡为各村配齐“一室一警一法律顾问”。156家创建单位全部做到矛盾纠纷排查调处及安全隐患排查整改全覆盖。成功化解重点信访积案2件，到省赴京零上访。高垴庄村与泰耀工贸地企联合，及时处理周边企业爆破作业导致的房屋受损问题开展普法宣传，落实法律援助工作，接待法律咨询57人次，完成法律援助案件2件。全乡共排查各类矛盾纠纷67起，调解成功65起，调解成功率97%。组织文艺骨干参加“全市群众大课堂基层文艺骨干培训班”学习。加强阵地建设，推进1个乡村合一的文化站及8个基层综合性文化服务中心标准化建设。协助区文旅局开展“免费送戏下乡”文化惠民演出7场，组织党员群众观看郊区建党99周年大型舞台剧《温河儿女》演出；推选海青舞蹈队参加阳泉市郊区“舞动山城”广场舞大赛活动，并在“文化三晋乐万家”民族、民间舞比赛中获一等奖。杨家庄联校把特色校园创建作为头等大事来抓，8个幼儿园立足“土”突出“创”，以泥塑、面塑、陶泥、剪纸、纸艺、石头画、石雕等为载体，在幼儿教学中渗透乡土民间艺术文化教育与传统文化教育。杨家庄学校以“学生行为习惯养成教育”“阳光体育”为载体，努力打造办学特色。在2020中考中再创新高，3名学生夺得荫营中学前三名，达线率达76%，名列全区前茅，被评为“山西省文明校园”及区“教学工作旗帜单位”。杨家庄卫生院改扩建工程顺利推进；探索性开展基层高血压、2型糖尿病“医防融合”试点工作；与市中医院建立医联体；开展家庭医生签约服务，为签约居民提供上门服务500余人次，跟踪随访920人次。开展健康教育，举办健康知识讲座4次，发放宣传资料10种860份；为65岁以上老年人及贫困户免费体检850人次。严格落实国家各项强农惠农政策。发放优抚、农保、城保、五保、临时救助、大病救助等各类社会救助资金242.5万元，发放计划生育家庭奖励资金112.8万元。城乡居民医疗保险共参保6764人，征缴保费145.8万元，参保率95%。社会治理创新稳步推进，扫黑除恶纵深发展，群众安全感、幸福感增强。食品安全民心工程有序推进，老百姓舌尖上的安全得到有力保证。

（郑俊琴）

【提高执政效能】 2020年，阳泉市郊区杨家庄乡把学习习近平新时代中国特色社会主义思想作为首要政治任务，按照“高效、规范、务实、清廉”的要求，持续发力效能建设和作风建设。自觉接受人大监督，积极采纳人大代表建议，加强政务公开和政府信息公开。坚持把纪律和规矩挺在前面，全面落实党风廉政建设责任制，强化“一岗双责”，持之以恒遵守中央“八项规定”，进一步压缩“三公”经费和一般性支出，严格规范各项资金的管理使用。抓好廉政风险点防控，严格执行“三重一大”（重大事项决策、重要干部任免、重要项目安排、大额资金的使用）和“领导干部重大事项报告”制度，强化审计监督和审计整改。开展以“五整治五严禁”为主要内容的作风建设专项整治行动，共梳理出集体问题4个、个人问题45个，并逐一提出整改措施，年末全部整改到位。完善建立《村干部约谈制度》《重大事项报告制度》《外出请假报备制度》等各类制度规定15项。

（郑俊琴）

旧街乡

【概况】 阳泉市郊区旧街乡位于阳泉市郊区西部，地处桃河上游，西南与晋中市寿阳县交界，北与盂县为邻，素有“阳泉西大门”之称。2020年，全乡总面积86.38平方千米，经行政村合并后，辖高岑村（高岑村、簸箕掌村）、里五村（路家庄村、阳坡村、虎峪村、闫家庄村、后山村）、测石村（测石村、柳渠村）、新店村（新店村、阳窑村）、新庄窝村、佛洼村、保安村、南沟村、枣园村、旧街村10个行政村，乡域山大沟深，地广人稀，全乡年末总人口为6362人，石太线、307国道、太旧高速公路，阳泉西环高速穿越乡境，西环高速公路在旧街乡留有出口，交通十分便利。

境北的北水草山，海拔1495.6米，为全区最高点，桃河河谷海拔873米，保安河汇流于桃河。全乡年平均降水量540.2毫米，平均气温10.1℃，无霜期160天左右。全乡耕地面积739公顷，主要农作物有玉米、谷子、杂粮、薯类等，经济作物有雪花梨、玉露香梨、核桃、连翘等，养殖业有蜜蜂、肉牛、育肥猪、土鸡等，主要特色农产品有蜂蜜、树莓茶、树莓酒、黑玉米、土鸡蛋、豆腐等。全乡现有水利设施87处，年蓄水量52万方，其中有大型水库3座，蓄水池35个，截潜流28个，骨干坝50处，拦沙坝600余条，低压供水管道148千米，可灌溉面积133.33公顷，农业机械总动力3900千瓦。全乡有山西枣园农产品开发公司、锦丰泰和农业科技股份有限公司、融昇园农业技术开发有限公司、红色狼峪草帽山蜜蜂养殖合作社、天顺宝农业公司、梁渔山庄、大苗农业科技公司、九天恒泉大棚蔬菜园等15家农业企业。2020年粮食总产量181.16万千克；果品产量132.15万千克；药材产量6.18万千克；生猪出栏4822头，年末存栏1870头；养牛存栏128头，出栏128头；养羊存栏1152头，出栏373头；蜂蜜产量2800千克，养鸡存栏18200只，光伏发电700余千瓦，土地流转40公顷。

境内矿产资源主要是煤炭，煤炭属于沁水煤田阳泉优质无烟煤，拥有井田面积15.5平方千米，保有地质储量1.9亿吨。为充分利用煤矿产生的煤层气，改善煤矿安全，减少温室气体的排放，保护生态环境，旧街乡政府积极引进煤层气发电项目。煤炭和电力的经济份额占到全乡企业总产值的90%以上，规模企业以上4个，其中煤炭及煤炭加工企业2个（保安煤矿、旧街煤矿），电力2个（阳泉市力宇煤层气利用有限公司、阳泉市扬德煤层气利用有限公司）。

旧街乡在水、电、气、暖、路等基础设施方面做了大量工作。全乡所有行政村实现自来水入户，全部实现村村通硬化路，公路硬化里程60多千米，并实现户户通硬化路。乡卫生院有医务人员16人，床位20张，属一级甲等医院。九年一贯寄宿制学校1所——桃苑学校（包括中小学），全校现有教职工32人，在校生335人。建有桃蕾幼儿园1所，可容纳幼儿200名。有乡敬老院1所，建筑面积2400平方米，可容纳90名老人。结合阳煤集团采区延伸、保安煤矿入驻、西环高速和旧街小城镇建设，开展移民搬迁工程，先后建成枣园阳坪小区，枣园村移民搬迁一和二期工程、旧街移民新居、新庄窝移民新村、车道沟移民新村、新店移民新居、闫家庄移民新居和旧街赛兴小区，安置移民600多户，共2000多人。

2020年，旧街乡坚持高质量发展理念，转型升级迈出新步伐。阳煤一矿闫家庄风井项目、市煤气公司保安煤矿瓦斯利用工程、保安煤矿矿井地面瓦斯抽采系统技术改造项目有序推进，有效改善旧街乡产业结构，推进全乡产业转型升级。旧街、测石、南沟、柳渠4村“四好路”改造工程投资1100余万元，改造、硬化通村公路11.6千米，人民群众生活、生产条件水平显著提升。南沟村廉政教育基地培训中心住宿部完成建筑面积450平方米，完善水、暖、气、停车场等配套设施，集教育培训、住宿餐饮于一体，提升了南沟村狼峪红色爱国主义教育基地的接待能力和景区内涵。创新招商办法，拓宽引资新渠道，开展“贴心行动”，调访和慰问在外人员151人，外地籍人员105人，建立长期联系机制，努力“以情招商”“以商招商”，为全乡产业转型和经济发展凝聚人气。2020年，公共预算收入完成1.33亿元，同比增长25.24%。规模以上企业生产总值完成8.55亿元，同比增长17.12%。固定资产投资完成800万元。（王雪梅）

【行政村合并】 2020年，阳泉市郊区旧街乡按照区委区政府关于行政村合并工作的有关精神，在充分考虑各行政村产业发展、地域文化、利益关系、人口情况等因素的基础上，按先易后难、分批推进的原则制订实施方案，将11个需要合并的村分为村企型（高岭+簸箕掌）、产业型（保安沟里5村）、地域型（测石+柳渠、新店+阳窑）3个类型、2个批次推进。年末，所有涉及合并工作的行政村全部召开村民户代表大会，表决通过合并行政村的议题，成立党总支，并由书记主持村委会工作。各合并村的工作逐步迈上正轨。（王雪梅）

【脱贫攻坚】 2020年，阳泉市郊区旧街乡紧扣“两不愁三保障”，巩固提升脱贫攻坚工作，确保脱贫攻坚落地见效。全年下拨扶贫资金415.51万元，用于发展后续产业，巩固脱贫成果。申报脱贫项目29个，其中产业项目10个，基础设施建设项目19个。8个贫困村、367户、800贫困人口实现脱贫；监测户17户、边缘户3户全部解除风险，无新返贫致贫户，全乡脱贫目标圆满完成。年内，挂牌督战问题6批76条，省委督察组反馈问题12个，均全部整改，顺利通过省脱贫攻坚考核。依托保安煤矿、旧街煤矿等周边企业，帮助14个村253人解决就业问题。通过种植、养殖、光伏、土地流转、乡村旅游等方式，实现贫困户家家有产业，户户有分红；通过护林防火、未成林管护、扶贫造林队等工作，吸纳贫困户66人。基本医疗保障全覆盖，建成村级卫生室13个，配备村医13名，建档立卡贫困残疾人48人次当年享受政策；教育扶贫全覆盖，受益贫困人口48人，另有18人享受雨露计划，无失学辍学人员。为克服疫情影响，全乡开展入企帮扶，落实减税免税、降低贷款利率、推迟结息时间、吸纳贫困人员等措施，帮助9家企业及时复工复产，帮助20户办理贷款99.5万元。（王雪梅）

【清洁取暖】 2020年，阳泉市郊区旧街乡深入推进清洁取暖，枣园、测石等10个行政村914户清洁取暖工程完成。新店村“煤改气”189户室内设备安装完成，主管道铺设工程进入扫尾阶段；“煤改电”新安装8个行政村613户，补安装2村12户全部正常运行。（王雪梅）

【人居环境改善】 2020年，阳泉市郊区旧街乡集中力量整顿垃圾污物，出动工作人员5300余人次，机械、车辆443辆次，清运垃圾1万余吨，清理河道沟渠垃圾470吨，畜禽粪污等农业废弃物42吨，整治非正规垃圾点2处。拆除废旧房屋180平方米，粉刷墙面9万平方米，改造农村厕所100座。南沟村加大乡村治理力度，不断完善农村基础设施，入选第二批AAA级乡村旅游示范村。全乡农村人居环境得到明显改善，呈现出“生产美、生活美、生态美”的全新面貌。（王雪梅）

【第十二届党员代表大会第五次会议】 2020年8月27日，中共阳泉市郊区旧街乡第十二届代表大会第五次会议召开。代表们认真听取和审议乡党委第十二届委员会《锐意创新砥砺前行为建设富裕和谐文明生态旧街而努力奋斗》的工作报告。报告回顾总结2019年工作，研究部署2020年奋斗目标和主要任务。（王雪梅）

【第十八届人大第九次会议】 2020年8月28日，阳泉市郊区旧街乡召开第十八届人民代表大会第九次会议。会议认为，乡政府团结带领全乡广大干部群众，齐心协力、真抓实干、砥砺前行，推动全乡经济社会和各项事业平稳发展。会议指出，旧街乡将更加紧密地团结在以习近平总书记为核心的党中央周围，高举习近平新时代中国特色社会主义思想伟大旗帜，团结带领全乡广大干部群众，不忘初心、牢记使命，同心同德、接续奋斗，为实现“十三五”规划圆满收官和“十四五”规划顺利开启而努力奋斗。 （王雪梅）

开发区社会事务服务中心

【概况】 开发区东起庙堰村，西到泉西社区，北至平阳街，南至桃北东街，2020年，辖区总面积为18.17平方千米，基层党组织37个，党员1778名。户籍人口4.8万人，常住人口15.3万人。经行政村合并及村改居民委员会新设泉西社区后，下辖庙堰村、路家山村、河坡村、长岭村、驼岭头村、侯家沟村、王垅村、上五渡村8个行政村和平坦垴社区（平坦垴村）、下五渡社区（下五渡村、张家洼村）、桃源社区、居馨社区、银龙社区、大华社区、新澳城社区、盛世新城社区、康达社区、惠泽社区、御康社区、新泉社区、宏苑社区、东城水岸社区、泉西社区15个社区居民委员会。8月，路家山村、驼岭头村及下五渡社区的张家洼村由开发区管委会托管。年末辖6个行政村和15个社区居民委员会。郊区开发区社会事务服务中心共有编制20个，实有16名。科级干部职数5人(一书记、一主任、两副主任、一纪检书记)，挂职干部3人（3名副书记，其中1名为平坦垴村党委书记），班子成员共8人。一般工作人员30余人。主要承担党建、组织人事、纪检监察、政法、人民武装、意识形态和精神文明建设、教育、卫生计生、文化体育、农业、水利、林业、脱贫攻坚、创卫、民政、信访综治、社区建设、社会保障、护林防火、防汛等行政和社会职能。 （马伟达）

【党建工作】 2020年，阳泉市郊区开发区社会事务服务中心全面贯彻中共中央及省、市、区委决策部署，始终把党的建设作为首要政治任务。以九届区委第八轮巡察中心党委和各村（社区）党组织工作为契机，严肃落实巡察反馈意见整改。在“五整治五严禁”专项整治中，共收集梳理查找问题33条，详细写出整改计划，逐条落实，汇报整改情况。始终坚持把维护党章、严肃党纪作为全面从严治党的首要责任，高度重视党风廉政建设和反腐败工作，大力支持中心纪委履行监督执纪问责职责，引导广大党员干部牢固树立红线意识和底线思维。积极推进基层党组织建设工作，成立离退休党总支部，进一步加强和规范离退休党员教育管理。着力构建社区区域化大党建工作格局，着重打造“区域化党建联盟”组建程序与运行方式，推进惠泽社区“四建联盟”服务模式。从硬件和软件两个方面制定红色物业工作计划，确定宏苑社区、御康社区为试点。各社区认真打造“中心大党委—社区党总支—小区党支部两新组织（驻地单位、社团组织、在职党员、兼职委员）—党小组—党员中心户”五级架构服务机制，实现群众需要在哪里，党组织的服务就跟进到哪里的目标。根据城市发展和居民需求，积极探索创新社区党建工作模式。其中大华社区三领一安排（政治统领、党建引领、组织带领，重点工作、重大任务必须由社区党支部安排部署，党员带头具体承办，切实体现党对社区工作的领导）；三事一关爱（办好公共事、办好大家事、办好自家事，牢固树立“以人民为中心”的理念，无微不至关爱居民群众，用相声演员的嘴、用运动健将的腿、弥勒佛的肚子，做群众“千头万绪”事情的针眼，成为矛盾化解的基石）；三联一网格（与共建单位联建、与社会组织联动、与自治组织联合共治，深入推行“网格化管理”，成立网格党支部，让支部建在网格，资源沉在网格，服务落在网格）取得了良好成效。御康社区“15334”党建工作模式（“1”是打造一个五星级党组织。“5”是对五类党员分类管理，包括离退休党员、在职党员、下岗失业党员、困难党员、流动党员。“3”是搭建三个平台，搭建便民服务平台、搭建志愿服务平台、搭建四社联动平台。另一个“3”是实现三个结合，与多元化协作相结合、与网格化管理相结合、与项目化服务相结合。“4”是强化四个保障，强化组织保障、强化阵地保障、强化联动保障、强化监督保障）。（马伟达）

【创卫工作】 2020年，阳泉市郊区开发区社会事务服务中心组织辖区开展“三无小区”清零工作。截至7月，60个小区全部实现自治。各村（社区）完成爱国卫生组织管理、健康教育和健康促进、市容环境卫生、病媒生物预防控制等档案的整理，通过国家技术评估。落实创卫工作回头看，以半个月为周期对创卫工作进行监督检查。（马伟达）

【脱贫攻坚】 2020年第四季度，阳泉市郊区开发区社会事务服务中心辖区动态调整建档立卡贫困人口后为83户172人。86名劳动年龄内人员有55人就业，就业率64%，劳动年龄段外就业人数17人，共计72个贫困人口就业。落实疫情期间贫困人口用工补助，发放补助1.87万元。4户识别脱贫监测户收入达到5000元，解除监测。（马伟达）

【乡村治理】 2020年，阳泉市郊区开发区社会事务服务中心推进20个村（社区）的自治章程、村规民约、权力清单及配套流程图运行，将乡村治理工作与社务中心现实问题相结合，形成“一村一品，一社一策”的多元治理模式。下五渡村以村集体资产、资金入股注入第三方子公司，破解因资产、资金不足导致的发展瓶颈，成立以5D精雕冰晶制作为主打产品的阳泉市科达文化艺术有限责任公司，壮大村集体经济实力。（马伟达）

【新时代文明实践】 2020年，阳泉市郊区开发区社会事务服务中心重点打造以志愿者团队建设为核心的开发区“爱心驿站”，由过去单一的文化类型组织向健康服务、家庭教育、环境保护、法律咨询等多元化发展。新澳城社区新时代文明走廊、书香小区、科普驿站，下五渡社区的新时代文明广场、展览馆、科达广告车间的建设取得良好成效，康达社区以“五美＋五常”（仁义礼智信、勤孝敬诚和）为抓手，即，创新社区社会治理和推动新时代文明实践活动工作，将儒家传统文化和新时代现代文化有机融合，将“听得懂、够得着、用得上、记得住”的思想传到居民心上。通过开展社区“六做”（解政策，做明白人；习法治，做守法人；献爱心，做新风人；忆经典，做传承人；共商治，做当家人；说变化，做幸福人）工作，强化“三治”融合，激发自治，深化法治、培育德治，创建互助互爱、向善和睦的新时代文明社区。（马伟达）

【“三零”单位创建】 2020年，阳泉市郊区开发区社会事务服务中心在“三零”单位创建工作中，充分发挥网格化管理功能，及时发现问题，妥善解决矛盾纠纷。确定惠泽社区、康达社区、新澳城社区、新泉社区、下五渡社区为“三零”单位创建典型示范点，进行先期打造。推广惠泽社区的“1337”工作法（“1”是一个领导体系，是社区成立“三零”单位创建工作领导小组，“3”是成立“零上访”“零事故”“零案件”专项工作组，即坚持防范在先、发现在早、处置在小的三个原则；“3”是推动“三治”融合，以自治为基础，以法治为保障，以德治为先导；“7”是健全信息管理机制、工作通报机制、监测预警机制、应急处置机制、示范引领机制、跟踪督办机制、考核激励机制七项工作机制）。推广康达社区“三事分流”法，即“公家事”（政府管理事项及公共服务，由政府部门负责解决）；“大家事”（村、居公共事项及公益服务，由村或社区“两委”牵头，社区自治组织、社区社会组织和社区单位共同协商解决）；“自家事”（村民、居民个人事务和市场服务，由群众自行解决或寻求市场服务）。（马伟达）

【人口普查】　2020年，阳泉市郊区开发区社会事务服务中心在市、区统计局工作人员的带领下，通过实地走访和城区、矿区人口普查小组多次沟通，并经多方协调，确定人口普查的地域划分。通过实地勘察，完成建筑物的标绘；按照市、区人普办的工作要求，做好普查小区的划分。推进入户，摸清人口和居住情况，编制《户主姓名底册》。向自主填报户提供账号信息，讲解填报流程和注意事项。记录、安排普查登记的时间和顺序。（马伟达）

社区办事处

【概况】　阳泉市郊区社区办事处是政府管理社区事务的职能部门，负责所辖社区内居民委员会开展组织建设、队伍建设、制度建设和设施建设；负责所辖社区的网格化管理和服务，按标准建好社区社会服务管理中心和信息平台建设；指导社区健全居民委员会下属组织、培育发展社会组织和志愿者组织、规范专业服务机构等工作。全区共有29个城市社区，2020年新建社区11个，其中包括村改居社区10个，新建小区社区1个。（王　莉）

【“村改居”社区建设】　2020年，阳泉市郊区新成立10个村改居社区，新建社区合理确定辖区范围，在各社区党组织的领导下开展社区居民委员会选举工作。完成下五渡社区、平坦垴社区居民委员会的选举工作，选举产生新的社区班子。（王　莉）

【新建小区社区建设】　2020年，阳泉市郊区社区办事处按照协议管理、属地管理、便于管理等原则，协调乡镇（中心）、社区做好接管事项，裕鑫佳苑、裕鑫北苑小区、农贸楼等在疫情期间由桃源社区和新泉社区管理和服务，宜居园小区由李家庄社区管理和服务。解决古城新建小区及周边部分新建楼盘没有社区管理日常事务的问题，成立泉西社区。出台《新建小区纳入社区管理方案》，保证新建小区及时纳入管理体系，打造共建共治共享的社会治理格局，实现社区管理全覆盖。（王　莉）

【社区工作者职业化专业化建设】　2020年，阳泉市郊区社区办事处组织社区工作人员参加全国培训1次、市级培训1次、区级培训3次，培训150余人次。全区有32人取得社工证，其中28人初级，4人中级。对持证社工进行山西省社会工作者职业资格证书登记且全部将持证的社会工作人才纳入市委专业社会工作人才数据库。按照文件要求，开发区各社区工作人员的岗位报酬按阳泉市社区工作者薪酬管理实施办法中的“三岗十一级”标准全部落实到位，对于取得社工证的工作人员也按要求将职业津贴发放到位。（王　莉）

【社区社会工作室项目运行】　2020年，阳泉市郊区社区办事处与郊区百灵社会服务中心签订的社区服务协议，指导监督各工作室项目。各工作室服务不同需求的个案案主6人，提供26次一对一专业服务，达到预期目标。针对小组工作，各工作室开展6次小组活动，服务69人。居馨、新泉社区社会工作室为青少年开展认识自己、真爱生命、亲子互动、红色教育为主题的小组活动。康达社区社会工作室为老年人开展健康教育、兴趣培养为主题的小组活动。通过小组活动的开展，提升服务对象助人自助的能力。针对社区工作，各工作室开展3次社区活动，服务100余人，通过老年文艺汇演、法律宣传、环保行动等活动，丰富辖区老年人、青少年的精神世界，使服务对象更好地融入社区生活。（王　莉）

人　　物

人物传略

靳富兴

（1943.6—2020.6）山西省高平市人。中师文化程度。1972年9月加入中国共产党。1964年7月，长治师范学校毕业后在桃坡中学附高任教。1970年1月起在李家庄公社工作，历任保卫干事，党委办公室副主任、主任，公社党委副书记。1984年3月任辛兴乡党委书记。1985年9月任郊区整党办核查组副组长。1987年8月任区委常委、区纪律检查委员会书记。全面纠正以权谋私、行贿受贿、吃拿卡要等行业不正之风，集中解决党政干部违法违纪建私房、违反规定多占住房和用公款高标准装修住房等问题，“清房”工作受到山西省纪律检查委员会表彰，被评为全省“清房”工作先进个人。同时，还主持制定了郊区党风廉政建设责任制，使郊区党风廉政建设明显好转，受到山西省纪委的肯定。1993年8月任区委副书记。在分管的政法工作中，对全区政法干警集中开展了社会主义理想教育、优良传统教育职业道德教育和廉警勤警为人民服务教育。正确处理改革、发展、稳定三者之间的关系，以维护政治安定、社会稳定为首要任务，以为经济建设保驾护航，为人民群众创造一个安定祥和的生产、生活环境为目的，开展了大量卓有成效的工作。1998年6月任郊区政协主席。领导区政协一班人，扎实有效地开展了讲学习、讲政治、讲正气为主要内容的“三讲”学习教育活动，针对在郊区发展中暴露出的焦点、难点问题和群众关心的热点问题进行了多次视察。同时在履行职能的规范化、参政议政的制度化、民主监督的程序化方面进行了有益的探索和实践，使郊区政协在委员活动和机关建设上迈上了新的台阶。他撰写的题为《把握主题、注重实践、发挥优势》论文被中国经济出版社《辉煌二十年》一书收录。2001年6月退居二线后，任郊区关心下一代工作委员会主任，完善关心下一代工作委员会组织机构，以“一室三校”（图书室、法治学校、科技学校、家长学校）为载体，广泛开展了“中华魂”读书活动，连续两年受到市关工委的表彰。2003年11月，到龄退休。2020年6月26日，因病逝世，享年77岁。

靳富兴始终以共产党员标准严格要求自己，充分发挥表率作用，克己奉公，踏实干事，作风正派，处事公道，为阳泉市郊区经济和社会发展奉献了毕生精力。

（侯晋元）

皇甫明儒

（1943.7—2020.8）山西左权人。大专学历。1966年9月加入中国共产党。1962年12月参加工作，曾在阳泉市郊区荫营公社三泉学校任教师、校长。1971年至1983年，在阳泉市郊区荫营公社先后担任办公室主任、公社党委委员、革委会副主任。1984年至1986年，任荫营镇党委副书记、镇长、党委书记等职务。贯彻落实中共十一届三中全会精神，解放思想，开拓创新，抓住改革开放的有利时机，提出了“依托矿业、兴旺百业”的发展思路，大力发展乡镇企业，为荫营镇经济和社会发展奠定了坚实的基础。1986年12月至1998年6月，任阳泉市郊区区委常委、组织部部长、区委副书记，长期分管党务和干部工作。其间，按照区委的总体部署，结合阳泉市郊区实际，积极研究和探索新时期加强和改进党的组织工作和干部队伍建设的新途径、新方法，大力推进干部人事制度改革，对加强和改进党的基层组织建设、培养和造就一批高素质的干部队伍作出了积极的贡献。1998年6月至2001年6月，担任阳泉市郊区第十四届人大常委会主任期间，团结和带领人大常委会一班人，认真履行宪法和法律赋予的职责，不断加大对“一府两院”的监督和检查力度，自觉加强同人大代表和人民群众的联系。主持制定和完善了常委会的有关规章制度，促进了地方常委会和地方人大机关的自身建设。曾当选为山西省第九届人大代表，阳泉市第十一届、第十二届人大代表。2001年11月，从领导岗位提前退下来后，继续为党工作，任阳泉市郊区老区建设促进会会长，全心全意为革命老区人民服务，协助党和政府促进革命老区的建设和发展。2003年7月，到龄退休。2020年8月7日，因病逝世，享年77岁。

皇甫明儒在一生的工作经历中，始终以共产党员标准严格要求自己，充分发挥党员表率和先锋模范作用，任劳任怨，克己奉公，为党和人民的事业、为郊区经济和社会发展作出了积极的贡献。1993年6月，被中共山西省委授予“优秀党务工作者”称号。2001年5月被中共阳泉市委、阳泉市人民政府授予“为人民服务的好公仆”称号。

（侯晋元）

人物简介

王晓丽

女，1971年8月出生，山西平定人，在职研究生学历，1991年9月参加工作，2001年9月加入中国共产党。1989年9月，太原师范专科学校政史系历史专业学习；1991年9月，阳泉市第七中学任教；1992年11月，任阳泉市城区教育局科员；其间，1993年9月至1996年7月，在北京师范大学教育管理专业学习；1996年5月，任阳泉市矿区财政局科员；1999年10月，任阳泉市矿区会计管理中心主任；2001年9月，任共青团阳泉市矿区区委书记；2006年6月，任阳泉市矿区区委常委、副区长；其间，2006年9月至2009年7月，在中央党校研究生院法学理论专业学习；2011年5月，任阳泉市矿区区委常委、常务副区长；2016年5月，任阳泉市城区区委常委；2016年8月，任阳泉市城区区委副书记、区长；2018年3月，任阳泉市城区区委副书记、区长，主持区委日常工作；2018年8月，任阳泉市城区区委副书记、区长；2019年11月，任阳泉市城区区委副书记、区长、一级调研员；2020年1月，任阳泉市郊区区委书记、一级调研员。

主持阳泉郊区区委全面工作期间，她团结带领全区广大干部群众以习近平新时代中国特色社会主义思想为指导，全面贯彻党的路线方针，按照省委、市委提出的总体思路和奋斗目标，在大量调查研究的基础上，明确了阳泉市郊区“争做转型发展表率，打造城乡融合样板”的发展目标，编制全区转型图谱和招商图谱，并以全产业链思维明确了具有郊区特色的五大产业发展板块，规划了更具集聚效应的荫营工业园、白泉工业园、东菇经济循环利用产业园、千亩坪现代农业产业园、现代服务业园、双创产业园、现代物流园、文化创意产业园八大园区，通过园区带动的方式扎实推进项目建设，全力打造经济发展增长极。提出“四套班子一台戏，齐心协力抓发展”，大力开展“六晒六比”（晒项目规模、比投资盘子，晒指标数据、比完成进度，晒项目类型、比产业结构，晒推进举措、比落实力度，晒招商项目、比落地实绩，晒流程再造、比营商环境）和开工、签约、投产“三个一批”活动。新组建科技局，制定出台《科技创新10条》《关于强化知识产权保护的实施办法》，完善《人才新政十条》，构建人才体制优势。在全市率先实现企业开办一日办结，并试点“一件事一链办”和“模拟审批”等改革，营商环境走在全市前列。亲自聘请中国社会科学院专家编制完成城乡融合发展规划，一体推进城乡融合，郊区成功纳入国家独立工矿区支持范围。基础设施向农村地区延伸，深入实施农村人居环境整治三年行动，创卫工作顺利通过国家技术评估。不断完善乡村治理新体系，初步构建起以“五有五建”为抓手，党建引领，“三治”（自治、法治、德治）融合的乡村治理新体系。脱贫攻坚实现决战决胜，全部解除返贫致贫风险。扎实开展“三零”单位创建，“零上访、零事故、零案件”创建率分别达98.84%、99.92%、95.61%。坚决扛起管党治党主体责任，推动全面从严治党主体责任落实落细。完成巡察全覆盖，打通了全面从严治党“最后一公里”。严格落实意识形态工作主体责任，牢牢掌握意识形态工作领导权，以社会主义核心价值观引领社会新风尚。不断筑牢基层党建根基，坚持把政治标准放在首位，突出“重实干、重实绩、重担当”的选人用人导向，干部队伍结构进一步优化。在全区党政机关开展以“五整治五严禁”为主要内容的作风建设专项整治活动，坚持刀刃向内，从每篇文稿、每次会议、每件小事改起，以“小切口”推动作风“大转变”，干部作风持续好转，得到省委巡视组和市委的充分肯定。

（任　玮）

靳　跃

1960年3月出生，河北省临城人，大学本科学历。1978年12月至1981年12月，在新疆永红89802部队服役；1982年3月部队复员分配至阳泉市第二人民医院放射科工作。2009年，任放射科主任；同年，晋升副主任医师；2015年，晋升主任医师；2020年，正式聘任为二级主任医师。兼任阳泉市医学会放射专业委员会委员。多次参加全国及省级、市级学术交流研讨活动。

在长期的临床实践中，他不断总结经验。先后撰写了《周围型小肺癌的CT影像学诊断价值探讨》等多篇论文在国家及省级学术期刊发表。其论文《皮质下动脉硬化脑病与脑白质疏松症的CT鉴别诊断和临床分析》《椎小关节综合症的CT表现》《青年颈椎病的CT影像表现及临床意义》《糖尿病颅脑损伤的CT影像表现与临床分析》分别发表在《中国药物与临床》《中国现代手术学杂志》《山西医药》《中西医结合心脑血管病》杂志上。多次获得医院先进个人、优秀管理工作者等荣誉称号。

（侯晋元）

刘萌田

1960年7月出生，山西省阳泉市郊区荫营镇下荫营村人。1982年7月，山西省忻州卫校中医专业毕业。同年，参加工作，先后在阳泉市郊区三郊卫生院、荫营卫生院一直从事中医临床工作。其间，1985年9月，通过成人考试，考入北京中医学院。1989年7月毕业，获得本科学历。2015年，晋升为副主任医师；2020年，晋升为中医主任医师。2020年8月，到龄退休。历任中国中医药信息学会理事、中国针灸学会结构针灸专业委员会委员、中国针推协会会员、山西省针灸学会会员、山西省针灸学会基层名老中医专业委员会常委、山西专家学者协会中医药专业委员会委员、山西省专家学者协会康复专业委员会委员、山西省基层卫生全科医学专业委员会委员等职务。

参加工作40年来，一直在基层第一线做医疗工作。在长期医疗工作中不断积累，逐渐形成了自己独特的治疗方法。理论上敢于突破，疗法上主张创新。善于走外治与内治结合，针灸与药物结合，传统疗法与民间疗法结合，中医与西医结合的道路。多年来运用中医的优势，对于反复呼吸道感染、陈年慢性咳喘、心脑血管疾病、体虚久病、慢性脾胃病、中风偏瘫、颈肩腰腿疼、肿瘤、妇儿杂病、亚健康等疾病进行有效防治，总结了自己独到的治疗方法。在临床实践中不断学习临床知识、不断积累临床经验，使自己的医治水平不断提高，更好地造福患者。

曾经荣获阳泉市首届名中医、山西省卫生厅“三个一切”（一切为了患者、一切方便患者、一切服务于患者）竞赛活动先进个人、阳泉市卫生系统先进个人、荫营镇人民政府劳动模范、阳泉市中医药健康文化知识大赛荣获一等奖、中国首届医师节优秀医师等荣誉称号。1998年，合作完成的“盆腔炎内外合治的方法”荣获第二届李时珍医药成果及医护业绩博览会国际优秀奖。其论文被中医权威杂志《中医杂志》刊登，并在学术大会进行学术交流。

（侯晋元）

杨海栋

1962年8月出生，山西省阳泉市郊区荫营镇老虎沟村人。1982年毕业于山西省忻州卫校。同年，分配到荫营卫生院工作。1988年被聘为中医师。1989年，取得北京中医学院函授大专文凭。1998年取得山西中医学院本科文凭。2014年晋升为副主任医师。2020年晋升为主任医师。

他坚守基层临床一线工作39年，理论联系实际，不断总结经验，尤其通过上级医院皮肤科脱产进修。在“理”和“用”两方面都取得了长足进步。结合近年来火神学说及圆运动理论的兴起，促使他回归经典学习，系统掌握“升降气化”的这一独立于西医视野之外的中医理论的精髓，使他的医术更加纯熟、简练、高效。多年来，以其独特的中医思维，精准的个体治疗，纯熟的诊疗经验，稳固的临床疗效，在日益开放竞争激烈的医疗市场中，独树一帜。年接诊院内外患者超万人次，并且治疗效果经得起同道与病患的重复验证。并将“升降气化”理论，施用于临床各科，惠及患者。

多次被评为单位、集团先进工作者。2004年，被评为阳泉市卫生系统“医德医风先进工作者”。2017年，参加阳泉市第一届中医经典理论比赛，获得笔试第一名。同年，代表阳泉市参加山西省中医经典理论比赛获得团体二等奖，个人比赛第十名的佳绩。

（侯晋元）

人物名表

阳泉市郊区副高级专业技术人员一览表

表 7

单位名称	姓　名	性别	出生年月	参加工作时间	学历、专业及取得时间	聘任职务	晋升级别
阳泉市第二人民医院	靳　跃	男	1960.03	1978.01	2007.01 承德医学院本科	二级主任医师（三级）	3
郊区荫营镇卫生院	刘荫田	男	1960.07	1982.07	1998.10 山西中医学院中医专业本科	三级基层主任医师四级	4
郊区荫营镇卫生院	杨海栋	男	1962.08	1982.07	1998.12 山西中医学院中医专业本科	三级基层主任医师（乡镇社区）（四级）	4
阳泉市第二人民医院	郝军华	男	1973.06	1994.07	2013.01 中国医科大学本科	二级副主任药师（六级）	6
阳泉市第十中学校	杨贵明	男	1963.08	1984.10	1999.07 山西省教育学院汉语言文学专业本科	中小学高级教师二级岗（六级）	6
郊区河底镇综合便民服务中心	李　慧	女	1978.11	1998.09	2007.06 山西师范大学汉语言文学专业本科	高级统计师（六级）	6
郊区平坦镇卫生院	韩根宝	男	1963.11	1984.09	2004.06 山西中医学院中医学专业本科	二级副主任医师（六级）	6
郊区规划设计室	张东红	女	1966.09	1984.12	1966.09 武汉理工大学土木工程本科	高级工程师（六级）	6
郊区业余少体校	兰秀花	女	1970.06	1987.07	2011.07 西安体育学院运动训练专业本科	中小学高级教师三级岗（七级）	7
郊区公共就业和人才服务中心	周海威	男	1973.07	1993.12	2016.07 郑州大学本科	专业技术（七级）	7
郊区河底镇综合便民服务中心	王　华	男	1965.06	1979.12	2005.03 山西省广播电视大学公共关系专业大专学历	高级兽医师（七级）	7
郊区河底镇综合便民服务中心	赵淑宏	女	1974.07	1996.09	2008.01 山西财经大学会计学本科	高级统计师（七级）	7
郊区平坦镇综合便民服务中心	蔺润斌	男	1971.12	1991.08	2005.08 中央农业广播电视学校畜牧兽医专业大专学历	高级畜牧师（七级）	7

续表 7

单位名称	姓　名	性别	出生年月	参加工作时间	学历、专业及取得时间	聘任职务	晋升级别
郊区水土保持监测站、郊区水利工程管理站	杨宝军	男	1976.08	1996.09	2016.07 郑州大学水利水电工程专业本科	高级工程师（七级）	7
阳泉市第十中学校	赵丽平	女	1976.07	1994.08	2005.12 山西师范大学汉语言文学专业本科	中小学高级教师三级岗（七级）	7
阳泉市第十中学校	林宝瑞	女	1969.02	1991.08	1996.07 山西省教育学院数学专业本科	中小学高级教师三级岗（七级）	7
阳泉市第十中学校	白丽琴	女	1970.12	1989.09	2000.10 山西师范大学数学教育专业本科	中小学高级教师三级岗（七级）	7
阳泉市第十中学校	任巧花	女	1968.01	1989.09	2000.09 山西大学物理教育专业本科	中小学高级教师三级岗（七级）	7
阳泉市第十中学校	王卫平	男	1970.08	1995.08	1995.06 山西大学历史学专业本科	中小学高级教师三级岗（七级）	7
阳泉市第二人民医院	王　伟	男	1976.01	2000.05	2007.07 山西医科大学临床医学专业硕士研究生	三级副主任医师（七级）	7
郊区自然资源局平坦管理所	刘桂芸	女	1976.09	1996.09	2004.12 山西省师范大学汉语言文学专业本科	高级统计师（七级）	7
郊区荫营镇卫生院	窦文斌	男	1973.12	1993.10	1993.07 大同市卫生学校医士专业中专	三级副主任医师(乡镇社区级)七级	7

荣　誉

集体荣誉

省部级以上荣誉

最高人民检察院授予阳泉市郊区人民检察院第七届“全国先进基层检察院”称号。

最高人民法院授予阳泉市郊区人民法院执行局“全国法院先进集体”称号

市厅级荣誉

阳泉市郊区省委农办、省农业农村厅、省扶贫开发办公室授予阳泉市郊区“全省10个脱贫攻坚与乡村振兴有效衔接试点县区”称号。

山西省农业农村厅、山西省应急管理厅授予阳泉市郊区2020年度省级“平安农机”示范县（区）称号。

山西省统计局、省第四次全国经济普查领导小组办公室授予区统计局、河底镇、平坦镇“山西省第四次全国经济普查先进集体”荣誉称号。

山西省工商业联合会授予阳泉郊区工商联合会“全省‘千企帮千村——精准到户’扶贫行动组织工作先进集体。

中国民建山西省委授予阳泉郊区工商联合会“先进基层组织”称号。

山西省工商业联合会授予阳泉郊区工商联合会2019年度全省信息工作先进单位。

山西省人社厅授予阳泉市郊区财政局“山西省财贸系统先进集体”称号。

山西省供销合作联社授予阳泉市郊区供销合作联社“2019年度全省供销系统综合改革先进单位”荣誉称号。

阳泉市委、市政府授予阳泉市郊区人民法院、阳泉市郊区开发区社会事务服务中心、阳泉市泉民民营联合投资控股股份有限公司、阳泉市裕盛源农产品开发有限公司“2020年阳泉市模范单位”。

阳泉市委、市政府授予阳泉冀东水泥有限责任公司生产运行部、阳泉市郊区荫营镇老虎沟村“2020年阳泉市模范集体”。

个人荣誉

全国爱国拥军模范

宋晓文（李家庄乡汉河沟村）

全国优秀共青团员

武敏（荫营中学）

阳泉市劳动模范

王亚利　阳泉金隅通达高温材料有限公司

黄新生　山西煤炭运销集团旧街煤业有限公司

耿志红　阳泉灿坤工贸有限公司
王海燕　阳泉市东凯耐火材料厂有限公司
史永记　山西阳泉华岭耐火材料有限公司
佘来军　阳泉市星火金源工贸有限公司
杨江忠　阳泉市郊区梁渔农业发展基地种植户
史亨友　桃林沟村村委会
史计明　阳泉市郊区三郊中学
杨浩宇　李家庄乡人民政府
冯兆斌　阳泉市第二人民医院
王小申　阳泉日加材料科技有限公司

附　录

机构设置和领导人名录

中共阳泉市郊区委员会

书　　记　王明厚（1月免）
　　　　　王晓丽（女，1月任）
副书记　宁文鑫
　　　　　郗文保（7月免）
　　　　　李仁照（7月任）
常务委员　孙　儒（6月任）
　　　　　张斌武
　　　　　李丽新（女）
　　　　　王文玉
　　　　　李　泽
　　　　　段拥军
　　　　　郭方恺
　　　　　张海斌
　　　　　张俊杰（6月任）

区委工作部门

办公室

主　　任　张志刚（9月免）
　　　　　王海平（12月任）
副主任　李志强（5月免）
　　　　　王文娟（女，5月任）
　　　　　石　鹏
　　　　　秦瑞生（6月免）
　　　　　史信富（6月免）
　　　　　刘俊杰（6月任）
　　　　　赵成龙（6月任）

组织部

部　　长　王文玉
副部长　戴彦宏（常务）
　　　　　石汝廉
　　　　　史咸宙

宣传部

部　　长　张海斌
副部长　高　金（常务，女）
　　　　　郭　鑫（女）
　　　　　孙瑞芳（女）

统战部

部　　长　段拥军
副部长　陈守润（常务，女）
　　　　　李双鸿（10月免）

政法委员会

书　　记　张斌武

副 书 记　王书波（常务）

　　　　　刘润宝

　　　　　李晓东（9月免）

机构编制委员会办公室

主　　任　魏拥军

副 主 任　赵瑞玲（女）

直属机关工作委员会

书　　记　周素勤（女）

副 书 记　郭睿仙（女）

巡察工作办公室

主　　任　张笑君

副 主 任　张淑玲（女）

区委党史研究室（区地方志研究室）

主　　任　杨济才（兼）

副 主 任　云　霞（女）

　　　　　李晓璐（女）

党　校

校　　长　王文玉

副 校 长　要秀宇（常务）

　　　　　郭润明

　　　　　袁　庆

直属机关事务服务中心

主　　任　王秀文

副 主 任　任虎林

　　　　　杜海瑞

　　　　　史燕辉（8月任）

档案馆

馆　　长　董燕军

副 馆 长　王　萍（女）

　　　　　荆彦莉（女）

中共阳泉市郊区纪律检查委员会

书　　记　李丽新（女）

副 书 记　赵红卫（4月免）

　　　　　尹战东

　　　　　王学军（4月任）

常　　委　李宏国

　　　　　高双立

　　　　　张笑君

　　　　　田义波（5月任）

阳泉市郊区监察委员会

主　　任　李丽新（女，4月任）

副 主 任　赵红卫（4月免）

　　　　　尹战东

　　　　　王学军（5月任）

委　　员　李宏国

　　　　　张笑君

　　　　　杨培龙

　　　　　李廉纪（5月任）

阳泉市郊区人大常委会

主　　任　田进勇

副 主 任　乔国强

　　　　　张富英

　　　　　潘　钰

　　　　　张魁福

人大常委会工作机构

办公室

主　　任　毕武田

副 主 任　关义辉

法制委员会

主任委员　张富英（兼）

副主任委员　石久军（4月免）

　　　　　　刘永庆（4月任）

财政经济委员会

主任委员　潘　钰（兼）

副主任委员　范玉栋

社会建设委员会

主任委员　乔国强（兼）

副主任委员　史军福（兼）

教育科学文化卫生工作委员会

主　　任　尚娟敏（女）

人事代表工作委员会

主　　任　杨晓珍（女）

农村工作委员会

主　　任　侯建强

城乡建设环境保护工作委员会

主　　任　史军福

阳泉市郊区人民政府

区　　长　宁文鑫

副 区 长　郭方恺（常务）

张俊杰（7月任）

晋　玮

韩文明（4月免）

赵　旭（女）

杨兆明

韩晓东

徐文进（4月任）

苑　莉（挂职，女，4月免）

政府组成部门及所属机构

办公室

主　　任　任志刚

副 主 任　李双鸿（兼，11月任）

张全宝

李建军（兼，11月免）

苗　壮

史志璞（6月任）

发展和改革局

局　　长　朱应杰

副 局 长　闫燕明

解建明

教育局（区教育科技局更名为区教育局）

局　　长　荆翔阳

副 局 长　史长军

段荣平

武陶明

王瑞金

科学技术局（单设区科学技术局，为区政府工作部门，正科级建制）

党组书记　王海斌（12月任）

局　　长　王晓东（12月任）

工业和信息化局

局　　长　闫立宏

副 局 长　史军民

刘海涛（11月任）

民政局

局　　长　郭俊红

副 局 长　曹丽莉（女）

郭秋忠

司法局

局　　长　郭锁明

副 局 长　赵剑锐

苏晓东

财政局

局　　长　史慧明

副 局 长　王军军

郭智杰

人力资源和社会保障局

局　　长　程秀春

副 局 长　刘守宇

王海斌（12月提名免）

毕卫宏

自然资源局

局　　长　李惠平（10月任）

副 局 长　郝建林

王秀美（女）

史月飞（女）

住房和城乡建设管理局

局　　长　常　征

副 局 长　赵钦泰

　　　　　张东平

　　　　　董存玺

交通运输局

局　　长　武永庆

副 局 长　张天骄

　　　　　刘治国

水利局

局　　长　郭智英

副 局 长　梁九祥

农业农村局

局　　长　王红卫

副 局 长　李建伟

　　　　　王爱强

　　　　　杨慧清

林业局

局　　长　谢五金（5 月免）

　　　　　马军军（5 月任）

副 局 长　闫雅丽（女）

　　　　　王　洋（4 月任）

商务局

党组书记　任晋忠

局　　长　刘　志

副 局 长　苑贵敏（女）

文化和旅游局

局　　长　魏志清

副 局 长　刘满成

　　　　　杨雨才

卫生健康和体育局

局　　长　施润平

副 局 长　邓秀芬（女）

　　　　　靳丽芳（女）

　　　　　闫计堂

退役军人事务局

局　　长　王　勇

副 局 长　胡华勇（7 月免）

应急管理局

局　　长　张成林

副 局 长　史明海

　　　　　王　进

　　　　　史晓忠

　　　　　王　洋（4 月免）

审计局

局　　长　郭有忠

副 局 长　王文身

　　　　　关翠云（女）

市场监督管理局

局　　长　王永平

副 局 长　杨天伟

　　　　　王海平

　　　　　靳朝晖

　　　　　史海鹰（女）

　　　　　李建文

　　　　　毛晓斌

统计局

局　　长　张建生

副 局 长　翟霞霞（女）

医疗保障局

局　　长　史丽娟（女）

副 局 长　张宏伟

行政审批服务管理局

党组书记　郭方恺（9 月免）

　　　　　张志刚（9 月任）

局　　长　朱建芳（女，10 月免）

　　　　　张志刚（10 月任）

副 局 长　董军利

　　　　　郭文生（11 月任）

信访局

局　　长　李建军（10 月免）

李双鸿（10月任）

副 局 长　王海文

能源局

局　　长　乔永兴

开发区社会事务服务中心

党委书记　光　华（9月免）

李晓东（9月任）

主　　任　葛占斌

副 书 记　葛占斌

副 主 任　杨　盛

纪委书记　任海鹏（6月免）

米钢仁（6月任）

供销合作社联合社

主　　任　李素怀

副 主 任　郭　凯

曹　洁（女）

融媒体中心

主　　任　吴　明

总 编 辑　曹新文（8月任）

副 主 任　李爱国（7月任）

曹新文（7月任，8月免）

治理非法超限超载中心

主　　任　王志刚

副 主 任　王晋文（8月任）

社区办事处

主　　任　史晋兵

副 主 任　张晓东（12月提名免）

李晓艳（女）

区政府信息中心

主　　任　杨喜敏

副 主 任　张　磊（女）

马远航

温河灌区管理站

主　　任　李　渊

副 主 任　（空缺）

城乡建设管理中心（因从事生产经营活动事业单位改革撤销区城乡建设管理中心事业机构，核销事业编制，注销事业单位法人，领导信息更新至5月31日）

主　　任　周慧剑

副 经 理　（空缺）

自来水公司（因从事生产经营活动事业单位改革将区自来水公司由事业单位整体转企，改制为国有全资的有限责任公司，公司名称暂定为“阳泉市晋泉水务有限责任公司”，领导信息更新至5月31日）

经　　理　（空缺）

副 经 理　贾小平

皇甫朝辉

张艳珍（女）

政协阳泉市郊区委员会

主　　席　刘瑞生

副 主 席　杨济才

刘金文

李秀芳（女）

齐敏芝（女）

秘 书 长　吕枝盛

政协常委会工作机构

提案委员会

主　　任　王淑芹（女，10月免）

文化文史和学习委员会

主　　任　闫　冰

经济委员会

主　　任　王常青

教科卫体委员会

主　　任　史晓红（女）

社会法制委员会

主　　任　李成全

农业和农村委员会

主　　任　张兆平（女，8月免）

孙永峰（8月任）

办公室

副 主 任　李润平

阳泉市郊区人民法院

院　　长　王忠强

副 院 长　张海忠

董新河

任学斌

杨志荣

阳泉市郊区人民检察院

检 察 长　严志勇

副检察长　刘双富

杨建民

王权政

张保亮

中央、省、市驻阳泉市郊区单位

阳泉市第二人民医院（阳泉市郊区人民医院）

书　　记　史一书（1月免）

赵计明（1月任）

院　　长　赵计明（2月免）

王　伟（2月任）

副 院 长　王文栓

史振慧

群众团体

区总工会

主　　席　张富英

副 主 席　胡俊青（常务）

胡忠文

王永清（女，1月任）

中国共产主义青年团阳泉市郊区委员会

书　　记　张　宁

副 书 记　王紫燕（女）

区妇女联合会

主　　席　张翠花（女）

副 主 席　荆　波（女，1月任）

区妇儿工委办

主　　任　王瑞红（女）

区科学技术协会

主　　席　马丽君（女，12月提名免）

张建存（12月提名任）

副 主 席　李　娜（女）

区残疾人联合会

理 事 长　王守刚

副理事长　张泉清（女）

区工商业联合会

党组书记　梁淑英（女）

主　　席　王晓东

区文学艺术工作者联合会

主　　席　李志强

副 主 席　（空缺）

区红十字会

专职副会长　邓卫刚

区计生协会

秘 书 长　贾晓艳（女，10月任）

乡　镇

荫营镇

党委书记　黄瑞刚

人大主席　史贤良

镇　　长　王海龙

副 书 记　王海龙

王　威（12月免）

路　洋（12月任）

纪委书记　张胜强（6月免）

郭爱生（6月任）

组织委员　安晓霞（女）

副 镇 长　谢文芳（女，12月免）

王　华

杨文军
荆　胜
任喜忠（12月任）
张　宁（挂职，6月免）
胡华勇（挂职，6月免）

河底镇

党委书记　张魁福
人大主席　赵　军
镇　　长　赵世杰（8月免）
　　　　　王贵珠（8月任）
副 书 记　赵世杰（8月免）
　　　　　王贵珠（8月任）
　　　　　董锦新
纪委书记　武海军
组织委员　杨　菁（女）
副 镇 长　张晓敏（女）
　　　　　郝　强
　　　　　贺建平
　　　　　王佳迪

平坦镇

党委书记　侯秉戬（7月免）
　　　　　孙　儒（7月任）
人大主席　张建存（12月提名免）
　　　　　王　威（12月提名任）
镇　　长　冯燕斌
副 书 记　冯燕斌
　　　　　王云峰
纪委书记　耿瑞明
组织委员　李　英（女）
副 镇 长　郭爱生（8月免）
　　　　　刘丽琴（女）
　　　　　郭洪涛
　　　　　王肖惠
　　　　　韩晓溪（女，8月任）

李家庄乡

党委书记　杨浩宇
人大主席　齐瑞新
乡　　长　王贵珠（8月免）
　　　　　张世强（8月任）
副 书 记　王贵珠（8月免）
　　　　　张世强（8月任）
　　　　　梁　丽（女）
纪委书记　石　凯
组织委员　胡肖羽（女）
副 乡 长　李志刚
　　　　　丁丽琴（女）
　　　　　韩　强
　　　　　孔雪梅（女）

西南舁乡

党委书记　马军军（5月免）
　　　　　光　华（9月任）
人大主席　王　萌
乡　　长　王海平（12月提名免）
　　　　　张　宁（12月提名任）
副 书 记　王海平（12月免）
　　　　　张　宁（12月任）
　　　　　张世强（8月免）
　　　　　王　磊（8月任）
纪委书记　霍晓明
组织委员　王　艳（女）
副 乡 长　牛　翔
　　　　　郭慧栋
　　　　　王文娟（女，8月免）
　　　　　史俊宝
　　　　　赵　星（女，8月任）

杨家庄乡

党委书记　张海刚
人大主席　胡世勇
乡　　长　田　玲（女，8月免）
　　　　　张志鹏（8月任）
副 书 记　田　玲（女，7月免）
　　　　　张志鹏（7月任）

路　洋（12月免）
王瑞娟（女，12月任）
纪委书记　崔小花（女）
组织委员　陈雅琴（女）
副 乡 长　宋志清（女）
赵建斌
郭海峰
史丽军（8月任）

旧街乡

党委书记　刘德刚（5月免）
赵世杰（8月任）
人大主席　陈功芝
乡　　长　孙永峰（8月免）
温　清（8月任）
副 书 记　孙永峰（5月免）
温　清（5月任）
高连富
纪委书记　温　清（6月免）
任海鹏（6月任）
组织委员　杨　月（女）
副 乡 长　齐满春（8月任）
霍雁英（女）
吴晓文
李龙义（5月免）
郭芝德（8月任）

事业单位

区新闻中心

主　　任　刘　宏
副 主 任　张子珑

区中小企业服务中心（区民营企业服务中心）

主　　任　刘安平
副 主 任　程俊英（女，7月免）

区畜牧业发展中心

主　　任　冯燕忠
副 主 任　孔永忠

区防震减灾中心（区防雹中心）

局　　长　王建荣
副 局 长　李高峰
总工程师　程俊英（女，7月免）

区委信息化中心

主　　任　（空缺）
副 主 任　董国华

区政府办公室文秘中心

主　　任　（空缺）
副 主 任　刘世耀

区开发区社会保险中心

主　　任　张世明
副 主 任　石朴志

区医疗保险中心

主　　任　高永庆
副 主 任　延淑娟（女）

区疾病预防控制中心

主　　任　荆存玉
副 主 任　任世文
蔺素花（女）

区农业机械化发展中心

主　　任　王彩云（女）
副 主 任　张爱花（女）
刘俊杰（7月免）
马永才（8月任）

区农村事务管理中心（区农村产权交易中心）

主　　任　贾丽敏（女）
副 主 任　赵贵炯

区农业技术推广中心

主　　任　李秋芳（8月任）
副 主 任　李秋芳（女，8月免）
陈丽娟（女）

区招商服务中心

主　　任　（空缺）
副 主 任　傅亚波

区旅游开发服务中心

主　　任　（空缺）

副 主 任　史玉婷（女，8月任）

区能源发展中心

主　　任　张俊勇

副 主 任　靳建芳（8月任）

荫营中学

校　　长　王银宗

党总支书记　王银宗

副 校 长　郭卫东

朱丽军

李军民

刘晓斌

玉泉中学

校　　长　荆振家

副 校 长　吕　琮

王治世

史华明

区职业高级中学校（区古城中学校）

校　　长　张文军

党支部书记　郭霄跻

副 校 长　穆树明

吴　梁

区教师进修校

校　　长　（空缺）

副 校 长　康善富

曹新平

阳泉市第十中学校

校　　长　张瑞军

副 校 长　石守华（女）

赵晋忠

阳泉市第二十中学校

书　　记　（空缺）

校　　长　（空缺）

副 校 长　（空缺）

区开发区联合学校

校　　长　（空缺）

副 校 长　（空缺）

（张彦军）

地方文件

2020年阳泉市郊区委员会文件一览表

表8

文　号	文件标题	发文日期
阳郊发〔2020〕1号	关于区应急管理局党组改设党委的通知	2020年4月1日
阳郊发〔2020〕2号	关于印发《中共阳泉市郊区区委常委会2020年工作要点》的通知	2020年4月15日
阳郊发〔2020〕3号	关于成立平安郊区建设领导小组的通知	2020年4月17日
阳郊发〔2020〕4号	印发《关于抓好“三农”领域重点工作确保如期实现全面小康的实施意见》的通知	2020年5月7日
阳郊发〔2020〕5号	关于印发《阳泉市郊区全面实施预算绩效管理工作方案》的通知	2020年6月30日
阳郊发〔2020〕6号	印发《关于新时代加强和改进人大工作的实施意见》的通知	2020年7月15日
阳郊发〔2020〕7号	印发《关于新时代加强和改进人民政协工作的实施办法》的通知	2020年7月15日

续表 8

文 号	文件标题	发文日期
阳郊发〔2020〕10 号	关于对程秀春同志处理意见的请示	2020 年 10 月 21 日
阳郊发〔2020〕11 号	关于对施润平同志处理意见的请示	2020 年 10 月 21 日
阳郊发〔2020〕12 号	印发《贯彻落实省委〈关于深入贯彻落实中共十九届四中全会精神不断提升治晋兴晋强晋能力和水平的实施方案的任务分解〉》的通知	2020 年 10 月 22 日
阳郊发〔2020〕13 号	印发《关于贯彻落实习近平总书记视察山西重要讲话重要指示在转型发展上率先蹚出一条新路来的实施细则》的通知	2020 年 10 月 22 日
阳郊发〔2020〕14 号	关于成立阳泉市郊区直属国有企业工作委员会的通知	2020 年 11 月 12 日
阳郊办发〔2020〕1 号	关于关于印发《阳泉市郊区 2020 年元旦、春节、元宵节“三节”群众文化活动安排意见》的通知	2020 年 1 月 2 日
阳郊办发〔2020〕2 号	关于调整区委常委分工的通知	2020 年 1 月 28 日
阳郊办发〔2020〕3 号	关于开展群体性重大矛盾问题排查化解工作的通知	2020 年 2 月 5 日
阳郊办发〔2020〕4 号	印发《关于落实市委〈关于省纪委监委《对阳泉市开展专项监督检查情况反馈》相关问题的整改方案〉的任务分解》的通知	2020 年 2 月 28 日
阳郊办发〔2020〕5 号	关于召开中共阳泉市郊区区委经济工作会、脱贫攻坚暨项目建设招商引资会议的通知	2020 年 3 月 5 日
阳郊办发〔2020〕6 号	印发《阳泉市郊区 2020 年脱贫攻坚成果巩固提升行动计划》的通知	2020 年 3 月 6 日
阳郊办发〔2020〕7 号	印发《阳泉市郊区 2020 年度招商引资目标考核办法》的通知	2020 年 3 月 6 日
阳郊办发〔2020〕8 号	印发《阳泉市郊区关于加强扶贫资金监管的实施方案》的通知	2020 年 3 月 6 日
阳郊办发〔2020〕9 号	关于印发《阳泉市郊区相对集中行政许可权改革工作方案》的通知	2020 年 3 月 22 日
阳郊办发〔2020〕10 号	关于印发《郊区持续推进创卫工作实施方案》的通知	2020 年 3 月 23 日
阳郊办发〔2020〕11 号	关于印发《2020 年全区重点任务分解方案》的通知	2020 年 4 月 7 日
阳郊办发〔2020〕12 号	印发《关于深入开展“零上访零事故零案件”村(社区)、企业、单位创建工作的实施方案》的通知	2020 年 4 月 17 日
阳郊办发〔2020〕13 号	关于成立阳泉市郊区生态环境保护委员会的通知	2020 年 4 月 20 日
阳郊办发〔2020〕14 号	关于《省委巡视工作领导小组对阳泉市委巡察工作专项检查情况反馈意见》的整改方案	2020 年 4 月 20 日
阳郊办发〔2020〕15 号	印发《关于对农业农村重点项目进行扶持的实施意见(试行)》的通知	2020 年 5 月 26 日
阳郊办发〔2020〕16 号	关于印发《阳泉市郊区以数字政府建设为牵引进一步优化营商环境行动方案》的通知	2020 年 5 月 28 日

续表 8

文　号	文件标题	发文日期
阳郊办发〔2020〕17 号	关于印发《党委（党组）意识形态工作责任制实施方案》的通知	2020 年 6 月 22 日
阳郊办发〔2020〕18 号	关于印发《阳泉市郊区 2020 年度党政主要负责人履行推进法治建设第一责任人职责工作清单》的通知	2020 年 7 月 15 日
阳郊办发〔2020〕19 号	关于印发《阳泉市郊区贯彻落实中央生态环境保护督察“回头看”及大气污染防治专项督察反馈意见整改方案》的通知	2020 年 7 月 16 日
阳郊办发〔2020〕20 号	印发《关于解决干部作风建设中突出问题的意见》的通知	2020 年 9 月 28 日
阳郊办发〔2020〕21 号	印发《关于深化阳泉市郊区纪委监委派驻机构改革的意见》的通知	2020 年 9 月 29 日
阳郊办发〔2020〕22 号	关于印发《深化乡镇机构改革推进基层整合审批服务执法力量的实施方案》的通知	2020 年 9 月 29 日
阳郊办发〔2020〕23 号	印发《关于确保森林草原“零火情”工作的实施方案》的通知	2020 年 10 月 9 日
阳郊办发〔2020〕24 号	印发《关于进一步规范会议、调研等工作安排的制度》的通知	2020 年 10 月 20 日
阳郊办发〔2020〕25 号	印发《关于贯彻落实楼阳生同志在省委十一届十次全会上的讲话的任务分解及分工安排的责任分解方案》的通知	2020 年 10 月 22 日
阳郊办发〔2020〕26 号	印发《贯彻落实市委市政府〈关于贯彻落实市委十二届九次全会精神的任务分工方案〉的责任分解方案》的通知	2020 年 10 月 22 日
阳郊办发〔2020〕27 号	关于印发《阳泉市郊区关于强化知识产权保护的实施办法》的通知	2020 年 12 月 3 日
阳郊办发〔2020〕28 号	关于印发《全区农村“两委”主干“四进五出”“一肩挑”实施办法（试行）》的通知	2020 年 12 月 3 日
阳郊办发〔2020〕29 号	关于印发《阳泉市郊区贯彻落实国家统计局统计督察反馈意见整改方案》的通知	2020 年 12 月 4 日
阳郊办发〔2020〕30 号	关于组织党员干部下乡进村督导帮扶清洁取暖工作的通知	2020 年 12 月 9 日
阳郊办发〔2020〕32 号	印发《关于加快构建一流创新生态推进郊区高质量转型发展的实施意见》的通知	2020 年 12 月 30 日
阳郊办发〔2020〕33 号	关于印发阳泉市郊区应急值守工作制度的通知	2020 年 12 月 30 日

2020 年阳泉市郊区人民政府发文登记表

表 9

文　号	文件标题	发文日期
阳郊政发〔2020〕1 号	关于做好 2020 年安全生产工作的通知	2020 年 1 月 1 日
阳郊政发〔2020〕2 号	关于印发阳泉市郊区创建省级农产品质量安全区实施方案的通知	2020 年 1 月 2 日
阳郊政发〔2020〕3 号	关于申请拨付二青会射击射箭比赛场馆周边环境综合整治工程各项款项的请示	2020 年 1 月 3 日

续表 9

文 号	文件标题	发文日期
阳郊政发〔2020〕4号	关于G239改线路基建设与小沟村生态恢复治理工程整体统筹分步实施的请示	2020年1月6日
阳郊政发〔2020〕5号	关于将生态新城主要道路清扫保洁费用纳入财政预算的请示	2020年1月9日
阳郊政发〔2020〕7号	关于对郊区国有资产进行整合的通知	2020年1月15日
阳郊政发〔2020〕8号	关于申请协调解决魏家峪村棚户区整村搬迁费用的请示	2020年1月31日
阳郊政发〔2020〕9号	关于申请拨付万达广场招商引资奖励资金的请示	2020年2月10日
阳郊政发〔2020〕10号	阳泉市郊区2019年隐性债务变动情况报告	2020年2月11日
阳郊政发〔2020〕11号	关于应对新型冠状病毒感染的肺炎疫情支持中小企业共渡难关的若干措施	2020年2月12日
阳郊政发〔2020〕12号	关于同意荫营镇等六个乡镇合并行政村暨同意荫营镇等乡镇（中心）设立城市社区居民委员会的批复	2020年2月28日
阳郊政发〔2020〕13号	关于认真做好我区第七次全国人口普查工作的通知	2020年2月29日
阳郊政发〔2020〕14号	关于阳泉市郊区旧街乡“3·14”火情报告	2020年3月17日
阳郊政发〔2020〕15号	关于申请加快启动东落茄堰村整村搬迁工作的请示	2020年4月15日
阳郊政发〔2020〕16号	关于上报《山西阳泉郊区坡头煤业有限公司减量重组实施方案》的报告	2020年3月17日
阳郊政发〔2020〕17号	关于恳请市政府协调坡头煤业重组事宜的报告	2020年3月30日
阳郊政发〔2020〕18号	关于印发郊区规范提升耐火产业行动方案的通知	2020年4月17日
阳郊政发〔2020〕19号	关于郊区城区边界线联检情况的报告	2020年4月23日
阳郊政发〔2020〕20号	关于申请没收违法占用土地上的建筑物及相关设施的批复	2020年5月7日
阳郊政发〔2020〕21号	关于请求协调解决荫营工业园区和白泉工业园区落地项目规划和土地手续办理问题的报告	2020年5月30日
阳郊政发〔2020〕22号	关于修改阳泉市郊区荫营、河底、平坦三个乡镇土地利用总体规划（2006—2020）的请示	2020年6月22日
阳郊政发〔2020〕23号	关于拟设立西上庄产业转型集聚区需调整国土空间规划的申请	2020年7月8日
阳郊政发〔2020〕24号	关于对2020年度全区货运源头单位进行公示的通知	2020年7月13日
阳郊政发〔2020〕25号	关于申请拨付漾泉大道一期等五条道路园林绿化清扫保洁和路灯所涉及的年养护等费用的请示	2020年7月14日
阳郊政发〔2020〕26号	“十三五”易地扶贫搬迁评估核查自评报告	2020年7月29日
阳郊政发〔2020〕27号	关于国道307线测石段山体滑塌堵塞交通急需封闭道路的报告	2020年8月6日
阳郊政发〔2020〕28号	关于印发阳泉市郊区工业园区建设项目征地补偿款入股分红暂行办法的通知	2020年9月9日
阳郊政发〔2020〕29号	关于分劈国道307、207绕城改线工程固定资产投资数据的申请	2020年9月10日

续表 9

文　号	文件标题	发文日期
阳郊政发〔2020〕30 号	河底污水处理厂处置的申请	2020 年 8 月 20 日
阳郊政发〔2020〕31 号	阳泉市郊区乡镇（街道）机构改革报告	2020 年 9 月 18 日
阳郊政发〔2020〕32 号	关于举办阳泉市 2020 年中国农民丰收节暨阳泉区域山西药茶品鉴交流会开幕仪式的请示	2020 年 9 月 18 日
阳郊政发〔2020〕33 号	关于协调解决李家庄乡桃坡村土地收储有关情况的报告	2020 年 10 月 19 日
阳郊政发〔2020〕34 号	关于对档案馆项目等四宗地纳入储备并补办用地手续的请示	2020 年 10 月 22 日
阳郊政发〔2020〕35 号	关于探索创新工业园区建设模式的请示	2020 年 10 月 25 日
阳郊政发〔2020〕37 号	关于山底河流域老窑水治理所需资金的请示	2020 年 10 月 29 日
阳郊政发〔2020〕38 号	关于保留阳泉市郊区旧街乡行政建制的报告	2020 年 10 月 29 日
阳郊政发〔2020〕39 号	关于阳泉市郊区国家级公益林调整的申请	2020 年 11 月 17 日
阳郊政发〔2020〕40 号	关于申请将甘河村、龙凤沟村采煤沉陷区安置项目土地预返还的请示	2020 年 12 月 3 日
阳郊政发〔2020〕41 号	关于没收违法占用土地上的建筑物及设施的申请的批复	2020 年 12 月 4 日
阳郊政发〔2020〕42 号	关于原则同意咀子上村等 5 村村庄实用性规划的批复	2020 年 12 月 15 日
阳郊政办发〔2020〕1 号	关于对园区基础设施及标准化厂房建设资金的补助方案	2020 年 1 月 2 日
阳郊政办发〔2020〕2 号	关于成立创建省级农产品质量安全区工作领导组的通知	2020 年 1 月 2 日
阳郊政办发〔2020〕3 号	关于成立郊区防控新型冠状病毒感染的肺炎应急指挥部的通知	2020 年 1 月 21 日
阳郊政办发〔2020〕4 号	关于转发国家及省、市防控新型冠状病毒感染的肺炎工作相关文件和批示精神的通知	2020 年 1 月 31 日
阳郊政办发〔2020〕5 号	关于印发残疾儿童康复求助制度实施细则的通知	2020 年 3 月 11 日
阳郊政办发〔2020〕6 号	关于转发《阳泉市解决不动产登记遗留问题实施方案》暨开展解决不动产登记遗留问题工作的通知	2020 年 3 月 11 日
阳郊政办发〔2020〕7 号	关于开展 2020 年全民义务植树活动的通知	2020 年 3 月 17 日
阳郊政办发〔2020〕8 号	关于印发《阳泉市郊区煤炭洗选行业产业稽级规范发展实施方案》的通知	2020 年 3 月 17 日
阳郊政办发〔2020〕9 号	阳泉市郊区被征地农民实行基本养老保险补贴的暂行办法	2020 年 3 月 17 日
阳郊政办发〔2020〕10 号	关于印发《阳泉市郊区 2020 年水污染治理攻坚方案》的通知	2020 年 3 月 19 日
阳郊政办发〔2020〕11 号	关于印发阳泉市郊区劳动力建档立卡工作方案的通知	2020 年 3 月 20 日
阳郊政办发〔2020〕12 号	关于区林业局增设一名副局长职数暨增设防火股的请示	2020 年 3 月 26 日
阳郊政办发〔2020〕13 号	关于公布郊区第六批区级非物质文化遗产名录的通知	2020 年 4 月 1 日
阳郊政办发〔2020〕14 号	关于废止《阳泉市郊区市政工程项目应急采购管理办法（试行）》的通知	2020 年 4 月 2 日
阳郊政办发〔2020〕15 号	关于 2020 年全区信访工作安排的通知	2020 年 4 月 8 日

续表 9

文　号	文件标题	发文日期
阳郊政办发〔2020〕17 号	关于印发《阳泉市郊区 2020 年度民兵组织整顿方案》的通知	2020 年 4 月 15 日
阳郊政办发〔2020〕18 号	关于区长副区长工作分工的通知	2020 年 4 月 16 日
阳郊政办发〔2020〕19 号	关于印发阳泉市郊区区属国有企业监管工作办法的通知	2020 年 4 月 20 日
阳郊政办发〔2020〕20 号	关于印发《阳泉市郊区加快数字政府建设实施方案》的通知	2020 年 4 月 21 日
阳郊政办发〔2020〕21 号	关于印发《阳泉市郊区行政审批事项容缺处置暂行办法》的通知	2020 年 4 月 21 日
阳郊政办发〔2020〕22 号	关于印发阳泉市郊区乡村旅游接待奖励办法的通知	2020 年 4 月 27 日
阳郊政办发〔2020〕23 号	阳泉市郊区自然保护地融合优化前期工作方案	2020 年 4 月 29 日
阳郊政办发〔2020〕24 号	关于做好政府数据资源共享开放前期调查工作的通知	2020 年 4 月 29 日
阳郊政办发〔2020〕25 号	关于印发《阳泉市郊区打赢蓝天保卫战 2020 年决战行动方案》的通知	2020 年 4 月 30 日
阳郊政办发〔2020〕26 号	关于印发耐火粘土（高铝粘土）采矿企业融合重组实施办法的通知	2020 年 4 月 30 日
阳郊政办发〔2020〕27 号	关于印发《阳泉市郊区关于开展国省干道路域环境综合整治实施方案》的通知	2020 年 5 月 5 日
阳郊政办发〔2020〕28 号	阳泉市郊区 2020 年至 2025 年地图监管工作方案	2020 年 5 月 13 日
阳郊政办发〔2020〕29 号	阳泉市郊区 2020 年度地质灾害防治方案	2020 年 5 月 14 日
阳郊政办发〔2020〕30 号	关于进一步做好紧急信息报告工作的通知	2020 年 5 月 19 日
阳郊政办发〔2020〕31 号	关于调整阳泉市郊区应急救援指挥体系的通知	2020 年 5 月 19 日
阳郊政办发〔2020〕32 号	关于印发《阳泉市郊区城乡融合环境整治提升实施方案》的通知	2020 年 5 月 24 日
阳郊政办发〔2020〕33 号	关于印发《阳泉市郊区文化旅游行业突发事件应急处置预案（试行）》的通知	2020 年 6 月 4 日
阳郊政办发〔2020〕34 号	关于认真做好 2020 年部门联合“双随机、一公开”监管工作的通知	2020 年 6 月 5 日
阳郊政办发〔2020〕35 号	关于印发《阳泉市郊区企业技术创新全覆盖工作推进方案》的通知	2020 年 6 月 15 日
阳郊政办发〔2020〕36 号	关于印发《阳泉市郊区加强行政规范性文件合法性审核工作的实施方案》的通知	2020 年 6 月 18 日
阳郊政办发〔2020〕38 号	关于印发 2020 年预防道路交通事故 " 减量控大 " 实施方案的通知	2020 年 7 月 1 日
阳郊政办发〔2020〕39 号	关于做好 2020 年健康教育和健康促进工作的通知	2020 年 7 月 6 日
阳郊政办发〔2020〕40 号	关于印发阳泉市郊区政府投资信息化项目管理办法（暂行）的通知	2020 年 7 月 8 日
阳郊政办发〔2020〕41 号	关于区长副区长工作分工的通知	2020 年 7 月 13 日

续表 9

文　号	文件标题	发文日期
阳郊政办发〔2020〕42 号	关于印发全面推进基层政务公开标准化规范化进一步做好政务公开工作的实施方案的通知	2020 年 7 月 14 日
阳郊政办发〔2020〕43 号	关于调整区政务公开领导组的通知	2020 年 7 月 15 日
阳郊政办发〔2020〕44 号	关于在全区推行“林长制”的意见	2020 年 7 月 15 日
阳郊政办发〔2020〕45 号	阳泉市郊区工程涉及非煤矿产资源处置实施方案	2020 年 7 月 15 日
阳郊政办发〔2020〕46 号	关于切实做好安全专项整治三年行动的通知	2020 年 7 月 21 日
阳郊政办发〔2020〕47 号	关于印发《阳泉市郊区标准化助推高质量发展行动计划》的通知	2020 年 7 月 21 日
阳郊政办发〔2020〕48 号	关于印发《阳泉市郊区标准化工作奖励政策》的通知	2020 年 7 月 21 日
阳郊政办发〔2020〕49 号	关于印发阳泉市郊区荫营河、温河流域水污染治理攻坚方案的通知	2020 年 8 月 4 日
阳郊政办发〔2020〕50 号	关于印发《阳泉市郊区打击恶意废债、创优金融生态、打造一流农商行专项行动实施方案》的通知	2020 年 8 月 19 日
阳郊政办发〔2020〕51 号	关于印发《阳泉市郊区禁止生产、经营、储存、运输和燃放烟花爆竹工作实施方案》的通知	2020 年 9 月 11 日
阳郊政办发〔2020〕52 号	关于做好阳泉市郊区突发事件应急预案编制修订工作的通知	2020 年 9 月 14 日
阳郊政办发〔2020〕53 号	关于印发《阳泉市郊区抗震救灾应急预案等 17 个专项应急预案》的通知	2020 年 9 月 14 日
阳郊政办发〔2020〕54 号	关于印发阳泉市郊区建筑领域安全隐患专项排查整治工作方案的通知	2020 年 9 月 13 日
阳郊政办发〔2020〕55 号	关于印发阳泉市郊区土壤污染防治 2020 年行动计划的通知	2020 年 9 月 27 日
阳郊政办发〔2020〕56 号	阳泉市郊区农村乱占耕地建房问题摸排工作实施方案	2020 年 9 月 28 日
阳郊政办发〔2020〕57 号	阳泉市郊区农村干部经济责任专项审计实施方案	2020 年 10 月 9 日
阳郊政办发〔2020〕58 号	阳泉市郊区 2020 年禁煤区建设实施方案	2020 年 10 月 14 日
阳郊政办发〔2020〕59 号	关于《印发阳泉市郊区城乡建设领域装饰装修工程违法违规行为排查整治专项行动实施方案》的通知	2020 年 10 月 18 日
阳郊政办发〔2020〕60 号	关于印发《阳泉市郊区 2020 年废弃露天矿山生态修复工程实施方案》的通知	2020 年 10 月 19 日
阳郊政办发〔2020〕61 号	关于转发《阳泉市市级应急政府采购管理暂行办法》的通知	2020 年 10 月 28 日
阳郊政办发〔2020〕62 号	关于印发阳泉市郊区城乡房屋安全隐患排查整治行动方案的通知	2020 年 11 月 6 日
阳郊政办发〔2020〕63 号	关于开展全国第一次自然灾害风险普查的通知	2020 年 11 月 12 日
阳郊政办发〔2020〕64 号	关于在全区推行农村公路“路长制”的通知	2020 年 11 月 13 日
阳郊政办发〔2020〕65 号	关于实施自然灾害防治重点工程的通知	2020 年 11 月 30 日

续表 9

文　号	文件标题	发文日期
阳郊政办发〔2020〕66 号	关于开展全区易燃可燃夹芯材料彩板建筑消防安全综合整治工作的通知	2020 年 12 月 17 日
阳郊政办发〔2020〕67 号	关于印发阳泉市郊区推进国三以下排放标准营动柴油车淘汰实施方案的通知	2020 年 12 月 28 日

统计资料

2020 年阳泉市郊区国民经济和社会发展主要指标

表 10

指标名称	计量单位	2020 年	2019 年	增长（±%）
一、人口和从业人员				
年末总人口（常住人口）	万人	27.51	24.56	12.0
乡村人口	万人	8.27	6.75	22.5
城镇人口	万人	19.24	17.81	8.0
出生率	‰			
死亡率	‰			
自然增长率	‰			
人口密度	人／km^2	531.28	325.98	—
社会从业人员	万人	12.75	12.32	3.5
第一产业	万人	1.44	1.4	2.9
第二产业	万人	4.04	4.42	–8.6
第三产业	万人	7.27	6.50	11.8
二、规模以上工业企业主要指标				
规模以上工业企业个数	个	64	54	18.5
其中：原郊区	个	48	38	26.3
工业总产值	万元	1025290	1159994	–11.6
其中：原郊区	万元	767931	724992	5.9
工业增加值（月报数）	万元	362760	306580	–1.9
其中：原郊区	万元	295403	262866	5.0
营业收入	万元	958371	1123034	–14.7
其中：原郊区	万元	720691	720793	—
利税总额	万元	121511	125919	–3.5
其中：原郊区	万元	137217	144891	–5.3
资产总计	万元	2756571	2740641	0.6
其中：原郊区	万元	1938260	1874395	3.4

续表 10

指标名称	计量单位	2020 年	2019 年	增长（±%）
三、农业				
乡村人口	万人	15.4	16.6	−7.2
乡村劳动力	万人	8.8	9.4	−6.4
耕地面积	公顷	9194	9194	—
四、主要工农业产品产量				
原　煤	万吨	796.7	753.2	5.8
洗　煤	万吨	220.8	147.9	49.3
耐火材料	万吨	32.1	25.6	25.4
水　泥	万吨	304.5	222.6	36.8
发电量	亿度	34.9	38.4	−9.1
粮　食	吨	14807	14019	5.6
蔬　菜	吨	10757	10021	7.3
肉　类	吨	4175	3339	25.0
水　果	吨	8681	7584	14.5
禽　蛋	吨	6512	6362	2.4
奶　类	吨	1616	1404	15.1
五、交通运输和邮电业				
汽车拥有量	辆	2259	2218	1.8
电话拥有量	万部	20.6	20.8	−1.0
其中：移动电话	万部	20.3	20.5	−1.0
六、固定资产投资				
固定资产投资完成额	万元	726563	628151	15.7
其中：原郊区	万元	465409	419297	11.0
房地产投资完成额	万元	84015	83654	0.4
其中：原郊区	万元	46132	28590	61.4
七、国内贸易业				
社会消费品零售总额	万元	421205	387782	−3.4
其中：原郊区	万元	237068	211079	4.9
外贸进出口总额	万元	10698	9773	9.5
八、财政金融				
财政总收入	万元	90097	85013	6.0
一般公共预算收入	万元	46173	47933	−3.7
一般公共预算支出	万元	200655	170448	17.7
各项存款余额	万元	2386620	2102800	13.5
各项贷款余额	万元	1303786	1160392	12.4
九、社会事业				
学校数	所	143	145	−1.4

续表 10

指标名称	计量单位	2020 年	2019 年	增长（±%）
普通中学在校生数	人	7753	8079	–4.0
职业中学在校生数	人	982	996	–1.4
小学在校生数	人	10567	10211	3.5
幼儿在园数	人	6655	5922	12.4
卫生机构数	个	199	196	1.5
其中：医院	所	3	3	0
床位数	张	710	707	0.4
卫生技术人员	人	739	745	–0.8
其中：医生	人	398	403	–1.2
十、城乡居民收入				
城镇居民人均可支配收入	元	29726	28555	4.1
农村居民人均可支配收入	元	17452	16265	7.3
十一、劳动工资				
单位在岗职工人数	万人	1.84	2.20	–16.4
单位在岗职工劳动报酬	万元	137242	162114	–15.3
在岗职工平均工资	元	73219	71898	1.8

注：1.农业产品产量为上报数据。2.财政金融、劳动工资、进出口总额和工业产品产量为原郊区口径。

2020 年阳泉市郊区平均每天经济活动情况

表 11

指标名称	计量单位	2020 年	2019 年	增长（±%）
全区生产总值	万元	3411.64	3341.79	2.1
第一产业	万元	45.22	41.42	9.2
第二产业	万元	1609.63	1644.98	–2.1
第三产业	万元	1756.79	1655.39	6.1
规模以上工业总产值	万元	2098.17	1986.28	5.6
固定资产投资额	万元	1271.61	1148.76	10.7
财政总收入	万元	246.17	232.91	5.7
公共财政预算收入	万元	126.16	131.32	–3.9
原　煤	万吨	2.18	2.08	4.7
社会消费品零售总额	万元	647.73	578.30	12.0
在岗职工平均工资	元	200.02	196.98	1.5
城镇居民人均可支配收入	元	81.22	78.23	3.8
农村居民人均可支配收入	元	47.68	44.56	7.0

注：地区生产总值为含开发区口径。

2020年阳泉市郊区生产总值及构成情况

表12

指标名称	计量单位	2020年	2019年	增长（±%）
一、全区生产总值	万元	1248661	1219753	2.1
按产业结构分	–			
第一产业	万元	16552	15118	3.8
占全区生产总值比重	%	1.3	1.3	–
第二产业	万元	589123	600419	1.0
占全区生产总值比重	%	47.2	49.2	–
第三产业	万元	642986	604216	3.1
占全区生产总值比重	%	51.5	49.5	–

注：本表数据为含开发区口径。